寿县成语典故

SHOUXIAN CHENGYU DIANGU

付为贵 著

北京师范大学出版集团
安徽大学出版社

图书在版编目(CIP)数据

寿县成语典故/付为贵著.—合肥:安徽大学出版社,2019.1
ISBN 978-7-5664-1752-7

Ⅰ.①寿… Ⅱ.①付… Ⅲ.①汉语—成语—典故 Ⅳ.①H136-31

中国版本图书馆 CIP 数据核字(2019)第 019315 号

皖西学院第二批科技创新平台寿县楚文化研究中心资助出版

寿县成语典故

付为贵 著

出版发行:	北京师范大学出版集团
	安 徽 大 学 出 版 社
	(安徽省合肥市肥西路 3 号 邮编 230039)
	www.bnupg.com.cn
	www.ahupress.com.cn
印　　刷:	合肥远东印务有限责任公司
经　　销:	全国新华书店
开　　本:	170mm×240mm
印　　张:	24.25
字　　数:	373 千字
版　　次:	2019 年 1 月第 1 版
印　　次:	2019 年 1 月第 1 次印刷
定　　价:	62.00 元

ISBN 978-7-5664-1752-7

策划编辑:唐洪全		装帧设计:李　军	
责任编辑:唐洪全　朱丽琴		美术编辑:李　军	
责任印制:陈　如　孟献辉			

版权所有　侵权必究

反盗版、侵权举报电话:0551—65106311
外埠邮购电话:0551—65107716
本书如有印装质量问题,请与印制管理部联系调换。
印制管理部电话:0551—65106311

目 录

序 ·· 1—3
凡例 ·· 1—3
词目首字音序索引 ·· 1—15
正文 ··· 1—355
参考文献 ·· 356
后记 ··· 357—358

序

  寿县位于安徽省中部,淮河中游南岸,原为六安市所辖县,现划归淮南市管辖。寿县历史悠久,早在几千年前就曾是政治、军事、经济、文化的中心。古城寿春镇已有2000多年的建城史,历史上曾四次为都,并且还多次为州县、府郡的治所。1986年国务院批准寿春镇为国家历史文化名城,是安徽省最早入选国家历史文化名城的三个城市之一。

  寿县文化丰富多彩,辉煌厚重。楚汉文化、水利文化、城市文化、宗教文化、民俗文化、廉政文化、红色文化等不同类型的文化在这里和谐共生,交相辉映。如号称"天下第一塘"的安丰塘(古名"芍陂")、全国唯一保存最完整的北宋时期古城墙、明清寿州孔庙、寿县清真寺、古寿春城遗址、汉淮南王刘安家族墓地等。寿县还素有"地下博物馆"之称,地下文物藏量巨大,价值连城。

  2014年10月30日,皖西学院文化与传媒学院寿县楚文化研究中心成员马启俊、陈昌勇、费蓉赴寿县开展楚文化研究合作项目洽谈及淮河文化实地走访考察活动,受到了寿县县委宣传部副部长、寿县文化广电新闻出版局局长李延孟和该局文化遗产股股长马晓源的热情接待。在双方洽谈楚文化研究合作项目时,李延孟局长建议皖西学院寿县楚文化研究中心在寿县成语典故的整理研究方面做一些实际的工作,可以考虑编写相关书籍。该建议得到了文化与传媒学院领导和寿县楚文化研究中心成员的高度重视,文化与传媒学院应用写作课程组负责人、寿县楚文化研究中心骨干成员付为贵老师自告奋勇,承担起寿县成语典故的整理研究工作,并立即着手搜集资料,构思框架,启动了《寿县成语典故》一书的编写工作。

在此后的三年时间里,付为贵老师辛勤耕耘在寿县成语典故这个新的研究领域里,开展了艰苦细致的工作。他通过实地调查、文献研究、网络搜索、专家访谈等方式,尽可能详尽地搜集与寿县成语典故相关的材料,加以记录、整理、汇编和研究,在此基础上完成了《寿县成语典故》书稿的撰写、修改、校对、定稿等环节的工作。

《寿县成语典故》词条总数达390条,所收录的成语典故有不少是一般成语词典未曾收录过的。该书所收词条与寿县的风土、人物、事件息息相关,具有鲜明的寿县地域文化特色。本书在体例上按照词目、拼音、感情色彩、出处、释义、鉴赏、举例、近义、反义的顺序排列,以鉴赏为主,既具有一般的成语典故类辞书的查阅功能,又具有鉴赏研究类著作的认识功能,因此具有明显的创新性。该书既可以为寿县地方历史文化的挖掘、研究、传承、利用提供服务,也可以为进一步开展寿县成语典故研究提供大量有价值的材料和经验,可以说为读者深入了解寿县成语典故提供了便利,为寿县地方文化和皖西历史文化的研究、宣传、保护、利用、创新和发展作出了新的贡献。

《寿县成语典故》是继《名人与寿县文化》(马启俊主编,陈昌勇、费蓉、熊辉编著,安徽大学出版社2016年4月出版)之后,寿县楚文化研究中心的又一研究成果。该书适应高校和一般读者的阅读需求,既可以把研究成果引入大学课堂,丰富教育教学资源,强化学科内涵建设;又可以为寿县文化、宣传、旅游、扶贫等有关部门的工作提供相关成果支持,促进寿县地方文化建设和旅游产业的开发,从而更好地服务于地方经济社会发展;还可以为寿县本地和外地从事寿县历史文化、皖西地域文化研究的工作者和爱好者提供帮助。该书的出版,不仅推动了皖西学院科技创新平台建设,而且可以化寿县丰富的地方文化资源为皖西学院教育教学资源,助推传统人文学科进一步凝练办学特色,发挥高校人才培养、科学研究、服务社会和文化创新的四大职能。该书的出版,还可以通过寿县成语典故的研究,开展对寿县的科技文化扶贫,为校地合作推动寿县扶贫工作的开展提供支持。因此,该书的出版,意义是重大的,影响是深远的。

祝贺付为贵老师的《寿县成语典故》一书正式出版,期盼文化与传媒学院有更多的寿县历史文化研究成果相继面世。

皖西学院文化与传媒学院院长 马启俊
寿县楚文化研究中心负责人
2017年6月18日

凡　例

一、本书所辑录的成语典故共390条,从其来源来看,主要有以下几个方面:

（一）来自寿县人所产生的成语典故。这些人原籍为寿县,如刘安(出生在寿县)、邵信臣、梅福、蒋钦、胡质与胡威父子、宋代"三吕"等。由寿县人所产生的成语典故,不论是在寿县本地产生的,还是在外地产生的,都在本书收录之列,也就是说,本书认为它们都属于寿县成语典故。这类成语典故有的是寿县人在文章或著作中直接创用的,其中以《淮南子》所创用的为最多;有的是别人对寿县人的事迹进行记载、评价而产生的。

（二）产生在寿县的成语典故。这类成语典故是最地道的寿县成语典故,主要包括寿县人在寿县本地所产生的成语典故,如"编笆接枣,锯树留邻""赐绢为粮""过时的黄历""有钱难买不卖的"等;还包括外地人(如孙叔敖、黄歇、时苗、董文炳、赵轨等)在寿县为官或居住期间所产生的成语典故,如"当断不断,反受其乱""无妄之福""时苗留犊"等。这些人不在寿县产生的成语典故,本书基本未予收集(如"负荆请罪""毛遂自荐""民不聊生"等)。但本书对孙叔敖在异地所产生的一些成语典故例外进行了辑录,因为本书作者认为,孙叔敖为相时间与在寿县修建安丰塘的时间几乎是一致的,也就是说,孙叔敖一边辅佐楚庄王处理政务,一边在寿县主持修建安丰塘水利工程,孙叔敖与寿县有着难以割舍的关系,把孙叔敖视为寿县文化名人之祖已为共识。此外,在寿县发生的各种社会事件和自然现象所留下的成语典故当然也属于这一类,前者如"徒乱人意""投鞭断流""风声鹤唳""草木皆兵""卷席而居"等,后者还如"安丰塘起雾""山崩地圻"等。

(三)有些成语典故在《淮南子》等寿县文献中虽非原创或定型,但在该成语的形成和定型过程中起了重要或关键作用的进行了收集。成语是汉语中经过长期使用、锤炼而形成的具有特定内涵的固定短语。也就是说,成语的形成有一个复杂的历史积淀的过程,往往不是一人一文一次性就能创造出来的。所以,凡是在某条成语的形成过程中起过重要作用的作者和文献,都应属于该条成语的创造者之一。如"蚌病成珠""变化如神""百死一生"等,《淮南子》为它们的形成提供了基本的语源;再如"匡床蒻席""权衡轻重""泽及后世"等,《淮南子》为它们的定型起到了关键性的作用。所以,将它们视为寿县成语典故并无不妥。

(四)出自寿县的《淮南子》与出自其他地区的文献资料均出现某一成语典故,但后者的作者或出版年代不明确,本书对这部分成语典故也进行了收集。如"智圆行方""善游者溺""淡泊以明志,宁静以致远"等成语在《淮南子》和《文子》里面均出现过。文子本人虽然早于刘安两个多世纪,但《文子》一书的真伪及成书年代却很难确定,有不少学者都认为此书是后人摘抄《淮南子》凑成的篇章。即便有古本残简的存在,但自秦始皇于公元前213年下令焚书之后,《文子》亦在被禁毁之列。直到公元前124年,汉武帝刘彻因见"书缺简脱",下诏"广开献书之路",被秦禁毁之书才又逐渐面世。而《淮南子》则于公元前141年(建元二年)就已进献给朝廷,所以刘安等人在撰写《淮南子》时未必就看到过此书。

再如"蓬户瓮牖""披发文身"等成语,《淮南子》与《礼记》也都有出现,但《礼记》的作者不止一人,写作时间跨度较长,从战国一直延续到西汉,且我们今天看到的《礼记》的编纂者戴圣曾任九江太守,与寿县具有渊源关系,所以把两书同时出现的成语典故看作出自寿县的成语典故也不算牵强。

(五)本书辑录了少数尚未被现有的成语词典所收录的一些"成语"。这些"成语"虽然尚未被现有的成语词典所收录,但从意义和形式来看,它们都是言简意赅、符合成语的特点,如"达而不荣""大怒破阴""大喜坠阳""度地计众"等。我们认为这些词语很有开发使用价值,具有成语的潜质,完全可以进入成语的宝库。

（六）本书所辑录的成语典故除了来源于专著和相关文献以外（其中出自刘安等人的《淮南子》最多、最集中，约占三分之二。其他的比较分散，如司马迁的《史记》中关于孙叔敖、黄歇等的语录和事迹，《晋书》中关于淝水之战的记载等），还有少数是来自于民间的故事传说及碑刻等方面。

总之，本书的成语典故的出处原则上都是原创的，至少是在该成语的定型化过程中起过不可或缺的作用。

二、本书收录的词条主要是严格意义上的成语，在"词目首字音序索引"中以"＊"标出的为典故，包括寿州典籍中具有成语性质的言简意赅的固定短语、故事和传说、地方谚语、俗语、歇后语等，供寿县文化爱好者参考使用。

三、本书的词目按照汉语拼音字母顺序排列，如果首字相同，则从第二字开始依次按照读音排列，以此类推。

四、本书的每个词条均用汉语拼音加注现代读音。

五、本书词条的释文主要包括读音、词性、出处、释义、鉴赏、例句、近义、反义等内容。

六、本书的释义用语力求简明扼要，通俗易懂。

七、本书鉴赏部分从该成语典故产生的语境、旨意、发展过程、评价等方面进行全面介绍，力求使读者对该成语典故有一个全方位的了解。

八、本书的"出处"中（）里的字是原文的误用字，[]里的字是纠正后的字。

九、本书的例句，如果是引用的，则以例句中成语原词出现，如果是本书作者所造的例句，句中的成语则用"～"来代替。

词目首字音序索引

A

ān	*安丰塘起雾	1
	安枕而卧	2
	安之若素	4
àn	按图索骥	5
ào	傲世轻物	7

B

bái	*白玉不琢	9
bǎi	百川归海	10
	百舌之声	11
	*百射重戒,祸乃不滋	12
	百死一生	13
	*百星不如一月	14
bàng	蚌病成珠	15
bāo	褒衣博带	16
bēi	杯水之饯	17
bēng	崩山决塘	17
biān	*编笆接枣,锯树留邻	18
biàn	变化如神	19

bīng	兵挫地削	20
bó	伯玉知非	21
	勃然而起	22
	博学多闻	23
bǔ	补天浴日	24
bù	*不趁势利	25
	不传之秘	26
	不分是非	28
	不可揆度	28
	不明是非	29
	不知不觉	29
	不脂之户	30

C

cǎi	采善锄丑	31
cǎo	草木皆兵	32
	草行露宿	33
chán	蝉蜕蛇解	33
cháng	长夜漫漫	34
	嫦娥奔月	35
chàng	怅然若失	37
chàng	倡而不和	39
chāo	超然独立	40
chē	车固马良	41
chēn	瞋目裂眦	42
chén	沉浮俯仰	43
chēng	称薪而爨	44
	称薪而爨,数米而炊	46
chī	鸱视虎顾	46
chí	池鱼林木	47

chǐ	尺璧寸阴	49
	尺布斗粟	49
chū	出入无常	50
	出言不当	51
chǔ	础润而雨	51
chūn	春风化雨	52
	春生夏长	53
cì	*赐绢为粮	54
cóng	从谏若转圜	55
cùn	寸阴尺璧	56

D

dá	*达而不荣	57
dà	*大怒破阴	58
	大雾冥晦	59
	*大喜坠阳	59
dài	戴圆履方	59
dàn	淡泊明志	60
	*澹薄以明志,宁静以致远	61
dāng	当断不断,反受其乱	62
	当面鼓,对面锣	63
dǎo	倒持太阿	64
	倒持太阿,授人以柄	64
dé	得马折足	66
	得马生灾	66
dēng	登高履危	66
dì	地坼水凝	67
dōng	冬箑夏裘	68
	东山再起	69
dòng	动不失时	70

	洞洞灟灟	70
dú	*读书自责，怨忿冰释	71
dù	*蠹啄剖梁柱，蚊虻走牛羊	71
duó	度地计众	72

F

fā	*发屋求狸	74
fà	发植穿冠	74
fán	*凡物有朕	75
fāng	方趾圆颅	76
féi	肥醲甘脆	76
fěi	*诽誉在俗	77
fēn	分毫不取	79
fén	焚林而猎	80
fèn	奋袂而起	81
fēng	风兵草甲	83
	风声鹤唳	84
	风声鹤唳，草木皆兵	84
	风兴云蒸	86
	封豨长蛇	87
féng	冯冯翼翼	87
fú	浮称流说	88
fù	负土成坟	89
	赴火蹈刃	91
	傅堞而守	92
	富国利民	92

G

gān	肝胆胡越	94
gāo	高不可及	94

gè	各尽其力	95
gēn	根深本固	95
gōng	功盖天下	96
	*功可强成	97
	攻城略地	99
gōu	钩爪锯牙	99
gǔ	骨肉相残	100
	骨肉至亲	101
guān	*官大心小	102
guǐ	鬼出电入	104
guì	贵冠履轻头足	104
	贵阴贱璧	105
guò	*过时的黄历	105

H

hǎi	海水不可斗量	107
	海水难量	107
hán	含牙戴角	107
hào	浩浩荡荡	108
	好自为之	110
hé	河出伏流	111
	涸泽而渔	112
hè	鹤知夜半	112
hòu	后羿射日	113
hū	呼不给吸	115
hú	狐不二雄	116
hǔ	虎狼之势	117
huà	化干戈为玉帛	118
huái	淮南鸡犬	119
	*淮南小山	119

huáng	黄口小儿	120
huī	挥戈返日	121
huǐ	*毁钟为铎	123
	*毁舟为杕	123
hún	浑浑沉沉	124
huò	祸中有福	124

J

jī	鸡犬升天	127
	*积爱成福	128
	*积怨成祸	129
	屐齿之折	129
jí	疾风暴雨	129
	疾雷不及塞耳	130
	疾霆不暇掩目	130
jǐ	虮虱相吊	130
jì	*计福勿及,虑祸过之	131
	计功受赏	132
	寂然无声	133
jiā	家给人足	134
	家给民足	135
	浃髓沦肤	135
jiǎn	简丝数米	135
jiàn	间不容息	136
	见始知终	136
jiǎo	矫情镇物	137
	矫枉过直	138
jǐn	谨毛失貌	140
jìn	近而远之	140
jìng	敬小慎微	140

拼音	词条	页码
jiǔ	九年之储	141
jū	居高临下	142
jǔ	举无遗策	142
jù	踞鼋食蛤	144
juàn	卷席而居	145
jué	绝国殊俗	146
	掘藏之家必有殃	147
	掘室求鼠	147

K

拼音	词条	页码
kāi	*开门而待	148
kǒng	孔席墨突	148
kuài	块然独处	148
kuāng	匡床蒻席	150

L

拼音	词条	页码
láo	牢笼天地	152
	劳形竭智	152
lè	乐极则悲	153
lí	离本趣末	153
lì	*立私于公	154
	厉志竭精	155
lián	廉俭守节	156
liàn	炼石补天	158
liáng	量粟称金	158
lín	临河羡鱼	158
liǔ	柳下借阴	159
lóng	聋者之歌	160
lòu	漏卮难满	161
lǔ	*卤水点豆腐，一物降一物	162

	鲁阳挥戈	165
lù	*禄厚慎取	165
	*露水没种子,卯天没本子	166
luó	罗之一目	168

M

mǎ	马氂截玉	169
	马去马归	170
máng	盲者得镜	170
mào	茂木丰草	170
měi	美酒嘉肴	171
	*美珠不文	172
mén	*门里人	172
mí	麇沸蚁动	173
miàn	面如死灰	173
míng	*名可务立	174
	明月入怀	175
mò	漠然不动	176
	墨突不黔	177
	墨子泣丝	178

N

nán	南航北骑	179
	*南门外的卜罽——外行	181
	男女有别	181
niǎo	鸟尽弓藏	181
níng	宁静致远	182
niú	牛蹄之涔	182
nǚ	女娲补天	183

P

| péng | 蓬户瓮牖 | 184 |
| pī | 披发文身 | 185 |

Q

qī	期而必当	188
qí	*骑驴省亲	188
	跂行喙息	190
	蚑行蛲动	191
qì	气充志骄	191
	弃其余鱼	192
qīng	轻赋薄敛	194
	*轻死得生	195
qióng	穷僻之乡	195
qiū	秋收冬藏	196
qǔ	取予有节	198
quán	权衡轻重	199
què	鹊巢知风	201

R

ràng	*让地三尺	203
rén	人尽其才	204
	*人为财死,鸟为食亡	205
	人心不足蛇吞象(相)	208
rèn	任其自流	209
rì	日薄虞渊	209
	日修夜短	211
rú	如鱼得水	211
ruò	若不胜衣	213

	若有所丧	213
	若有所亡	214

S

sài	塞翁失马	215
	塞翁失马,焉知非福	216
sān	三十年河东转河西	216
shā	杀人灭口	217
	杀头便冠	218
shān	山崩地坼	218
shàn	*善骑者堕	218
	*善游者溺	219
shàng	*上下和合	219
	上下同心	220
shào	召父杜母	221
shè	社稷为墟	222
shēn	身死族灭	223
	身体力行	224
	身先士卒	226
	深根固本	227
shén	神出鬼没	227
shēng	生寄死归	228
	声东击西	230
	声如雷霆	233
shéng	绳之以法	234
shèng	*圣人思修	235
shí	识高虑远	235
	时苗留犊	237
	时移俗易	239
shì	市不豫贾	240

	视死若归 ………………………………	241
	是非不分 ………………………………	243
	是非不明 ………………………………	244
shǒu	手足重茧 ………………………………	244
shòu	授人以柄 ………………………………	244
shù	束身受命 ………………………………	244
	*树黍不获稷 ……………………………	246
shuài	率性而行 ………………………………	246
shuāng	双足重茧 ………………………………	248
shuǐ	*水火无交 ……………………………	249
sī	*私谷代征 ……………………………	250
	*私田偿贷 ……………………………	252
sǐ	死无遗忧 ………………………………	252
	死者相枕 ………………………………	252
sòng	宋画吴冶 ………………………………	253
sūn	*孙公斩蛇 ……………………………	254

T

tān	*贪生反死 ……………………………	255
táng	*唐漏鼹穴，一璞能塞 ………………	255
tāo	韬戈卷甲 ………………………………	255
tiān	天覆地载 ………………………………	258
tiáo	*条修叶贯 ……………………………	258
tīng	听其自流 ………………………………	259
tóng	同利相死 ………………………………	260
tóu	头会箕赋 ………………………………	261
	*投鞭断流 ……………………………	261
tú	徒乱人意 ………………………………	263
tǔ	土龙刍狗 ………………………………	264
tù	兔死狗烹 ………………………………	265

W

wài	*外财不发命穷人	267
wáng	亡羊得牛	268
wéi	围棋赌墅	269
	嵬然不动	270
	巍然不动	270
wèi	*位高意下	270
wú	无所不在	272
	*无妄之福	272
	*无妄之祸	273
	*毋望之祸	274
	梧桐断角	274

X

xī	悉索薄赋	275
	淅米而储	276
xí	席不暇暖	276
xiǎo	*小谨者无成功	276
xīn	新陈代谢	277
	心平志易	278
	*心小志大	278
xíng	行合趋同	280
	形夸骨佳	281
xióng	雄鸡夜鸣	282
xū	须臾之间	283
xú	*徐行反疾	284
xù	蓄积给足	284
xuān	蠉飞蝡动	284
xuán	悬簋建铎	285
xuē	削足适履	286

Y

yá	睚眦之恨	287
yán	岩居谷饮	288
	言行相悖	290
yàn	燕雀相贺	292
yáng	羊肠小道	292
yī	一寸光阴一寸金	293
	一定不易	294
	一夫当关,万夫莫开	295
	一馈十起	296
	一举千里	297
	一里挠椎	299
	一目之罗	299
	一沐三捉发	300
	一人得道,鸡犬升天	300
	一人飞升,仙及鸡犬	300
	一心同归	300
	一言而喻	301
	一叶知秋	301
	一叶落知天下秋	301
	一渊不两鲛	302
	衣冠优孟	303
yí	夷险除秽	305
	疑心生暗鬼	305
yǐ	以恩济威	306
	以少胜多	308
	以升量石	308
	以汤沃沸	309
	以汤沃雪	310

	以小见大	311
	以言为讳	313
yì	异路同归	314
yīn	因时制宜	314
	阴德天报	315
	阴谋不轨	316
yín	淫侈无度	317
yōu	*忧悲多恚，病乃成积	318
	忧国忘身	318
	忧国忘私	319
	优孟衣冠	320
yǒu	*有功而见疑	321
	*有钱难买不卖的	321
	有征无战	322
yú	于安思危	324
	愚夫蠢妇	324
	*愚人思叕	326
	*愚者守道而失路	326
	*愚者有备，与知者同功	326
yǔ	与日俱增	327
	与世浮沉	328
yuán	援鳖失龟	328
	圆顶方趾	329
	圆颅方趾	329
	圆首方足	330
yuǎn	远而近之	330
yuè	月里嫦娥	330
yún	云彻席卷	331
yùn	运筹决胜	332

Z

zài	在贵守约	335
	再实之木根必伤	336
záo	凿坏以遁	337
zhāo	朝生暮死	339
zhào	*赵拔贡的水烟袋	341
zhé	折槁振落	342
zhěn	枕方寝绳	343
zhèng	正襟危坐	343
zhī	芝艾俱焚	344
zhì	至高无上	345
	志厉青云	346
	智圆行方	347
	*智者离路而得道	348
zhōng	终而复始	349
zhòng	众议成林	350
zhuó	卓然独立	350
zé	泽及后世	351
zòng	纵横交错	352
zú	足不出户	353
zūn	尊古贱今	355

A

【安丰塘起雾】 ān fēng táng qǐ wù

〔褒贬〕中性

〔出处〕寿县民间传说。

〔释义〕字面意思:传说安丰塘会在雾中出现以前沉没的城池幻影。字里意思:本来就有的,已经存在的;亦指已有的事物可供出售或使用。

〔鉴赏〕这是寿县尽人皆知的一条歇后语典故。在寿县城南35公里处,有一口烟波浩渺的大塘,其周长达60公里,因为引淠水经白芍亭东积水形成,故称芍陂。"陂"是池塘的意思。隋唐以后在此设置安丰县,因此被称为安丰塘。据史载,该塘是由春秋时期楚国丞相孙叔敖于楚庄王十七年至二十三年(公元前597—公元前591年)主持修建的,距今已有2600多年历史。安丰塘是我国古代四大水利工程之一,被誉为"神州第一塘"。现为全国重点文物保护单位,也是国家一级水源保护地。2015年10月13日,在法国蒙彼利埃召开的国际灌排委员会第66届国际执行理事会全体会议上,安丰塘入选世界灌溉工程遗产。安丰塘现有面积为34平方公里,蓄水量1亿立方,放水涵闸19座,灌溉面积近百万亩。

关于安丰塘的形成还有一个悲惨的神话传说。据说安丰塘原来是一座城池,叫安丰城。一次东海的一条幼龙(有的说是被罚到下界的一条懒龙)出海游玩,不幸摔落在安丰城外,身受重伤动弹不得。城里的百姓看到这条无法动弹的幼龙,很是高兴,就一哄而上抢光了龙肉,当龙王派出虾兵蟹将找到这条龙时,只剩下一副白花花的龙骨躺在安丰城外。龙王大怒,随即上告玉皇。玉皇立即派出天兵数人,扮作乞丐模样来到安丰城内调查真相。他们分头挨家挨户乞讨,发觉家家都有很浓的荤腥味,除了一个叫李直的人家没有这种荤腥味。"乞丐"确信这家人没有吃龙肉,于是就对李直说:"一旦看到城门外那对狮子眼睛泛红,立即搬家到远处。"说完就无影无踪了。李直意识到这些"乞丐"不是凡人,便天天去看石头狮子,七七四十九天后,狮子的眼睛果然红了起来,李直立即搬家。刚走出三十里,天上便突然电闪雷鸣,下起倾盆大雨,安丰城立即陷入一片汪洋之中,顷刻变成了安丰塘。除了李直一家人,全城人全部葬送在塘内。

直到现在,每逢秋冬季节,大雾弥漫之时,由于塘上空水、灰、气、光等聚合在一起,会看见城廓的倒影,影影绰绰,朦朦胧胧,颇似海市蜃楼,很是神奇。"安丰塘起雾——现成(陷城)的"的歇后语便由此而来。

〔例句〕当男孩的父母正在发愁买不起房子给孩子做新房时,女孩的家长爽快地告诉男孩父母:"你们不用急,我们这里~,去年买的新房,已经装修好了,就是留给我们女儿结婚用的。"

〔近义〕热锅炒菜 趁水和泥

〔反义〕现钟不打,打铸钟 现钟不打,反去炼铜

【安枕而卧】 ān zhěn ér wò

〔褒贬〕中性。

〔出处〕《史记·黥布列传》:"使布出于上计,山东非汉之有也;出于中计,胜败之数未可知也;出于下计,陛下安枕而卧矣。"

〔释义〕放好枕头,安心睡觉。比喻平安无事,无须担忧。

〔鉴赏〕秦末汉初之际,安徽六安出了一个名叫英布的武将(?—公元前196年),年轻时因触犯秦律受到黥刑,所以又称黥布。初投项梁,项梁战死后跟随项羽,封九江王。后被汉王手下萧何策反归汉,刘邦建汉后封他为淮南王,与韩信、彭越并称汉初三大名将。汉高祖十一年(公元前196),高后诛杀了淮阴侯韩信,因此,英布内心恐惧。当年夏天,汉王又诛杀了梁王彭越,并把他剁成肉酱,分赐给诸侯。淮南王看到肉酱,更加心生不安,便暗中布置,以防不测。中大夫贲赫向汉高祖上书,说英布有造反的迹象。英布为求自保,被迫起兵造反。汉高祖刘邦召集将领们问道:"英布造反,对他怎么办?"原楚国令尹薛公回答说:"英布造反不足为怪。假使英布计出上策,山东地区就不归汉王所有了;计出中策,谁胜谁败很难说了;计出下策,陛下就可以安枕无忧了。"意思是说:如果英布向东夺

取吴国,向西夺取楚国,吞并齐国,占领鲁国,又命令燕国、赵国固守他的本土,那么山东地区就不再归汉王所有了。如果英布取中策,那就向东攻占吴国,向西攻占楚国,吞并韩国占领魏国,占有敖庾的粮食,封锁成皋的要道,谁胜谁败就很难预料了。至于下策,就是向东夺取吴国,向西夺取下蔡,把辎重财宝迁到越国,自身跑到长沙,陛下就可以放宽心睡觉,不用忧虑了。高祖又问薛公英布将会选择哪种计策,令尹回答说会选择下策。因为英布本来是骊山的刑徒,自己奋力做到了万乘之主,这都是为了自身的富贵,而不顾及当今百姓,不为子孙后代考虑,所以说他选用下策。刘邦认为薛公说得正确,就赐封他为千户侯。册封皇子刘长为淮南王。刘邦亲自率领军队向东攻打英布。公元前196年,英布终因"出于下计",兵败被诱杀。

淮南王英布虽然兵败被杀,但因他而创用的本条成语却被保存下来,并被广为引用。

需要说明的是,英布虽为原六安县人,刘邦建汉封英布为淮南王,建都六安,但自刘邦派刘贾、英布占领寿春,攻下八公山,断项羽退路,逼项羽兵溃垓下、自刎乌江之后,英布叛楚归汉,后又反汉自立,其故事大多发生在淮河两岸,更集中于寿县及其周边地区,所以这里将本条成语的出处归在寿县,不算牵强。

〔例句〕1.《汉书·东方朔传》:"上知计出于足下也,则安枕而卧,长无惨怛之忧。"

2.宋·苏辙《元祐会计录序》:"而数年之后,国用旷竭,臣恐未可安枕而卧也。"

3.《宋史·石守信传》:"帝曰:'我非尔曹不及此,然吾为天子,殊不若为节度使之乐,吾终夕未尝安枕而卧。'"

4.元·佚名《秦并六国平话》卷上:"韩今不能保,大国之危其可安枕而卧乎?望陛下发兵救应。"

5.明·冯梦龙《东周列国志》第七十九回:"孔子见疏,必弃鲁国而适他国,君可安枕而卧矣。"

〔近义〕高枕无忧 无忧无虑

〔反义〕卧不安枕 卧不安席

【安之若素】 ān zhī ruò sù

〔褒贬〕中性

〔出处〕明·郑之元《方侍御传》，清·曾道唯《寿州志·艺文志》卷三十三转载："不数日，即当伏踬西市，与惠给谏世扬慷慨赋诗，安之若素。"

〔释义〕安：坦然。之：代词，代替人或事物。素：平常。指在遇到困难、危险、变故、意外等反常或不顺利的情况时，毫不在意，坦然待之，保持平常心态。

〔鉴赏〕明代人方震孺，字孩未，桐城人，天启三年（1623）移居寿州。万历四十一年（1613）进士，初任沙县知县，后升至御史，故又称方侍御。天启元年（1621），明熹宗朱由校嗣位，太监魏忠贤勾结朱由校乳母客氏，结党擅政，欺压臣僚，扰乱朝纲。方震孺上疏朝廷，劝告皇帝说，宫妾、近侍之流极不可靠，不要轻易信赖他们，不要给他们实权，否则必有隐祸。中官（太监）张晔、刘朝被讼。魏忠贤心怯，欲暗中与方震孺结好，遭到方震孺严词拒绝。魏忠贤由此怀恨在心。

辽阳失陷后，方震孺一天提交了十三道奏疏，请求增派巡抚，疏通海运，调集边兵，撤换不称职的司马。一天五次到公卿门前击鼓，一边筹划一边痛哭，并请求让自己去犒劳部队。这时，三叉河以西四百里，荒无人烟，军民都逃跑了，文武将官没有一人向东进发。皇帝为鼓励他，拨国库银二十万两给方震孺犒劳部队。方震孺在一年多的犒军中，吊死扶伤，艰苦备尝，举措得当，稳住了军心，士气大振，功勋卓著。

但是，当他凯旋后，不仅没有得到奖赏，反而受到魏忠贤逆党的诬陷和追查。有一个名叫徐大化的主事，是魏忠贤的死党，弹劾方震孺为"赃官"。都御史邹元标认为"方御史保全山海关，不仅无过而且还是国家的功臣"。给事中郭兴治于是借道学之名赶走邹元标。邹元标离职，方震孺也随即被罢官回家。第二年，魏忠贤、魏广微大造冤案，再次招聘弹劾方震孺的人，郭兴治再次追论方震孺在河西贪污赃款。逮捕方震孺并对其进行拷问，污蔑他藏赃款六千多两，准备处以绞刑。扬州太守刘铎诅咒一案又被提起，方震孺又被诬陷与他交往、勾结，犯了杀头之罪，方震孺被逮捕下狱。在死刑临近之日，方震孺与一同被捕下狱的大臣惠世扬慷慨激昂地谈文赋诗,安之若素,毫无惧色,表现出一个爱国志士大义凛然、视死如归的献身精神。临刑之日,幸遇皇太子生,得以缓刑。后魏党事发伏诛,方震孺与惠世扬两位功臣得以释放。

方震孺在狱中不仅表现出崇高的气节,也为后人留下了一条宝贵的成语。

〔例句〕1.清·陈确《陈确集》:"苟吾心之天定,则贫贱患难,疾病死丧,皆安之若素矣。"

也指习以为常,见怪不怪。如:

2.清·李宝嘉《官场现形记》第三十八回:"后来彼此熟了,见瞿太太常常如此,也就安之若素了。"

又指对错误言论或事物不闻不问,听之任之,麻木不仁。再如:

3.清·范寅《越谚·附论·论堕贫》:"贪逸欲而逃勤苦,丧廉耻而习诣谀,甘居人下,安之若素。"

4.毛泽东《整顿党的作风》一文引用的该条成语也取该义:"有些同志听凭别人宣传主观主义,也安之若素。"

关于该条成语的出处,有人认为是出自清陈确的《陈确集》,也有人认为是出自清李宝嘉的《官场现形记》,还有人认为是出自清范寅的《越谚·附论·论堕贫》。我们认为,这三个出处都晚于明郑之元的《方侍御传》,且前三处或者是出自作者本人的议论,或者是出自虚构的小说中的语言,而此处则是出自他们之前的历史人物之口,故入选寿县成语典故。

〔近义〕泰然处之 漠然置之 随遇而安 泰然自若 从容不迫

〔反义〕惊惶失措 寝食不安 心慌意乱 慌慌张张 惴惴不安

【按图索骥】 àn tú suǒ jì

〔褒贬〕贬义

〔出处〕《汉书·梅福传》:"今不循伯乐之道,乃欲以三代选举之法取当时之士,犹察伯乐之图求骐骥于市,而不可得,亦已明矣。"

〔释义〕索:寻找。骥:良马。按照画像去寻求好马。比喻死搬教条,不知变通,墨守成规。也作"按图索骏"。

〔鉴赏〕这是寿县人梅福劝谏汉成帝循伯乐之道,弃远古三代以选举之法来取士的做法时所创用的一条成语。

相传,春秋时秦国有个叫孙阳的人,很擅长相马,人们都称他为伯乐。他把自己相马的知识和经验写成一本书,叫《相马经》,书中图文并茂地介绍了各类马匹。其中,千里马的主要特征是"高高的额头,鼓起的眼睛,蹄子像叠起来的酒曲饼子",他儿子熟读这本书后,以为学到了父亲的本领,便拿着《相马经》到处去寻找千里马。有次他见到一只癞蛤蟆,前额和眼睛与《相马经》上说的好马特征很相符,便以为找到了一匹千里马,兴高采烈地抱着那只癞蛤蟆跑去告诉父亲。伯乐知道儿子愚蠢,戏谑地回答说:"这匹马太会跳,不好驾驭。"这便是按图索骥活生生的事例。

这个故事在明朝杨慎《艺林伐山》卷七里有明确的记载:"伯乐《相马经》有'隆颡蛈日,蹄如累曲'之语,其子执《马经》以求马,出见大蟾蜍,谓其父曰:'得一马,略与相同;但蹄不如累曲尔。'伯乐知其子之愚,但转怒为笑曰:'此马好跳,不堪御也。'所谓'按图索骏'也。"但是,这个成语的最早出处应当是出自《汉书·梅福传》。据该传记载,汉成帝即位后,沉湎于酒色,外戚王氏擅政。以大司马王凤为首的王氏集团为了能有效控制刘汉政权,一改汉高祖等汉代先祖留下的任人唯贤、广揽天下之士的优良传统,以推崇三代的禅让和选举制度为名,行任人唯亲、排斥异己之实,党同伐异,大搞"顺我者昌,逆我者亡"。

梅福出于忧国忧民之心,对王氏集团的用人制度进行了无情的嘲讽和揭露。提醒汉成帝"不循伯者之道,乃欲以三代选举之法取当时之士"的所谓人事制度的改革,无异于"察伯乐之图求骐骥于市,而不可得"。成语"按图索骥"由此产生,用来讽喻汉成帝不知变通,盲目效法三代的选举之法,坐失天下之贤士(参见"从谏若转圜")。自此之后,该成语被广泛引用,用以比喻做事只知照搬照抄,死搬教条。

〔例句〕1. 宋·周密《癸辛杂识续集·卖阙沉官人》:"虽部胥掌阙簿者,亦不过按图索骏。"

2. 元·赵汸《葬书问对》:"每见一班按图索骥者,多失于骊黄牝牡,苟非其人神定识超,未必能造其微也。"

3. 明·张萱《疑耀·佛经不真》:"经语未必皆出于佛,而欲以经语作佛,此与按图索骏何异?"

也比喻按照线索去寻找事物,易于获得。如:

4.宋·周密《癸辛杂识后集·向氏书画》:"贾大喜,因遣刘诱以利禄,遂按图索骏,凡百余品皆六朝神品。"

5.清·郑观应《盛世危言·训俗》:"如第一害之汉奸,则上海亦不乏其人,其曾发洋财者可以按图索骥,无可漏遗。"

6.方之《内奸》:"他们按图索骥,提审了严家忠,攻下了曹约翰,然后才杀回马枪找到田玉堂。"

〔近义〕 刻舟求剑　顺藤摸瓜　纸上谈兵

〔反义〕 无迹可寻　通权达变　见机行事

【傲世轻物】　ào shì qīng wù

〔褒贬〕中性

〔出处〕《淮南子·齐俗训》:"傲世轻物,不污于俗。"

〔释义〕傲世:傲视当世。物:他人或环境。表示不与世俗同流,看不起别人,孤高自傲。

〔鉴赏〕《淮南子·齐俗训》是专门论述风俗的一篇文章。所谓"齐俗"就是运用道家的观点平等地看待各地的风俗,尊重各地风俗的差异性及其存在的合理性,这对当世乃至当下如何正确处理民族问题、理顺中央与地方的关系问题等都具有积极的意义。(参见"南航北骑")

作者创用该成语,主要用来说明各行各业、各色人等都要安于本分,各司其职,各尽其才,各得其所。作者认为,一人不得兼任多种官职,一官也不得兼管多种事务,士农工商各做各的事。农夫们在一起谈论劳动力之强弱,士人们在一起讨论德行的高低,工匠们在一起研究工艺技术的精巧,商人们在一起交流生意经。这样的话,士人就没有失检的行为了,农夫就没有白费的劳动了,工匠就没有伪劣的产品了,商人也就没有亏损的买卖了,各行各业都安于本性,互不干扰。圣人能综合他们的特点,统筹安排,合理使用,使人们都能发挥出自己的才干。能够先知先觉、深谋远虑,这自然是人才中的杰出人物,但君主不能用这样的标准去苛求所有的人。博闻强记、能言善辩,这同样是聪明人中的精英,但君主同样不能用这种标准去要求下属。高傲自负,不和世俗同流合污,这是士人的高洁品行,但君主却不能拿这样的品行去教化民众。概而言之,作者以上所论述的核心问题就是"人材不足专恃,而道术可公行也",也就是说,没有可以依仗的通行全才,只有"道术"才能普遍运用。

  从本条成语的感情色彩来看,具有褒、贬双重色彩。从褒义的角度来说,在蝇营狗苟、追名逐利的污秽浑浊的社会里,依然有一部分高洁之士能怀瑾握瑜,不与世俗同流合污,视金钱权势为粪土浮云,超然物外,不为世俗所拘,为保持独立的人格,甚至不惜牺牲自己的生命,以此来表达他们与世俗的抗争,表现出崇高的气节,这种人实乃世之精神脊梁,实在是可歌可颂。从贬义的角度来说,面对世俗社会、芸芸众生,也有一部分人自以为高人一等,脱离群众,孤芳自赏,自命清高,目空一切。考察这类傲世轻物的人,无外乎有两种心态:一种是故作高深,以此来掩饰自己的浅薄,这是自欺、虚伪、懦弱的表现;另一种是认为自己确实非同一般,对于"市井凡人"不屑一顾,不愿意用自己的力量去影响他人改变社会,这是自私、自闭、自绝的表现。持这两种心态的人,其结果都一样,不仅于己无补,也于事无补,最终只能被社会所抛弃。

  由此可见,对于本条成语所表现的人生态度,应该一分为二地看待。一方面,对于低级庸俗、有违社会公德的不良之徒和浑浊的社会风气来说,应该独立不迁,绝不苟同,以伸张社会正气。另一方面,也不能逃避社会,置身世外,而应该积极地融入社会,用自己的人格去影响和教育他人,甚至开展积极的斗争,以培养社会的正能量,这就是本条成语给予我们的启示。

  〔例句〕面对污浊的楚国政治生态,屈原宁愿投江自尽,也不愿与权贵妥协,充分展现了他~、志行高洁的人格特质。

  〔近义〕目无下尘 特立独行 独立不迁 孤芳自赏 志行高洁
  〔反义〕随波逐流 同流合污 低首下心 趋炎附势 谦虚谨慎

B

【白玉不琢】 bái yù bù zhuó

〔褒贬〕褒义

〔出处〕《淮南子·说林训》:"白玉不琢,美珠不文,质有余也。"

〔释义〕洁白的玉不需雕琢。比喻事物本质优良,无需加工即可成材。

〔鉴赏〕常言说,玉不琢,不成器。作者认为这是对一般的玉而言的,对于白玉来说,就无需雕琢了。这是因为它的玉质足够美好,对于这样的白玉还进行雕琢加工,不仅浪费工时,反而有可能使之受损。

作者创用此条成语,意在说明事物内在本质的决定作用。就像高耸入云的大树靠它植入土中的根基一样,这些都不可能人为造成,而是由事物的必然规律所决定。所以,人们必须尊重自然规律,凡事要顺势而为,不可逆天行事,否则,就是自找麻烦,自食其果。从今天来看,其基本意义是用来赞赏人或事物的优良本质。从引申义来看,可以理解为人行事不能机械死板,不能用一般的规律和常识去看待特殊的事物,特殊情况要特殊对待。也可以理解为不要没事找事,否则就会自讨苦吃,自寻烦恼。从用人的角度来看,此条成语也启发我们要树立正确的人才观,对于那些德才兼备的非凡之才,可以破格启用,而不能因循常规,走漫长的培养、考察之程序,否则就是对人才的浪费。

〔例句〕~,美在自身;桃李不言,下自成蹊。

〔近义〕美珠不文　清水出芙蓉

〔反义〕玉不琢,不成器　精雕细刻

【百川归海】 bǎi chuān guī hǎi

〔褒贬〕褒义

〔出处〕《淮南子·氾论训》:"百川异源,而皆归于海;百家殊业,而皆务于治。"

〔释义〕川:水道,河流。各条河流源头各不相同,但最后都归于大海。比喻人心所向,众望所归。或比喻殊途同归,也比喻许多分散的事物汇集到一起。

〔鉴赏〕作者在本卷中泛论博说世间古今之得失,所以题为《氾论训》。"氾论"并非泛泛而论,而是有着鲜明的主旨,那就是"以道为化""大归于一"。作者心中的"道"不是僵化不变的教条,不是机械地固守陈规,而是要随着具体的世事、情理、天地万物的改变而"与化推移""随时而动静"。所以,本卷实际上可视为《淮南子》的"权变论"。本条成语就是为了阐述作者心目中的"道"而创用的。作者认为,百川源头各不相同,但最后都流归大海。百家学说各不一样,但都以治理好天下为目的。"王道"残缺才产生了《诗经》;周王室衰微、礼义崩溃才产生了《春秋》。《诗经》和《春秋》虽然都是学问中的极品,但都是衰世的产物,儒家用它们来教导世人,哪里比得上用三代盛世的事情来教育世人。如果认为《诗经》《春秋》是讲古代的道理而推崇它们,那么还有没产生《诗经》和《春秋》的远古时代呢。与其称颂王道破残时代产生的《诗经》和《春秋》,不如称颂《诗经》和《春秋》没有产生之前的更早的王道完整的时代。与其诵读先王的诗书,不如听他们的言论;与其听他们的言论,不如了解他们这些言论产生的由来;而这些言论产生的由来,又是难以用言语来表达的。所以说是"道可道,非常道"。总而言之,人们的一切实践活动,像千百条来自不同源头的江河,最后都会流归大海,各做各的事务,但都是为了求得更好地治理社会,过更美好的生活。这就是作者所说的"道",是人世间万事万物的本源。本条成语含义丰富,除了揭示"道"的内涵之外,还说明了殊途同归、方式方法具有多样性的方法论原理;也强调了顺应人心、顺势而为、尊重事物发展规律的重要性;同时也揭示了同类事物相互聚集的现象。

〔例句〕清·毛奇龄《禹庙》:"一自百川归海后,长留风雨在江东。"

〔近义〕 大势所趋　众望所盼

〔反义〕 四分五裂　众叛亲离　各奔东西

【百舌之声】 bǎi shé zhī shēng

〔褒贬〕贬义

〔出处〕《淮南子·说山训》:"人有多言者,犹百舌之声;人有少言者,犹不脂之户。"

〔释义〕百舌:乌鸫,俗称百舌鸟,是鸫科鸫属的鸟类,分布于欧洲、非洲和亚洲,是瑞典国鸟。乌鸫是杂食性鸟类,食物包括昆虫、蚯蚓、种子和浆果。雄性的乌鸫除了黄色的眼圈和喙外,全身都是黑色。雌性和初生的乌鸫没有黄色的眼圈,但有一身褐色的羽毛和喙。该鸟歌声嘹亮动听,并善仿其他鸟鸣。比喻爱唠叨、话多。

〔鉴赏〕这是作者在阐述相对与绝对、确定与不确定的关系时所创用的成语。作者认为,相对与绝对、确定与不确定的关系应该是"相对中有绝对,不确定中有确定"。也就是说,世界上不存在绝对的事物和绝对确定的事情,但是在一定时空范围内还是存在绝对的事物和绝对确定的事情。为此,作者用了一系列比喻进行了说明:殷末申徒狄不忍见纣乱而自沉于渊,但不能由此认为凡是自溺的行为都是高尚的;同样,弦高靠欺骗而保护了郑国,但不能由此认为凡欺骗的行为都是合理的。事情有时适用于一时,但不能把它当作规律而去遵循。有人话非常多,就像百舌鸟那样叫个不停;有些人沉默寡言,就像缺少油脂的门枢,难以开合。六畜生下来多长了耳朵和眼睛,是不祥的征兆,这在预测吉凶的谶书中有记载。上百的人同举一只瓢,不如一个人拿着它走得快。事物本来就有多不如少来得好的情形。拉车的人如果不向一个方向用力,那么拉车的人多反而落在拉车的人少的后面。事物本来就存在着相反相成的情形。两个都不会游水的人一起溺水,就不能互相救助;只有其中一人在岸上,才有办法救助落水者。总而言之,事物的确定性和绝对性在一定的条件下是客观存在的,是不可否定的。

本条成语在说明事物存在着相对的确定性这一哲学原理的同时,也反映了作者轻言重行、力戒空谈的观点。所以,本条成语不仅具有深刻的哲理性,而且有着重要的现实性。早在明清之际,大思想家顾炎武就提出了"清谈误国"之说,对两晋亡于清谈的社会风气进行了严肃的批评。1992年1月18日,邓小平在南方讲话时就此说道:"空谈误国,实干兴邦,不要再进行所谓的争论了。"小平同志的讲话,表现了中国新一代领导集体坚持改革开放的信心和决心,对中国社会各项事业的发展起到了巨大的推动作用。

2011年3月,时任中共中央政治局常委、国家副主席的习近平在《学习时报》上发表了《关键在于落实》的文章。习近平在文章中指出,"空谈误国,实干兴邦",这是千百年来人们从历史经验教训中总结出来的治国理政的一个重要结论。古人曰:"道虽迩,不行不至;事虽小,不为不成。""为政贵在行。""以实则治,以文则不治。"习近平还举出了历史事件进行说明:历史上有许多空谈误国的教训,比如战国时期的赵括,只会"纸上谈兵",导致四十万赵军全军覆没,赵国从此一蹶不振,直至灭亡。此类误国之鉴,发人深省。习近平还指出,反对空谈、强调实干、注重落实,是我们党的一个优良传统。2012年11月29日,当选为中共中央总书记、中央军委主席的习近平在率领中央政治局常委一行来到国家博物馆参观《复兴之路》的陈列时,再次强调了"空谈误国,实干兴邦"历史经验教训。他要求我们这一代共产党人一定要承前启后、继往开来,把我们的党建设好,团结全体中华儿女把我们国家建设好,把我们民族发展好,继续朝着中华民族伟大复兴的目标奋勇前进。

如今,全国人民正在以习近平同志为核心的新一届党中央的领导下,一心一意谋发展,聚精会神搞建设,我们深信中华民族的伟大复兴之梦一定会实现!

〔例句〕暑假回老家山村小住几日,晨闻~,晚看明月照松林,好不惬意。

〔近义〕空谈阔论　一口三舌

〔反义〕埋头苦干　桃李不言,下自成蹊　敏于行而讷于言　片言只语

【百射重戒,祸乃不滋】　bǎi shè zhòng jiè,huò nǎi bù zī

〔褒贬〕中性

〔出处〕《淮南子·人间训》:"百射重戒,祸乃不滋,计福勿及,虑祸过之。"

〔释义〕高诱注:"射,象也。"指各种现象。重戒:加倍警戒。滋:产生。对于社会纷繁复杂的现象要多加注意,百般戒备,这样灾祸就不会产生了。

〔鉴赏〕作者创用此条成语,意在提醒我们:对于世间万象要能仔细体察,多加防备,及早发现祸患的苗头和预兆,做到防患于未然。作者深感社会险恶,世事难料,所以提醒人们凡事都要多加小心,以避免招灾惹祸。体现了作者浓郁的忧患意识和明哲保身的人生态度。对我们安全地立身于社会,避免无妄之灾,顺利走完人生之路具有积极的指导意义。(参见"敬小慎微")

〔例句〕《三国之最风流·临将战复授机宜》:"来歙以攻灭隗氏之威,岑彭以芟夷荆襄之武,而相继亡于蜀刺客之刃,所以说'敬小慎微,动不失时,百射重戒,祸乃不滋'。扰民事小,卿安危事大,由兹而后,卿出入营、城,随行牙兵不得少于百人。"

〔近义〕有备无患　防患未然　未雨绸缪

〔反义〕临阵磨枪　临渴掘井　临难铸兵

【百死一生】 bǎi sǐ yī shēng

〔褒贬〕中性

〔出处〕《淮南子·氾论训》:"出百死而给一生,以争天下之权,奋武厉诚,以决一旦之命。"

〔释义〕百:比喻很多。多次面临死亡的边缘而幸存。也形容处于生死关头,情况或处境十分危急。

〔鉴赏〕作者创用本条成语,用来说明汉高祖创业之艰辛,歌颂其文治武功的辉煌政绩。作者指出,由于秦朝的横征暴敛,致使民不聊生,在这种情况下,汉高祖顺应时势,奋然起兵,解民于倒悬,存亡继绝,以弘扬天下之正义。这时,天下英雄豪杰闻风响应,跟着高祖风餐露宿,征战沙场,百死一生,以夺取政权,奋发勇武精神,激励忠诚之情,豁出生命决一死战。在这样的时代,那些穿着丰衣博带,谈论儒、墨的人,被视为无能之辈。但等到暴秦灭亡，天下安定之后，汉高祖立文业，建武功，登上了天子宝座，聚集起邹、鲁的儒墨学者，贯彻古代圣人的遗教，树立起天子大旗，乘坐天子的大车，建置九旒旗，撞击大钟，敲响鸣鼓，演奏《咸池》乐曲，举着盾牌大斧起舞。在这个时候，谁要是继续提倡武力，会被人怀疑居心叵测。这期间，文治、武功交替主宰时局，这是根据时势的变化而采用的不同策略。而现在的尚武派非议文治者，或文治者非议尚武派，他们之间互相指责非议，实在是不懂文与武各适宜于一定时局的道理。

　　上述议论，反映了作者随时而动、顺势而为的政治思想。在政治黑暗、社会动乱、民不聊生的时候，需要建立武功，以推翻腐朽、残暴的政权，救民于水火。夺取政权之后，就要加强文治，以恢复秩序，发展生产，搞活经济，繁荣文化。同时，武备也不能松弛，以维护社会的稳定，抵御外敌的入侵，为各项建设提供强有力的保障。作者所赞誉的文治武功，既是对历史的总结，也是为后世提供有益的借鉴，具有深远的意义。同时，作者这里所创用的本条成语，也成为鼓舞有志之士勇于为正义的事业抛头颅、洒热血的思想动力。从本条成语的发展来看，最早可以追溯到屈原的《离骚》"亦余心之所善兮，虽九死其犹未悔"之句，但其成语形态尚不具备。《淮南子·氾论训》为本条成语提供了完整的语源和基本形态。后人经过剪辑，使之得以定型。

　　〔例句〕1.唐·李百药《北齐书·杜弼传》："诸勋人身触锋刃，百死一生，纵其贪鄙，所取处大，不可同之循常例也。"

　　2.唐·元稹《叙诗寄乐天书》："地无医巫，药石万里，病者有百死一生之虑。"

　　3.许洪波在深圳举办的移动互联网博览会暨创业大赛上的发言："创业将进入百死一生的时代。"

　　〔近义〕九死一生　死里逃生　绝处逢生

　　〔反义〕安然无事　安如泰山　安然无恙

【百星不如一月】　bǎi xīng bù rú yī yuè

　　〔褒贬〕中性

　　〔出处〕《淮南子·说林训》："百星之明，不如一月之光；十牖之开，不如一户之明。矢之于十步贯兕甲,及其极,不能入鲁缟。太山之高,背而弗见;秋豪之末,视之可察。"

〔释义〕一百颗星星也不如一弯明月的光亮。比喻量多不如质优。

〔鉴赏〕百星之明,加在一起,也不如一轮明月之亮;十扇敞开的窗户,不如敞开一扇门亮堂。箭在十步之内,其力量可以穿透皮铠甲,但等到箭飞到极限,其力量连薄薄的细绢都穿透不了。泰山那么高,但若背对着它却什么都看不见;秋毫的细端,如盯住它看就能看得一清二楚。作者在这里一连用了五个比喻,意在说明质优胜于量多的道理。这个成语告诉我们,做任何事情都不能一味地贪多求全,只重数量不重质量,只求规模不求效益,否则就会陷入形式主义,其结果必然是徒劳无功,白白浪费了精力。反之,如果我们集中力量打歼灭战,稳扎稳打,步步为营,各个击破,我们就会百不失一,百战不殆,无往而不胜。同时,该成语还告诉我们,做任何事情都要讲究方式方法,要找准着力点,切不可违背客观规律率意而为。(参见"白玉不琢")

〔例句〕～,与其好大喜功,不如踏踏实实做好每一件事情。

〔近义〕百不当一 以一当十

〔反义〕一不压众 百不随一 众人拾柴火焰高

【蚌病成珠】 bàng bìng chéng zhū

〔褒贬〕褒义

〔出处〕《淮南子·说林训》:"明月之珠,蚌之病而我之利。"

〔释义〕明月之珠是蚌蛤的病害,但却有益于我们人类。比喻痛苦孕育着成果;也比喻因不得志而写出好文章来。

〔鉴赏〕《说林训》取材于"林",以故事、寓言等"假譬取象"的方式来喻说深刻的"道"理、哲理和事理,从而达到提升人生境界的目的,为获得"道体"打下方法论的基础。文章运用"假譬取象"的故事和寓言十分精彩,语言也很精妙,充分体现了中国古代思想中以象喻意的特色。作者在此处进行了一系列类比,主要用以说明事物与事物之间具有普遍的联系,同时,每种事物都具有两面性,我们要正确把握事物的这些特点和运动规律,为我所用。比如明月之珠是蚌蛤的病害,却是我们的利益;虎爪象牙是禽兽的利器,却是我们的祸害。平坦的道路,优良的骏马,使得人想骑马奔驰;喝酒喝得痛快时,使人禁不住引吭高歌。认为是正确的就去做,所以这叫"决断";认为不对的,却还去做,这就叫"乱来"。箭矢飞快,但也不过射到两里之外;步行虽慢,但走上百天,也可达到千里之远。

作者在论述这些哲学问题时,创用了该条成语,用蚌因受病害之痛而产生珍珠的事例来说明痛苦困境与成功的关系,指出痛苦使人升华,不幸产生成果,正所谓艰难困苦,玉汝于成。司马迁在《报任安书》一文中充分地诠释了这一人生哲理:"盖西伯拘,而演《周易》;仲尼厄,而作《春秋》;屈原放逐,乃赋《离骚》;左丘失明,厥有《国语》;孙子膑脚,《兵法》修列;不韦迁蜀,世传《吕览》;韩非囚秦,《说难》《孤愤》。"这些历史人物,之所以取得不同凡响的成就,就是因为他们受挫折后没有屈服,而是选择了抗争与奋斗,最终成就了伟大的事业。苦难是人生的一笔财富。我们要正确面对人生的痛苦与不幸,化不利因素为有利因素,戒除不劳而获、侥幸成功的念头。

需要指出的是,此处只是创造了该成语的基本语素,经过后人加工剪辑才使该成语得以定型。

〔例句〕南朝·梁·刘勰《文心雕龙·才略》:"敬通(冯衍)雅好辞说,而坎壈盛世,显志自序,亦蚌病成珠矣。"

〔近义〕蚌病生珠　凤凰涅槃

〔反义〕一蹴而就　轻而易举

【褒衣博带】　bāo yī bó dài

〔褒贬〕中性

〔出处〕《淮南子·氾论训》:"岂必褒衣博带,句襟委章甫哉?"

〔释义〕褒、博:形容衣带宽大。着宽袍,系阔带,指古代儒生的装束,现在已经很少使用,但可以用来形容人的气质或修养。

〔鉴赏〕本条成语意在赞美上古时期圣人治理下的社会状况。那个时期人与人之间是平等的,老百姓能得到应有的尊重,人与人之间、人与自然之间的关系是和谐的,人们善良而又淳朴,社会风气是风清弊绝,那时阴阳平和,风调雨顺,万物生长繁衍。所以这个时期的君王尽管衣冠不整,也会受到人们的爱戴和尊重,根本不需要通过衣饰来维护尊严。这里,作者通过对上古"无为而治"的政治的歌颂,隐约流露出对现实强权统治的不满。(参见"百川归海")

〔例句〕清·黄遵宪《续怀人》:褒衣博带进贤冠,礼乐东方万国看。

〔近义〕峨冠博带　衣冠楚楚

〔反义〕衣冠不整　鹑衣百结　不修边幅

【杯水之饯】　bēi shuǐ zhī jiàn

〔褒贬〕褒义

〔出处〕《隋书·循吏传·赵轨》:"父老相送者各挥涕曰:别驾在官,水火不与百姓交,是以不敢以壶酒相送。公清若水,请酌一杯水奉饯。"

〔释义〕饯:送别。用一杯水为人送行。旧指官吏洁身自好,廉洁奉公。

〔鉴赏〕见"水火无交"。

【崩山决塘】　bēng shān jué táng

〔褒贬〕褒义

〔出处〕《淮南子·兵略训》:"威之所加,若崩山决塘,敌孰敢当!"

〔释义〕山岳崩塌,堤岸决口。形容声势浩大,不可阻挡。

〔鉴赏〕作者创用此条成语,意在说明正义战争、人民战争的强大威力。作者认为,英明的君王用兵,是为天下百姓除害,和人民共享战争的胜利果实,民众也为之前赴后继,这就像儿子为父亲、弟弟为兄长那样;这样产生的战争能量、威势加到敌人头上,有如山峰崩塌、河堤决口,哪个敌军能抵挡得住?所以善于用兵的人,是会让士兵知道他们是在为自己的利益而战斗;不善于用兵的人,是让部队为君主将帅的私利而卖命。让士兵们知道自己是在为自己的利益而战斗,那么天下就没有不可以被利用的;让部队为君主私利而卖命,那么所能得到的支持少之又少。这种代表人民群众根本利益的军队作战就会威猛无比,摧枯拉朽,势不可挡。作者这一进步的战争观,在当下仍然具有现实的意义。

需要指出的是,该词语尚未被成语大家庭所接受,但我们认为,该词语言简意赅,表达功能极强,具备了成语的特点,所以在这里予以推荐。

〔例句〕1949年4月20日至21日,人民解放军百万雄师以～之势,一举摧毁了国民党军的长江防线,胜利解放南京。

〔近义〕排山倒海　天崩地裂　势如破竹

〔反义〕风平浪静　波澜不惊　蜗行牛步

【编笆接枣,锯树留邻】 biān bā jiē zǎo, jù shù liú lín

〔褒贬〕褒义

〔出处〕寿县民间传说。

〔释义〕指邻里互相谦让,重义轻利,看重邻居之间的睦邻友好关系。

〔鉴赏〕寿县隐贤古镇有一条涂家巷,传说从前巷内住过陈、王两户人家,两家的院落仅一墙之隔。陈家靠近墙头栽了一棵枣树,几年后枣树结满红枣,树枝越过檐头,伸向王家院内,熟透的红枣不时掉落到王家院子里,王家大人看见孩子捡起来吃,心想邻家枣树结的枣子,自家不该享用。于是就编了竹笆,斜挂在枣树枝下,使掉落的红枣自动滚回陈家院落里。陈家人发现后,悄悄把竹笆口垫高,使枣子滚不过来。两家就这样推来挡去,相持不下。枣树年年结枣,王家人年年编笆挡枣,很是困扰。为了不影响邻居关系,王家人选择了搬家。陈家人得知这一消息,深感不安,毅然将枣树锯掉。王家人看见倒在地上的枣树,很是心疼,问道:"为什么把这正在结枣的枣树锯掉?"陈家人说:"枣子再好,也没有邻居关系好重要啊!"

这真是一个令人感动的故事,故事表现了寿县人民睦邻厚邻的传统美德,彰显了中国文化中和谐友善的人际关系,具有重要的教育意义。尤其是在构建社会主义和谐社会的当下,更需要这种和睦的邻里关系,这是社会主义和谐社会最基本的社会基础。

需要指出的是,这个典故并非寿县隐贤镇所独有,例如曲阜市小雪街道鲁贤村、台儿庄、虞城县谷熟镇等地皆有此传说,但寿县隐贤镇的版本有根有据,与其镇名"隐贤"一脉相承。

〔例句〕～的故事,已成为邻里间和睦相处的最完美、最生动的教育素材。

〔近义〕远亲不如近邻　赵轨还椹
〔反义〕以邻为壑

【变化如神】　biàn huà rú shén

〔褒贬〕褒义

〔出处〕《淮南子·原道训》:"其动无形,变化若神。其行无迹,常后而先。"

〔释义〕若:通"如"。形容变化迅速而奇妙,像神鬼一样不可捉摸。

〔鉴赏〕作者创用本条成语,主要用来颂扬"道"的神奇绝妙的变化形态。作者认为,"道"在本质上是"一",就是浑然一体,看不到它的形状。但是,它又能从无形中生出有形,"一"之确立则万物即形成。万事万物最终都要汇聚到一条"道"上来,因此这"一"之原理放之四海而皆准,"一"的要义可运用于天地之间。它的完整纯粹就像没有经过加工的木料,它逸散开来像混浊的泥浆。浑浊而能渐渐澄清,由虚空慢慢盈实;它宁静如同深不可测的潭水,飘荡就像空中的浮云;似有似无,似存似亡。万物无不来自"一"之气穴;百事皆根于"一"之门户。它活动的时候没有具体的形状,变化奇妙如同鬼神;它行事时没有任何痕迹,常常置身于后,却又总是领先。

本条成语在说明"道"的神奇变化的同时,也说明了世间万事万物都处在不断的发展变化且互相转化的运动过程之中,具有运动与变化的多样性和无限性。这是符合唯物辩证法原理的。但由于当时人们认识上的局限性,认为这种变化是十分奇妙的,令人难以捉摸的,甚至加以神化。今天,我们会根据这一原理,不断认识和揭示事物发展变化的客观规律,充分发挥人的主观能动性,不断发现,不断创新,不断推动科技和社会的进步与发展,不断造福于自然和人类社会。

从本条成语出处可以看出,原为"变化若神",后作"变化如神",其语义由颂扬"道"的变化之奇妙逐渐转为称赞用兵之神奇。

〔例句〕1.晋·陈寿《三国志·魏书·武帝纪》裴松之注引晋·王沈《魏书》:"太祖(曹操)自统御海内,芟夷群丑,其军行用师,大较依孙吴之法,而因事设奇,变化如神。"

2.《晋书·帝纪第一》:"权亦出兵遥为之声援,遗文懿书曰:'司马公善用兵,变化若神,所向无前,深为弟忧之。'"

3.《北齐书·神武帝纪下》:"神武性深密高岸,终日俨然,人不能测,机权之际,变化若神,至于军国大略,独运怀抱,文武将吏罕有预之。"

4.宋·陈亮《酌古论二·邓禹》:"出奇制胜,变化如神。兵锋所加,敌人授首。"

也用以比喻心机深,令人捉摸不透。如:

5.宋·司马光《资治通鉴》:"欢性深密,终日俨然,人不能测,机权之际,变化若神。"

6.汉·董仲舒《春秋繁露》卷六:"同心相承,则变化若神;莫见其所为,而功德成,是谓尊神也。"

还可用来比喻花样百出。如:

7.《新唐书·后妃传》:"妃每从游幸,乘马则力士授辔策。凡充锦绣官及冶瑑金玉者,大抵千人,奉须索,奇服秘玩,变化若神。"

〔近义〕 变化无常　变化多端　变化无穷　变幻莫测

〔反义〕 一成不变　千篇一律　一定不易　依然如故　原封不动　一如既往

【兵挫地削】　bīng cuò dì xuē

〔褒贬〕中性

〔出处〕《淮南子·兵略训》:"楚国之强,大地计众,中分天下,然怀王北畏孟尝君,背社稷之守,而委身强秦,兵挫地削,身死不还。"

〔释义〕挫:失败。削:削减,分割。军队战败,土地被分割。

〔鉴赏〕这是作者在阐述军事力量的强弱与胜败的关系时所创用的成语。作者认为,土地辽阔、人口众多,不足以成为强国;铠甲坚固、兵器锋利,不足以成为取胜的条件;高城深壕,不足以坚固;政令严酷、刑罚繁苛,不足以说明威严。而实行仁政,虽然是小国也能长存;实施暴政,即使是大国也必定灭亡。然后作者又以楚国为例加以说明:从前楚国的地盘南到沅水、湘水,北到颍水、泗水,西有巴郡、蜀郡,东裹郯、邳。楚国把颍水、汝水当作壕沟,将长江、汉水当作护城河,把邓林险塞当作城墙;用方城作为环绕北疆的屏障,高山耸入云端,深溪不见日影。地理形势十分有利,士卒百姓又非常勇敢。用蛟龙犀牛的皮制成甲胄,长矛短枪整齐排列在前,连发的弓弩放在后,纹彩的战车护卫在旁,冲锋有如飞箭,集合如同雷电,散开有似风雨。然而楚军却在垂沙陷入险境,又在柏举遭受挫败。楚国的强大,如果丈量土地、计算人口的话,可算占天下的一半。然而楚怀王北面畏惧齐国的孟尝君,又背弃社稷而将自身委于强悍的秦国,结果兵败地削,到死都不能回到自己的国家。作者在分析了楚国及秦国由强到弱到败之后,又从正面列举了周武王化不利因素为积极因素,终于取得天下的事例,雄辩地说明禁塞邪恶、扶助正气的治国之道的重要性,只有充分顺应时势,顺从民众的愿望,才能取得天下。所以善于为政者注意积蓄仁义德行,善于用兵者注重积聚民众愤怒;仁义德行积蓄得多民众就可以使用,愤怒积聚得充分威严就可以确立。作者认为决定战争胜负的根本原因不在于军事力量的强弱,而在于是否实施仁政。作者将仁政引入军事理论之中,无疑抢占了古代军事理论的制高点。

〔例句〕汉·司马迁《史记·屈原贾生列传》:"(怀王)疏屈平而信上官大夫、令尹子兰,兵挫地削,亡其六郡。"

〔近义〕城下之盟　节节败退

〔反义〕蚕食鲸吞　攻城略地

【伯玉知非】　bó yù zhī fēi

〔褒贬〕褒义

〔出处〕《淮南子·原道训》:"故蘧伯玉年五十,而有四十九年非。"

〔释义〕伯玉:蘧瑗,字伯玉,春秋时期卫国人。非:过错。蘧伯玉年五十而知四十九年的过错。指谦虚谨慎,善于反省自己的过失。

〔鉴赏〕春秋时期,卫国大夫蘧伯玉,是远近闻名的大贤人。他饱读经书,能言善辩,聪明过人,外柔内刚,胸怀坦荡。他主张以德治国,执政者要以民为本。当他五十岁的时候,就感觉到之前四十九年的过失。有一天的晚上。卫灵公和他夫人南子一同坐在宫里,忽然听见有一辆车子过来的声音,辚辚地响,到了宫门口,就不响了。南子说:"这辆车子上坐着的人,一定是蘧伯玉。"卫灵公说:"你怎么知道是他呢?"南子说:"从礼节上讲,做臣子的人,走过君主的宫门口,一定要下车,看见了路上君主的车马,一定要行礼。这些都是表示敬重君主的行为。凡是君子,不肯在没有人看见的地方,就放弃了他的品行。"可见伯玉的品行尽人皆知。

蘧伯玉是个贤人君子,是孔子最为敬重的至交,他的言行对儒家学说的形成影响很大。有一次,蘧伯玉派人到鲁国来看望孔子。孔子请来人就座,问他:"伯玉还好吗?"那人说:"伯玉想减少自己的过错,却做不到。"那人走后,孔子说:"伯玉派了个很称职的人来。"《淮南子·原道训》引用此典,也表现出作者对伯玉知过自省的赞赏。意在告诫人们做人要谦虚谨慎,时常进行自我反省,知过必改,这样才能不断进步。

〔例句〕1.唐·李咸用《和友人喜相遇十首》:"年纪少他蘧伯玉,幸因多难早知非。"

2.宋·李清照《金石录后序》:"呜呼,余自少陆机作赋之二年,至过蘧瑗知非之两岁,三十四年之间,忧患得失,何其多也。"

〔近义〕一日三省 自知之明

〔反义〕执迷不悟 自以为是

【勃然而起】 bó rán ér qǐ

〔褒贬〕褒义

〔出处〕《淮南子·兵略训》:"有圣人勃然而起,乃讨强暴,平乱世,夷险除秽,以浊为清,以危为宁,故不得不中绝。"

〔释义〕勃然:突然地。指突然起身。也指毫不犹豫地站出来。

〔鉴赏〕本条成语是作者在论述战争的由来时所创用的。作者认为战争是由于财物不能满足需要而产生的。因财物不足、分配不均引起纠纷。在这种情况下,贪婪凶暴的人便以强凌弱、以勇欺怯,残害天下,造成极大的社会动乱。这时"圣人"出于安良除暴平天下的目的,以匡扶正义的战争来"存亡继绝,平天下之乱,而除万民之害"。作者认为这种"正义战争"由来已久,且必不可少,因为它可以讨伐暴乱、造福民众。战争的目的是用来制止凶暴、讨伐祸乱。作者在这里赞颂了圣人在危难时刻能挺身而出,毅然兴兵讨伐强暴、平定乱世、铲除险恶、清除混乱,使混浊变得清平,将危亡转为安宁,使那些凶恶强暴者不得不停止作恶行为。

本条成语是对正义之举的热情歌颂。千百年来，正是这些有良知、有血性、有骨气的仁人志士，在国家危难、社会动乱、奸贼横行、人民处于水深火热之中时，能勃然而起，奋然而出，为了国家和人民的利益，抛头颅、洒热血，慷慨赴难，使正义得以伸张，国家得以保存，秩序得以恢复，人民得以安生。他们是国家的栋梁，社会的脊梁，人民的功臣，他们将永远活在人民的心中。

〔例句〕1.唐·柳宗元《封建论》："下令而削之，缔交合从之谋周于同列，则相顾裂眦，勃然而起。"

2.《旧唐书·列传·卷七十八》："秀实戎服，与泚并膝，语至僭位，秀实勃然而起，执休腕夺其象笏，奋跃而前。"

〔近义〕勃然作色　一跃而起　挺身而出　揭竿而起

〔反义〕瞻前顾后　犹豫不决　畏缩不前　畏首畏尾

【博学多闻】　bó xué duō wén

〔褒贬〕中性

〔出处〕《淮南子·本经训》："晚世学者，不知道之所一体，德之所总要，取成之迹，相与危坐而说之，鼓（歌）〔舞〕而（舞）〔歌〕之，故博学多闻，而不免于惑。"

〔释义〕博学：广博的学识。多闻：丰富的见闻。学识广博，见闻丰富。

〔鉴赏〕这是作者用来批评和讽刺"晚世"那些浅薄的学者们所使用的成语。作者认为，现在至人生活在乱世之中，胸怀道德，藏匿着无穷的智慧，闭口不说，一直到死，所以这世上没有将智慧表露出来就死去的人多得很哩！然而天下却没有人懂得珍重这种不喜言说的行为。所以说，可以用言词表达的"道"并非常"道"、可以用文字叙述的"名"并非常"名"；而那些写在竹帛上刻在金石上、可传后人的文字内容，都是粗糙的。五帝三王，他们做的事情不一样，但宗旨是相同的；所走的道路不一样，但归宿却是一致的。近代求学之人，不懂得混元一体之"道"，总括精要之"德"，而只是拿一些已经成功了的事迹，相聚在一起，正襟危坐而津津乐道，奏着鼓乐、跳着古舞，彼此歌功颂德。所以他们自称博学多闻，却不能免于糊涂和困惑。《诗经》说:"不敢徒手打虎,不敢无舟渡河。人只知道这一类事(危险),却不知道其他的(危险)事还多着呢!"说的正是那些所谓的博学多闻之徒。

上述议论可以看出,作者使用本条成语的根本意图在于说明老子关于"道可道,非常道;名可名,非常名"的道理。道家认为,能用语言说出来的道,不是真正的大道,大道只可意会不可言传;能用语言说出来的名,不是真正的名,真正的名也是无法用语言描述清楚的。语言本身具有狭隘性,不宜说出本末之源,容易对事物曲解。所以不可轻言妄说,应该践行参悟。作者在这里无情嘲讽和批评了后世的学者们自以为博学多闻,掌握了知识和道理,而在那里摇唇鼓舌,津津乐道,其实他们离真正的"道"和"名"还差得很远,这种自以为是的轻妄之言不仅糊涂,徒乱人意,无补于世,而且十分危险,于世有害。

时至今日,我们当然懂得了知识和语言的重要性,但对作者所说的那些"取成之迹,相与危坐而说之,鼓歌而舞之,故博学多闻,而不免于惑"之徒,还是要加以警惕和制止的,否则,将会误国殃民,贻害天下。

需要指出的是,关于本条成语的语源在《淮南子·本纪训》之前即已出现,如《礼记·中庸》中有"博学之,审问之,慎思之,明辨之,笃行之"的儒家经典语录,《荀子·修身》也出现了"多闻曰博"的解释,《淮南子·本纪训》对本条成语的贡献就是将其定型化。从感情色彩来看,本条成语原为贬义,后来一般用于褒义。

〔例句〕1.《晋书·王隐传》:"隐以儒素自守,不交势援,博学多闻,受父遗业,西都旧事多所谙究。"

2.明·瞿佑《剪灯新话·修文舍人传》:"博学多闻,性气英迈,幅巾布裘,游于东西两浙间。"

〔近义〕见多识广 博学多才 博古通今 博物洽闻

〔反义〕孤陋寡闻 寡见少闻 才疏学浅 闭目塞听

【补天浴日】 bǔ tiān yù rì

〔褒贬〕褒义

〔出处〕《淮南子·览冥训》:"于是女娲炼五色石以补苍天,断鳌足以立四极,杀黑龙以济冀州,积芦灰以止淫水。"又《山海经·大荒南经》:"东南海之外,甘水之间,有羲和之国,有女子名曰羲和,方日浴于甘渊。羲和者,帝俊之妻,生十日。"

〔释义〕这是指女娲炼五色石补天和羲和给太阳洗澡两个神话故事。后用来比喻人有战胜自然的能力。也形容伟大的功业。

〔鉴赏〕传说盘古开天用四根"不周山"柱子支撑天地,共工与颛顼争夺帝位时将不周山撞倒,天空塌了一大块,女娲氏在高山上架起神火,炼了36501块五彩石把天的窟窿给补了起来,砍大鳌腿支撑天,从此天地就永久牢固了。另据《山海经·大荒南经》记载,在遥远的东南海之外,甘水之间,有个羲和之国,该国有个叫羲和的女子,她是帝俊的妻子,生了十个太阳,正在甘渊的水域中给这十个太阳洗澡。作者在这里记载和保存了女娲炼五色石补天的神话故事。作者笔下的女娲是一个心系苍生、目标明确、法力巨大、做事干练、虚怀若谷的英雄形象,是聪明能干、神通广大、善良仁爱、吃苦耐劳、心胸宽广、虚心低调等优良品质的化身。刘安笔下的这个故事派生了"女娲补天""炼石补天"两个姊妹成语,后人又将此与《山海经·大荒南经》所记载的"羲和浴日"的故事合在一起,产生了本条成语。用以反映远古人民征服自然的愿望和信心。

〔例句〕1.《宋史·赵鼎传》:"浚有补天浴日之功,陛下有砺山带河之誓,君臣相信,古今无二。"

2.明·朱鼎《玉镜合记·新亭流涕》:"反听刘隗刁协之徒,窃弄威柄,将我补天浴日之功,弃而不录,思之不能无怨也。"

〔近义〕女娲补天 炼石补天

〔反义〕听之任之 无所作为

【不趁势利】 bù chèn shì lì

〔褒贬〕褒义

〔出处〕《淮南子·修务训》:"文侯曰:'段干木不趁势利,怀君子之道,隐处穷巷,声施千里,寡人敢勿轼乎?'"

〔释义〕趁:利用时间、机会。不利用时机去追求权势名利。

〔鉴赏〕战国初期,魏国有个名仕叫段干木,师从子夏,与田子方为友,为孔子再传弟子。因其三人皆出于儒门,又先后为魏文侯师,故被后人称为"河东三贤"。段干木原为晋国从事马匹交易的经纪人,后因魏成子的推荐,受到魏文侯的礼敬,欲以为相,不肯受。段干木辞退官职隐居在家,魏文侯每次乘车经过段干木居住的里巷门外时总要起身扶轼表示敬意。文侯的仆人因此问道:"我们每次经过这个地方,大王您为什么要这样起立扶轼表示敬意?"魏文侯回答:"段干木不追求权势名利,胸怀君子之道,却隐居在这鄙陋的巷子里,而他的名声又传遍天下,我怎么敢不起立扶轼表示敬意呢? 段干木因拥有高尚德行而扬名,我却靠君王的权势而荣耀;段干木富于正义,我却富于财物。但地位权势比不上高尚品德,财物也比不上正义。现在让段干木拿德行道义来换我的权势财物,他是不愿意的。我每次都闷闷不乐地对着自己的影子而忧思惭愧,你怎么能轻视他呢?"

这条成语源于魏文侯对不肯做官的段干木的钦慕和褒奖。作者使用该成语是想通过段干木因闭门不出而成名仕,致使秦国顾忌其名声而放弃攻魏,从而安定了魏国,与墨子因积极游说而使楚国放弃攻宋计划的故事相对照,以此来说明只要是为人民谋利,方法手段可以不同,殊途同归皆是功。今天使用此语,仍然取其"不追求权势名利"之意。

该词语虽然尚未被成语词典所收录,但在口头上已是常用词语,从形态和语义来看,均符合成语的要求,所以这里予以推荐。

〔例句〕立党为公,执政为民,~,应成为每个党员干部的从政宗旨。

〔近义〕清心寡欲　淡泊名利

〔反义〕追名逐利　蝇营狗苟　唯利是图

【不传之秘】 bù chuán zhī mì

〔褒贬〕中性

〔出处〕《淮南子·齐俗训》:"其于五音无所比,而二十五弦皆应,此不传之道也。"

〔释义〕指言语、笔墨所不能表达的奥妙。后也指不向外传的奥秘。亦作"不传之妙"。

〔鉴赏〕这是作者用来形容音乐的玄妙以及由此产生的哲理而创用

的一条成语。作者认为,瑟如果没有弦,即使是音乐大师也不可能弹出乐曲来;所以,瑟和弦只是弹奏悲曲的工具,但它们本身并不能产生悲曲。高明的工匠制造各种机械,其中有明暗机关,交错相连,进入神奇莫测的境地,运用心和手的配合来使用工具,根本不须用眼睛去看具体物件,这种出神入化的技巧就是父子相传也是不可能的。盲乐师靠想象观察事物,运用乐舞的形式来表达它们的神态,配合乐曲的节奏,这种出神入化的技术,即使做兄长的也无法传授给弟弟。现在一般人都用水准仪来测量水平,用墨绳来测定直线,如果不使用这些仪器来测平取直,这就不是人人都会的技术了。所以叩击宫音而另一只的宫弦也就随之应和起来,叩击角音而另一只的角弦也就随着应和起来,这是同音律应和的现象。如果改调成一种与宫、商、角、徵、羽不相对应的音调,当弹奏起这种音调时,另外的同一音调的弦照样会产生应和现象,其中的奥妙道理是无法用言语传授的。所以说虚静的精神是形体的主宰,而一旦进入这种静寂的状态,那就什么细微的声音都能感知。

　　作者的这些议论,体现了事物普遍联系的原理以及物质与精神作用与反作用的辩证关系。乐曲是由乐师丰富、深邃、澎湃、激昂的情感通过熟练的技巧作用于琴弦而产生的精神产品。美妙的琴声是琴与手指技巧以及思想情感的高度统一,三者相互联系、相互作用,缺一不可。其中,琴弦、手指属于客观物质,手指上的技巧和乐师的思想感情属于精神层面,没有琴弦和人的手指的客观存在,就不会有美妙的乐曲;反之,没有弹琴者对音乐的精通与演奏技艺的高超以及丰富微妙的思想情感,没其主观能动性的积极充分发挥,也不会有优美的音乐出现。同样,工匠利用工具制造出产品也体现出物质与精神的作用与反作用的关系。

　　本条成语给我们的启示是:要想成就一番事业,除了具备一定的客观条件外,还需要有自己主观上的努力奋斗。唯有如此,才可能创造出美好的人生。

　　《淮南子》在这里只是为本条成语提供了重要的语源,到了宋代,才将"不传之道"定型为"不传之秘"。也作"不传之妙"。

　　〔例句〕1.宋·朱熹《答陆子静》:"若于此看得破,方见得此老真得千圣以来不传之秘。"

2. 宋·黄庭坚《题范氏模〈兰亭叙〉》:"故知局促辕下者,不知轮扁斫轮有不传之妙。"

3. 金·徐世隆《元遗山诗集·序》:"又能用俗为雅,变故作新,得前辈不传之妙,东坡稼轩而下不论也。"

〔近义〕独门秘诀 家门绝学

〔反义〕和盘托出 不藏不掖

【不分是非】 bù fēn shì fēi

见"是非不分"。

【不可揆度】 bù kě kuí duó

〔褒贬〕中性

〔出处〕《淮南子·兵略训》:"能治五官之事者,不可揆度者也。"

〔释义〕揆度:估量,揣测。指无法推测。

〔鉴赏〕《兵略训》是一篇军事理论专篇,它在总结、归纳、吸收先秦诸子军事理论成果的基础上,根据新的历史条件,提出了一些新的军事观点,成为一篇涉及战争的起源、性质、战争与政治的关系、战略战术等诸多方面内容,且有自己特色的军事理论著作。此处阐述的是战略战术方面的内容,是对军事指挥官心智素养的基本要求。作者认为,作为能督促管理五官各自完成事务的统帅,不能墨守成规,要随着瞬息万变的战争环境和形势而适时制定和调整军事策略,心机要深,不能让人轻易摸透战略意图。事物各自形成、变化的迹象都是相当微妙的,只有圣人才能认清。作者由此进一步用喻证法加以说明:鼓不参与五音,但它却是五音的主宰;水没有味道,但能与五味调和。将军不直接参与五官的事务,但是五官的总督。所以能协调五音的是那奏不出五音的"鼓";能调和五味的是那没有五味的"水";能督促管理五官各自完成事务的,是难以揣度估量的。因此将军的心,和暖如春,清朗如夏,寂寥如秋,凝固如冬,顺形势变化而变化,随着时势推移而推移。

这里,作者强调了作为军队管理者的将军,必须具备一般的官兵所难达到的心机智慧和高超的驾驭之术。这是考察和任用军事指挥员的重要标准,对于加强军队人事制度建设具有重要的实践意义。

〔例句〕宋·苏辙《栾城后集》:"惟神格斯,不可揆度,容光必照,何所不临。"

〔近义〕高深莫测　深不可测　不可捉摸

〔反义〕一目了然　不设城府　揆情度理

【不明是非】　bù míng shì fēi

见"是非不分"。

【不知不觉】　bù zhī bù jué

〔褒贬〕中性

〔出处〕《淮南子·要略》:"今学者无圣人之才,而不为详说,则终身颠顿乎混溟之中,而不知觉宿乎昭明之术矣。"

〔释义〕知:知道。觉:觉察。不经意,没有觉察到。现多指未加注意。

〔鉴赏〕作者在说明《淮南子》的写作体例和目的时创用了该成语。作者认为,能够得到根本而又能知道末节的,恐怕只有圣人了。而现在学习的人没有圣人之才,如果不替他们详细解说,那么就会终身困顿于昏聩之中,而不知晓走向光明的道路和方法。也就是说,该书的写作目的就是为了通过从宏观到微观的深入详细的阐发,以提高一般读者的思想认识。

本条成语在该书该卷中尚未定型,只是提供了关键的语素。后秦时期是鸠摩罗什所译的《维摩诘经·不思议品》将其提炼为"不觉不知",使其初步定型,明代赵㧑谦的《两教辨》正式确定为"不知不觉"。

〔例句〕1."若菩萨住是解脱者,以须弥(山名)之高广,内(纳)芥子中,无所增减,须弥山王本相如故;而四天王、忉利诸天,不觉不知己之所入。"

2.宋·释普济《五灯会元》第四十六卷:"其中众生骑驴入诸人眼里;诸人亦不觉不知。"

3.明·赵㧑谦《两教辨》:"遂使昏愚之徒,听其妖诞,舍正从邪,醉生梦死,不知不觉。尧舜三代以前,未闻有此教。"

4.《野叟曝言》第三回:"两人不及细说,将身上衣裳略搅掉些水气,不知不觉,天已昏黑。"

5.茅盾《色盲》二:"林白霜手里的笔,不知不觉就停下来了。"

6.曹禺《王昭君》第二幕:"他的残忍和狠毒,时而不知不觉地在老人面前显露出来。"

〔近义〕无声无息　悄无声息　悄然无声　神不知鬼不觉　不因不由

〔反义〕惊天动地　先知先觉　打草惊蛇　敲山震虎　见微知著　路人皆知

【不脂之户】　bù zhī zhī hù

〔褒贬〕中性

〔出处〕《淮南子·说山训》:"人有多言者,犹百舌之声;人有少言者,犹不脂之户。"

〔释义〕脂:油脂,起润滑作用。高诱注:"不脂之户,难开闭,亦喻人少言语也。"指少说多做,埋头苦干,默默无闻。

〔鉴赏〕见"百舌之声"。

C

【采善锄丑】 cǎi shàn chú chǒu

〔褒贬〕褒义

〔出处〕《淮南子·主术训》:"春秋二百四十二年,亡国五十二,弑君三十六,采善锄丑,以成王道,论亦博矣。然而围于匡,颜色不变,弦歌不辍,临死亡之地,犯患难之危,据义行理而志不慑,分亦明矣。"

〔释义〕锄:本指锄头,后也用作动词,表示去掉的意思。采纳善言,除去丑行。

〔鉴赏〕这是作者以孔子编纂《春秋》为例,用来阐述修德的重要性而创用的成语。作者首先从古代的圣人明主谈起,指出这些圣人明主对于善事,再小也去做;对于过失,再小也要去改正。他们做事十分谨慎,生怕出现一点点过失。所以,这些圣人君主的品行都是十分地端正。作者在这里还特别提到孔子处事简约、为人低调的品行,认为作为通才的孔子,其智慧能够超过苌弘,勇力能压倒孟贲,腿脚灵敏能追上野兔,力能举起城门闩门的大横木,但他的勇力并不为常人所知,其技艺也不为人们所了解。他专门推行政教之道,终被人们尊称为"素王",但其事迹却鲜为人知。在春秋二百四十二年中,被灭亡的国家有五十二个,被臣下杀掉的国君有三十六个,孔子收集了这段历史中发生的善事,隐去丑事,编写成书,以弘扬王道,其论述也够广博。然而孔子在宋国被人围困,却面不改色、弦歌不停,面临死亡的境地,遭遇患难的危险,仍根据义理行事而心无恐惧,这说明孔子对命运的理解相当透彻。在担任鲁国司寇时,孔子处理诉讼总能公正决断。著述《春秋》,不言鬼神,也不敢独断专行。圣人的智慧已经够多的了,再加上他们处事简约,所以使他们的事业兴旺发达;而那些愚蠢的人,智慧本来就少,却又喜欢卷入过多的烦琐事务,处事又不简约,所以举动不免窘迫。比如智慧不如孔墨的吴起和张仪,却想使大国君主互相争斗,结果导致自己被车裂肢解。所以,作者得出结论:走正道并实施教化,则做事容易且一定能成功;以邪道欺蒙世人,则举动困难并且必定要失败。

上述论述包含了丰富的思想内涵。首先,作者强调了统治阶级的责任意识,要本着对国家和人民高度负责的精神,谨言慎行,善于纳谏,谨防过失。其次,反映了作者倡导教化、嫉恶扬善、匡扶正义的进步思想。同时通过对孔墨处事简约的赞赏,表现出作者力图突破道家思想的局限,具有兼收并蓄的"杂家"思想。

〔例句〕杜振乾《道光武陟志》:"居位之久暂考,最之黜陟;序厥爵里,而采善锄丑之意寓焉。"

〔近义〕彰善瘅恶　隐恶扬善　激浊扬清

〔反义〕讳疾忌医　伤风败俗　是非不分

【草木皆兵】 cǎo mù jiē bīng

〔褒贬〕贬义

〔出处〕《晋书·苻坚载记》:"坚与苻融登城而望王师,见部阵齐整,将士精锐;又北望八公山上草木皆类人形,顾谓融曰:'此亦劲敌也,何谓少乎?'怃然有惧色。"

〔释义〕把草和树木都当作敌人的兵将。形容人在极度惊慌时神经过敏,疑神疑鬼,稍有动静便紧张不安。常与"风声鹤唳"连用。

〔鉴赏〕本条成语形象地再现了淝水之战时,前秦苻坚败逃时的狼狈情景。公元383年,北方的统一政权前秦对南方东晋发起了一系列吞并战役,双方于淝水(现今安徽省寿县的东南方)交战,最终东晋仅以八万军力大胜拥有号称八十余万众的前秦军队。前秦军队溃兵逃跑时闻风声鹤唳,都以为是追兵,因而昼夜奔跑,饥寒交迫,死者十之七八。苻坚身中流矢,单骑而逃。此战是中国战争史上著名的以少胜多的战例。(参见"风声鹤唳")

〔例句〕清·吴趼人《二十年目睹之怪现状》第五十九回:"这一天大家都是惊疑不定,草木皆兵,迨及到了晚上,仍然毫无动静。"

〔近义〕风声鹤唳　杯弓蛇影

〔反义〕泰然自若　若无其事

【草行露宿】cǎo xíng lù sù

〔褒贬〕中性

〔出处〕《晋书·谢玄传》:"(苻坚)闻内生鹤唳,皆以为王师已至,草行露宿,重以饥冻,死者十七八。"

〔释义〕在野草里走路,在露天下睡觉。形容走远路的人艰苦和匆忙的情形。

〔鉴赏〕见"风声鹤唳""草木皆兵"。

〔例句〕宋·文天祥《指南录后序》:"不得已,变姓名,诡踪迹,草行露宿,日与北骑相出没于长淮间。"

〔近义〕风餐露宿　颠沛流离　日夜兼程

〔反义〕养尊处优　足不出户

【蝉蜕蛇解】chán tuì shé jiě

〔褒贬〕褒义

〔出处〕《淮南子·精神训》:"若此人者,抱素守精,蝉蜕蛇解,游于太清,轻举独往。"

〔释义〕蝉蜕:幼蝉化为成蝉时所脱下的壳。解:脱。蝉脱壳,蛇换皮。比喻解脱后进入更高的境界。后世道教多指羽化成仙。

〔鉴赏〕本卷以人的生命为中心,从生命的产生、构成及对精神的持守等一系列有关人之生命本身的问题,全面而深入地阐述了《淮南子》的生命哲学,可以视为《淮南子》的生命论。本卷希望通过这些论述,使人们能够达到返归其生命本身,不为外在的名利所动,从而静养其形体、安定其心志的目的。作者创用本条成语主要用于说明精神一旦从名利中解脱出来,就可进入自由的最高的精神境界。作者解释说:具有更高精神世界的至人倚靠着不可动摇的柱子,走在没有关隘的路上;受用着取之不尽的宝库,从学于长生不老的老师。所以这样的至人无论往哪里都顺利,不管到哪里都通畅;他们不为生存而烦恼,不为死亡而伤神;屈、伸、俯、仰、持守天命而自然变化；祸、福、利、害，不管怎样千变万化，都不能使他们伤神劳心。像这样的人，拥抱纯洁持守精神，如同蝉脱壳蛇蜕皮那样，从世俗中解脱而遨游于太清天道之中，轻飘升逸，独来独往，恍惚间进入那幽深冥暗处。凤凰也不能和他媲美，更何况那平庸的小鸟？权势地位、爵号利禄哪值得他牵绕心头？"蝉蜕蛇解"正是这种由俗人到至人的转变过程。

〔例句〕他在遇到技术瓶颈时，刻苦钻研，反复思考，以期能够~，迈上更高的技术境界。

〔近义〕蝉蜕龙变　凤凰涅槃　摇身一变

〔反义〕一成不变　作茧自缚

【长夜漫漫】 cháng yè màn màn

〔褒贬〕中性

〔出处〕《淮南子·道应训》："宁越（戚）欲干齐桓公，困穷无以自达，于是为商旅将任车以商于齐，暮宿于郭门之外。桓公郊迎客，夜开门辟任车，爝火甚盛，从者甚众。宁越（戚）饭牛车下，望见桓公而悲，击牛角而疾商歌。"又《太平广记》卷五七二："《淮南子》曰：'宁越（戚）饭牛车下，望见桓公而悲，击牛角而疾商歌。歌曰：'南山粲，白石烂，短褐单衣长止骭。生不逢尧与舜禅，终日饲牛至夜半，长夜漫漫何时旦。'"

〔释义〕漫漫：无边际的样子。漫长的黑夜没有尽头。形容时间长或距离远。也比喻社会黑暗，见不到光明。

〔鉴赏〕春秋时期，卫国的平民宁戚想向齐桓公谋求官职，以便能够一展抱负。但是他穷得没有路费去齐国见桓公，于是给去齐国经商的商人赶运货车，晚上停宿在齐国都城外。这时，齐桓公去郊外迎接客人，打开城门后，随从让宁戚赶着那辆车回避；桓公一行人所举的火把将四周照得如同白昼，而随从的人又很多。在车旁给牛喂草料的宁戚看了后，悲从中来，于是敲击着牛角唱起悲怆激越的歌曲，桓公听到这突如其来的悲曲，情不自禁地拍着仆人的手说："奇妙，那唱歌的人一定是位不寻常的人。"于是命令随从用车将宁戚载返回去。到了朝堂，随从人员就宁戚的事请示桓公。桓公赐给宁戚衣裳和帽子，并接见了他。宁戚拿治理天下的道理游说桓公，桓公听后大喜，打算任用宁戚。大臣们纷纷规劝："这位客人是卫国人，卫国离我们齐国不远，君王你不如派人到卫国去查访一下，如查访的结果说明宁戚是位贤者，再任用他不迟。"桓公说："不妥。去查访他只不过担心他有什么小毛病而已；而因人家的小毛病却忽视人家的大优点，这正是贤明君主失去天下士人的原因。"这就是几千年来让人津津乐道的宁戚饭牛的典故。

宁戚饭牛的故事有多个版本，如《楚辞·离骚》就有"宁戚之讴歌兮，齐桓闻以该辅"之句，所言宁戚讴歌之事甚为简略，先秦其他典籍亦不见记载。根据今人周明初等人的考证，最早较为详细记载的是《吕氏春秋·离俗览第七·举难》。《淮南子》卷九《主术训》、卷十《缪称训》、卷十一《齐俗训》、卷十三《氾论训》对此事也有所记，但都十分简略，只有《道应训》最为详细，与《吕氏春秋》的记载几乎一致，只是将"宁戚"写成了"宁越"，疑为笔误，因为《淮南子》的其他几卷都为"宁戚"。

然而，《吕氏春秋》和《淮南子》两个版本都没有歌词的内容。汉代以后人们在注释和转引中，陆续将歌词补上，自东汉至北宋之初，共出现了三个歌词版本，但只有北宋初年出版的《太平广记》卷五七二、《乐部》一○所出现的歌词有"长夜漫漫"的句子。今天尽管我们看到的《淮南子》没有这首歌，但《太平广记》说它出自《淮南子》，我们也就姑且信之。

〔例句〕吴伯箫《啼晓鸡》："长夜漫漫何时旦？当你在旅床上辗转不寐，风雨夜雷电交迫的时候，啼鸡一声，就有了盼头了。"

〔近义〕长夜难眠　漫漫长夜　漆黑一团

〔反义〕光风霁月　昼长夜短

【嫦娥奔月】　cháng é bēn yuè

〔褒贬〕褒义

〔出处〕《淮南子·览冥训》："譬若羿请不死之药于西王母，姮娥窃以奔月，怅然有丧，无以续之。何则？不知不死之药所由生也。"

〔释义〕奔：直往，趋向。

〔鉴赏〕嫦娥是一个神话人物，原型是谁至今尚有争论。东汉之前，无任何资料显示嫦娥与后羿是夫妻关系，直到东汉高诱注解《淮南子》才指出嫦娥是后羿之妻。自古以来都有学者认为称为"羿"的有多个，处于不同时期,从而难以判断嫦娥是何人物。嫦娥本称姮娥,因西汉时为避汉文帝刘恒的忌讳而改称嫦娥,又作常娥。关于"嫦娥奔月"的神话,高诱对《淮南子·览冥训》的记载作了这样的注解:"姮娥,羿妻;羿请不死药于西王母,未及服食之,姮娥盗食之,得仙,奔入月中为月精也。"

中国历史故事网对"嫦娥奔月"的神话故事作了如下的描述:

后羿立下盖世神功,受到百姓的尊敬和爱戴,但杀了天帝的儿子,天帝怪罪于他,把他和嫦娥贬到凡间做了凡人。不少志士慕名前来投师学艺。奸诈刁钻、心术不正的蓬蒙也混了进来。

后羿觉得对不起嫦娥,除传艺狩猎外,终日和妻子在一起,并说:"天上等级森严,在人间倒也逍遥自在。不过凡人终将一死,若要长生,就必须渡弱水,翻火山,登上昆仑,去向西王母求取不死灵药。"

后羿凭着盖世神功、超人意志,越过炎山、弱水,攀上悬崖峭壁,来到昆仑山顶。西王母钦佩后羿的作为,同情他的遭遇,但仙药只剩一颗,便说:"不死药是用不死树结的不死果炼得,不死树三千年开一次花,三千年结一次果,炼药又需三千年。现仅剩一颗,两人分享俱可长生不老,一人独食即能升天成仙。"

后羿回来和妻子嫦娥商议想找个吉日分食,暂时把不死药交给嫦娥保管。嫦娥将药藏进梳妆台的百宝匣里,不料被蓬蒙看到了。

当后羿率众徒外出狩猎,心怀鬼胎的蓬蒙假装生病,留了下来。待后羿率众人走后不久,蓬蒙手持宝剑闯入内宅后院,威逼嫦娥交出不死药。嫦娥知道自己不是蓬蒙的对手,危急之时她当机立断,转身打开百宝匣,拿出不死药一口吞了下去。

嫦娥吞下药,身子立时飘离地面、冲出窗口,向天上飞去。由于嫦娥牵挂着丈夫,便飞落到离人间最近的月亮上成了仙。

傍晚,后羿回到家,侍女们哭诉了白天发生的事。后羿既惊又怒,抽剑去杀恶徒,但蓬蒙早逃走了,气得后羿捶胸顿足哇哇大叫。悲痛欲绝的后羿,仰望着夜空呼唤爱妻的名字。这时他惊奇地发现,今天的月亮格外皎洁明亮,而且有个晃动的身影酷似嫦娥。

后羿急忙派人到嫦娥喜爱的后花园里,摆上香案,放上她平时最爱吃的蜜食鲜果,遥祭在月宫里眷恋着自己的嫦娥。

百姓们闻知嫦娥奔月成仙的消息后,纷纷在月下摆设香案,向善良的嫦娥祈求吉祥平安。

从此,中秋节拜月的风俗在民间传开了。

"嫦娥奔月"的神话故事具有丰富的思想和美学意义。当代学者陈芬、高婧在《月下沉吟——论"嫦娥奔月"美学价值的嬗变》一文摘要中指出:"'嫦娥奔月'的神话产生于古老的农耕社会,是原始初民智慧的结晶。随着社会历史的发展,奔月神话已经成为一种民族心理符号。可以说,神话是初民们观念意识的物态化反映,'嫦娥奔月'体现了初民对自我与他者分离的认识。就美学意蕴而言,神话的隐喻功能在解构的同时也建构起一种民族认同感,'嫦娥奔月'是幻想对象化世界的尝试,是初民个体认识的产物。"魏颖在《"嫦娥奔月"神话在陈染女性书写中的当代变形》一文中认为:"在嫦娥奔月神话的能指背后,寄寓了女性的痛楚、无奈与茫然,以及她们对于幸福与获救的向往。""嫦娥奔月"的思想和美学意义由此可见一斑。

〔例句〕郭沫若《科学的春天》:"嫦娥奔月,龙宫探宝,《封神演义》上的许多幻想,通过科学,今天大都变成了现实。"

【怅然若失】 chàng rán ruò shī

〔褒贬〕中性

〔出处〕《淮南子·原道训》:"解车休马,罢酒撤乐,而心忽然若有所丧,怅然若有所亡也。"

〔释义〕怅然:形容不如意、不痛快、懊恼失意的样子。形容心情惆怅,像失去什么似的,烦恼不快。

〔鉴赏〕这是作者在阐述他的快乐观时所创用的一条成语。作者认为,真正的快乐应该来自于内心世界,只有内部心性所产生的快乐才是真正的快乐,这种快乐才能经久不散。而靠外部刺激所产生的快乐是表面的和短暂的,如锦衣玉食、亭台楼榭、歌舞升平、灯红酒绿、斗鸡走狗、追鹰逐兔、车喧马叫等都是一时的欢乐,一旦曲终场散、刺激不在时,就会感到空虚惆怅,若有所失,转喜为悲。这是因为不是以内心的欢乐去感受外界欢快之境,而是以外界这种的欢快来刺激内心,所以奏乐则喜,曲终则悲,悲喜转换变化,扰乱了精神,没有片刻的平静。察其所以然,在于不懂"乐"之含义,因而日复一日地伤害着心性,丧失了本该有的平和本性。而内心的快乐就是"得道",一旦"得道",就可以不受外物的役使,无论身处何境,都能自得其乐。圣人就是不让自身受到外物的役使,不以贪欲来搅乱中和的天性。所以,他高兴时不忘乎所以,悲伤时不愁容满面。万物尽管变化莫测,我只管胸襟坦荡不予理睬而和道共进出。因此,能够自得快乐之性,即使住在深山老林之中,栖身空旷山洞之内,也足以惬意舒心;如果不能自得快乐之性,即使君临天下,以万民为己臣妾,也不足以保养心性。能够达到"无乐"境界的人,就没有什么不快乐;无不快乐就是最大的快乐。

总之,作者的快乐观就是快乐来自人们内心的平和本性,而这种内心的平和本性只有"得道"之人才能持有。显而易见,作者对于快乐的理解是极其深刻的,是一种至高至上的快乐,是持久的快乐。只要我们把作者心目中的"道"赋予当代社会需求的价值取向,树立正确的世界观和人生观,我们就会始终拥有内心的充实和快乐。

后来,人们根据"而心忽然若有所丧,怅然若有所亡也"这句话,剪辑成"怅然若失""若有所失""如有所失""若有所亡""若有所丧""怅然自失""惘然若失""惘然如失"等同源成语。

〔例句〕1.南朝·宋·刘义庆《世说新语·雅量》:"殷怅然自失。"

2.宋·张孝祥《汤伯达墓志》:"送上车,无一语,抆泪而别,余心怒然若有所失,而不忍言也。"

3.宋·洪迈《夷坚甲志·永康倡女》:"至暮,家人强挽以归,如有所失,意忽忽不乐。"

4.宋·洪迈《夷坚志》:"次日,彷徨于案间,惘然如失。"

5.明·汤显祖《牡丹亭·惊梦》:"心内思想梦中之事,何曾放怀?行坐不宁,自觉如有所失。"

6.清·蒲松龄《聊斋志异·牛成章》:"忠泣诉父名,主人怅然自失。"

7.清·蒲松龄《聊斋志异·黄九郎》:"生邑邑若有所失,忘啜废枕,日渐委悴。"

8.叶圣陶《平常的故事》:"每天晚上,他总是若有所失的样子;觉得未了的事情太多了,但一天的光阴又滑过去了!"

〔近义〕 如上同源成语。

〔反义〕 怡然自得　若无其事　泰然自若

【倡而不和】 chàng ér bù hè

〔褒贬〕 中性

〔出处〕《淮南子·缪称训》:"倡而不和,意而不戴,中心必有不合者也。"

〔释义〕 倡:同"唱"。和:响应。领唱而无人应和。形容有人领导,但无人响应的冷清局面。

〔鉴赏〕 这是作者用来说明感化的重要性时所创用的成语。作者认为,圣人处于上位,那么百姓乐意接受他的领导;圣人即使不在位上,百姓也会仰慕他的思想。如果小人处于上位,那么百姓就像睡在机器的机关上,或者像穿着棉袄暴晒,没有片刻的安宁。所以《易经》说:"骑马徘徊,血泪涟涟。"说的是小人处在他不该处的位置,是不会长久的。物质没有什么是无用的,天雄乌头尽管是毒药,但良医却能用它来救人性命。侏儒和盲人,是人中间最困窘忧郁的人,但君主却用他们从事音乐。所以君主圣人对待人物如同巧匠砍削木材一样,没有什么可以被弃舍不用的。勇士一声呼喊,三军为之退避,这是因为他的呼喊是发自肺腑的真诚。所以,有领唱却没有人应和,上面有某种意图,但没有人领会执行,这些肯定都是因为双方的内心思想感情没有得到沟通和交流。所以,舜不离开坐席而能匡正天下,这是因为他自身严格要求。所以,在上的君主大臣玩弄权术,那么下面的人必定跟着变得狡诈起来。正因为这样,所以还从来没有听说过身子弯曲而影子却直的事情。总而言之,人只能用至诚的精神去影响和感化别人,而不能用一种苍白空洞的说教来告诫别人。

常言说,身正不怕影斜,最有效的教育方法是言传身教。作者这一教育思想至今仍是我们进行思想政治教育、加强干部管理的重要利器。习近平同志站在时代的高度,对这一思想进行了开创性的继承和发扬。早在2007年,时任中共上海市委书记的习近平就撰文指出:"领导干部的作风,历来是社会行为规范的风向标。俗话说,风成于上,俗形于下;桃李不言,下自成蹊。抓党风、促政风、带民风,首先必须加强领导干部的作风建设。正所谓'上有所好,下必甚焉''子帅以正,孰敢不正'。作风是无形的,但又是可以感受得到的;作风是没有重量的,但力量又是无穷的。领导干部的一言一行、一举一动,无形中在营造一种风气,提倡一种追求,引导一种方向,对党风政风民风的形成、对大众生活情趣的培养,客观上具有一种示范作用。各级领导干部要切实从理念、德行、用权和自律等方面严格要求自己,以身作则、率先垂范,一级做给一级看,一级带着一级干,争做树立八个方面良好风气的带头人。"

2017年2月,习近平在第四次"省部级主要领导干部专题研讨班"的讲话中,反复要求"高级干部要注重提高政治能力""高级干部必须加强自律、慎独慎微""高级干部要以身作则、率先垂范"。在本次研讨班的讲话中,习近平还就领导干部如何加强自律的问题给出了金钥匙:"对领导干部特别是高级干部来说,加强自律关键是在私底下、无人时、细微处能否做到慎独慎微,始终心存敬畏、手握戒尺,增强政治定力、纪律定力、道德定力、抵腐定力,始终不放纵、不越轨、不逾矩。"

习近平的讲话可谓是耳提面命,语重心长,对于加强广大党员干部的廉洁自律的意识,进一步树立党在人民群众中的威信,永葆党的青春活力,积极营造弊绝风清的社会政治环境等都有着重大的现实意义和深远的历史意义。

〔例句〕宋·李觏《直讲李先生文集·袁州州学记》:"或连数城,亡诵弦声。倡而不和,教尼不行。"

〔近义〕孤掌难鸣　无人问津　孤立无援　独木难支

〔反义〕一呼百应　一呼百诺　应者云集　一倡百和

【超然独立】chāo rán dú lì

〔褒贬〕褒义

〔出处〕《淮南子·修务训》:"君子有能精摇摩监,砥砺其才,自(试)〔诚〕神明,览物之博,通物之壅,观始卒之端,见无外之境,以逍遥仿佯于尘埃之外,超然独立,卓然离世,此圣人之所以游心。"

〔释义〕指超凡脱俗,与众有异。

〔鉴赏〕本卷所要表达的旨意是勉励人们,尤其是为政者,要奋发进取,为人民谋利益。作者为了阐述这一思想,首先详尽论述了本书所一贯提倡的"无为"思想的实质,然后由此出发,推及到人的学养上,认为人们应该坚持不懈地刻苦学习,以便提高自己的品行才学,为建功立业创造主观条件。本条成语就是为了阐述这一思想而创用的。作者认为,人的思想和精神细微而和畅,能够随着外物的变化而变化,就像云腾风行一样,你想怎样运用就能怎样运用。而君子又能够精益求精、不断地磨炼擦拭自己的心境,砥砺自己的才干,使自己的精神修养达到与"道"相通的境界,以便观览万物,贯通事物的壅塞处,查明事物的发展线索,将目光投向无边无际的太空,遨游于尘世之外,超凡脱俗地独处,这就是圣人精神活动的境界。

诚然,这种超然物外,与"道"同游的精神境界是一种至高至上的境界,一般人很难达到。但通过学习来提高自己的思想境界却是能做到的,作者对学习的认识是相当深刻而又合理的,至今仍有重要的借鉴意义。

〔例句〕1. 邾立志《梭罗——一个超然独立的哲学家》

2. 王光远《审计的超然独立性面面观》

〔近义〕特立独行　独而不群　独立不迁　志行高洁　遗世独立

〔反义〕随波逐流　同流合污　低首下心　趋炎附势

【车固马良】　chē gù mǎ liáng

〔褒贬〕中性

〔出处〕《淮南子·兵略训》:"甲坚兵利,车固马良,畜积给足,士卒殷轸,此军之大资也,而胜亡焉。"

〔释义〕战车坚固,马匹精良。形容军队装备精良。

〔鉴赏〕作者创用此条成语,用以说明取得战争胜利的因素。作者认为,战争取胜的因素很多,但战争必胜的决定因素很少。诸如铠甲坚固,兵器锋利,战车牢固,马匹精良,储备丰富,给养充足,士卒众多且年轻体壮,这些都是战争取胜的重要因素,但战争胜利并不取决于这些条件。取得战争胜利的原因很复杂,不仅需要一定的基本条件,而且需要选拔优秀的将帅,这些将帅必须具备良好的知识、智力、战略战术等素养;结构方面要组织严密,合理分工,各司其职,各尽其责,戮力同心。但最根本的决定性因素还是建设清明的政治,即修德政、施仁义、顺民意,这是取得战争胜利的根本原因。作者运用系统论来分析战争,并上升到政治的高度,可谓见解深刻,分析全面,内容丰富,重点突出,值得我们研究和发掘。

〔例句〕《解放军报》评论《强国强军必须强后勤——认真学习贯彻习主席在中央军委后勤工作会议上的重要讲话》:"'甲坚兵利,车固马良,畜积给足,士卒殷轸,此军之大资也。'后勤保障是战斗力的重要组成部分,是能打胜仗的重要基础。"

〔近义〕兵强马壮　坚甲厉兵

〔反义〕残兵败将　乌合之众

【瞋目裂眦】　chēn mù liè zì

〔褒贬〕中性

〔出处〕《淮南子·泰族训》:"荆轲西刺秦王,高渐离、宋意为击筑而歌于易水之上,闻者莫不瞋目裂眦,发植穿冠。"

〔释义〕瞋:睁大眼睛瞪人。裂眦:眼眶裂开。指因发怒而眼睛睁得极大,眼眶似乎要裂开。形容极其愤怒的神情。

据《史记·刺客列传》记载,战国后期,燕国太子丹曾被作为人质居住在秦国,受到秦王嬴政非礼待遇,他找机会逃回了燕国,并决心要报仇雪恨。太子丹找到了一位名叫荆轲的勇士,请求他去刺杀秦王嬴政。太子丹非常恭敬地招待了荆轲,并在做好了刺杀活动的一切准备工作之后,让荆轲以燕国的使者身份,去见秦王嬴政,伺机行刺。

荆轲最初并不愿意充当刺杀秦王嬴政的刺客,他认为杀死秦王嬴政并不是难事,但是即便杀死了秦王嬴政,对于燕国来说,也没有多大意义。但是,荆轲被太子丹这种爱国行为和诚恳待他的态度所感动,因而接受了前往秦国行刺的使命。荆轲打算等一个人,和他一同前去;那个人住得很远,还没赶到,而荆轲已替那个人准备好了行装。又过了些日子,荆轲还没有出发,太子丹便认为他拖延时间,怀疑他反悔,就再次催促说:"日子不多了,荆卿有动身的打算吗?请允许我派遣秦舞阳先行。"荆轲生气了,斥责太子丹说:"太子这样派遣是什么意思?只顾去而不顾完成使命回来,那是没出息的小子!况且是拿一把匕首进入难以测度的强暴的秦国。我暂留的原因,是等待另一位朋友一同去。现在太子既然认为我拖延了时间,那就告辞诀别吧!"于是就出发了。

太子丹及宾客中知道这件事的,都穿着白衣戴着白帽为荆轲送行。到了易水岸边,饯行以后,荆轲一行上路了,高渐离、宋意为他击筑,荆轲和着节拍唱歌,发出苍凉凄婉的声调,送行的人都流泪哭泣,一边向前走一边唱道:"风萧萧兮易水寒,壮士一去兮不复还!"然后又发出慷慨激昂的声调,送行的人们无不怒目圆睁,怒发冲冠。于是荆轲头也不回地上车走了。

司马迁对这位铤而走险、慨然赴死的悲剧英雄给予了同情和赞扬:"其立意皎然,不欺其志,名垂后世,岂妄也哉!"初唐四杰中的骆宾王在《于易水送人一绝》中写道:"此地别燕丹,壮士发冲冠。昔时人已没,今日水犹寒。"骆宾王用寥寥数语表达了对悲剧英雄的追思,借此诉说了自己壮志难酬、报国无门的悲痛心情。

〔例句〕《唐渤海郡王高秀岩墓碑》:"履危若闲,游刃其间,武冠三军,贾予余勇,瞋目裂眦,怒发指冠,视敌如仇,奋不领死。"

〔近义〕瞋目扼腕　瞋目切齿　不胜其怒　怒发冲冠

〔反义〕喜笑颜开　欣喜若狂　喜不自胜　心平气和

【沉浮俯仰】　chén fú fǔ yǎng

〔褒贬〕中性

〔出处〕《淮南子·原道训》:"是故圣人将养其神,和弱其气,平夷其形,而与道沉浮俯仰。"

〔释义〕沉浮:指盛衰。形容人、事物、时势的荣枯盛衰。也作"俯仰沉浮"。

〔鉴赏〕《原道训》是《淮南子》的首篇,作者在本文中主要探讨了"道"的基本特性、作用及其发展变化的一般规律等内容,提出了"循道""无为""持后""贵柔""守静""重生""养性"等一系列关于本原哲学和生命哲学的重要观点。本段作为全文的收尾,主要论述了"养性"的问题。作者首先批评和嘲讽了天下愚昧狂妄之徒,认为患这类疾病者,如同膏烛之类,火烧得越厉害,膏烛就消融得越快。精神恬静平和而日益充实,人的身体就强壮;反之,精神躁动烦恼而日益耗损,人的身体就衰老。因此,圣人注重调养自己的精神,柔和气志,平稳身体,和大道一起运转变化,该恬静时就放松它,该急迫时就使用它;放松它就像叠放衣服那样轻便,使用它就像发射弓弩那样迅疾。这样的话,就没有什么不能相合万物的变化,没有什么不能适应万事的变动。

这里,作者主要分析了生命的构成元素——形、气、神三者之间的关系,强调"以神为主""存神养性"。作者认为,三者之间相互依存,各司其职,应审慎对待。在三者之中,"神"是主要的,居于支配地位。人如果没有了精神,形体也就如同虚设,像疯子一样,举动失当,为人所轻蔑。精神只有保持安静并能时时保养,才能日益充实,人也才能健康;否则,便日渐损耗,身体也就受到影响。作者指出:保养精神的目的是为了保持天性,得到"道"。如能得"道",就能淡泊名利,适应万物变化。也就是说,有道德的人,经常保养他的精神,平和自己的气志,安宁自己的身体,和"道"一起盛衰沉浮。作者万论不离其宗,从形、气、神讲起,最终又回到"道"上,因为在作者心中,"道"乃万物根本,是客观规律,它是不存在衰亡的,所以得"道"之人所拥有的,只能是事业的兴旺发达,道德精神的永垂不朽。

与"道"一起沉浮俯仰,确实是道家的最高人生境界,如果我们把道家的"道"理解为事物发展的客观规律,或者是真理,那么与"道"一起沉浮俯仰,永远都是我们人生的最高境界,这也是本条成语的最高归属。

〔例句〕1.沈逸斐《半个世纪沉浮俯仰,五代艺人薪火相传》

2.阎照祥《1604—1688年间英国议会的俯仰沉浮》

3.冯晓光、张梦《万里茶路:赤壁青砖茶的俯仰沉浮》

〔近义〕附和世俗 俯仰沉浮 进退俯仰 与世沉浮

〔反义〕坚定不移 一定不易 始终如一

【称薪而爨】 chēng xīn ér cuàn

〔褒贬〕中性

〔出处〕《淮南子·泰族训》:"称薪而爨,数米而炊,可以治小而未可以治大也。"

〔释义〕称：通"秤"，用秤称。薪：柴草。爨：音"窜"，烧火煮饭。秤着柴来烧火，数着米来做饭。比喻只注重小事，不从大处着眼。也形容生活贫困或极其吝啬。也作"秤薪而爨"。

〔鉴赏〕作者创用本条成语用以喻证治政之道中本与末的关系。作者认为，仁政是本，方法手段是末，不施仁政，再好的方法手段也无法获得理想的政治。在具体实施上，作者提出要从大处着眼，心中要有大格局。认为治理大国的治术不能琐碎，国土辽阔的管理制度不能褊狭，处在高位的人处事不能烦琐，对民众的政治教化不能苛细。事务琐碎就难以治理，法令繁杂就难以推行，欲求多就难以满足。所以从大的方面入手就容易运用智慧，纠缠于细枝末节就难以发挥智慧。所以对那些无益于治理、只会增添麻烦的事，圣人是不会去做的；对那些不实用、只会浪费精力的事，聪明人是不会去做的。所以要做成大事只有简约，要做好大事也只有俭省，欲求要满足只有欲求少。这说明功业简约则容易完成，事情俭省则容易办到，欲求寡少则容易满足。容易办成的事情，拿来交给人家办理，也就容易办成。孔子说："太烦琐的论证辩说只会损害真理，太计较蝇头小利只会妨害大义，太卖弄雕虫小技只会破坏大道术，太小的见识是无法产生通达观念的；要想通达大度，就必须简约。"

黄河因为曲折连绵，所以能流向远方；高山因为绵延深长，所以能既高又大；大道因为悠游，所以能化育万物。只通晓一类事，明了一种说法，掌握一门技艺，可以对某些事物有精确的认识，但不可能广泛应对所有事物。办事像蓼菜成行那样有条不紊，像瓯瓯有底座那样稳当可靠，秤着柴来烧灶，数着米来做饭，这样谨小慎微的人只能做些小事情，而做不了大事情。

作者关于治理国家，做大事的人要从大处着眼、不能陷于细琐的认识可以说是真知灼见，具有重要的实践价值。

本条成语既可单独使用，也可与"数米而炊"连用。

〔例句〕1.唐·张鷟《朝野佥载》："韦庄颇读书，数米而炊，秤薪而爨，炙少一脔而觉之。"

2.明·冯梦龙《警世通言》卷五:"积财聚谷,日不暇给。真个是数米而炊,称柴而爨。"

〔近义〕斤斤计较　谨小慎微　勤俭节约　秤薪量水

〔反义〕大手大脚　一掷千金

【称薪而爨,数米而炊】　chēng xīn ér cuàn,shǔ mǐ ér chuī

见"称薪而爨"。

【鸱视虎顾】　chī shì hǔ gù

〔褒贬〕中性

〔出处〕《淮南子·精神训》:"若吹呴呼吸,吐故内新,熊经鸟伸,凫浴猿躣,鸱视虎顾,是养形之人也。"

〔释义〕鸱:鹞鹰。如鹞鹰凝视,如虎目圆睁。原指仿照动物的动作进行身体锻炼,类似于华佗所创的"五禽戏"。后形容人的凶狠贪婪。

〔鉴赏〕这是作者用来强调保有精神重要性时所创用的一条成语。作者首先从身体锻炼说起,认为人们吹嘘呼吸,吐故纳新,像熊那样悬吊,像鸟那样伸颈,像鸭那样游泳,像猿那样跳跃,像鹰那样环视,像虎那样回顾,做这些动作的目的只是想保养自己的身体。但真人却不必为这些锻炼活动去烦恼,因为真人即使精神飞扬激荡也不会丧失充实的精气。只要始终保有这些充实的精气,即使昼夜变化也不会伤害他,与万物一样有着青春的活力,这是因为他的品性合于道体,内心有着感应四时变化的能力。作者认为,只要人的品性合于道体,即使形体变化了,内在心神却无损,生命结束了,但精神却永存。这就像生癞疮的人虽然形体受损但精神却无损,志趣不会改变。反之,有些癫狂患者虽然看上去外形完好,但他的精神却已远离其身躯,谁有闲工夫去弄清他干了些什么。所以,如果人的形体虽然受磨损但只要精神未曾变化,那么这样的人就能以不变去应万变;不管外物怎么变化,他也能应付自如。所以能变化的形体最终要复归于无形,没有受损的精神能与天地同存。为了说明这个道理,作者又用树木的生死进行比喻,认为树木死了,其青青的颜色也随之消失。能让树木生存下来的并不是树木本身。这就像使形体充实的不是形体本身一样。因此,产生生命的东西是不死的,而它所产生的生命则会死去;化育万物的东西是不变的,而它所化育的万物则会变化。所以,看轻天下,你的精神就不会劳累;看小万物,你的心神就不会惑乱;将生死看得相同,那你就会无所畏惧;将变化看成没变化,那你的眼睛就不会昏花。

作者这里由近及远,以具体喻抽象,形象地阐述了精神与物质的关系,突出了精神的主体意识,这对于我们正确地看待生命和身体,树立积极的生命观和认识观,积极培养革命的乐观主义精神等都具有重要的启示作用。

〔例句〕康有为《广艺舟双楫》:"今禅表遗笔犹存,鸱视虎顾,雄伟冠时……"

〔近义〕鸱视狼顾　枭视狼顾　狼顾虎视　熊经鸱顾　熊经鸟伸　狼顾鸱张

〔反义〕俯首帖耳　低眉顺眼

【池鱼林木】 chí yú lín mù

〔褒贬〕贬义

〔出处〕《淮南子·说山训》:"楚王亡其猿,而林木为之残;宋君亡其珠,池中鱼为之殚。"

〔释义〕比喻无辜而受连累,遭祸害。

〔鉴赏〕相传在春秋时期,宋国有一个叫桓魋(tuí)的司马,得了一颗宝珠,宋国国君想占为己有,于是就给他安了一个私藏国宝的罪名,打算把他驱逐国境。可是尽管宋君采取了种种手段,桓魋就是不肯交出宝珠。宋君又派人抄家,还是没有找到。他们逼问桓魋把宝珠藏到什么地方去了。桓魋说:"把它扔到鱼池里去了。"宋君马上下令,汲干鱼池的水,寻找宝珠。最终,宝珠还是没有找到,但一池子鱼却意外遭殃。这个故事在《吕氏春秋·必己》中有载:"宋桓司马有宝珠,抵罪出亡。王使人问珠之所在,曰:'投之池中。'于是竭池而求之,无得,鱼死焉。此言祸福之相及也。"

后人加以附会,演化为"城门失火,殃及池鱼"。《太平广记》卷四六六引应劭《风俗通》:"城门失火,祸及池鱼。旧说:'池仲鱼,人姓字也,居宋城门。城门失火,延及其家,仲鱼烧死。'又云:'宋城门失火,人汲取池中水,以沃灌之,池中空竭,鱼悉露死。'喻恶之滋,并伤良谨也。"也就是说,"殃及池鱼"的来历共有三个版本,一个是来源于"宋君亡珠",第二个是由于城门失火而取尽池中水救火致鱼遭殃,第三个也是由于城门失火但遭殃的不是池中鱼,而是叫"池仲鱼"的人。以后便用"宋君亡珠,殃及池鱼"或"城门失火,殃及池鱼"来形容因飞来横祸无辜被牵连受害,并简化成"池鱼之祸"或"殃及池鱼"。

《淮南子·说山训》也概括地介绍记载了这则故事:宋国君的珍珠掉进了池塘里,宋国君为寻找珍珠,搅得池塘里的鱼不得安生。同时该书还记载了楚庄王毁林觅猿的故事:楚庄王养的猿猴走失了,逃进树林里,楚庄王为了寻找这只猿猴,将这片树林砍伐得乱七八糟。然后,该书还对这两个故事进行了进一步的生发:所以沼泽地失火,附近的林子就会担忧。君主要木料,下属的臣子就滥伐树木;君主要鲜鱼,下属的臣子就放干河水来捉鱼;君主找船桨,下属的臣子就早早地送上了船;君主说话像细丝,下属臣子的话就像丝绳;君主有一优点,下属的臣子就竭尽全力赞美。这真是"上之所好,下尤甚焉",故曰"上有三衰,下有九杀"。

很明显,作者在这里主要强调人、事、物的相互关联性,一事物与另一事物看起来是孤立的,但在特定的条件下,就会相互影响,相互作用,产生连带效应。由此也进一步说明了世间万物都存在着一定的不确定性。但我们也可以静观默察,善加思考,在不确定中求确定。

将这两个故事连在一起的还有《南北史演义》,该书《悍高澄禁东魏主 智慕容擒萧渊明》一章记载:"会应遥望廷尉,不育为臣,自据淮南,亦欲称帝,但恐楚国亡猿,祸延林木,城门失火,殃及池鱼,横使江淮士子,荆扬人物,死亡矢石之下,夭折雾露之中。"后人将这两个故事进行压缩和剪辑,使本条成语得以定型,应该说,《淮南子·说山训》对本条成语的产生起到了关键的作用。

〔例句〕1.明·沈采《千金记·免死》:"小人本非池鱼林木之罪。老爷,体天自有好生之德,今日岂无救死之权?"

2.清·李渔《义士李伦表传》:"耿藩问罪之师,旦暮即至,池鱼林木之殃,在所不免。"

〔近义〕池鱼之殃　池鱼之祸　祸延林木　城门失火,殃及池鱼　唇亡齿寒　唇辅相连　息息相关

〔反义〕不关痛痒　无关痛痒　了不相涉　无关紧要

【尺璧寸阴】 chǐ bì cùn yīn

〔褒贬〕褒义

〔出处〕《淮南子·原道训》:"故圣人不贵尺之璧,而重寸之阴,时难得而易失也。"

〔释义〕尺璧:一尺长的璧,言其珍贵。原句是说一尺长的璧虽然十分宝贵,但古代的圣人却并不以此为贵,而是重视日影移动一寸的光阴,因为时间极易失去。指要珍惜时间。也作"尺璧非宝""寸阴是宝"。

〔鉴赏〕见"一寸光阴一寸金"。

【尺布斗粟】 chǐ bù dǒu sù

〔褒贬〕中性

〔出处〕《史记·淮南衡山列传》引民歌:"一尺布,尚可缝;一斗粟,尚可舂,兄弟二人不能容。"

〔释义〕这首民歌的意思是:即使天下仅有一尺布都可以缝而共衣,仅有一斗谷子也可舂而共食,天地这么广阔,兄弟之间却不能相互容纳。喻兄弟不睦,相互残杀。也作"斗粟尺布"。

〔鉴赏〕汉文帝之弟淮南厉王刘长为刘邦的小儿子,孝文帝刘恒的同父异母弟。据史载,刘长骄纵傲慢,不守法度,后因谋反罪被文帝放逐蜀郡的严道,途中绝食而亡。这件事《汉书》有载:"文帝时,淮南王刘长谋反,徙蜀严道,死于雍。"文帝十二年,民间百姓作《淮南王歌》,讽刺皇室只有政治权力之争,缺少亲情。孝文帝听到此歌深有感触,按诸侯规格对刘长进行了谥封,并为其修建了陵园。将原来刘长的淮南封地一分为三,封给其三个儿子,其中阜陵侯刘安被封为淮南王,后也因谋反之罪被逼自杀。

《淮南王歌》运用比兴手法,以和谐、清丽、形象的语言,抒写胸臆,委婉蕴藉,将诗歌主旨阐述得入木三分。全诗仅十九个字,蝉联递进,不落

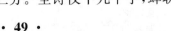

窠臼,构成独特的五句诗。前四句用"布"和"粟"两物为依托,引出要比喻的主人公刘恒、刘长兄弟二人。一尺见方的布破,还可以用线缝起来;一斗粟谷,还可把谷壳捣碎见其纯洁的果实。而富有天下的皇帝与一母所生的同胞兄弟,却是水火不相容,为争权夺利而自相残杀,真是不合情理。帝王家族的骨肉相残,暴露于百姓面前,着实让人触目惊心,闻之色变。他们用歌谣的方式来讽刺和批判这种骨肉相残的血腥行径。

〔例句〕明·赵弼《酆都报应录》:"至若淮南迁蜀而死,天子闻尺布斗粟之谣,辄食甚哀。"

〔近义〕兄弟阋墙 同室操戈 煮豆燃萁

〔反义〕手足情深 兄友弟恭 兄肥弟瘦 兄弟怡怡

【出入无常】 chū rù wú cháng

〔褒贬〕中性

〔出处〕《淮南子·天文训》:"荧惑常以十月入太微,受制而出行列宿,司无道之国,为乱为贼,为疾为丧,为饥为兵,出入无常,辩变其色,时见时匿。"

〔释义〕进出没有规律,使人无法捉摸。也作"出没无常"。

〔鉴赏〕这是作者阐述天上星宿职责时所创用的一条成语。荧惑星通常在十月进入太微垣(星宿名),受天帝命令而出巡各星宿,监察无道的国家,使之有动乱、灾害、疾疫、丧亡、饥荒和战争。荧惑星的出入没有常规,自身不断改变亮度颜色,时而出现时而藏匿。镇星在甲寅年正月从斗宿部位开始运行,每年镇守巡行一个星宿。如果它应处在某一星宿位置而没有处在那里的话,那么这一星宿所分布的国家就要丧失疆土;如果处在应该处的某一星宿位置时,那么这一星宿所分布的国家就会扩大疆土,粮食丰收。

作者这段对荧惑星位置和功能的阐述,反映了中国古代人们对天上星宿的基本认识和理解。中国古代的天文特点就是经世致用,每一星宿的划分都有一定的用途,据此发展出了精确的历法及占星之术,对古代的政治、军事、农业生产、王朝的盛衰等产生过重要影响。(参见"日修夜短")

从以上介绍可知,本条成语本指天上星宿中的荧惑星出入没有规律,后来用于形容人、动物或其他事物行踪诡秘不定,难以掌握。

〔例句〕1.汉·司马迁《史记·天官书》:"察刚气以处荧惑。"司马贞索隐引晋灼云:常以十月入太微,受制而出行列宿,司无道,出入无常。

2.《孙子·九地》:"敌人开阖,必亟入之。"张预注:"谓敌人或开或阖,出入无常,进退未决,则宜急乘之。"

3.宋·王十朋《王忠文公集·论广海二寇札子》:"海寇出没无常;尤为濒海州县之患。"

4.明·徐宏祖《徐霞客游记·滇游日记》:"又西北平行者一里,下眺岭西深坠而下,而杳不可见;岭东屏峙而上,而出没无常。"

5.清·李渔《闲情偶寄·词曲下·格局》:"旧曲韵杂,出入无常者,因其法制未备,原无成格可守,不足怪也。"

〔近义〕神出鬼没　行踪无定　出鬼入神

〔反义〕规行矩步　循规蹈矩　按部就班

【出言不当】　chū yán bù dàng

〔褒贬〕贬义

〔出处〕《淮南子·齐俗训》:"晋平公出言而不当,师旷举琴而撞之,跌衽宫壁,左右欲涂之,平公曰:'舍之,以此为寡人失。'"

〔释义〕话讲得不妥当。

〔鉴赏〕略

〔例句〕汉·刘向《说苑·说丛》:"口者,关也;舌者,机也。出言不当,四马不能追也。"

〔近义〕出言无状　口不择言

〔反义〕舌灿莲花　妙语连珠

【础润而雨】　chǔ rùn ér yǔ

〔褒贬〕中性

〔出处〕《淮南子·说林训》:"山云蒸,柱础润,(伏)[茯]苓掘,兔丝死。"

〔释义〕山中云雾蒸腾,柱石湿润,就知道要下雨。比喻根据一点迹象,就能推断它的发展方向。

〔鉴赏〕作者创用本条成语用来说明"见微知著"的道理。作者认为,山中云雾蒸腾,柱子石墩则湿润;茯苓被挖掘,兔丝草则枯死。一家失火,百家被烧;进谗者玩弄阴谋,百姓就要暴尸荒野。粟被水浸泡就会发热,甑在灶锅上受火烧煮就会冒汽滴水,水能生热,火能生水气。作者列举的一系列自然和人类社会的现象,反映了事物之间普遍联系的原则。辩证唯物主义认为,世界上的万事万物都是互相联系的,事物之间及事物内部各种要素之间都存在着相互联系、相互影响、相互制约的关系,整个世界就是一个普遍联系的有机整体,一切事物都处于普遍联系中,孤立的事物是不存在的。事物的联系是普遍的、客观的,又是具体的、有条件的。我们必须坚持和学会用联系的观点观察和处理问题,我们在作出一个判断时,一定要从现实的具体情境出发,根据事物的内在联系来制定具体的实施方案,决不可闭门造车,凭空作出不合时宜的决定。

〔例句〕宋·苏洵《辨奸论》:"事有必至,理有固然。惟天下之静者,乃能见微而知著。月晕而风,础润而雨,人人知之。"

〔近义〕见微知著 一叶知秋 月晕而风 明察秋毫

〔反义〕一叶障目 不见舆薪

【春风化雨】 chūn fēng huà yǔ

〔褒贬〕褒义

〔出处〕《淮南子·原道训》:"是故春风至则甘雨降,生育万物,羽者妪伏,毛者孕育。"

〔释义〕化雨:生长万物的时雨。像和暖的春风吹拂人,似及时的雨水滋润大地、万物一样。比喻循循善诱,潜移默化的教育。也用来称颂师长的教诲。

〔鉴赏〕《原道训》是《淮南子》中一篇集中阐述哲学的本原——"道"的文章。作者认为,宇宙万物都有其应当遵循的天然之道,如浮萍生于水面,树木扎根土中,禽鸟凌空而飞,野兽踩地而跑,蛟龙居于水中,虎豹生于山中,这些都是天地间万物的本性。两木互相摩擦就会起火,金与水在一起就会熔化,圆的对象容易转动,空的器皿容易漂浮,这些都是自然之势。接下来,作者又用春秋的不同季节来加以说明:当春风吹拂甘露降临之时,万物开始生长,长羽翼的开始孵卵,长毛发的开始怀胎。草木开花,鸟卵兽胎,这些现象并没有让我们发现春季在干什么,但恰恰在无形中化育了万物。同样,当秋风起霜降大地之时,草木就凋零,鹰雕搏击,昆虫伏藏,草木根部忙于储蓄营养,鱼鳖开始深潜。这些也并未让我们发现秋季在干什么,但恰恰在悄然中杀灭万物。居于树上的筑巢,处于水中的窟穴,兽类卧草,人类住在房间里;陆行适用牛马,水深适宜舟行;匈奴地产粗糙的皮毛,吴越地产透风的葛布。各自生产急需的东西来防备燥湿,各自依靠所处的环境来防御寒暑,并各得其所、各适其宜。作者在列举了一系列的自然和社会现象之后,以反问的句式顺理成章地提出了自己的观点:由此看来,万物均按其本性生存发展,那么,人又何必去干预呢? 这里,作者不仅有力地说明了遵循自然之道的必要性,同时也为我们描绘了一幅欣欣向荣的春景图,倾情地赞颂了春风春雨催生和滋润万物的那种伟大而又不事声张的力量。无独有偶,《孟子·尽心上》也有"君子之所以教者五:有如时雨化之者,有成德者,有达财者,有答问者,有私淑艾者"之句。后人将两个出处合在一起,形成了本条成语。"春风化雨"本指春季风来雨至、万物复苏的一种自然现象。由于春风的柔和,春雨的细致,人们便以雨来比喻良好教育的普及与深入,也用来称颂师长潜移默化的谆谆教诲,还可用来比喻良好的社会人文行为和清明和谐的政治环境。其比喻都很贴切恰当,生动感人。

〔例句〕李英儒《野火春风斗古城》:"(韩燕来)满想在这春风化雨的环境里多受一些教益,哪知道刚入党后的一点钟内,就要离开这令人陶醉的土地。"

〔近义〕春风风人 夏雨雨人

〔近义〕恶语伤人 误人子弟

【春生夏长】 chūn shēng xià zhǎng

〔褒贬〕中性

〔出处〕《淮南子·主术训》:"昔者神农之治天下也,神不驰于胸中,智不出于四域,怀其仁诚之心,甘雨时降,五谷蕃植,春生夏长,秋收冬藏。"

〔释义〕春天萌生,夏天滋长。指农业生产的一般过程。亦比喻事物发生、发展的过程。

〔鉴赏〕见"秋收冬藏"。

【赐绢为粮】 cì juàn wéi liáng

〔褒贬〕褒义

〔出处〕《晋书》卷九十:"告归,父赐绢一匹为装。威曰:'大人清高,不审于何得此绢?'质曰:'是吾俸禄之余,以为汝粮耳。'威受之,辞归。"

〔释义〕送一匹绢作为路费。表示清廉持俭。

〔鉴赏〕晋代范宣受绢的典故,作为中国传统启蒙教材内容,已广为人知。无独有偶,晋代还有一个胡质"赐绢为粮"的典故,也为不少人所熟悉。胡威,字伯武,又名胡貔,是淮南寿春人。他父亲胡质,以忠正清廉著称,年轻时与同乡人蒋济、朱绩在长江、淮南之间都很有名气,出仕三国魏政权,官至征东将军、荆州刺史。胡威受其父亲的影响,从小就砥砺自己的志向。有一天他去看望久违的父亲,因其家穷,没有车马仆从,只得一人骑驴踽踽独行。胡威见到父亲之后,在那里过了十余天。在返回时,父亲赠送他一匹绢以供路途上使用。胡威说:"您为人清高,不知是在何处得到此绢的?"胡质说:"这是我俸禄的结余,以作为你路上的开销。"胡威这才接受这匹绢,告辞返京。作为只有十几岁的少年,竟然对一向以清廉著称的父亲所赐予的一匹丝绢的来路产生质疑,在父亲说明是自己用结余下来的俸禄所买的之后才肯接受。这件看起来很简单的小事,却能反映出胡威自小就有对贪腐的警觉,有清廉自守的秉性。

"胡威受绢"的故事,也反映了胡威父子清正廉洁的双向良性互动。胡质的清廉深深影响了胡威思想的健康成长,反过来,胡威在其父亲影响下成长起来的廉政意识又进一步促进和激励胡质的廉政品德的发展。试想,如果胡质给儿子胡威的那匹绢不是用俸禄买的话,面对胡威的诘问,情何以堪?多年树立起来的廉政形象岂不在自己儿子面前轰然倒塌?从胡质父子的清廉互动可以看出,家风、家教、周围环境对人的品德的养成至关重要。胡质父子的清廉与其良好的家风关系很大。胡质的父亲胡通达德高望重,享誉甚远,曹操称其为"长者",《三国志》卷二十七注引《胡氏谱》说通达"以方正征"。良好家风的哺育,终于积淀和成就了胡氏"父子清官"的美誉,也为后代,尤其是在以习近平同志为核心的党中央铁腕反腐倡廉的今天,提供了鲜活的教材。古语云:"欲治其国者,先齐其家。"好的家风以亲情的愿望和力量,推动或者感召从政者树立好的政风。习近平总书记在 2016 年 12 月 12 日召开的第一届全国文明家庭表彰大会上指出:"家风好,就能家道兴盛、和顺美满;家风差,难免殃及子孙、贻害社会。"让我们以习总书记的讲话为引领,以胡氏父子为榜样,积极传承和弘扬老一辈革命家的红色家风,进一步发扬焦裕禄、谷文昌、杨善洲等同志的优良作风,以社会主义核心价值观为主旨,以中华民族优秀传统为素材,努力书写出社会主义家风建设的新篇章。

〔例句〕～的故事表现了胡质、胡威父子清廉自持的高尚情怀。

〔近义〕范宣受绢　一琴一鹤　一清如水　羊续悬鱼　水米无交

〔反义〕见钱眼开　羊狠狼贪　赃官污吏　赃贿狼藉　刮地皮

【从谏若转圜】　cóng jiàn ruò zhuǎn huán

〔褒贬〕褒义

〔出处〕《汉书·梅福传》:"昔高祖纳善若不及,从谏若转圜。听言不求其能,举功不考其素。"

〔释义〕转圜:转动圆形器物,常用以代指便捷迅速之事。听从规劝就像转动圆圈那样容易。指善于纳谏。

〔鉴赏〕这是汉代梅福上书汉成帝所创用的一条成语。梅福,字子真,九江郡寿春(今寿县)人。少年求学长安,精通《尚书》和《谷梁春秋》。初为郡文学,后补缺南昌县尉。西汉末年,大将军王凤当权,西汉政权被外戚王氏所控制。京兆尹王章向来忠诚耿直,屡次讥讽王凤,终被王凤所杀。自此之后,王凤气焰日盛,灾异频现,满朝文武再也没有敢于仗义执言的人。汉成帝永始元年(公元前 16),皇太后之侄王莽封为新都侯,朝政日非,民怨四起。只有梅福忧国忧民,以一县尉之微官洋洋数千言上书朝廷,指陈政事,并讥刺王凤,但被朝廷斥为"边部小吏,妄议朝政",险遭杀身之祸,梅福因此辞官而去。

在历史上,梅福算不上什么重要人物,所谓南昌尉也就相当于现在的县公安局局长,但他的名字却一再见诸史书,这恐怕与他敢于直谏及传奇的经历有关。汉成帝绥和元年(公元前8),他曾与作为丞相的匡衡联名上书要求"封孔子世为汤后"。公元前14年,梅福又上表章,从正反两方面详细分析了纳善从谏的重要性。他首先列举了商纣王不纳箕子等忠谏而亡,周武王求贤纳善致使箕子愿意为其讲述夏禹的《洪范九畴》,以及叔孙通因秦二世不纳其言而遁隐,后自愿为汉高祖刘邦制定朝仪的两个反面事例,指出这两位贤士不是背叛自己原来的君主,而是因为他们原来的君主不肯纳谏。

然后梅福又从正面肯定了高祖善于纳谏的胸怀,因而能够使天下名士争相归附,不论聪明还是愚钝,都竭尽心智;不论勇士还是懦夫,都有牺牲精神。汇聚天下贤士的智谋,集中天下贤士的威风,因此攻下秦王朝像取鸿毛一样轻巧,攻取楚就像拾起地上的东西一样容易,这就是高祖天下无敌的原因。在充分分析了历史上纳谏与否的情形及所出现的两种截然不同的结果之后,顺理成章地将笔锋转到现实,直言不讳地指陈当今皇帝(汉成帝)不仅不听谏言,而且对进言者大加杀戮,完全堵塞了进言之路,这是国家之大患。最后,梅福用十分恳切的语气劝谏汉成帝采取积极的奖励政策,广揽贤士,虚心纳谏,大展宏图,振兴汉室。并警惕权臣"权隆于主"。梅福还以谦卑的态度表示自己冒着"位卑而言高"的越职之罪,虽是身首分离也要尽臣之职责,为皇上贡献愚忠。可惜当时的汉成帝荒淫好色,不理朝政,梅福在谏言中又讥讽汉成帝信赖的王氏,所以皇帝始终不予采纳。

梅福的奏章引古喻今,洋洋洒洒,逻辑严谨,雄辩性强,不乏名言警句,其中"从谏若转圜"的成语为寿县,乃至中华民族的成语宝典再添一员。

〔例句〕1.宋·司马光《又和并寄杨乐道》:"圣主乐忠谏,曲从如转圜。"

2.《聊斋志异·蛇人》:"异史氏曰:'蛇,蠢然一物耳,乃恋恋有故人之意,且其从谏也如转圜。'"

〔近义〕从谏如流　纳谏入流　虚己以听

〔反义〕一意孤行　固执己见　师心自用

【寸阴尺璧】 cùn yīn chǐ bì

见"一寸光阴一寸金"。

D

【达而不荣】 dá ér bù róng

〔褒贬〕褒义

〔出处〕《淮南子·原道训》:"是故得道者,穷而不慑,达而不荣。"

〔释义〕达:尊显。荣:显耀、炫耀。虽然显达但并不炫耀。

〔鉴赏〕这是作者为描述得道之人思想境界而创用的一条成语。作者认为,得道之人,在穷困时不颓惧,显达时不炫耀;身处高位而不会发生危险,如持满盆水而不倾洒,崭新时不光耀亮朗,长久后不会衰变;放入火中烧不焦,丢到水中不沾湿。所以他们不凭权势而尊贵,不靠财富而富有,不以有力而强大,平和虚静,甘处下端,与造化一起翱翔。他们不以钱财为利,不贪权势名位,不以康安为乐,不以清俭为苦;不把尊贵看成安逸,不把贫贱看作危难;形、神、气、志,各得其所,以顺随天地的运转变化。作者因此告诫我们:人不能以外物的变化而违反自己所应当遵循之道,要尊天而保真。"道"本来是一个抽象的概念,作者通过这种具体的描绘和阐释,使我们对"道"的内涵有了清晰的认识。时至今天,"道"的精神境界不一定符合现代人的修养规范,我们也无须遵"道"而行,但这种"穷而不慑,达而不荣"的人生态度和思想境界仍然是我们提高思想修养的重要层级标志,其精深厚重的内涵永不褪色。

本条词语虽然尚未被成语词典所吸收,但本书以为它含义深刻,概括力强,且不受时间的局限,完全具备成语的潜质,所以在此予以推荐。

〔例句〕《全晋文·卷九十五》:"达则济其道而不荣也,穷则善其身而不闷也,用则立于上而非争也,舍则藏于下而非让也。"

〔近义〕宠辱不惊　泰然处之

〔反义〕喜形于色　衣锦还乡

【大怒破阴】 dà nù pò yīn

〔褒贬〕中性

〔出处〕《淮南子·原道训》:"人大怒破阴,大喜坠阳;薄气发喑,惊怖为狂;忧悲多恚,病乃成积;好憎繁多,祸乃相随。"

〔释义〕大发脾气就会破坏阴气。

〔鉴赏〕作者创用此语,意在说明"尊天而保真""贱物而贵身"的道理。作者认为,人大发脾气则会破坏阴气,人太过高兴就会损伤阳气;气短急迫导致喑哑,惊慌恐怖导致发狂;忧悲过分导致怨恨,疾病也由此积累而成;好恶太多,祸患也就随之产生。这里姑且不去说"原道",但就养身健体来说,也有深刻的道理。中医阴阳学说认为,人体阴与阳两种力量是相辅相成的,它们只有形成合力,才能协调健康。而这种关系一旦受到破坏,人就可能生病。所以,预防疾病的关键也在于保证阴阳的协调。人体内的阴阳根于心肝脾肺肾等所谓五脏六腑,而人的七情六欲又与人的五脏息息相关。其中,心主喜、肝主怒、脾主思、肺主悲、肾主恐,正常的情绪活动,有益于身心健康。反之,如果情绪失控就会导致神经系统功能失调,引起人体内阴阳紊乱,从而出现百病丛生、早衰甚至短寿的后果。《岳飞全传》七十九回"气死金兀术,笑死牛皋",《儒林外史》中的范进老年中举因狂喜而发疯,《红楼梦》中的黛玉因多愁善感而得肺病致死,《三国演义》中诸葛亮气死周瑜等故事家喻户晓,唐肃宗被太监李辅国仗剑吓死也确有其事,这些都说明了情绪对人的健康有着重要的影响。所以,颐养性情,控制好自己的情绪对健康来说十分必要。《黄帝内经》就强调:"恬淡虚无,真气从之,精神内守,病安从来?"谆谆教诲,生动事例,当须重视。

〔例句〕1.清·王先谦《庄子集解·外篇第十一在宥》:"大怒邪,毗于阴。俞云:喜属阳,怒属阴。毗阳毗阴,言伤阴阳之和也。《淮南·原道训》'人大怒破阴,大喜坠阳',与此义同。"

2.李鹏飞《三元延寿参赞书卷之二》:"《淮南子》曰:大怒破阴。《名医叔论》曰:世人不终耆寿,皆由不自爱惜,忿争尽意,聚毒攻神,内伤骨髓,外乏肌肉,正气日衰,邪气日盛,不异举沧波以注爇火,颓华岳以断涓流。"

3.古人所说的"～,大喜坠阳",这是符合中医阴阳学理论的,也是被无数事实证明了的结论。

〔近义〕哀毁骨立 大喜坠阳

〔反义〕心宽体肥 心广体胖

【大雾冥晦】 dà wù míng huì

〔褒贬〕中性

〔出处〕《淮南子·兵略训》："何谓隐之天？大寒甚暑，疾风暴雨，大雾冥晦，因此而为变者也。"

〔释义〕冥晦：昏暗。指大雾天气能见度极低。

〔鉴赏〕作者创用此条成语，用以论述善于用兵之人会利用天象来隐蔽军队。也就是利用大寒酷暑、狂风暴雨、大雾昏暗等特殊的天气条件来因顺变化，隐藏自己，迷惑对方。这是一种常用的战略战术，诸葛亮草船借箭、火烧赤壁均是"隐之天"的典型战例。

〔例句〕慈航《走过沙地》："大雾冥晦，疾风暴雨，风雨潮三星聚首，南沙大地汪洋一片，屋舍漂泊，生灵涂炭，连高高的古海塘也遭遇水荒，民间至今仍流传'民国十五年，大水没廊檐'的警示。"

〔近义〕云雾迷蒙 云遮雾障

〔反义〕云开雾散 风和日丽

【大喜坠阳】 dà xǐ zhuì yáng

〔褒贬〕中性

〔出处〕《淮南子·原道训》："人大怒破阴，大喜坠阳。"

〔释义〕过于高兴就会损伤阳气，心气涣散，阴寒内生，脉络不畅，出现心虚火热之症。

〔鉴赏〕见"大怒破阴"。

〔例句〕明·徐春甫《古今医统大全·养生余录·喜乐》："聚书云：喜则气和性达，荣卫通行。然太喜伤心，积伤损神。故少喜则神不劳。《淮南子》云：大喜坠阳。"

【戴圆履方】 dài yuán lǚ fāng

〔褒贬〕中性

〔出处〕《淮南子·本经训》:"戴圆履方,抱表怀绳,内能治身,外能得人。"

〔释义〕履:踩。圆、方:古人以为天是圆的,地是方的。头顶着天,脚踩着地。指生活在世上。

〔鉴赏〕这是作者在阐述他的政治主张时所创用的一条成语。作者将天下的统治策略分为"体太一者""法阴阳者""则四时者""用六律者",即实行"道"治的人、效法阴阳的人、效仿四季的人、使用六律的人等四类。本条成语就是用来阐述效法阴阳的人,这种人德行和天地相配,英明与日月同辉,精气与鬼神相合;他头顶天穹,脚踏大地,手握圭表墨绳等法度,内能修养心性,外能获得人心,发号施令,天下百姓无不闻风而动。作者认为,天下的统治者应该根据自己国家的大小选择相应的治国政策,即称帝者应遵循天道,无为而治;称王者应效法阴阳,实施仁义;称霸者应以四季为准则,依法治理;而那些小国君主则应以刑律法制管理国家。否则的话,"帝者体阴阳则侵""王者法四时则削""霸者节六律则辱""君者失准绳则废"。所以,如果小国国君实施大国方略,就会显得空疏失体而百姓不会亲附。大国国君实行小国方略,就会显得狭隘紧迫而无法包容天地社会。应当是贵贱都不失自己的体统,这样天下就容易治理了。

总之,在作者的政治哲学中,"道"治是最高的政治层级。认为实行"道"治是天下长治久安的根本,为政者只有通达道体,以道德为准绳进行修身养性,革去贪欲,获取人心,这样才有可能达到理想的太清之治。与通达道体的为政者相比,作者心目中的"戴圆履方"者,则是一个严明公正、有着良好的内在修养、深得百姓爱戴和拥护、具有崇高威望的大写的人,其实这种人比前者更具体、真实,因而也更容易做到。对于一个普通的领导干部和人民群众来说,不求做一个得道的圣人,但能做一个戴圆履方、顶天立地的堂堂正正的人就足矣,本书以为这是该成语的应有之义。

〔例句〕胡俊林《戴圆履方民心永恒——谨以此纪念千古伟人毛泽东》

〔近义〕戴天履地　顶天立地　气贯长虹

〔反义〕不过尔尔　臧仓小人　尘垢秕糠

【淡泊明志】　dàn bó míng zhì

见"澹薄以明志,宁静以致远"。

【澹薄以明志，宁静以致远】 dàn bó yǐ míng zhì, níng jìng yǐ zhì yuǎn

〔褒贬〕褒义

〔出处〕《淮南子·主术训》："是故非澹薄无以明德，非宁静无以致远，非宽大无以兼覆，非慈厚无以怀众，非平正无以制断。"

〔释义〕澹薄：恬淡寡欲，通"淡泊"。宁静：安宁恬静。致：达到。清心寡欲以彰显自己的志向。

〔鉴赏〕《主术训》是专门论述君主为君之道的，所以称其为"主术"。作者认为君主为君之道的根本原则和方针是"无为而治"，所谓"无为"并非是真正的无所作为，而是要充分发挥君臣百官的作用，使他们各尽其责而自己不必事事躬亲，这样才能做到"无为而无所不为"。作为君主，必须要做到"淡泊""宁静""宽大""慈厚""平正"。如果不能做到清心寡欲就无法显现美德，不能宁静就不能实现远大的目标，心胸不宽大就不能容纳一切，不仁慈就不能心怀民众，不公正就无法明断是非。君主只有具备这五个方面的修养，才能使群臣像车辐聚集到车轴一样入朝辅佐君主，"无愚智、贤不肖，莫不尽其能"。这种认识可以说是荟萃了儒、道、墨等诸子百家关于君王统治术的共同观点，具有很高的政治哲学高度。

"澹薄明志，宁静致远"是一种崇高的人生境界，是"智圆行方"的具体体现。人生在世，往往难免陷于"名利"与"志向"的矛盾和纠葛之中，稍不注意，可能就会使"名利"成为"志向"的目标和归属，"志向"成为"名利"的奴隶。"志向"一旦为"名利"所役使，必然信奉金钱至上、名誉至上、享乐至上、虚荣至上。这些人或者是沽名钓誉，欺世盗名，严重损害社会信誉；或者是蝇营狗苟，见利忘义，损公肥私，损人利己，成为社会的蠹虫。这些人如果处在领导岗位上，将会导致政治上变质、经济上贪婪、道德上堕落、生活上腐化，最终沦为党和人民深恶痛绝的腐败分子。所以，我们必须正确对待"名利"与"志向"的关系，让有益于社会、造福于人民成为"志向"的价值取向，让"名利"成为"志向"的副产品和应有的回报，这样才能做一个高尚的人，一个自由的人，一个快乐的人，一个有益于社会和人民的人。

淡泊名利并不是否定名利。首先，追求名利是人的本能。人是一种欲望动物，人生一世，总希望自己能够体面地生活，能够拥有一定的荣誉和名声；更希望能够获取必要的物质生活条件，满足自己的物质生活需要。否定名利，有违人的本性，实际上是一种虚伪的说教。其次，追求名利也是社会的发展需要。追求名利是人生的动力源泉，只有有了追求名利的愿望，我们才会在人生的道路上更加勤奋努力，更加百折不挠，个人得以进步，社会得以发展。但关键是要摆正名利的位置，要把名利放在国家、社会和人民的要求上，要让自己的追求在获取社会效益的前提下反哺个人的名利需求，做到主观为社会，客观上惠及自身；在淡泊中实现远大的抱负，在宁静中达到远大目标。所以，淡泊、宁静是智圆，明志、致远是行方，唯有淡泊能明志，只有宁静能致远。牢记本条成语的真谛，做幸福快乐之人！

需要指出的是，本条成语在这里还只是一句格言，但已经包含了该成语的全部语素，后人经过剪辑，使之得以定型，并且再生出"淡泊明志"与"宁静致远"两个独立的同源成语。

〔例句〕三国·蜀·诸葛亮《诫子书》："非澹薄无以明志，非宁静无以致远。夫学须静也，才须学也，非学无以广才，非志无以成学。"

〔近义〕淡泊名利　清心寡欲

〔反义〕利欲熏心　追名逐利

【当断不断，反受其乱】 dāng duàn bù duàn, fǎn shòu qí luàn

〔褒贬〕中性

〔出处〕《史记·春申君列传》："语曰：'当断不断，反受其乱。'春申君失朱英之谓邪？"

〔释义〕应当决断而不决断，反过来就会遭受祸患。

〔鉴赏〕这是司马迁评价春申君政治生涯时所发的恰如其分的感慨。司马迁对春申君作如是评论：当年，春申君劝说秦昭王对楚弃攻讲和，冒着生命危险派人把楚太子送回楚国，这是何等聪慧高明之举。可是后来却失人失察，将朱英的金玉良言弃置一边，结果被奸人李园控制，身死棘门，为天下人笑，真是昏聩糊涂至极，前后判若两人。

春申君用其生命给我们留下了血淋淋的教训，司马迁及时将这个教训总结给后人，这就是"当断不断，反受其乱"。

关于本条成语的出处,《黄帝四经·兵容》曾有记载,但该书久已失传。绝大多数人都认为出自《史记·齐悼惠王世家》,而《齐悼惠王世家》中出现这条成语是齐哀王时期的相国召平临终遗言,其时间要晚于春申君一百多年,所以,我们认为这条成语是出自《史记·春申君列传》。

〔例句〕明·冯梦龙《东周列国志》第四回:"主公岂不闻周公诛管蔡之事乎?当断不断,反受其乱。望早早决计。"

〔近义〕当机立断

〔反义〕优柔寡断

【当面鼓,对面锣】 dāng miàn gǔ, duì miàn luó

〔褒贬〕褒义

〔出处〕寿县民间传说。

〔释义〕指有话当面讲。也指说话要算数。也作"当面锣,对面鼓"。

〔鉴赏〕在寿县城西门城瓮里,南北两壁上对称镶嵌着两块石刻,一面是锣,对面是鼓。这就是古寿州内八景之一的"当面鼓,对面锣"。关于该条成语的出处有两种说法。一是赞美县官说话算数。据说在清朝乾隆年间,寿州来了一位新知县,上任不久,看到古城墙西段年久失修,已几次倒塌,便下决心重修。于是通告全县百姓,要求他们协同政府重修。可是告示贴出一个月却无动静,只因之前三任知县都曾以"捐款捐粮修城墙"为由而中饱私囊,城墙却尺寸未修,官府严重失信于百姓。转眼开工之日已到,新知县并不因百姓不热心而泄气,而是亲自与几十位民夫一起挖土抬石,从早干到晚。一开始人们还有些怀疑新知县的诚意和决心,认为不过做做样子骗人。十天、二十天过去了,新知县仍然和民夫们一起运石抬土,城内外的百姓终于相信了新知县的诚意,纷纷主动参加修城墙的劳动,一些商会栈行老板也主动捐款赠物,支持修城,结果本来两个月的工期提前二十天就竣工了。寿州百姓为纪念这位清廉的"父母官",就在城西门内立了"当面鼓、对面锣"的石刻,以表彰他说话算数,廉洁奉公的美德。

另一种说法是为了铭记一位管钱人"身居钱库,一文不沾"的高尚品德而立的石刻。传说明万历年间,寿州县令筹集钱粮,募集人工,重修西城门和泊岸。募集来的钱粮、物资交给一位德高望重的阎姓老人收管,他虽然官卑职小,但做事非常认真,人们尊称他为阎公。凡工程中的每项开支,他都及时向县官禀报,县官嫌烦琐,便说:"以后开支不必桩桩跟我讲,你开销就是了。"阎公却较真儿:"钱粮大事马虎不得,为人做事就该当面鼓对面锣,免得事后被人说长论短。"县官知道阎公的脾气,只好耐心听取他的一笔笔汇报。修建城墙是大工程,当时有几个豪绅想包揽工程,从中获利。无奈县官为了体恤民力,节省开支,保证质量,始终坚持亲历亲为,使豪绅赚钱的希望落空,于是就在州官面前诬告县官,说他从中贪污自肥。州官迅速派人核查,公堂之上提审阎公,阎公便把施工过程的全部账目搬了出来,每笔开销一清二楚,毫厘不差。州官大为高兴,对阎公和县官当堂予以褒奖,并惩罚了诬告者。县官对刚直不阿、办事认真的阎公十分敬佩,便令工匠在新修的瓮城城墙壁上雕刻了一鼓一锣作纪念。

从成语"当面鼓,对面锣"的出处可知,无论是哪种说法,都是赞誉寿县地方官政绩的。寿县具有悠久的廉政文化传统,孙叔敖持廉至死,召信臣被誉"召父",蒋钦在位守约,时苗离任留犊,胡氏两代清官,赵轨清廉若水……本条成语所赞誉的县官和当事人虽无史料记载,但其故事代代相传,应有此人此事。作为寿县内八景之一的该石刻成语用实物来向世人诠释寿县廉政文化的内涵,引人追慕与思齐。

〔例句〕明·兰陵笑笑生《金瓶梅词话》第五十一回:"他听见俺娘说不拘几时要对这话,他如何就慌了。要着我,你两个当面锣,对面鼓的对不是!"

〔近义〕钉是钉,铆是铆　当头对面　廷争面折

〔反义〕背后捣鬼　理屈词穷　不置可否　吞吞吐吐

【倒持太阿】　dǎo chí tài ē

见"倒持太阿,授人以柄"。

【倒持太阿,授人以柄】　dǎo chí tài ē, shòu rén yǐ bǐng

〔褒贬〕中性

〔出处〕《汉书·梅福传》:"至秦则不然,张诽谤之罔,以为汉驱除,倒

持泰阿,授楚其柄。"

〔释义〕倒握着宝剑,将剑把交给别人。比喻将权力交给别人或让人抓住缺点、失误,使自己被动。

〔鉴赏〕西汉末年,汉成帝荒淫无度,慵于政务。大司马王凤专执擅朝,排斥异己,对持不同意见的人轻则放逐,重则抄斩,满朝文武敢怒不敢言。在王氏的把持下,政治日非,灾异频现,刘汉政权岌岌可危。寿春人梅福忧国忧民,以一边远小吏的身份,冒死上书,痛斥时弊。

梅福在奏章中,着重提出了"广开言路""尊贤纳士"的观点,指出这是巩固国基的根本措施,否则,就如秦朝那样,倒握太阿宝剑,把剑柄递给楚人,最后招致灭亡。"倒持太阿,授人以柄"的成语由此产生。

"太阿"是古代的一种宝剑。"倒持"是倒拿着的意思。由此可知:"倒持太阿"是把剑柄交给了别人,把可伤人的剑锋冲着自己。为什么梅福在这里说是秦朝将剑柄交给楚人呢?对此颜师古的解释是:"言秦无道,令陈涉、项羽乘间而发,譬倒持剑而以把柄授予人也。"也就是说:秦朝无道,让陈涉、项羽抓住人民反对暴政的机会而起义。这就好比秦朝是倒持剑,将剑柄交给了陈涉、项羽而自戕(使自己被推翻)。梅福在这里明里是说秦国在用人上的失策,实际上是在批评汉成帝的用人失策。(参见"从谏若转圜")

后来人们使用本条成语,用以比喻将权力交给别人,自己反受其害。或指让人抓住缺点、失误,使自己受制于人。"倒持太阿"与"授人以柄"可以连用,也可分开使用,无论是连用,还是分开使用,其意思都是一样的。

〔例句〕1.南朝·宋·范晔《后汉书·何进传》:"大兵聚会,强者为雄,所谓倒持干戈,授人以柄,功必不成,只为乱阶。"

2.晋·陈寿《三国志·魏书·王粲传》:"所谓倒持干戈,授人以柄,功必不成。"

3.唐·陆贽《论关中事宜状》:"今执事者先拔其本,弃重取轻,所谓倒持太阿,授人以柄。"

4.宋·乐史《绿珠传》:"二子以爱姬示人,掇丧身之祸。所谓倒持泰阿,授人以柄。"

5.《宋史·钱若水传》:"苟思兵者凶器,战者危事,而不倒持太阿,授人以柄,则守在四夷,而常获静胜。"

6.清·纪昀《阅微草堂笔记·如是我闻一》:"委以耳目腹心,未有不倒持干戈,授人以柄者。"

7.《民国通俗演义》第五十九回:"维时南军渠帅(魁首),实亦豁达寡防,堕彼(袁世凯)奸计,倒持太阿,鋈此凶逆。"

〔近义〕大权旁落　贻人口实

〔反义〕大权在握　大权独揽

【得马折足】　dé mǎ shé zú

〔褒贬〕中性

〔出处〕《淮南子·人间训》:"近塞上之人,有善术者,马无故亡而入胡,人皆吊之。其父曰:'此何遽不为福乎!'居数月,其马将胡骏马而归,人皆贺之。其父曰:'此何遽不能为祸乎!'家富良马,其子好骑,堕而折其髀。"

〔释义〕得到一匹马但因此而折了足。指因福而得祸。同"得马生灾"。

〔鉴赏〕见"塞翁失马"。

【得马生灾】　dé mǎ shēng zāi

同"得马折足"。

见"塞翁失马"。

【登高履危】　dēng gāo lǚ wē

〔褒贬〕中性

〔出处〕《淮南子·原道训》:"登高临下,无失所秉,履危行险,无忘玄伏,能存之此,其德不亏。"

〔释义〕身处高出,行走在险地。比喻紧张害怕,惶恐不安。

〔鉴赏〕这是作者在描述"道"与"德"的关系时所创用的成语。作者认为得道之人有逼迫就有反应,有感触就有行动。这里指出了得道之人具有很高的敏感性。他深邃无穷,变化没有迹象。这两句说明了得道之人的高深莫测。悠游闲适,委曲顺从,就像回音,又如物影随形。这几句阐述了得道之人的平和娴静、屈伸自如、无处不在的特点。居高临下而不失所秉之"道",遭遇危机而勿忘玄妙之"道"。这两句是本条成语的出处,说的是得道之人对"道"的坚定持有。

接下来,作者揭示了"道""德""乐"三者的密切关系:能保持这"道",他的"德"就不会亏损;万物纷繁复杂,也能与之周旋变化;凭"道"处事,就像顺风奔跑轻松快捷,这就是最高的德性。有了这最高的德性,也就有了快乐。古代有人住在岩洞里,但他们的精神道德没有丧失。随着世道衰败,有人虽然身居高位却天天忧愁悲伤。由此看来,圣明不在于治理人事,而在于得"道";快乐不在于富贵,而在于得到"平和"。懂得重视自身修养而看轻身外之物,那就接近于"道"了。很明显,在这三者中,"道"是根,无论在什么情况下,"道"都不能丢失,只有持有"道",才能保有"德"。只有既持有"道",又保有"德",才能真正拥有快乐。

〔例句〕宋·秦观《雪浪石》:"汉庭卿士如云屯,结绶弹冠朝至尊。登高履危足在外,神色不变惟伯昏。"

〔近义〕诚惶诚恐　战战兢兢　如临深渊　如履薄冰

〔反义〕安之若素　泰然自若　从容镇定　如履平地

【地坼水凝】　dì chè shuǐ níng

〔褒贬〕中性

〔出处〕《淮南子·诠言训》:"夫寒之与暖相反,大寒地坼水凝,火弗为衰其(暑)〔热〕;大(热)〔暑〕烁石流金,火弗为益其烈。寒暑之变,无损益于己,质有(之)〔定〕也。"

〔释义〕坼:裂开。大地冻裂了,水凝固了。形容极其寒冷。

〔鉴赏〕这几句话的意思是:寒与暖正相反,当大寒冻裂大地滴水成冰的时候,火却不因此降低自身的热度;当暑热得能熔化金属的时候,燃烧着的火却也不因此增加自身的热度。寒暑的变化对火本身没有影响,这是因为火有它自己的特质。这里,作者用火不受外界气温影响而保持自身的温度来说明"无为"这种任其自然、不受干涉的内在特质。

《黄帝内经·太黄·未壬》也出现该成语:"冬三月,此谓闭藏,水冰地坼,无扰乎阳。"但由于《黄帝内经》的作者及成书年代不能确定,所以本书将此辑录。

〔例句〕1.南宋·朱震《汉上易传·卷下》:"水凝地坼,阳弱于渊,夫坤之初,六五月之气,姤卦也。"

2.无论是大寒~,还是大热烁石流金,交通警察都始终坚守岗位,指挥、疏导来往车辆,为有序交通,保护人民生命财产安全作出了巨大的贡献。

〔近义〕寒冬腊月　滴水成冰

〔反义〕烁石流金　骄阳似火

【冬箑夏裘】 dōng shà xià qiú

〔褒贬〕贬义

〔出处〕《淮南子·精神训》:"知冬日之箑,夏日之裘,无用于己,则万物之变为尘埃矣。"

〔释义〕箑:扇子。裘:皮衣。冬天的扇子,夏天的皮衣。比喻闲置无用之物。也引申为不合时宜、不实用的事物或行为。也作"冬扇夏炉"。

〔鉴赏〕这是作者用来阐述要善于取舍、不要贪恋无用之物以伤害自身而创用的成语。为了论证这一观点,作者首先采用了喻证法,用越人与中原人对待蛇的态度来作比喻:越人得到一条大蛇,会当成一顿上等的佳肴,而中原人得到一条大蛇,则因无吃蛇的习惯而将其扔掉。由此得出论点:要善于区分事物的用途,对于无用之物,即使是一位相当贪婪的人也会辞而不受的;如果知道一种东西没大用处的话,即使是一位相当廉洁的人也不能辞让。然后,作者又列举了若干条事例加以印证:有些国君之所以弄得国破家亡、毁掉社稷、身死于他人之手、被人耻笑的地步,都是因为过分追求非分的欲望而造成的。仇由贪得大钟的贿赂而招致国家的灭亡,虞国国君贪得垂棘之璧而成为晋军的俘虏,晋献公贪恋骊姬的美貌而导致国家的动乱,齐桓公因贪食易牙奉献的美味佳肴而致死后尸体腐烂不能按时下葬,胡王沉溺于女乐之娱而丢失了大量的领土。五位国君所爱之物虽然有所不同,但都是因为不知轻重,爱了不该爱的东西而导致可悲的下场。所以作者总结说:假如这五位君主都能安适自己的本性,放弃那些非分的欲望,以自己正常的本性需求为限度,不随外界物质的诱惑而

68

动贪心,哪会造成这样大的祸害?作者的追问可谓发人深省。从中也体现出作者作为道家对待私欲的态度:既非儒家的禁欲主义,也非现实生活中贪图享乐的纵欲主义,而是主张持守精神、节制欲望,本其自然之欲,以清虚宁静为本,使欲望与精神情志相谐和,五官七窍精明通畅而不受外界所诱惑。为了透彻地说明这一观点,作者最后又作了比喻:所以说,射击没有箭就射不中目标,但学射箭者的根本不在于制箭;驾驭没有辔就驾驭不了,但学驾驭者的根本不在于制辔。懂得扇子在冬天、皮衣在夏天对自己没有用处的道理,那么没有用的万物就被看成像尘埃一样渺小,微不足道,不足珍惜。

　　本段可谓主旨明确,说理透彻,由于本条成语的创用,更增加了论述的生动形象性。作者在本段所阐述的观点以及本条成语的要义今天看来,至少有两层重要的现实意义。一是提醒我们要保持精神的和乐安宁。要管好自己的欲望,要经得住各种物质和感官的诱惑,不要被贪婪所控制,不要在物欲横流的社会里迷失自我。否则,将会为此付出惨痛的代价。人生真正的快乐来自于内心,欲望与心性相和谐,物质生活与精神生活协调发展,这才是健康和可持续的快乐。二是提醒我们要懂得鉴别和取舍。人的一生要面对太多的人、事、物,这些人、事、物对于一个人的成长和发展会起着各种各样的影响和作用,这就需要我们善于鉴别,分清大小主次、轻重缓急、高低好坏,然后进行明智地取舍,该取的,就要果断地抓住不放;该舍的,就要弃之如敝屣,绝不怜惜。唯有如此,方能成就事业与人生。正如孟子所言:"鱼我所欲也,熊掌亦我所欲也,二者不可兼得,舍鱼而求熊掌者也。"取舍是一种哲学,也是一种艺术,更是一门做人的学问。愿我们精心研究取舍,让每一次的取舍都成为英明的决定。

　　〔例句〕南朝·宋鲍照《园葵赋》:"彼圆行而方止,固得之于天性;伊冬箑而夏裘,无双功而并盛。"

　　〔近义〕不合时宜

　　〔反义〕雪中送炭

【东山再起】 dōng shān zài qǐ

　　〔褒贬〕褒义

〔出处〕《晋书·谢安传》:"隐居会稽东山,年逾四十复出为桓温司马,累迁中书令、司徒等要职,晋室赖以转危为安。"

〔释义〕指再度出任要职。也比喻失势之后又重新得势。

〔鉴赏〕公元383年,苻坚亲自带领近八十万大军从长安出发,准备南下一举消灭晋朝。这个消息传到建康,晋孝武帝和京城的文武官员都十分紧张。晋朝军民都不愿做亡国奴,大家都盼望谢安能挂帅御敌。但此时谢安宁愿隐居在东山,也不愿做官。当时在士大夫中间流传着一句话:"谢安不出来做官,叫百姓怎么办?"到了四十多岁的时候,他才重新出来做官。因为谢安长期隐居在东山,所以后来把他重新出来做官之事称为"东山再起"。

〔例句〕清·文康《儿女英雄传》第三十九回:"回到家乡,先图个骨肉团聚,一面藏器待时,或者圣恩高厚,想起来还有东山再起之日,也未可知。"

〔近义〕重振旗鼓 卷土重来

〔反义〕一蹶不振 销声匿迹

【动不失时】 dòng bù shī shí

〔褒贬〕中性

〔出处〕《淮南子·人间训》:"圣人敬小慎微,动不失时。"

〔释义〕行动不失时机。指不做不切合时宜的事。

〔鉴赏〕见"敬小慎微"。

〔例句〕张保振《兢慎三敬》:"要想成事立业,仅有战略决策、宏伟规划是不够的,还必须从小步走起、小事做起,不仅要谨小慎微,而且要动不失时,及时而有效地解决细微的、苗头性的矛盾和问题,从而积小为大,聚沙成塔,使尘雾之微能补益山海,使萤烛末光能增辉日月。"

〔近义〕相机而动 切合时宜 不失时机

〔反义〕不合时宜 坐失良机

【洞洞灟灟】 dòng dòng zhú zhú

〔褒贬〕中性

〔出处〕《淮南子·天文训》:"天地未形,冯冯翼翼,洞洞灟灟,故曰太

（昭）［始］。"

〔释义〕高诱注："冯、翼、洞、灟，无形之貌。"表示混沌无形的样子。

〔鉴赏〕见"冯冯翼翼"。

【读书自责，怨忿冰释】 dú shū zì zé, yuàn fèn bīng shì

〔褒贬〕褒义

〔出处〕《宋史·列传·吕祖谦传》："少卞急，一日，诵孔子言'躬自厚而薄责于人'忽觉平时忿懥涣然冰释。朱熹尝言：'学如伯恭，方是能变化气质。'"

〔释义〕忿懥(zhì)：发怒。读书受启发，自责于己而薄责于人，平时的愤怒冰消瓦解。

〔鉴赏〕南宋著名思想家、文章家和学者吕祖谦，一生不仅勤于读书，而且还勇于自责。他少年时也曾与一般年轻人一样，年轻气盛，思想上有些偏激，性格上有点急躁，心中常有些怨气。一天他在读书时读到"躬自厚而薄责于人"的话之后，联系自己平时的情绪状态，忽然觉得往常对别人的不满和怨恨就像春天的冰块一样顿时融化得干干净净。吕祖谦这种闻善则从、有过则改、勇于自责、宽以待人的精神和品质，一直成为千百年来读书人的座右铭。后人使用这个成语典故，或取其读书学习能改变人的性格气质之意，或取其对人要宽宏大量，为人要厚道，要善于化解心中怨恨之意。

〔例句〕我们要学习吕祖谦~的读书态度，一遇善言便记而从之。

〔近义〕严于律己，宽以待人　不存芥蒂　冰消瓦解　宽宏大量　冰释前嫌

〔反义〕鼠腹鸡肠　鼠肚鸡肠　小腹鸡肠　耿耿于怀

【蠹啄剖梁柱，蚊虻走牛羊】 dù zhuó pōu liáng zhù, wén méng zǒu niú yáng

〔褒贬〕中性

〔出处〕《淮南子·人间训》："祸生而不早灭，若火之得燥、水之得滋，浸而益大；癕疽发于指，其痛遍于体。故蠹啄剖梁柱，蚊虻走牛羊，此之谓也。"

〔释义〕蠹虫虽小却能蛀倒梁柱,蚊虻的叮咬可使牛羊奔跑。比喻微小的有害因素,可以酿成大祸。也比喻小地方不注意会影响大局。

〔鉴赏〕见"敬小慎微"。

【度地计众】 duó dì jì zhòng

〔褒贬〕中性

〔出处〕《淮南子·氾论训》:"今谓强者胜则度地计众,富者利则量粟称金。"

〔释义〕度:推测,琢磨。计:计算,盘算。想着怎样扩充地盘,盘算如何增加人口。指执政者千方百计通过增强国力来取得胜利。

〔鉴赏〕作者创用此语来剖析社会上的一种误解:现在有人认为强大的就必定会胜利,于是就一门心思地盘算着怎样扩地增人。认为富有的必定会获利,于是就醉心于积粮聚钱。接着,作者运用归谬法对这种认识进行了否定:如按这样的逻辑来说,那么千乘小国将永远无法称王称霸了;万乘大国则永远不会灭亡了;国家的存亡道理如果是这样简单的话,那么社会上的笨男蠢女都可成为理论家了。通过推论,这种以为"强者胜"而"度地计众"的策略的片面性已是显而易见。至此,作者关于国家兴亡的根本原因不在于大小强弱,而在于是否推行王道德政的论点顺理成章地得以确立。

本条成语以高度概括的语言揭示了这样一条真理:国土面积和人口的多寡固然与一个国家的强弱有关,但真正决定国家强弱的因素还是国家的政治。如果政治腐败,政策失明,国土面积再大、人口再多,也一样归于贫弱,甚至走向灭亡。历史上的所谓罗马帝国、日耳曼帝国、拿破仑领导的法兰西帝国,还有中国的蒙古帝国、苏联等,最终都分崩离析。尤其是清朝末期,以中国国土之广、人口之重,竟然惨败于弹丸之地的日本,这个悲剧完全可以归因于大清帝国的狂妄自大、闭关锁国、贪图享乐、不思进取的政治生态。中国共产党领导全国人民建立新中国之后,短短的几十年时间,尤其是改革开放之后的近四十年的时间里,中国以惊人的发展速度,从积贫积弱的落后国家一跃变成让世界敬畏的强大国家,这个令人欢欣鼓舞的巨变正是得益于我们政治、政策的英明。特别是党的十八大以来,以习近平同志为核心的党中央,一面抓经济建设,一面加强社会主义的精神文明建设,高举反腐大旗,更加赢得了民心,牢牢铸就了清廉、进取的党魂,一个更加开放、包容、进取、和谐、民主、富强、幸福的中国正在大步向我们走来,中华民族伟大复兴之梦正在变为现实!

〔例句〕1.清·王念孙《读书杂志·淮南子十五》:"'楚国之强,大地计众,中分天下。'念孙案:'大'当为'支',字之误也。《氾论篇》云:'度地计众。'度与支,皆计也。"

2.蔡礼旭《从〈群书治要〉看盛世和衰世的社会特征和变化规律》:"世间人认为只要强大就能够制胜,就度地计众,在国家来讲就想着扩大国家的地域,算一算国家有多大的地域,计算一下我们国家有多少人口,认为大国就能称霸,就能长久存在,不一定。"

〔近义〕蚕食鲸吞　攻城略地　攻城野战

〔反义〕退避三舍　畏缩不前　闭关锁国

F

【发屋求狸】 fā wū qiú lí

〔褒贬〕贬义

〔出处〕《淮南子·说山训》:"坏塘以取龟,发屋而求狸,掘室而求鼠,割唇而治龋,桀跖之徒,君子不与。"

〔释义〕拆除房屋以求捕获狸猫,比喻因小失大,得不偿失。

〔鉴赏〕这是作者用来劝诫人们行事要善于权衡利弊,明于取舍、顺应时宜的重要性时所创用的成语。为了透彻地阐述这一观点,作者进行了一系列类比:治疗毒疮不分好肉烂肉一起剜掉,农夫不分禾苗杂草将它们一起锄掉,这样做哪还会有实际的收获?毁坏池塘来获取龟鳖,掀掉房顶来捕捉狸猫,掘开内室来捕捉老鼠,割开嘴唇来治疗牙齿,不论是夏桀这样的凶暴者,还是谦谦君子都不会做这种蠢事的。累死战马而求得狐狸,为救两只鳖而丢失了神龟,折断右臂而去争夺一根毫毛,损坏了莫邪宝剑而去争夺一把小刀,像这样的"智慧",是不值得推崇的。

〔例句〕考试时为了得到高分而选择作弊,这是～。

〔近义〕掘室求鼠　因小失大　得不偿失　争鸡失羊　争猫丢牛

〔反义〕抓大放小　亡羊得牛　提纲挈领

【发植穿冠】 fà zhí chuān guān

〔褒贬〕中性

〔出处〕《淮南子·泰族训》:"荆轲西刺秦王,高渐离、宋意为击筑而歌于易水之上,闻者莫不瞋目裂眦,发植穿冠。"

〔释义〕头发竖起来,穿透帽子。形容极度愤怒。

〔鉴赏〕《泰族训》主要阐述提倡遵循规律、顺应自然的积极的无为观,认为为政者要不倚恃自己的私智私欲肆意妄为。本条成语列举荆轲刺秦王的悲壮故事,意在说明实行无为而治的必要性。作者认为五帝三王的治国之道(即无为而治),是普天下适用的法则,是治国的准绳。其他的治术再好也都是权宜之术,不是治国的根本方针。如同诗歌音乐,只有《雅》《颂》等诗歌,其语言都是人在纯真的情感基础上抒发写成的,所以君臣学习它们便能和睦相处,父子学习它们便能亲密相处。《韶》《夏》等古乐,其乐声浸泽金石、滋润草木。现在如果取用怨思之声,用管弦乐器弹奏出来,听的人就会感到悲凄。如赵王迁被俘后流放到房陵深山中,因思念故乡而创作了《山木》这首诗歌,听了这诗歌的人无不落泪流涕。荆轲西去秦国行刺秦始皇,高渐离、宋意为他击筑,在易水之滨慷慨悲歌,听的人无不两眼圆睁、怒发冲冠。如果将这类诗歌作为乐歌在宗庙里演唱,也就根本算不上雅乐。在作者心目中,只有《雅》《颂》等诗歌,《韶》《夏》等古乐才能与"无为而治"相媲美,自然平和高雅。

〔例句〕晋·裴启《语林》:"温公始入,姿形甚陋,合坐尽惊。既坐,陈说九服分崩,皇室弛绝,晋王君臣莫不獻欷。及言天下不可以无主,闻者莫不踊跃,植发穿冠。"

〔近义〕怒发冲冠　目眦欲裂　怒不可遏　发上冲冠

〔反义〕心平气和　喜不自胜　欣喜若狂

【凡物有朕】 fán wù yǒu zhèn

〔褒贬〕中性

〔出处〕《淮南子·兵略训》:"凡物有朕,唯道无朕。所以无朕者,以其无常形势也。"

〔释义〕凡物:凡是事物,一切事物,这里指有形的事物。朕:征兆,迹象。所有有形的事物均有征兆。

〔鉴赏〕所有有形的事物均有征兆,而唯独"道"没有。作者创用此条成语,用以比较说明"道"的特征:由于它没有固定的形态,就像车轮的转动而无止境,又像日月行空、四季更替、昼夜交替;它周而复始,明暗互转,没有谁能发现它的规律。它制约有形的事物但自身却不受任何制约,所以能完成功业;它产生万物但自身却不归属物类,所以能战胜一切而不失败。这是对"道"的诠释说明,反映了西汉时代人们对"道"的理解。

从今天的角度来看,作者创用的这条成语仍然具有重要的科学依据和实践价值。所谓征兆,就是事情要发生提前表现出来的现象,它是客观事物发展变化的量变过程的表现。无论是大自然,还是人类社会,一些事情的发生总会出现这样或那样的迹象和苗头。比如地震之前会出现狗狂吠、老鼠出洞等现象;亲人出事,家庭成员的心理、脑电波突然波动;人体发生疾病之前,如心肌梗死、中风等都会有相应的征兆;人在死亡之前往往也有征兆;山云蒸,柱础润,蚂蚁搬家,预示着大雨即将来临;有好事发生时,自家门前屋后会有喜鹊在树上唱歌,如此等等,举不胜举。

从哲学的角度来讲,事物的发展变化都是有其内在的客观规律的,有一个从量变到质变的过程,人类必须尊重客观规律,顺应客观规律,动不失时,顺势而为,这样才能取得积极的成果。而这里的"势"的苗头性表现,就是"征兆"。所以我们只要准确把握征兆,重视征兆,正确处理征兆,就可以趋吉避凶,消灾避难,变不利为有利,变有利为大利,从而处于不败之地。在抗日战争初期,日本帝国主义依仗其强大的军事实力,迅速侵占大半个中国,可谓不可一世。在日本的淫威下,很多人对抗战失去了信心。在这种危急的关头,毛泽东迅速抓住日本帝国主义"强大"背后的一些薄弱迹象,提出了著名的战略防御阶段、战略相持阶段,再到战略进攻阶段的三段论,指出战争的最后胜利必然属于中国。毛泽东的论述极大地鼓舞了全国人民的抗日斗志,经过十四年的浴血奋战,终于打败了穷凶极恶的日本帝国主义,赢得了抗日战争的最后胜利。

〔例句〕~,对于地震这种自然灾害来说,只要我们注意观察,积极预防,就能及早发现,最大限度地减少人员伤亡和财产损失。

〔近义〕蛛丝马迹　风吹草动

〔反义〕突如其来　从天而下

【方趾圆颅】　fāng zhǐ yuán lú

见"圆颅方趾"。

【肥醲甘脆】　féi nóng gān cuì

〔褒贬〕中性

〔出处〕《淮南子·主术训》:"肥醲甘脆,非不美也,然民有糟糠菽粟不接于口者,则明主弗甘也。"

〔释义〕肥醲:肉肥酒烈;甘脆:香甜松脆。指味美的食物。泛指美好的酒食。也作"甘脆肥醲"。

〔鉴赏〕见"匡床蒻席"。

〔例句〕从养生学的角度来看,长期过着~的生活是不利于健康的。

〔近义〕甘旨肥浓

〔反义〕粗茶淡饭

【诽誉在俗】 fěi yù zài sú

〔褒贬〕中性

〔出处〕《淮南子·齐俗训》:"故趋舍同,诽誉在俗;意行钧,穷达在时。"

〔释义〕诽:诽谤。誉:赞扬。俗:风气、习惯。诽谤或赞扬在于当时的风俗。形容风俗习惯的力量强大,能左右是非的标准。

〔鉴赏〕本条成语的中心词为"诽誉"。诽誉一词在春秋战国时代即已出现,并且使用频率较高。如《管子·七臣七主》:"上亦法臣法,断名决无诽誉,故君法则主位安,臣法则货赂止,而民无奸。"《战国策·东周》:"周文君免士工师籍,相吕仓,国人不说也。君有闵闵之心。谓周文君曰:'国必有诽誉,忠臣令诽在己,誉在上。'"《吕氏春秋·下贤》已将"诽誉"与"俗"连在一起:"鹄乎其羞用智虑也,假乎其轻俗诽誉也。"意思是他光明正大,耻于运用智巧;他胸襟宽广,轻视世俗的诽谤和赞誉。表达了对世俗的诽誉所持有的态度。

《淮南子·齐俗训》正式创立了本条成语。作者创用本条成语主要用来说明习俗的巨大作用。作者认为,如果以道和德来作为事物的规律和秩序,就好比日月行空,从江南到黄河以北都不会改变它们的方向,驰骋千里之外也不能变更其行迹。而人们所取舍的礼俗,就好像你所居住的处所,从东边看,它在西边,从西边看,它又在东边,没有固定的方位,就是叫公正的法官——皋陶来裁决,也无法确定其方位。所以同样的一种取舍,是得到诽谤还是得到赞誉,取决于习俗。比如对于贤能与否的判断,世俗观点是以完成功业与否来作为贤能的标准或尺度,以战胜祸患与否作为聪明的尺度或标准;以为遭灾的必定愚笨,认为死于节义的必定愚懑。作者认为,这种评价的标准是有失偏颇的,不论什么人,只要按照自己的意愿去做了,不论结果如何,都无所谓优劣和贤愚。

《淮南子·人间训》再次出现本条成语:

夫戟者,所以攻城也;镜者,所以照形也。宫人得戟,则以刈葵;盲者得镜,则以盖卮。不知所施之也。故善鄙不同,诽誉在俗;趋舍不同,逆顺在君。狂谲不受禄而诛,段干不辞相而显,所行同也,而利害异者,时使然也。故圣人虽有其志,不遇其世,仅足以容身,何功名可致也!

这段话的大意是:戟是用来攻城的,镜是用来照人的。但宫中太监得到戟,就只会用它来割葵菜;瞎子得到镜子,就只会用它当杯盖。这是因为他们不知道怎样来用戟和镜。所以好坏相同的人和事,是受到赞誉还是被诽谤,不取决于这人和事的本身,而取决于人们的习俗。取舍的结果不同,是走运还是倒霉,不取决于人取舍志向本身,而取决于遇上怎样的君主。狂谲不接受俸禄,以清高隐居而被杀害;段干木辞去相位,不图利禄名声反而出了名。这两人的品性相同,但其厉害的结果却不同,这是时势造成的。所以圣人即使有好的志向情操,但如果没有碰上好世道,那么他充其量只能保全性命,哪还谈得上实现什么功名!

两处所说明的旨意基本相同,都是说世俗时势对人们思想行为价值评判的影响。作者的主张是:一方面,既了解天意如何,又了解世俗怎样,就能够在这世界上实行你的志向。如果只了解天意而不了解人间风俗时尚,就无法与世俗交往;如果只知道人间时尚风俗而不知天意,就无法与道周游。另一方面,对自己的志向取舍又要自信,"自信者不可以诽誉迁也,知足者不可以势利诱也"(《淮南子·诠言训》)。也就是说,自信的人,不会因受到诽谤或吹捧而改变自己的态度;知足的人,不是用权势或利益就能诱惑的。作者极力称赞自信的人和不贪婪的人,认为这样的人意志坚韧,不会因荣辱势利而改变态度。

作者的处事态度看似矛盾,实则包蕴了中国传统文化智圆行方、曲中求直的处世哲学。他提倡在确定自己的理想和抱负的时候,既要顾及世俗时势对人们思想行为的巨大影响和制约作用,又要敢于坚持自己正确的原则立场,不被世俗所左右。这是一种既有灵活性又有原则性的处世态度,是唯一正确的世界观和方法论。

〔例句〕～,走你的路,让别人去说吧。

〔近义〕阿世取容　从俗浮沉　当世取舍　负俗之累

〔反义〕特立独行　我行我素　傲世轻物

【分毫不取】　fēn háo bù qǔ

〔褒贬〕褒义

〔出处〕《宋史·魏杞传》:"公既竣事,并房中所赠遗之物,分毫不取。"

〔释义〕分毫:指很少的数量。一个钱也不要。比喻不计报酬。

〔鉴赏〕这是史书称赞寿县出生的清官魏杞所创用的一条成语。魏杞(1121－1184年),字南夫,又字道弼,寿春人,后移居明州鄞县(今属浙江)。绍兴十二年(1142)进士,先后任县尉、大理寺主簿、太傅寺主簿、宗正少卿等职。隆兴二年(1164),金兵南犯,魏杞以礼部尚书衔任金国通问使。十月至盱眙,金军拥兵攻淮,询问宋使来意,看完国书后,提出割商、秦两地及增输岁币20万等要求,被魏杞一概拒绝。抵达高邮时,金国再派信使与魏杞面议,魏杞还是义正词严,不依不饶。

乾道元年(1165)至燕山,金主以国书不称臣而称侄大怒,拒绝为魏杞提供饮食。魏杞慷慨陈词,正义凛然,金主最终还是以礼相待。隆兴和议成功,魏杞不负使命,受到孝宗褒奖,提升魏杞为同知枢密院事,进参知政事兼枢密使。乾道六年(1170),授观文殿学士、知平江府。后因谏官王希吕弹劾魏杞贪污,被夺职。终以端明殿学士奉祠告老,归居鄞县小溪,人称碧溪先生。淳熙十一年(1184)卒,追封鲁国公,谥文节,葬奉化溪口翠屏山,郑清之书神道碑,今存。

北宋靖康(1126－1127年)年间金兵大举入侵,开封沦陷,魏杞的祖父魏鈫追随宋高宗赵构南迁江南,他跟儿子魏汝能(魏杞父亲)同在军营中辅佐韩世忠抗击金兵,不幸父子双双遇难。当时魏杞才满十岁,就不得不担负起了全家的责任,侍奉母亲和照顾弟妹,并把家安置到了宁波鄞县碧溪(今宁波市鄞州区鄞江镇)。尽管小时候条件非常艰苦,魏杞还是通过自己的刻苦努力考上了进士,踏上仕途,一路做到了右仆射兼枢密使(丞相)之职。魏杞在任地方官时心系民生,让治下百姓安居乐业;在朝廷上鞠躬尽瘁,选材唯能,被朝野誉为一代名相,中兴名臣。朱熹曾这样称赞魏杞:"青史魏公贤宰相,先闻朝上老名臣。心存正大知无异,梦感威仪信有神。"

关于魏杞的廉洁,史书记载有出入。《宋史·列传》载:"谏官王希吕论杞贪墨,夺职。"而《南宋丞相魏杞传》则说魏杞"虽素贫,视财物不以介意。出疆,赏黄金五百星,及龙脑、香兰、银绢、杂物等。公用之余,例归使者。公既竣事,并廒中所赠遗之物,分毫不取。"魏杞出使金国不辱使命,功勋卓著,但对本国君王所赏及金国所赠财物一个子都不落入个人的口袋,其廉洁自律可见一斑。本条成语也由此而出。

〔例句〕《沈阳晚报》:"环卫工厕所捡包内装6万元分毫不取上交派出所。"

后多用作"分文不取"。如:

明·冯梦龙《醒世恒言·一文钱小隙造奇冤》:"又且一清如水,分文不取。"

清·文康《儿女英雄传》第二十一回:"有的是荒山地,山价地租,我分文不取。"

〔近义〕一钱不受

〔反义〕贪得无厌

【焚林而猎】　　fén lín ér liè

〔褒贬〕中性

〔出处〕《淮南子·主术训》:"故先王之法……不涸泽而渔,不焚林而猎。"

〔释义〕用焚烧森林的办法来捕猎。比喻只图眼前利益,不作长久打算。

〔鉴赏〕《主术训》是论述君主统驭之术、为君之道的,所以称为"主术"。"主术"的内容丰富系统,其中之一就是要上循天时、下尽地财、中用民力,保护生态环境,限制向自然界过度索取。这样的话,就能保证民众生活物资的充裕,以致死后不会抛尸野外。作者尤其重视自然资源的休养生息,极力推崇先王之法。即狩猎时不得杀绝成群的野兽,不得捕捉幼小的麋鹿,不得放干湖泽之水来捕鱼,不得焚烧森林来打猎。不到能捕杀弱兽的时间,不让在野外设置捕捉的罗网;不到水獭捕捉鱼群的时间,不得在水中撒网;不到老鹰隼鸟捕杀兔等食物的时间,不得在山谷安装罗网;草木还没凋零之前,不许持斧进山林砍伐;昆虫还没开始蛰伏之前,不准放火烧荒。不准捕杀怀胎的母兽,不准掏取孵化着的鸟蛋,不许捕捞长不足一尺的鱼,不得宰杀不满一年的幼猪。正因为这些规定,保护了生态环境,所以草木生长如气一样蒸蒸升腾,禽兽归山如泉水一样奔流,飞鸟入林如烟云聚集,所有这些均归功于君主保护生物的措施得当。

这个观点早在2000多年前提出来,应该是具有远见卓识的,在生态环境遭到严重破坏的今天,意义更加重大。

〔例句〕涸泽而渔,~,对人类社会来说就是一种自戕行为。

〔近义〕竭泽而渔　杀鸡取卵

〔反义〕高瞻远瞩　休养生息

【奋袂而起】 fèn mèi ér qǐ

〔褒贬〕褒义

〔出处〕《淮南子·主术训》:"楚庄王伤文无畏之死于宋也,奋袂而起,衣冠相连于道,遂成军宋城之下,权柄重也。"

〔释义〕袂:衣袖。奋:振动。奋袂:挥袖,愤恨或激动的样子。袖子一挥站起来。形容愤然而起。

〔鉴赏〕本条成语来源于《左传·宣公十四年》所记载的一个典故:

"楚子使申舟聘于齐,曰:'无假道于宋。'亦使公子冯聘于晋,不假道于郑。申舟以孟诸之役恶宋,曰:'郑昭宋聋,晋使不害,我则必死。'王曰:'杀女,我伐之。'见犀而行。及宋,宋人止之,华元曰:'过我而不假道,鄙我也。鄙我,亡也。杀其使者必伐我,伐我亦亡也。亡一也。'乃杀之。楚子闻之,投袂而起,屦及于室皇,剑及于寝门之外,车及于蒲胥之市。秋九月,楚子围宋。"

在解释这个典故之前,还需要了解一下典故中的一个关键人物——

申舟的情况。申舟姓芈，本氏熊，别氏文，后别氏申，名无畏（一作"毋畏"），字子舟，采邑申，故称申舟无畏。他是楚文王的后代，文犀（申犀）之父，时为穆王左司马而居卿位。据史载，他为人刚直，忠于职守，熟知典籍，尤谙《诗》，善于辞令，富有文才，曾提出"当官而行，何强之有"之说，为春秋中期楚国著名政治家与贵族文士，传世有《官守论》一文。

　　这个典故是说楚庄王派申舟访问齐国，并交代说"不要向宋国通报说要从他们国家路过"。楚庄王又派公子冯访问晋国，也对他交代说，在经过郑国时不要向他们通报说要从他们国家路过。申舟因孟诸之事得罪宋国，于是说："郑国明事理，宋国糊涂（而且我又与之有过节），我死定了。"楚王说：他们如果敢杀你，我就讨伐他们。于是申舟就把自己的儿子申犀引见给楚庄王（意思是如果他死了就让儿子做他的继承人），然后才出行。到了宋国，宋国不让其通过，宋国的华元说："要经过我国而又不向我国通报说要借道，这是鄙视我国的行为。鄙视我们宋国，就是把我们当作被他们灭亡的国家。杀掉他们的使者必然要讨伐我国，讨伐我国也是灭亡。都是一样灭亡，不如把他们的使者杀了。"于是就把申舟给杀了。

　　听说申舟真的被宋国杀了，楚庄王肺都气炸了，他愤怒地挥动双臂，"呼"地就站了起来，给他送鞋的人追到寝宫门口才赶上，送剑的人迟了一点点，把剑递给他时他已经到了寝宫门外了，车马赶上他的时候他已经跑到蒲胥的市面上去了。

　　《淮南子·人间训》也提到了楚庄王灭宋的战役，交代了这次战役的结果：

　　其后楚攻宋，围其城。当此之时，易子而食，析骸而炊，丁壮者死，老病童儿皆上城，牢守而不下。楚王大怒，城已破，诸城守者皆屠之。

　　意思是：后来楚国攻打宋国，包围了宋国的城邑。这时候，城里能充饥的东西都吃光了，人们只能交换孩子吃，并将枯骨劈开当柴烧。壮年人也全都战死，这样老人、病人、儿童上城楼防守，顽强抵御，使楚军迟迟攻克不下。这时楚王大怒，在城被攻破之后，将凡上城楼防守的人全部杀死。

　　这里的描述可以看作对《左传·宣公十四年》以及《淮南子·主术训》所记载的本次战役的经过的一个补充，使该战役的情况清晰完整地表现了出来。

作者通过对本条成语典故的运用,不仅有力地证明了君主要利用好权势的重要性,而且也为本条成语的改造和定型作出了重要贡献,进一步丰富了表达愤恨、激动或精神振作,立即行动之情状的词汇。就"投袂"与"奋袂"比较而言,我们认为后者的含义更明确,也更贴切。因为与衣袖有关的动作只能是"甩""振""举""摆""挥"等,而"投"字并无这些含义。因此"投"与"袂"的搭配不仅不够妥帖,同时也显得太实。而"奋"字不仅有这些词的含义,与"袂"字搭配比较妥帖,而且更能形象地表达这种激愤、振作、奋发的情态。所以,自《淮南子·主术训》之后,人们多用"奋袂而起"。

〔例句〕1.宋·司马光《资治通鉴·梁纪八》:"王迭兴,盛衰无常。今四方瓦解,将军奋袂而起,所向无前,此乃天意,非人力也。"

2.《明史·余懋学传》:"稍有规正,辄奋袂而起,恶声相加。"

3.明·冯梦龙《东周列国志》第五十五回:"庄王方进午膳,闻申舟见杀,投箸于席,奋袂而起。"

4.鲁迅《且介亭杂文二集·隐士》:"但苟有议及自己们或他的一伙的,则虽千里之外,半句之微,他便耳聪目明,奋袂而起,好像事件之大,远胜于宇宙之灭亡者。"

〔近义〕勃然而起　拍案而起　振臂而起　奋袂攘襟　奋袂攘衽

〔反义〕无动于衷　纹丝不动　呆若木鸡　心平志易

【风兵草甲】　fēng bīng cǎo jiǎ

〔褒贬〕贬义

〔出处〕《晋书·苻坚载记》:"坚与苻融登城而望王师,见部阵齐整,将士精锐;又北望八公山上草木皆类人形,顾谓融曰:'此亦劲敌也,何谓少乎?'怃然有惧色。"

〔释义〕将风吹草动当做敌兵。形容因紧张惶恐而过分疑虑。

〔鉴赏〕见"草木皆兵"。

〔例句〕明·施耐庵《水浒传》第九十五回:"况我兵惊恐,凡杯蛇鬼车,风兵草甲,无往非撼志之物。"

【风声鹤唳】 fēng shēng hè lì

见"风声鹤唳,草木皆兵"。

【风声鹤唳,草木皆兵】 fēng shēng hè lì,cǎo mù jiē bīng

〔褒贬〕贬义

〔出处〕《晋书·苻坚载记》:"坚与苻融登城而望王师,见部阵齐整,将士精锐;又北望八公山上草木皆类人形,顾谓融曰:'此亦劲敌也,何谓少乎?'怃然有惧色。"

〔释义〕唳:鸟鸣。听到风声和鹤的鸣叫,都以为是追兵,把草和树木都当做了敌人的兵将。形容人在极度惊慌时神经过敏,疑神疑鬼,稍有动静便紧张不安。

〔鉴赏〕本条成语形象地再现了淝水之战时,前秦苻坚败逃时的狼狈情景。公元316年,西晋王朝灭亡。第二年,晋皇室后裔司马睿在建康(今南京)称帝,建立东晋王朝。公元357年,苻坚称大秦天王,灭前燕、前凉及代国,最终统一北方。东晋占有今汉水、淮河以南的大部分地区。这样,形成了秦晋南北对峙的局面。

公元383年五月,苻坚不顾群臣反对,决意攻取东晋。八月,苻坚率步兵六十余万、骑兵二十七万、"羽林军"三万余骑,前后千里,旌鼓相望,浩浩荡荡地从长安出发,直逼东晋。苻坚骄狂地说,以此强兵百万,"投鞭可以断流",何愁东晋不灭?晋武帝则采纳了谢安、桓冲等人的主张,坚决抵抗。他派将军谢石、谢玄等率兵八万沿淮河西进,以拒前秦军;又派将军胡彬率领水军五千增援战略要地寿阳(今安徽寿县)。

同年十月十八日,前秦军前锋攻占寿阳。胡彬所率水军走到半路,得知寿阳失守,退守硖石(今寿县西北二十五里)。前秦军为了阻挡晋军主力西进,又派兵五万进至洛涧(今安徽怀远县以南之洛水),并在洛口设置木栅,阻断淮河交通。胡彬因困守硖石,粮食用尽,处境十分艰难,写信要求谢石增援。不料胡彬的信被前秦军截获。苻坚认为晋军兵力很少,粮食十分困难,应该抓紧进攻,遂把主力留在项城(今河南项城县境),带了八千骑兵赶到寿阳。苻坚先派尚书朱序到晋军劝降。朱序原来是东晋防守襄阳的将领,襄阳失守时被俘。朱序到了晋军之后,不仅没有劝降,反而透露了前秦军情况,并且建议说,如果秦兵百万全部到达,晋军难以抵抗,现在应趁它还没有到齐,迅速出击,打击它的前锋,大军就会溃散。晋军将领谢石、谢玄听从了朱序的建议,于十一月派刘牢之率精兵五千进攻洛涧。刘牢之分兵一部分到前秦军侧后,断敌退路,亲自率兵强渡洛涧,夜袭前秦军大营。前秦军抵挡不住。主将梁成战死,五万前秦兵大溃,抢渡淮水,淹死一万五千余人。洛涧的胜利,鼓舞了晋军的士气。晋军乘胜追击,一举推至淝水东岸,与秦兵隔河对峙。苻坚与苻融登上寿阳城头,望见东晋军队布阵齐整,又北望八公山上草木,皆类人形,然后看着苻融说:"此亦劲敌也,何谓少乎!"

前秦军队到达淝水(今寿县东南方),紧靠淝水而布阵,东晋的军队无法渡过。谢玄派使者对阳平公苻融说:"您孤军深入,然而却紧逼淝水部署军阵,这是长久相持的策略,不是想迅速交战的办法。如果能移动兵阵稍微后撤,让晋朝的军队得以渡河,以决胜负,不也是很好的事情吗?"前秦众将领都说:"我众敌寡,不如遏制他们,使他们不能上岸,这样可以万无一失。"苻坚却说:"只让我们军队稍微后撤一点,让他们渡河渡到一半时,我们再出动铁甲骑兵奋起攻杀,没有不胜的道理!"苻融也认为可以,于是就挥舞战旗,指挥兵众后退。

当前秦的军队稍微后撤时,朱序在军阵后面高声呼喊:"秦军失败了!"兵众们听到后就狂奔乱逃。苻融驰马巡视军阵,想来率领退逃的兵众,结果战马倒地,苻融被东晋的士兵杀掉,前秦的军队于是就崩溃了。谢玄等乘胜追击,一直追到青冈,前秦的军队大败,自相践踏而死的人遮蔽山野,堵塞山川。逃跑的人听到刮风的声音和鹤的鸣叫声,都以为是东晋的军队将要来到,所以昼夜不敢停歇,慌不择路,风餐露宿,冻饿交加,死亡的人十有七八。朱序乘机与张天锡、徐元喜都来投奔东晋。缴获了前秦王苻坚所乘坐的装饰着云母的车乘。又攻取了寿阳,还抓获了前秦的淮南太守郭褒。就这样,东晋仅以八万军力大胜八十余万前秦军队。谢玄乘胜收复洛阳、彭城等失地。苻坚身中流矢,单骑逃回淮北。此战是中国战争史上著名的以少胜多的战例之一,成语"投鞭断流""风声鹤唳""草木皆兵""草行露宿""围棋赌墅"等也由此而来。其中"风声鹤唳""草木皆兵"既可合在一起使用,也可分开使用。

〔例句〕清·吴趼人《二十年目睹之怪现状》第五十九回:"这一天大家都是惊疑不定,风声鹤唳,草木皆兵,迨及到了晚上,仍然毫无动静。"

〔近义〕杯弓蛇影　惊慌失措　草木皆兵　风兵草甲　风吹草动　惶恐不安

〔反义〕泰然自若　若无其事　泰然处之　从容不迫

【风兴云蒸】　fēng xìng yún zhēng

〔褒贬〕褒义

〔出处〕《淮南子·原道训》:"风兴云蒸,事无不应。"

〔释义〕蒸:升腾。指暴风骤起,乌云升腾翻滚。比喻事物迅猛兴起,声势浩大。今也用来比喻新生事物兴起迅速,发展猛烈,势不可挡。

〔鉴赏〕作者创用本条成语,主要用来说明"道"的弥漫寰宇、气势磅礴、超自然的伟大力量。《原道训》作为《淮南子》的首卷,首先论述和回答了中国哲学中的最高范畴、最具根本性的概念——"道"。作者在开篇说明了"道"的无处不在、无处不包、无所不能的特性之后,再用"泰古二皇"作了例证。认为远古时期的伏羲氏、神农氏两位帝王,在掌握了"道"的根本之后,能够立身于天地中央,精神与自然造化融合,并以此来安抚天下四方。所以使天能运行,地能凝滞,像轮绕轴转动那样永不停息,水流低处那样永不休止,与天地万物同始同终。在阐述了"道"使天围绕地永无停息地运转之后,又用风起带来云涌、雷隆促使雨降来形容"道"的雄伟气势。然后又用鬼神闪电瞬间即逝、神龙鸾鸟显现聚集来比喻"道"的来去无踪、不可捉摸的神奇……

作者在论述"道"的法力的同时,也为我们留下了这条宝贵的成语。本条成语由两个主谓词组构成一个联合词组,可用作谓语、定语、状语。在表达上,通俗易懂,生动形象,极富艺术感染力。

〔例句〕1.南朝·宋·范晔《后汉书·冯衍传》:"风兴云蒸,一龙一蛇,与道翱翔,与时变化,夫岂守一节哉?"

该成语也用作"风起云蒸""风起云涌",如:

2.汉·司马迁《史记·太史公自序》:"秦失其政,而陈涉发迹,诸侯作难,风起云蒸,卒亡秦族。"

3.清·蒲松龄《聊斋志异·各本序跋题辞·唐序》:"下笔风起云涌,能为载记之言。"

〔近义〕风起潮涌　方兴未艾　轰轰烈烈

〔反义〕风流云散　烟消云散　风平浪静

【封豨长蛇】　fēng xī cháng shé

〔褒贬〕贬义

〔出处〕《淮南子·修务训》:"吴为封豨修蛇,蚕食上国,虐始于楚。寡君失社稷,越在草茅,百姓离散,夫妇男女,不遑启处,使下臣告急。"

〔释义〕封:大;豨:猪。大猪和长蛇,比喻贪暴凶暴恶毒之人。也作"封豕长蛇"。

〔鉴赏〕由于这两种动物的出现最早是和后羿射日相联系的,所以可以理解为这是远古人们在艰险的生存环境中,对山野猛兽和旱灾的遗留记忆,以及对英雄救民于水火的渴慕和征服自然的愿望。另外通过这个词语逐渐地固定为成语,用以对贪婪和残暴者的形象比喻,也可以看出人们对贪婪和残暴者的讽刺和痛恨。(参见"功可强成")

〔例句〕《梁书·元帝纪》:"自无妄兴暴,皇祚寖微,封豨长蛇,行灾中国。"

〔近义〕毒蛇猛兽　洪水猛兽

〔反义〕龟龙麟凤

【冯冯翼翼】　féng féng yì yì

〔褒贬〕中性

〔出处〕《淮南子·天文训》:"天地未形,冯冯翼翼,洞洞灟灟,故曰太(昭)[始]。"

〔释义〕1.盛多的样子。颜师古注《汉书》:"冯冯,盛满也;翼翼,众貌也。"亦作"冯冯翊翊"。2.混沌、空蒙的样子。高诱注《淮南子》:"冯、翼、洞、灟,无形之貌。"这里取第二种解释。

〔鉴赏〕作者创用此条成语,用来说明天地四时形成的过程。作者认为,在天地还没有形成之前,世界是混混沌沌,无形无象,所以叫做太始。道自清虚空廓开始,然后清虚空廓演化成宇宙,宇宙产生出元气,这种元气是有一定的边涯和形态,其中清明部分飘逸扩散形成天,浊混部分凝结聚集形成地。清明部分的气汇合容易,浊混部分的气凝聚困难。所以天先形成而地后产生。天和地的精气融合起来产生了阴阳二气,阴、阳二气的精华融合集中产生春秋冬夏四季,四季各自的精气分散产生万物。阳气中的热气积聚便产生了火,而火气的精华部分形成太阳;阴气中的寒气积聚便产生了水,而水气的精华部分形成月亮。太阳、月亮溢出之气的精华散逸为星辰。天空容纳着日月星辰,大地承载着雨水尘埃。以前共工和颛顼争当天帝,一怒之下头撞不周山。擎天的柱子撞折了,系结大地的绳子挣断了,天向西北方倾斜,所以日月星辰都向西北运行移动;地向东南方陷塌,所以水流尘土都流向东南。

这是古人对天地四时万物的形成最完整、最全面的解释,反映了古代人民朴素的宇宙观,这种朴素的宇宙观是建立在想象和感性的基础之上,从今天来看,这种宇宙观固然缺少科学根据,但反映了我国古代人民的探索精神,也因此产生了中华民族独特的文化内涵。

〔例句〕1.唐·卢照邻《益州玉真观主黎君碑》:"其冯冯翼翼,百姓存焉而不知;杳杳冥冥,万族死之而无憾。"

2.清·朱彝尊《太极图赋》:"原夫黄牙欲发,苍精未垠,一气融结,万象胚浑,冯冯翼翼,烟烟煴煴。"

3.《汉书·礼乐志》:"冯冯翼翼,承天之则。"

4.《韩诗外传》卷五:"《关雎》之事大矣哉!冯冯翊翊,自东、自西、自南、自北,无思不服。子其勉强之,思服之。天地之间,生民之属,王道之原,不外此矣。"

〔近义〕洞洞灟灟　浑浑沉沉　混混沌沌

〔反义〕开天辟地　盘古开天　天圆地方

【浮称流说】 fú chēng liú shuō

〔褒贬〕中性

〔出处〕《淮南子·修务》:"故为之浮称流说其所以能听,所以使学者孳孳以自几也。"

〔释义〕称:名称。浮称:虚名。流说:没有根据的话。指虚浮不实的名称和言论。

〔鉴赏〕这是作者在说明《修务》一卷的旨意和主要内容时所创用的一条成语。作者解释说:《修务》的内容,是用来针对有人对"道"没有精深的理解,对旨意观点没有深入探索,只看到那些文辞,反而误把清静作为法则,把淡漠作为根本,就会松懈堕落而放弃学业,放纵情欲,满足安逸,想用马马虎虎、自我放荡,就把大道堵塞。现在疯子是没有忧虑的,圣人也是没有忧虑的。圣人没有忧虑,是用德性来协调的;疯子没有忧虑,是不知道祸福的发生。因此通晓大道的人实行"无为",和根本不懂的人实行"无为"看起来是相同的,但他们所用来实行"无为"的原因则是根本不同的。所以,这就产生了那些虚浮不实的名称和没有根据的言论。那些虚浮不实的名称和没有根据的言论之所以有人听从,使学习的人之所以能够勤奋学习以明"道"的原因大概就在这里吧。

总而言之,作者认为创作《修务》卷的旨意和目的就是为了正本清源,纠正大家对"无为"思想内涵的误解。本条成语对虚浮不实的称说和没有根据的言论进行了高度的概括,对于我们区分言论的虚实真假、明辨是非具有积极的意义。

〔例句〕制造和传播那些~的人,既是自欺,也是欺人,对社会是百害而无一利。

〔近义〕道听途说

〔反义〕言之凿凿

【负土成坟】 fù tǔ chéng fén

〔褒贬〕褒义

〔出处〕《后汉书·恒荣传》:"桓荣字春卿,沛郡龙亢人也。少学长安,习《欧阳尚书》,事博士九江朱普。贫窭无资,常客佣以自给,精力不倦,十五年不窥家园。至王莽篡位乃归。会朱普卒,荣奔丧九江,负土成坟,因留教授,徒众数百人。"

〔释义〕戴孝之人亲自为逝者背土筑成坟墓。古代人认为是一种孝义的行为。按照中国古代殡葬风俗礼节,亡者入土时,至亲亲自背土为亡者筑坟,以尽孝义,寄托哀思。

〔鉴赏〕桓荣(生卒年不详),字春卿。沛郡龙亢(今安徽怀远县龙亢镇)人。东汉初年名儒、大臣。桓荣少年时在长安学习《欧阳尚书》,拜九江人朱普为师,他家中贫困,常靠帮工养活自己,但他刻苦自励,手不释卷,终成学业。在外就学中,十五年没有回家探视,直到王莽篡位时才回去。这时,恰逢朱普去世,桓荣到九江郡奔丧,自己背着土为老师筑坟。然后留下来教学,徒众达几百人。桓荣博大精深的学识受到光武帝刘秀的赏识,授予博士头衔,后被聘为太子少傅。太子刘庄即位后,对桓荣更是敬重有加。

尊师重教是中国的优良传统,桓荣作为一名书生,以自己的所作所为发扬和光大了这一传统。他之所以能受到他的学生,尤其是汉明帝的尊重,首先是源于他对自己老师的尊重。他的老师朱普逝世后,不仅前往吊唁,而且亲自为老师背土筑坟,为了便于看守恩师坟墓,就近凭吊恩师亡灵,他还在朱普坟墓附近住下来,收徒教授,既为柴米,更为传承老师的学识。可谓一举三得,皆为尽孝。

桓荣尊师重教的行为不仅为后世留下了千古传诵的佳话,也为寿县乃至国人留下了"负土成坟"的成语典故。桓荣虽是沛郡龙亢(今安徽怀远县龙亢镇)人,但这件事情却是发生在当时的九江,"桓荣又是九江(治在今安徽寿县)朱普的弟子",所以,我们认为这条成语是出自寿县。

本条成语自《后汉书·桓荣传》创用之后,不断被沿用。

〔例句〕1.南朝·宋·范晔《后汉书·桓典传》:"典独弃官收敛归葬,为丧三年,负土成坟,为立祠堂,尽礼而去。"

2.《北齐书·魏兰根传》:"遭父丧,庐于墓侧,负土成坟,忧毁殆于灭性。"

3.《北齐书》卷四十五列传第三十七:"樊逊,字孝谦,河东北猗氏人也。祖琰,父衡,并无官宦。而衡性至孝,丧父,负土成坟,植柏方数十亩,朝夕号慕。"

4.《隋书·孝义传·徐孝肃》:"祖父母、父母墓皆负土成坟,庐于墓所四十余载,被发徒跣,遂以身终。"

5.清·吴敬梓《儒林外史》第一回:"王冕负土成坟,三年苫块。"

〔近义〕肘行膝步　鸡骨支床　哀毁骨立

〔近义〕衣冠枭獍　鸮鸟生翼　忘恩负义

【赴火蹈刃】　fù huǒ dǎo rèn

〔褒贬〕褒义

〔出处〕《淮南子·泰族训》:"墨子服役者百八十人,皆可使赴火蹈刃,死不还踵,化之所致也。"

〔释义〕进入火海里,(赤脚)行走在刀刃上。比喻不避艰险,奋勇向前,不怕牺牲。

〔鉴赏〕这是作者在阐述教化的重要性时所创用的一条成语。胡适说:"道家集古代思想的大成,而《淮南子》又集道家的大成。"《淮南子》的思想内容虽然以道家思想为主,但糅合了阴阳、墨、法和一部分儒家思想。在政治主张方面,融合了儒家的仁政思想,主张以德治国。在具体实施上,主张以制度建设和道德教化相结合。本段以本条成语为重要支点,主要阐述道德教化的重要作用。作者指出:民众如果没有廉耻之心,就无法治理他们;如果不修礼义,廉耻之心就无法树立起来。这两句阐述了廉耻与礼义的关系,也就是说,廉耻之心是建立在礼义之上的。民众不知礼义,法令也无法使他们走正道。不推崇好的风尚,消除丑恶现象,民众就不会遵循礼义。没有法当然难以治理国家,但民众不懂礼义,这法也无法推行。刑法能杀掉不孝之人,但不能使人像孔子、曾子那样行孝道;刑法能惩治偷盗者,但不能使人像伯夷那样廉洁。孔子的弟子中有贤人七十人,学生有三千人,这些人都是在家讲孝道、出门讲仁悌的,言辞都符合礼义法度,行为都规规矩矩可作表率的,这些都是教育形成的。墨子有门徒一百八十人,都能够为义赴火蹈刃,义无反顾,这些都是教化培养而成的。

显然,在法令和教化两个方面,作者更为重视教化的作用。在作者看来,只要教化做得好,老百姓都讲究礼义廉耻,社会风气和秩序自然良好,没有人去触犯法律。如果没有良好的教化,人民不知礼义廉耻,那么,尽管有健全的法律制度,还是阻止不了人们违法乱纪。作者这种重视道德教化,让老百姓一心向善,知廉耻、守仁义的观点符合儒家以德治国的理念,不仅为历代封建统治阶级所接受,即便在今天仍然具有重要的实践价值。

〔例句〕汉·刘向《说苑·指武》:"军之法令,赏罚之数,使士赴火蹈刃,陷阵取将,死不旋踵者。"

〔近义〕赴汤蹈火　赴死如归　视死如归　舍生忘死　奋不顾身

〔反义〕贪生怕死　爱生恶死　贪生忘死　贪生舍义　苟且偷生

【傅堞而守】　fù dié ér shǒu

〔褒贬〕中性

〔出处〕《淮南子·兵略训》:"晚世之兵,君虽无道,莫不设渠堑傅堞而守。攻者非以禁暴除害也,欲以侵地广壤也。"

〔释义〕傅:依附,凭借。堞:城墙上齿状的矮墙。指凭借城堞进行防守。

〔鉴赏〕作者创用此条成语,意在强调战争的性质决定战争的胜负。作者认为,处于战略进攻的一方,如果打仗的目的不是为了铲除无道废除暴君的,而是借除暴安良的名义来侵占他国的土地以扩大自己的领土的,那么即使该国国君无道,但民众还是会开挖壕沟,依靠城墙来防守的,仗打得尸横血流、旷日持久,但是称王称霸的野心还是不能实现,这是因为战争只是为了少数人利益的缘故。这个观点不仅被历史上无数次战争所验证,而且对后世仍然具有重要的警示意义。

〔例句〕五代十国时期,南唐靖淮军节度使刘仁瞻在寿县城～,与后周军队对峙三年,最后气绝身亡,表现出了"生抗国难,死勤王事"的崇高气节。

〔近义〕坚壁清野　临险而守

〔反义〕无险可守　弃城而逃　攻城略地

【富国利民】　fù guó lì mín

〔褒贬〕褒义

〔出处〕《淮南子·主术训》:"先王之所以应时修备,富国利民,实旷来远者,其道备矣。"

〔释义〕使国家富裕,人民受益。

〔**鉴赏**〕这是作者在阐述民生问题对于君主治国理政的重要性时所创用的成语。作者认为,食是人民的根本,而人民则是国家的根本,国家又是君主的根本。所以,作为统治人民的君主就应上循天时、下尽地财、中用民力,这样万物就能顺利生长,五谷繁茂。君主还应指导人民养殖六畜,按季节种植树木,致力于耕种,发展桑麻业,根据土地的肥沃贫瘠和地势的高低来种植适宜的农作物。而对那些丘陵险地不能种植五谷的地域,则种以竹木,春季可以砍伐枯林,夏季可以摘收瓜果,秋季可以蓄积蔬菜粮食,冬季可以砍伐薪柴,以供民用。活着不会缺少用品,死后不至于抛尸荒野。这些政令,上告苍天,下达万民。君主之所以能顺应天时,处事周全,使国家富裕,人民受益,国库民囷物资充盈,远方异族归顺,都是因为他的道性完备的缘故。

以上论述,集中反映了作者的民本思想。作者认为,保障民生才是君道的根本。换言之,统御不是为了实现君主的权力欲望而统御,不是为了统御而统御,统御是手段而非目的,君主统御臣下、乘用众人之智的最终目的,乃是为了民生,为了百姓的生活更为和美幸福。

同时,作者借由这些捕食者的行为来判断猎物是否充足而可以捕捉,体现出一种原始朴素的生态保护意识,可以说是早期的可持续发展理念,这对于正确处理人与自然的关系,实现人类社会健康、和谐、有序、持久的发展具有积极的意义。

〔**例句**〕李亚鹏《人工饲养麝鼠是富国利民的好事》
〔**近义**〕富国裕民　富国安民　福国利民
〔**反义**〕祸国殃民　国贫民弱　生灵涂炭

G

【肝胆胡越】 gān dǎn hú yuè

〔褒贬〕中性

〔出处〕《淮南子·俶真训》:"是故自其异者视之,肝胆胡越;自其同者视之,万物一圈也。"

〔释义〕肝胆,比喻近;胡越,比喻远。比喻虽近犹远。

〔鉴赏〕本条成语是"肝胆楚越"的变体,是作者对该成语的改用。作者改用本条成语,主要用以说明事物异与同的关系。作者认为,同类事物,虽远犹近,异类事物,虽近犹远。(参见"一举千里")

〔例句〕郭豫适、徐中玉《中国文论的史与用:古代文学理论研究·序言》:"或差之毫厘而意味迥异,或肝胆胡越而殊途同归。"

〔近义〕咫尺千里 远在天边 天各一方

〔反义〕一衣带水 天涯若比邻

【高不可及】 gāo bù kě jí

〔褒贬〕中性

〔出处〕《淮南子·齐俗训》:"高不可及者,不可以为人量;行不可逮者,不可以为国俗。"

〔释义〕形容难以达到。也形容人高高在上,使人难接近。同"高不可攀"。

〔鉴赏〕见"南航北骑"。

〔例句〕黄学军《研究型教师并非高不可及》

〔近义〕高高在上 不可企及 望尘莫及

〔反义〕低人一等 轻而易举 唾手可得

【各尽其力】 gè jìn qí lì

〔褒贬〕中性

〔出处〕《淮南子·兵略训》:"猎者逐禽,车驰人趋,各尽其力,无刑罚之威,而相为斥阘要遮者,同所利也。"

〔释义〕指各人尽到各人的力量。

〔鉴赏〕作者在这里描述了狩猎的场面,打猎的人追逐禽兽,车奔人赶,各尽其力,这里并没有刑罚的威逼,却能齐心协力,共同对猎物进行围追堵截,这是因为大家的利益是一致的,即能共享猎物。作者以具体喻抽象,由浅入深,说明了一个朴素而又深刻的道理,即只有在利益一致的时候,大家才能各尽其力。(另见"同利相死")

〔例句〕保护环境,实现可持续发展,光靠政府的政策还远远不够,还需要全国人民~,共同奋斗。

〔近义〕各尽其职　各尽其责　各尽所能

〔反义〕藏奸耍滑　漠不关心　冷眼旁观

【根深本固】 gēn shēn běn gù

〔褒贬〕中性

〔出处〕《淮南子·泰族训》:"不大其栋,不能任重。重莫若国,栋莫若德。国主之有民也,犹城之有基,木之有根。根深则本固,基美则上宁。五帝三王之道,天下之纲纪,治之仪表也。"

〔释义〕根基深厚牢固。也作"深根固本"。

〔鉴赏〕《泰族训》讨论的主要问题是治政之道,作者认为,治政之道的核心原则是"仁"。人性本身就存在着"仁义之资",这是人心向善、社会和谐的基础,社会的制度建设、民众的道德教化、为政者对自身的要求等要以"仁"为基础。在为政过程中只有以"仁"为本,才能得到民心;只有得到民心,才算治理好天下,才算是一位合格的为政者。得民心者得天下,这是一个亘古不变的治政之真理。作者用树木只有根深才能本固来说明只有实行仁政才能使国基稳固的道理,既浅显易懂,又形象生动,说服力强。

〔例句〕1.《晋书·伏滔传》：“令之有渐，轨之有度，宠之有节，权不外授，威不下黩，所以杜其萌际，重其名器，深根固本，传之百世。”

2.王琳森《初心有根 本固行远》：“不忘初心，在人民中扎根、守根，与人民同根，根深本固，做人有质量，为官有品德，工作有作为，我们才会永远立于不败之地。”

〔近义〕根深蒂固　根深叶茂　树大根深　坚如磐石　稳如泰山

〔反义〕梗泛萍飘　根朽枝枯　摇摇欲坠　风雨飘摇　地动山摇

【功盖天下】　gōng gài tiān xià

〔褒贬〕褒义

〔出处〕《淮南子·诠言训》：“有智若无智，有能若无能，道理为正也。故功盖天下不施其美；泽及后世不有其名；道理通而人伪灭也。”

〔释义〕盖：压倒，超过。功劳天下第一，无人能比。

〔鉴赏〕本条成语主要从功与名的角度来阐述"无为"的特征。作者认为，"无为"有四个基本特征：一是自然而然，对事物不妄加干涉。二是"无欲"。认为有欲则危，无欲则安。三是不"任智""用才"。认为人不有意显美为善，反之，"任智者必危，用才者必困"。四是不刻意追求，取予任其自然。本条成语集中体现了"无为"的四个基本特征。作者认为，得道之人都是遵循天道自然之理的，他们与自然天道和合，不求获得，不追求自己所没有的，也不辞让幸福，不失去自己所拥有的，一切都是顺从自然法则。这样的话，就能内没有意外的祸害，外没有意外的福。祸福都不产生，就不会有人来伤害你！所以道术不是用来进取求得功名的，而只可以用来隐退修身的；所以圣人是不用品行去求功名的，也不靠智慧去获取名誉的，他是遵随自然，不加干预。所以《诗经》上说"无知无觉，顺随天的法则"。对于有道的"智者"来说，呼喊他他才过来，这时才被人家觉得他在活动；对于得道的"能人"来说，指使他他才到来，这时才被人家觉得他在行动。有智慧就像无智慧，有能耐好像无能耐，"道"理就是这样。所以尽管功盖天下，却从不夸耀自己的美德；恩泽传及后代，却从不拥有名声。所以只要通"道"达理了，人为做作的事就没有了。

从上面作者的分析可以看出，作者对于"功"的看法主要有三点：一是不要刻意运用智慧去强行立功,而是顺应自然,根据时势的需要,到了"天降大任于斯人"的时候,才顺势而为,势到功成。二是当时势召唤你的时候,社会需要你立功的时候,也要敢于担当,当仁不让,绝不逃避责任,放弃建功立业的机会。三是立了大功之后,不夸耀美德,不寻求名声。作者认为,名声与"道"不能同时彰显,人如果爱惜名声,这"道"就不被重视;"道"如果战胜了人的欲望,这"名声"就消失了。"道"如果与名声竞相争长,人如果要显身扬名,这"道"就被止息了,这样离危险也就不远了。因此,在世上到处张扬名声的时候,也就是"道"衰败之日将到来。简而言之:"道"与名不能共存,二者必居其一。

我们认为,作者对于"功""名"的认识,不是消极的,而是积极的,对我们建功立业具有重要的指导和借鉴意义。他提醒我们:要建功立业,一要把握时机,时机未到,不可强求,否则,不仅立功无望,而且会给自己带来危险。而当时机来临时,就要当仁不让,不能坐失良机。二是对待功名要保持低调,不要夸功自吹。俗话说:人怕出名猪怕壮,名声往往成为人们的枷锁和坟墓。

〔例句〕1.汉·司马迁《史记·淮阴侯列传》:"臣闻勇略震主者身危,而功盖天下者不赏。"

2.唐·李复言《续玄怪录·李卫公靖》:"其后竟以兵权静寇难,功盖天下。"

3.元·无名氏《赚蒯通》第二折:"勇略震主者身危,功盖天下者不赏,正此之谓也。"

4.明·方汝浩《禅真逸史》第四十回:"如今秦王功盖天下,四海扬名,英雄豪杰,莫不归附。"

〔近义〕功盖天地　功勋卓著

〔反义〕身无寸功　功薄蝉翼

【功可强成】　gōng kě qiáng chéng

〔褒贬〕褒义

〔出处〕《淮南子·修务训》:"名可务立,功可强成。"

〔释义〕强:勉力去做。功业可以通过奋斗来成就。

〔鉴赏〕作者创用此语,意在说明可以通过努力奋斗来建功立业。据《左传》及《淮南子·修务训》记载,当初,伍子胥和申包胥是好朋友。伍子胥因其父兄在楚国蒙难,出逃吴国,临行前对申包胥说:"我一定要颠覆楚国。"申包胥说:"努力吧!您能颠覆它,我就一定能使它复兴。"定公四年(公元前506),吴王阖闾率军攻入楚国柏举,楚昭王被迫逃至随国避难。在楚国的一个叫大心的莫敖官,按着他的驭手的手说:"今天我们抗御强敌,冒着利剑和箭石的袭击,奋勇作战乃至牺牲生命,终究会取得胜利的,能让人民太平、国家保全,我看这是可以做到的吧!"说完就命令驭手驾车冲入敌阵,不打算生还,最终被敌军剖了腹砍了头,就这样义无反顾地为国捐躯。申包胥看到大心这样子,心想:如果像大心这样竭尽全力冲入敌阵,就是杀得敌军伏尸血流,也不过只起到一个士卒的作用;不如屈辱身份,言辞卑恭,向诸侯求救。于是就身背干粮,赤脚上路,登上陡峭的山峰,趟过深溪,泅渡湍急的河流,过津关,翻蒙笼山,又在沙石滩里艰难行走,直走得从脚掌到膝盖都磨起厚厚的老茧,走了七天七夜终于赶到秦国,对秦哀公说:"吴国凶残贪婪如野猪和长蛇,它多次侵害中原各国,最先受到侵害的是楚国。我们国君守不住自己的国家,流落在荒草野林之中,派遣臣下前来告急求救。吴国人的贪心是无法满足的,要是吴国成为您的邻国,那就会对您的边界造成危害。趁吴国人还没有把楚国平定,您还是去夺取一部分楚国的土地吧。如果楚国就此灭亡了,另一部分就是君王的土地了。如果凭借君王的威灵来安抚楚国,楚国将世世代代事奉君王。"秦哀公派人婉言谢绝说:"我听说了你们的请求。您暂且住进客馆休息,我们考虑好了再告诉您。"申包胥回答说:"我们国君还流落在荒草野林之中,没有得到安身之所,臣下哪里敢就这样去客馆休息呢?"申包胥站起来扶着院墙痛哭,哭声日夜不停,连续七天没有喝一口水。秦哀公为申包胥作了《无衣》这首诗。申包胥连着叩了九个头,然后才坐下。于是,秦哀公出兵车一千辆,步兵七万,交子虎率领,越过关塞向东进发,在浊水之北攻打吴军,果然大败吴军,保存了楚国。申包胥的功绩被保存在庙堂之内,记载于楚国大法之中。作者运用这一历史事实,有力地证明了"功可强成"这一结论,这条成语也因此成为鼓励人们建功立业的重要动力。

〔例句〕1.《曾国藩家书》:"父兄教子弟,上司饬部属,只能鼓励其充分发挥人力的作用,知难而进,遇险不退,功可强成,名可强立,方可指望其有所造就。"

2.～,我们要树立远大理想并为之艰苦奋斗,积极为国家和人民建功立业。

〔近义〕有志者事竟成　艰难困苦玉汝于成　卓有成效

〔反义〕一事无成　一无所成　劳而无功　徒劳无益　徒劳无功

【攻城略地】　gōng chéng lüè dì

〔褒贬〕中性

〔出处〕《淮南子·兵略训》:"攻城略地,莫不降下。"

〔释义〕略:掠夺。攻打城池,掠夺土地。

〔鉴赏〕本条成语是作者用来描述陈胜、吴广农民起义军的。作者在这里简要叙述了起义军在没有任何优势的情况下揭竿而起,应者云集,攻城略地,所向披靡的发展过程。作者认为,起义军之所以在如此劣势的情况下能够快速地发展壮大,以致形成燎原之势,主要是因为秦朝的残暴统治,百姓们的心头早就积满了对秦王朝的怨恨和愤怒。所以决定战争胜负的根本因素是政治是否清明。只有修德政、施仁义,才能立于不败之地。作者将战争与政治联系起来,是高瞻远瞩、很有见地的,至今仍然闪烁着理论的光辉。

〔例句〕元·杨显之《酷寒亭》第四折:"今天下事势方多,四下里竞起干戈,其大者攻城略地,小可的各有巢窠。"

〔近义〕攻城野战　斩将擎旗

〔反义〕畏缩不前　退避三舍

【钩爪锯牙】　gōu zhǎo jù yá

〔褒贬〕中性

〔出处〕《淮南子·本经训》:"天旱地坼,凤皇不下,句爪居牙戴角出距之兽,于是鸷矣。"

〔释义〕句:同"钩",尖曲。居:同"锯",锋利。指鸟兽尖曲、锋利的爪牙。比喻人的凶恶残暴。也比喻武装军队。

〔鉴赏〕凤凰不再翔临，生有勾爪、尖牙、长角、距趾的凶猛禽兽却到处肆虐，捕杀生灵。作者创用本条成语，意在从凶禽猛兽到处出没、肆意捕杀生灵的角度来反映道德衰败的社会景象，与远古时代圣人治理天下的太平景象形成鲜明的对比，从而提醒为政者要以道治为本，以道德为准绳修养身心，革去贪欲，这样才有可能达到理想的太清之治。

〔例句〕唐·白居易《杜陵叟》："虐人害物即豺狼，何必钩爪锯牙食人肉。"

〔近义〕张牙舞爪

〔反义〕小鸟依人

【骨肉相残】 gǔ ròu xiāng cán

〔褒贬〕中性

〔出处〕《淮南子·泰族训》："分别争财，亲戚兄弟构怨，骨肉相贼，曰周公之义也。"

〔释义〕亲人间相互残杀。比喻自相残杀。

〔鉴赏〕这是作者分析比较君子与小人功过得失的差异时所创用的成语。作者首先以田径作比喻，指出观察赛跑的人，要看他返回时的状况；观察行走的人，要看他到达终点的状况。就是说，考量田径成绩不光是看谁先到达终点，而是要看参赛者到达终点的状态，因为正是赛后的状态最能反映运动员的身体素质和精神面貌。然后作者将话锋转入正题：虞舜尽管放逐了兄弟，周公尽管杀掉了兄长，但他们仍不失为仁者；晋文公尽管闹过种米以长苗的笑话，曾子也做过给羊戴枷不让其牴人的蠢事，但他们仍不失为智者。当今的世界上，丑恶的人必定假托善行来为自己解除恶名，邪僻的人也一定披上正直的外衣来掩盖自己肮脏的灵魂。他们游说不看是什么国家，求仕不论是什么官职，行为不避污浊，还说这是符合伊尹之道。分家时争夺财物，亲戚兄弟为此结怨，骨肉互相残害，还说这是符合周公之义。行动不讲廉耻，为了活着宁愿受辱，还说这是符合管仲志向。施行贿赂，巴结权势，立私废公，结党拉派，取悦上司，还说是符合孔子之术。这就混淆了君子、小人的界限，无法弄清谁是谁非。所以百川并流，不能东注入海的就不能算河流；都在东奔西走，不归善良的就不能算君子。所以好的理论是看它是否能实践,好的行为是看它是否合仁义。田子方、段干木轻视爵禄而重视自身,不因嗜欲而伤害生命、不以利益而拖累身形。李克竭尽全力辅佐国君,统领管理百官,使万民和睦,使国君活着时没有废弃不办的事,死后也没有遗留的忧虑。这都是行为不同但结果都归于善的事例。张仪、苏秦家庭没有固定的住处,自身也没有固定的君王来侍奉,干出的是合纵连横、颠覆他国的事情和阴谋,把天下搞得浑浊不堪,使诸侯晕头转向,人民无法安生休息。或者合纵,或者连横,或者联合众多弱小国家,或者辅佐几个富强的国家。这些都是做法不同,但归属于邪恶则是相同的。所以君子的过失,就像日月亏蚀,怎么能伤害其本身的光明呢!小人也有可取之处,但这种可取之处就像狗在白天吠叫、猫头鹰黑夜能看见,这善行有什么益处。

　　作者在这里并未掩饰君子之过,也没有否定小人的可取之处,但君子之过与小人之过是有本质区别的,作者认为君子之过是瑕不掩瑜,正如子贡所说的那样:"君子之过也,如日月之食焉;过也,人皆见之;更也,从皆仰之。"(《论语·子张》)而小人之过则是污浊晦暗,具有极大的破坏性。君子之功能利达天下,泽被后人;而小人之功则是于善无补,于世无益。本条成语反映了作者崇君子、恶小人、劝善禁奸的世界观,对于净化社会风气、增加社会的正能量具有积极的教育意义。

　　〔例句〕1.《晋书·刘元海载记》:"今司马氏骨肉相残,四海鼎沸,兴邦复业,此其时矣。"

　　2.南朝·宋·刘义庆《世说新语·政事》:"仲弓曰:'盗杀财主,何如骨肉相残?'"

　　3.《南史·宋文帝诸子传》:"汝家骨肉相残,何以枉杀天下无罪人。"

　　4.明·冯梦龙《东周列国志》第五回:"家门不幸,骨肉相残,诚有愧于邻国。"

　　〔近义〕自相残杀　同室操戈　自相鱼肉　煮豆燃萁
　　〔反义〕精诚团结　和衷共济　勠力同心　风雨同舟

【骨肉至亲】 gǔ ròu zhì qīn

　　〔褒贬〕中性

〔出处〕《淮南子·主术训》:"夫臣主之相与也,非有父子之厚、骨肉之亲也,而竭力殊死,不辞其躯者何也?势有使之然也。"

〔释义〕骨肉:指父母兄弟子女等亲人,也用来比喻紧密相连,不可分割的关系。至亲:指血统关系最亲近的戚属。指有血缘关系的亲属。

〔鉴赏〕这是作者论述君主要充分用好封赏大权时而创用的一条成语。作者认为,权势如同君主的车子,爵位利禄则是君主驾驭人臣的缰绳和嚼头。所以,君主掌握着权势的要害,控制着封赏爵禄的权柄,所以能谨慎地把握着处事缓急的分寸,施予剥夺的节奏,因而天下人也能竭尽能力而不倦息。君臣相处,关系和感情没有像父子那样亲密深厚,也没有骨肉之间的亲情,但下属官员却能竭尽全力,不惜为君主牺牲生命,这是由于君主所拥有的权势所使然。但是,君主只有充分用好手中的权势,对臣下论功行赏,将恩泽布施民众,那么,臣下才能竭尽全力,甚至不惜牺牲生命来恃奉君主,人民群众才能乖乖听从驱使。否则的话,君主根本不可能有效地运用好统御之术的。

该卷已为本条成语提供了重要的语源,西晋史学家陈寿在《三国志》里将其定型。

〔例句〕1.晋·陈寿《三国志·魏书·鲜卑传》:"不如还我,我与汝是骨肉至亲,岂与仇等。"

2.《晋书·后妃传》:"乱曰:'骨肉至亲,化为他人,永长辞兮。'"

3.曲波《暴风骤雨》:"萧队长又说,贫雇中农是骨肉至亲,我才敢说话。"

〔近义〕至亲骨肉　手足之情　骨肉相连　亲如手足

〔反义〕非亲非故　素昧平生　视同路人

【官大心小】　guān dà xīn xiǎo

〔褒贬〕褒义

〔出处〕《列子·说符》:"狐丘丈人曰:'夫爵高者,人妒之;官大者,主恶之;禄厚者,怨归之。此之谓也。'孙叔敖曰:'不然,吾爵益高,吾志益下;吾官益大,吾心益小;吾禄益厚,吾施益博。可以免于患乎?'狐丘丈人曰:'善哉言乎!尧、舜其犹病诸。'"

〔释义〕官职越大,处事越要小心谨慎。

〔鉴赏〕孙叔敖是楚庄王时的令尹,被后世视作列国名相。官位、权力和俸禄是一个人做官的必然产物,并且一般与官职的高低成正比,一个人的官职越高,权力就越大,获得的俸禄也就越多。由此衍生的个人的尊严、价值和享受也会得到更大的满足或更充分的实现。但也有另外一面,那就是官位越高,权力越大,俸禄越丰厚,其目标就越显眼,嫉妒和觊觎的人也就越多,竞争的压力就更大。同时,丞相也存在与君主之间的权力分配和划分的矛盾纠葛,也就越有可能招致君主的憎恶。狐丘丈人对已做了丞相的孙叔敖给予这一诚恳的提醒,体现了他对官爵的全面观察和深刻的思考。

然而,令我们感到敬佩的是,孙叔敖一生始终秉持爵位越高其心气越是卑下,始终没有对居处下位的民众颐指气使,盛气凌人,而是常怀卑谦之心,总能对下属和民众保持尊崇之情。同时,在权力的使用上,他能很好地把握尺度,明白自己权力的分量,既能正确地使用权力,又从不专权和擅权,事事小心谨慎,这种处事风格得到了君王的充分信任和赞赏,彻底避免了君王的猜忌和担忧。正是他能始终坚守"官大心小"的游戏规则,才使他既能协助君王成就一番伟大事业,实现了自己的远大抱负,又能平平安安地度过自己的一生。

孙叔敖的权力观不仅在当时,即便是在今天的社会主义民主社会里,也依然有其重要的借鉴意义。党的十八大以来,习近平总书记发表了一系列重要讲话,提出了许多新思想、新观点和新论断。在如何用权方面,习近平认为,"以人为本"就要权为民所用。他认为,政府的权力是人民赋予的,权为民所赋,因此就要权为民所用。领导干部不论在什么岗位,都有为人民服务的义务,都要把人民群众的利益放在行使权力的最高位置上,人民群众满意是行使权力的根本标准,做到公道用人、公正处事。他认为,"一个政党,一个政权,其前途命运最终取决于人心向背"。在权力的行使上,就要从人民的根本利益出发,运用法治思维和法治方式深化改革、推动发展、化解矛盾、维护稳定,努力推动形成办事依法、遇事找法、解决问题用法、化解矛盾靠法的良好法治环境。他强调要把权力关进制度的笼子里,让权力在阳光下运行。习近平对权力的阐述,使我们进一步明确了用权的目标、范围、责任、方式和方法,赋予了孙叔敖"官大心小"的时代性和操作性,是对孙叔敖权力观的继承和发扬。只要我们始终坚持"官大心小"的这份谨慎,只要我们坚定不移地坚持"权为人民所用"的方向和按照法治用权的范围,我们就能管好权,用好权,让权力发挥最大的作用。

〔例句〕～是我们正确、有效、安全用权的重要保障。

〔近义〕位高意下　周公吐哺　鞠躬尽瘁　恪尽职守

〔反义〕滥用职权　大权独揽　一手遮天

【鬼出电入】　guǐ chū diàn rù

〔褒贬〕中性

〔出处〕《淮南子·原道训》:"雷声雨降,并应无穷,鬼出电入,龙兴鸾集。"

〔释义〕像鬼魂一样出现、闪电一样消失。比喻变化巧妙迅速,不易捉摸。

〔鉴赏〕作者创用此条成语,意在说明"道"的神秘与高深莫测,就像鬼魂出现一样没有踪迹,又如闪电一般瞬间消失。所以,人们必须认真地研究它、认识和掌握它。现在人们使用该成语,比喻行动迅疾,神出鬼没。或变化迅速巧妙,不易捉摸。

〔例句〕清·纪昀《阅微草堂笔记·槐西杂志二》:"变化神通,不可思议;鬼出电入,不可端倪。"

〔近义〕千变万化　神出鬼没　变幻莫测

〔反义〕千篇一律　一成不变　呆若木鸡

【贵冠履轻头足】　guì guān lǚ qīng tóu zú

〔褒贬〕贬义

〔出处〕《淮南子·泰族训》:"今重法而弃义,是贵其冠履而忘其头足也。"

〔释义〕看重鞋帽而忘记头和脚。比喻主次或轻重颠倒。

〔鉴赏〕行王道,施仁政,是"无为而治"的核心,而"无为而治"又是《淮南子》的主旨。所以,就治政来说,行王道,施仁政是"本",其他任何手段都是"末"。如果我们看重法度而轻视仁义,那就好像看重鞋子帽子而忘记头足,做的也是一件蠢事。作者为了论述这个观点,创用了本条成语。

〔例句〕只重视应试,不抓学生素质培养,这是一种~的教育方法。

〔近义〕舍本逐末　本末倒置　反裘负薪　舍本求末　买椟还珠　害取其轻

〔反义〕牵牛鼻子　射人射马　擒贼擒王　切中要害　抓大放小

【贵阴贱璧】　guì yīn jiàn bì

见"尺璧非宝"。

【过时的黄历】　guò shí de huáng lì

〔褒贬〕中性

〔出处〕寿县民间传说。

〔释义〕比喻过了时的事物毫无用途。

〔鉴赏〕从前,寿县古城有个做香油生意的小商人,生意不甚景气。这一年,他老婆想了一个办法,就是在丈夫每次出门做生意时,她总是悄悄地舀一汤勺油放进一个坛子里,到了年关,她将这平时余下来的满满一坛子油拿出来让丈夫卖了,结果获得了一笔丰厚的收入,丈夫用这笔收入不仅还清了债务,还买回了丰富的年货,全家过了一个殷实的好年。

卖香油的故事传出之后,他卖黄历的邻居老婆很受"启发",也学着卖香油的老婆的做法,每当丈夫出门做生意时,她就偷偷藏起来一本黄历,到了年关,丈夫不仅没赚到钱,反而小有亏本,这个年很不好过,丈夫愁眉不展。这时,他的老婆笑嘻嘻地搬出两大箩筐黄历出来,跟她丈夫说:"不要紧,我这有两箩筐黄历,是我平时偷偷攒的,你拿出去卖了,我们这个年就好过了。"她的丈夫看着两筐过了时的黄历,用手指点着他老婆,半晌才迸出一句话来:"过了时的黄历有谁要!"

这个典故告诉人们,做任何事情都不能机械模仿,盲目学习,否则便是邯郸学步,不仅于事无补,甚至起反作用。同时它还告诉人们,无论是国家和社会,还是单位和个人,都要紧跟时代步伐,与时俱进,革故鼎新,及时淘汰过时的框框条条,绝不能抱守残缺,让老规矩捆住手脚。

〔**例句**〕勤俭节约、艰苦奋斗是我们中华民族的优良传统,并非是~。

〔**近义**〕明日黄花

〔**反义**〕应时对景

H

【海水不可斗量】 hǎi shuǐ bù kě dǒu liáng

〔褒贬〕中性

〔出处〕《淮南子·泰族训》:"太山不可丈尺也,江海不可斗斛也。"

〔释义〕斗:量器。指海水的多少是不能用斗所计量的。常与"人不可貌相"连用;比喻不能凭人的相貌或现状来推测他的品格、才能或未来。

〔鉴赏〕《泰族训》集中讨论的问题是治政之道的核心原则——"仁"。作者认为"仁"是至高至大至上的,是其他一切政治手段所无可比拟的。为此,作者分析了大与小、多与少的关系和形态。作者认为,凡可以度量的都是微不足道的,凡可以计数的都是有限的。最大的东西是无法度量的,极多的东西是数字无法统计的。所以九州岛是不能用顷亩来计算的,八极是不能用"道里"来计算的,泰山是无法用丈尺来量的,海水是无法用斗斛来量的。作者关于伟大的事物不能用渺小的事物进行衡量的认识是正确而又深刻的,至今仍然具有重要的应用价值。

〔例句〕明·冯梦龙《喻世明言》:"有人算我八字,到五十岁上,必然发迹。常言'海水不可斗量',你休料我!"

〔近义〕海水难量

〔反义〕管窥蠡测

【海水难量】 hǎi shuǐ nán liáng

见"海水不可斗量"。

【含牙戴角】 hán yá dài jiǎo

〔褒贬〕中性

〔出处〕《淮南子·兵略训》:"凡有血气之虫,含牙带角,前爪后距。"《淮南子·修务训》:"含牙戴角,前爪后距。"

〔释义〕有牙有齿,指兽类。

〔鉴赏〕这是作者论述战争的缘由时所创用的一条成语。作者认为,古时候人们用兵打仗,不是为了谋求扩大地域的利益和贪图获取金玉财宝,而是为了存亡继绝,平息天下的暴乱,铲除百姓的祸害。为了说明这一观点,作者首先以动物进行类推。认为凡是有生命的动物,有的嘴长着利齿,有的头长犄角,有的脚上生着前爪后距。这样,长着犄角的就用角触撞,长着牙齿的就用牙噬咬,长着毒刺的就用刺螫,长着蹄脚的就用蹄踢蹬。这些动物高兴时互相嬉戏,发怒时互相残害,这些都属于天性。同样,人类也有衣食的欲求本能,但这些物资又不能充分满足,所以人们相聚杂处,分配不均匀,需求又不能满足时,便发生了争斗。争斗时,强壮的就胁迫弱小的,勇猛的就欺凌怯懦的。但同时人类又没有强健的筋骨和锋利的爪牙,于是就裁割兽皮做成甲胄、熔炼金属制成刀枪。而那些贪婪财物且蛮横残暴的人残害天下百姓,使人民受到侵扰而不能安生。这时圣人便挺身而出,毅然兴兵讨伐强暴,平定乱世,铲除险恶,清除混乱,终使混浊变得清平,危亡变为安宁,那些凶恶强暴者不得不停止作恶行为。战争的由来已经很久远了,那就是黄帝曾经和炎帝打过仗,颛顼曾经和共工发生过战争。所以是黄帝在琢鹿之野打败蚩尤,尧帝在丹水之浦消灭楚伯,舜帝讨伐过叛乱的有苗,夏启攻打过不服的有扈。这说明战争即使在五帝时代也没有停息过,那就更不用说衰乱的时代了。这里,作者运用了类推和层层递进的方法,对战争的由来进行了深刻的揭示和探讨,体现了作者正义战争的立场。

〔例句〕自从人类掌握了工具之后,一切~之物都无法与人类抗衡了。

〔近义〕锯牙钩爪　被毛戴角

〔反义〕蠕飞蠕动

【浩浩荡荡】　hào hào dàng dàng

〔褒贬〕褒义

〔出处〕《尚书·尧典》:"汤汤洪水方割,荡荡怀山襄陵,浩浩滔天。"《淮南子·精神训》:"浩浩荡荡乎,机械知巧弗载于心。是故死生亦大矣,而不为变,虽天地覆育,亦不与之掺抱矣。"

〔释义〕指水势汹涌广阔浩大。后形容事物规模壮阔宏大;或形容气势雄壮,声势浩大。

〔鉴赏〕从出处来看,本条成语的发展也经历了从诞生到定型的过程。最早可追溯到《尚书·尧典》,文中创用这条成语主要用来形容水势之大,尧帝希望四方诸侯长老能够推选出能治好水患的人来做他的接班人。他说:"啊!四方诸侯长老!滔滔的洪水包围了山岭,淹没了丘陵,浩荡奔腾,弥漫天地之间。臣民百姓都在叹息,有谁能使洪水得到治理吗?"反映了尧帝所处的上古时代水患的严重性,也反映了尧帝任人唯贤,关心人民疾苦的伟大无私的高尚情怀。

尧帝的问话已经包含了本条成语的要素,但尚未成形。《淮南子·精神训》通过剪辑,使其定型下来。该文使用本条成语,主要用来赞美得道的真人那种明澈开阔、气势磅礴的心胸。作者解释说:所谓真人,其本性与道融合为一体。所以他既有形而又无形,既实在而又虚无;他精神专一而不问其他,注重内心修养而不受外物诱惑;他纯洁朴素,无为而返璞归真,体本抱神,遨游于天地之间,茫然徘徊于尘世之外,逍遥于宇宙初始混沌状态。他心胸浩荡,任何机巧奸诈不藏心内,所以就是生死这样的大事都不能使他有所变化;就是天翻地覆也都不能使他有所变动。他审慎看待无瑕的本性,不与外物杂糅,面对纷乱的世事而持守根本。

真人就是这样以不同的形态幻化着,从始到终,像圆环转动一样,无法弄清这其中的奥妙。这就是真人精神能够通达于"道"的秘密之所在。以上这些就是真人的行为表现。

显然,本条成语的感情色彩由《尚书》里的贬义在这里转化成了褒义,比喻形象贴切,进一步增强了人们对于真人那种坦荡博大、丰富充实的内心世界的认识。自《淮南子》之后,本条成语得到了广泛运用。

〔例句〕1.宋·范仲淹《岳阳楼记》:"浩浩荡荡;横无边涯。"

2.明·冯梦龙《东周列国志》:"公孙枝将右军,公子絷将左军,共车四百乘,浩浩荡荡,杀奔晋国来。"

3. 明·施耐庵《水浒传》第五五回："马步三军人等,浩浩荡荡,杀奔梁山泊来。"

4. 蔡东藩《清史演义》第二回："途中又会着长白山下二部兵士,共得三万多人,浩浩荡荡,杀奔满洲来。"

〔近义〕 汹涌澎湃　波涛汹涌　波澜壮阔　气壮山河

〔反义〕 风平浪静　水深流静

【好自为之】　hào(hǎo) zì wéi zhī

〔褒贬〕 中性

〔出处〕《淮南子·主术训》："君人者不任能,而好自为之,则智日困而自负其责也。"

〔释义〕 好:一读hào,喜欢、爱好之意,与"恶"(wù)相对。一读hǎo,表示优点多或使人满意,与"坏"相对。为:干,做。喜欢自己亲手去做。也用来勉励人妥善地处理,好好地干。

〔鉴赏〕 这是作者批评那些事必躬亲的君主时所创用的一条成语。作者认为,做国君的人,不去任用贤能之人,而是无论何事,都要亲力亲为,那么这样的人智能再高,也会渐渐地感到力不从心,最终后果只能自己承担。君主如果事必躬亲,那么,原本有限的统御群臣之术就会在日常事务中被削弱,处理事务就不能合理有效;君主每天陷于烦琐的国事之中,就不能很好地掌控天下大事。君主的个人智慧不足以治理天下,君主的威严不足以施行惩罚,这样就无法与群臣百官产生交往。君主如果在内心世界产生喜怒情感,就会通过神态、言语等流露出来。这样就会使那些忠于职守的人偏离正道转而逢迎阿附君主,有些官吏就会由执法转而顺从不正之风,于是奖赏与功劳不相符合,处罚与罪行不相对称,上下离心离德,君臣互相埋怨。所以执政官员阿附逢迎君主,那么当他们有过失时,君主就无法责备他们;有罪也不能加以惩处,那么文武百官就会议论纷纷,这时君主再有智慧也无法解决这些思想问题;当诽谤和吹捧风气一旦形成,君主再英明其光辉也无法照亮人们。不正本清源返回自然无为,那么君主越是辛劳,下属百官就越安逸,这就像代替厨师宰杀牲口,取代木匠斫削木料。就像与马赛跑,筋骨跑断也追不上。但如果坐上马车,手执缰绳辔头,那么马就不得不听你的使唤。所以让伯乐去相马、由王良来驾驭,英明君主只需稳坐马车厢里,无须亲手驾驭就能到达千里之外,这就是能利用他人的特长才智来作为自己驰骋的羽翼。

　　这段对君主好自为之所带来的弊端的分析可谓深刻至极。这不仅是君主统治术的金玉良言,也是今天进行社会管理的智慧结晶,具有永恒的普世的真理价值。人不是神,即使如古代所颂扬的圣人,其智慧和精力也都是有限的。只有将有限的精力用到关键之处,用到大政方针上,方可使管理者的智慧发挥到极致,从而产生非凡的效果。反之,如果事事包揽,抓权不放,必然陷于琐务而不能自拔,累死也不出效率,甚至招致损失,这样的例子比比皆是。今天,我们提出"简政放权",还有人提出"小政府、大社会"的概念,就是要在社会活动中弱化政府的职能,政府由管得过宽过渡到管得窄一些,充分发挥市场和社会组织的自我调节能力。

　　从出处可以看出,该条成语原为"好(hào)自为之",后用作"好(hǎo)自为之",如:

　　〔例句〕清·王韬《淞隐漫录·五·四奇人合传》:"此时正大丈夫建功立业之秋,愿勿以儿女子为念。行矣李君,好自为之。"

　　〔近义〕事必躬亲　勉力而行

　　〔反义〕相互推诿　推三阻四　无所事事　草率了事

〖河出伏流〗　hé chū fú liú

　　〔褒贬〕中性

　　〔出处〕《淮南子·地形训》:"河水出昆仑东北陬,贯渤海,入禹所导积石山。"

　　〔释义〕伏流:石灰岩分布区,地面上的河流,中途忽然流入岩洞,在地下流动,遂称地下河。也借此形容暗中流布。比喻潜在力量爆发,其势猛不可挡。

　　〔鉴赏〕这是《淮南子》的作者在说明黄河的水文情况时所创用的一条成语。该书作者认为,黄河的发源地是昆仑山的东北山麓,要经过一处大海,还要流过禹所疏导的积石山。东汉高诱对《淮南子·地形训》提出的"河出积石"作了这样的注释:"河源出昆仑,伏流地中方三千里,禹导而通之,故出积石。"就是说,黄河发源于昆仑山,中间要经过三千里的暗河,大禹率人对此进行疏通直至积石之后才以明河流出。其实,类似的记载早在《尚书·禹贡》里就已出现:"道河积石,至于龙门……入于海。"只是《淮南子·地形训》讲得更明确直接,加上高诱的注释,将"河出"与"伏流"联系起来,使本条成语由此产生。清末郑观应《盛世危言·治河》对此作了进一步的补充解释:"河水发源昆仑之墟,伏流数千里,涌出地上,汇为星宿海,至积石流入中国。"

应该说,《淮南子·地形训》及高诱的注释,只是为本条成语提供了完备的语源,梁启超的《少年中国说》才将本条成语予以定型,并被广泛引用。

〔例句〕1. 梁启超《少年中国说》:"红日初升,其道大光;河出伏流,一泻汪洋。"

2. 梁启超《中国学术思想变迁之大势》:"周室之势既微,其所余虚文仪式之陈言,不足以范围一世之人心。遂有河出伏流,一泻千里之概。"

3. 张圣荣《常州创新镜像:河出伏流,一泻汪洋》

〔近义〕汹涌澎湃　波澜壮阔

〔反义〕暗流涌动　水深流静

【涸泽而渔】　hé zé ér yú

〔褒贬〕贬义

〔出处〕《淮南子·主术训》:"故先王之法,畋不掩群,不取麑夭;不涸泽而渔,不焚林而猎。"

〔释义〕涸泽:将池塘湖泊的水排干。抽干池塘的水捉鱼。比喻只顾眼前利益,不作长远打算。

〔鉴赏〕见"焚林而猎"。

〔例句〕《宋书·袁淑传》:"是由涸泽而渔,焚林而狩。"

【鹤知夜半】　hè zhī yè bàn

〔褒贬〕中性

〔出处〕《淮南子·说山训》:"鸡知将旦,鹤知夜半,而不免于鼎俎。"

〔释义〕鹤:鸟类,全身白色或灰色,生活在水边,吃鱼、昆虫或植物。鹤知道夜半而鸣。比喻各种动物都有它们的本能和专长。也比喻见识狭窄,偏知一隅。

〔鉴赏〕这是作者阐述在"不确定中求确定"时所创用的一条成语。作者认为,世间万物都存在着"不确定性",也就是相对性,如公鸡知道报晓,仙鹤知道半夜鸣叫,但都免不了成为鼎锅砧俎上的佳肴。也就是说,它们能预知未来,但却不能预知自己的生命归宿。同样,林木、藜藿是任人采伐的植物,自己无法主宰自己的命运,但因为有了猛兽、螫虫的存在,不易被采伐,这是林木、藜藿怎么也想不到的。身为儒生却在街市胡闹,自称是墨家弟子却到朝歌去当吹鼓手,这是多么荒唐的事。想不留下脚迹却在雪地上行走,想要拯救溺水者却又不想沾湿衣服,这不是真心想做,而想做的事情又往往顾虑重重做不了。世界就是这样充满着矛盾,事事都存在着不确定性,没有什么是绝对的。但是,只要我们善加观察,仔细研究,用心去做,同时保持平和的心态,总还是能发现相对中的绝对性,在不确定中找到其确定性,这就是事物的辩证法。唯有承认并运用好这个辩证法,我们才能在不断发展变化的世界中有所发现,有所作为,有所进步。本条成语用具体的事物和现象来说明这样一个朴素而又深刻的哲理,确是经典而又富有启发性。

本条成语是主谓结构,在句中可作主语、定语、宾语和独立成分,常与"鸡知将旦"连用。该成语在该书该卷中已经定型,在后世的古文献中不时被引用。

〔例句〕1.晋·葛洪《抱朴子·至理》:"适偶有所偏解,犹鹤知夜半,燕知戊己,而未必达于他事也。"

2.明·梁辰鱼《红线女》第二折:"(旦)鹤知夜半,燕识戊己,刍荛之言,圣人择焉。"

〔近义〕鸡知将旦

〔反义〕一无所长

【后羿射日】 hòu yì shè rì

〔褒贬〕褒义

〔出处〕《淮南子·本经训》:"逮至尧之时,十日并出,焦禾稼,杀草木,而民无所食。猰貐、凿齿、九婴、大风、封豨、修蛇皆为民害。尧乃使羿诛凿齿于畴华之野,杀九婴于凶水之上,缴大风于青丘之泽,上射十日而下杀猰貐,断修蛇于洞庭,禽封豨于桑林,万民皆喜,置尧以为天子。"

〔释义〕上古神话故事。传说到了尧时,天上有十个太阳并出,烧焦了大地,各种妖魔怪兽横行,人们处于水深火热之中。于是尧让后羿射落其中九个太阳,又斩杀了食人魔怪,使世间恢复了祥和平静。

〔鉴赏〕本条成语是家喻户晓的神人为民兴利除害的神话故事,该故事在《山海经》《十州记》《天问》等均有记载,但《淮南子·本经训》对后羿射日的故事作了总结,使故事的轮廓更为清晰和完整。

中国历史故事网以《淮南子·本经训》为蓝本,编织成完整的故事情节:

传说古时候,天空曾有十个太阳,他们都是东方天帝的儿子。这十个太阳跟他们的母亲,即天帝的妻子共同住在东海边上。她经常把十个孩子放在世界最东边的东海洗澡。洗完澡后,让他们像小鸟那样栖息在一棵大树上。因为每个太阳的形象中心都是只鸟,所以大树就成了他们的家,九个太阳栖息在长得较矮的树枝上,另一个太阳则栖息在树梢上。当黎明需要晨光来临时,栖息在树梢的太阳便坐着两轮车,穿越天空,照射人间,把光和热洒遍世界的每个角落。十个太阳每天一换,轮流当值,秩序井然,天地万物一片和谐。人们在大地上生活得非常幸福和睦。人和人像邻居、朋友那样,生活在一起,日出而耕,日落而息,生活过得既美满又幸福。人和动物也能和睦相处。那时候人们感恩于太阳给他们带来了时辰、光明和欢乐,经常面向天空磕头作揖,顶礼膜拜。

可是,这样的日子过长了,这十个太阳就觉得无聊,他们想要一起周游天空,觉得肯定很有趣。于是,当黎明来临时,十个太阳一起爬上双轮车,踏上了穿越天空的征程。这一下,大地上的人和万物就受不了了。十个太阳像十个大火团,他们一起放出的热量烤焦了大地,烧死许许多多的人和动物。森林着火了,所有的树木庄稼和房子都被烧成了灰烬。那些在大火中没有烧死的人和动物,猪突狼奔,四下流窜,发疯似地寻找可以躲避灾难的地方和能救命的水和食物。河流干枯了,大海也面临干涸,所有的鱼类也死光了,水中的怪物便爬上岸偷窃食物。农作物和果园枯萎烧焦,供给人和家畜的食物源断绝了。人们不是被太阳的高温活活烧死,就是成了野兽口中食。人们在火海灾难中苦苦挣扎,祈求上苍的恩赐!

这时,有个年轻的英雄叫后羿,他是个神箭手,箭法超群,百发百中。他被天帝召唤去,领受了驱赶太阳的使命。他看到人们生活在火难中,心中十分不忍,便暗下决心射掉那多余的九个太阳,帮助人们脱离苦海。

于是,后羿爬过了九十九座高山,迈过了九十九条大河,穿过了九十九个峡谷,来到了东海边,登上了一座大山,山脚下就是茫茫的大海。后羿拉开了万斤力弓弩,搭上千斤重利箭,瞄准天上火辣辣的太阳,嗖的一箭射去,第一个太阳被射落了。后羿又拉开弓弩,搭上利箭,嗡的一声射去,同时射落了两个太阳。这下,天上还有七个太阳瞪着红彤彤的眼睛。后羿感到这些太阳仍很焦热,又狠狠地射出了第三枝箭。这一箭射得很有力,一箭射落了四个太阳。其他的太阳吓得全身战抖,团团旋转。就这样,后羿一枝接一枝地把箭射向太阳,无一虚发,射掉了九个太阳。中了箭的九个太阳一个接一个地死去。他们的羽毛纷纷落在地上,他们的光和热一点一点地消失了。直到最后剩下一个太阳,他怕极了,就按照后羿的吩咐,老老实实地为大地和万物继续贡献光和热。

从此,这个太阳每天从东方的海边升起,晚上从西边的山上落下,温暖着人间,保持万物生存,人们安居乐业。

〔例句〕~的神话故事体现了古代人民兴利除害、战胜自然的斗争精神。

〔近义〕夸父逐日　精卫填海

〔反义〕逆来顺受　听之任之　束手无策

【呼不给吸】 hū bù jǐ xī

〔褒贬〕中性

〔出处〕《淮南子·兵略训》:"眡不给抚,呼不给吸。"

〔释义〕形容吓得来不及喘气。

〔鉴赏〕作者创用本条成语,意在强调兵贵神速。作者认为,善于用兵,如同回音的应和,击鼓发出的响声,使敌人眼睛被灰尘迷了都来不及搓摸,上气接不上下气。从天而降的神兵使敌人抬头看不见天、低头看不到地,完全没了方向,手不知挥动长矛,刀剑来不及拔出;攻击迅猛如雷鸣,逼迫气势如狂风;像火势一样蔓延,像波涛一样汹涌。这样使敌人静止时不知如何防守,行动时不知做什么。这样的部队一旦擂响战鼓,挥动军旗开战,则对方还没来得及抵挡就土崩瓦解,天底下还有谁敢于向这样的部队扬威抗衡、阻挡它前进?所以,能够驾驭对方的部队必胜,消极待敌的部队必败。

作者这段论述的核心意义就是主张用兵要迅猛,让敌人来不及反应,使之完全处于消极被动的状态。这种战术不仅在古代的冷兵器时代很是适用,即便在今天的现代化战争中也是常被使用的计策,如闪电战、不宣而战都是兵家惯用的战术。

〔例句〕二战时期,德国法西斯以~的速度突破法国苦心经营的马其诺防线,给欧洲战场上的盟军以沉重的打击。

〔近义〕迅雷不及　掩耳迅电　不及瞑目　猝不及防

〔反义〕鹅行鸭步　慢条斯理　从容不迫　姗姗来迟

【狐不二雄】　hú bù èr xióng

〔褒贬〕中性

〔出处〕《淮南子·说林训》:"日月不并出,狐不二雄,神龙不匹,猛兽不群,鸷鸟不双。"

〔释义〕一只雌狐不能与两只雄狐交配。比喻两雄不可并存。

〔鉴赏〕作者创用本条成语,主要用来揭示和说明客观存在的事物都有其内在的规律性。唯物辩证法告诉我们,客观存在着的一切事物,无论是自然还是人类社会,都会存在着内在的规律。这个内在的规律也叫客观规律,它是指具有特定本质与构造的事物必将以确定的必然的形式存在与发展着。同时,本条成语还揭示了事物的普遍联系性的原则。这种联系性表现为事物之间以及事物内部各要素之间存在着相互影响、相互制约的关系。例如作者所说的"日月不并出",这就是由于太阳、地球、月球三者各要素内部之间相互影响、相互制约的结果。就我们看到的日光和月光来说,由于太阳本身是个发光发热的恒星,而地球和月球则是本身不发光、不发热的星体,当太阳照射到地球的一面时,我们就看到了太阳,而另一面被地球本身挡住了太阳,所以就变成了黑夜。这时,太阳正好照在月球表面,产生光反射到地球,这样,夜晚我们就看到了月光。

再如作者所说的"狐不二雄""神龙不匹""猛兽不群""鸷鸟不双",除了"神龙不匹"属于神话传说之外,就狐狸、猛兽、鸷鸟三者来说,它们不像一般动物能够群居生活,除了由于它们自身的本性特点之外,还由于食物的供给、物种的繁衍、生物链的平衡等多种关系的相互影响和制约造成。

作者在本卷和本段中所列举的诸多现象无不说明事物的这种相互联系、相互影响的特征和规律。掌握这一特征和规律,对于指导我们的实际工作具有重要的意义。首先,有助于我们正确地观察、分析和解决实际问题。由于事物的联系是普遍的,都是作为系统而存在,所以在工作中我们要把整体性原则作为基本的出发点,从普遍联系的总体上把握事物的本质和功能。作为整体,系统是由部分组成的,但不是部分的简单相加,系统整体的功能也不是部分功能的机械相加。要从整体与部分的有机联系中综合地、系统地把握事物,避免孤立地、片面地看事物,使工作取得最佳效果。其次,也有助于我们正确地开展科学实验活动。科学实验的根本任务就是要认识、揭示和把握事物的规律,以达到正确有效地改造世界的目的。再次,还有助于我们正确地认识竞争与合作的关系,有利于打造一个既充满竞争,又充满合作、包容、和谐的国际和国内的社会环境。正如习近平总书记在美国西雅图欢迎宴会上的演讲中,在阐述中美应如何管控分歧时所说的:"日月不同光,昼夜各有宜"。

〔例句〕孙家杰《狐不二雄——非洲坦干伊克湖 Goby 虾虎科鱼类简介和饲养》

〔近义〕一山不容二虎　鸷鸟不双　一渊不两鲛

〔反义〕并驾齐驱　风雨同舟

【虎狼之势】　hǔ láng　zhī shì

〔褒贬〕中性

〔出处〕《淮南子·要略》:"孝公欲以虎狼之势而吞诸侯,故商鞅之法生焉。"

〔释义〕像虎狼般的强大势力。形容势力极其凶猛强大。

〔鉴赏〕本条成语主要用以说明商鞅的法家思想产生的缘由。作者认为,由于秦国具有虎狼般的贪婪,崇尚武力、趋利弃义的习俗,所以可以用刑法来施行威严,而不可以用教化让他们行善;可以用奖励来勉励他们,而不能用名声来使他们严肃。又加上背靠天险面向黄河天然防护带,四周有雄关险隘,甚为坚固,地理形势对它极为利便,积蓄充足。秦孝公雄心勃勃,一心想以虎狼般强大的优势来吞并天下诸侯。因此在这种情形之下商鞅的法家思想便应运而生。

〔例句〕1. 明·王铎《送袁环中郎中奉使宁远饷军序》:"嘘兮,此适以酿天下颓惰之弊,长敌虎狼之势,甚不可也。"

2. 抗日战争初期,日本帝国主义以~迅速占领大半个中国。但中国人民经过十四年的浴血奋战,终于将日本侵略者赶出中国,为世界反法西斯战争作出了重要贡献。

〔近义〕如狼似虎　声势赫奕　声势烜赫　气势如虎

〔反义〕兵微将寡　兵残将弱　残兵败将　羸弱之师

【化干戈为玉帛】 huà gān gē wéi yù bó

〔褒贬〕褒义

〔出处〕《淮南子·原道训》:"昔者夏鲧作(三)[九]仞之城,诸侯背之,海外有狡心。禹知天下之叛也,乃坏城平池,散财物,焚甲兵,施之以德,海外宾服,四夷纳职,合诸侯于涂山,执玉帛者万国。"

〔释义〕玉帛:古时国与国之间交际时用作礼物的玉器和丝织品。干戈:一种兵器,借指战争或者争斗。比喻从战争变为和平、友好。

〔鉴赏〕这个成语来自于上古社会的一个历史典故。根据《淮南子·原道训》的记载:从前夏部落的首领鲧建造了九仞高的城池来保护国家,守卫百姓,但大家都想离开他。由此,别的部落对夏虎视眈眈。后来禹当了首领,发现这一情况,就拆毁了城墙,填平了护城河,把财产分给大家。毁掉了兵器,用道德来教导人民。于是大家都各尽其职,别的部落也愿意来归附。禹在涂山召开首领大会时,来进献玉帛珍宝的部落首领有上万个。这条成语反映了作者反对战争、热爱和平的愿望。作者主张运用和平手段来解决国与国之间、人与人之间的矛盾和纷争,反对诉诸武力,提倡建立和谐友好的国际和人际关系,这与今天我国政府所主张的通过对话、友好协商来解决国际事务和争端,反对军事干预的外交方针是一脉相承的,具有积极的现实意义。

〔例句〕老舍《茶馆》第一幕:"三五十口子打手,经调人东说西说,便都喝碗茶,吃碗烂肉面,就可以化干戈为玉帛了。"

〔近义〕握手言和　和睦相处　偃旗息鼓

〔反义〕大动干戈　大打出手　兴师动众　兵戎相见

【淮南鸡犬】 huái nán jī quǎn

见"鸡犬升天"。

【淮南小山】 huái nán xiǎo shān

〔褒贬〕中性

〔出处〕《楚辞章句·招隐士序》:"昔淮南王安博雅好古,招怀天下俊伟之士。自八公之徒,咸慕其德而归其仁,各竭才智,著作篇章,分造辞赋,以类相从,故或称'小山',或称'大山'。"

〔释义〕这是对西汉淮南王刘安及其群臣赋作者的统称,类似于现在的集体笔名。

〔鉴赏〕《汉书·艺文志》著录"淮南王群臣赋四十四篇",但今仅存《招隐士》一篇。该篇始见于东汉王逸的《楚辞章句》,题为淮南小山作,而萧统《文选》则题刘安作。关于文章写作的背景和创作动机说法也不一。王逸说是小山之徒"闵伤屈原"之作,"又怪其文升天、乘云、役使百神,似若仙者,虽身沉没,名德显闻,与隐处山泽无异,故作《招隐士》之赋,以章其志也"。但王夫之《楚辞通释》说是淮南小山"为淮南王召致山谷潜伏之士,绝无悯屈子而章之之意"而作,而不少研究者则以为是淮南小山思念淮南王而写的作品。

考其文意,王夫之的见解似乎更符合实情。此赋采用铺写的手法,十分生动地描绘出了荒山溪谷的凄凉幽险:"桂树丛生兮山之幽,偃蹇连蜷兮枝相缭。山气兮石嵯峨,溪谷崭岩兮水层波。猿狖群啸兮虎豹嗥,攀援桂枝兮聊淹留。"极其生动形象地渲染出令人触目惊心的艺术氛围,显现隐士幽居的寂寥艰危,急切地表达"王孙兮归来,山中兮不可以久留"的意向,感情强烈,意味深长,音节和谐,优美动人,因其独特的艺术风格及很高的美学价值,历来为人所推崇,堪称汉代骚体赋的精品。故王夫之评赞道:"其可从类附《离骚》之后者,以音节局度,浏漓昂激,绍楚辞之余韵,非他词赋之比。虽志事各殊,自可嗣音屈、宋,其辞致磅礴弘肆,而意唯一致,真得骚人之遗韵。"(《楚辞通释》)从题材来说,它是后世招隐诗之祖。

〔例句〕唐·李白《白毫子歌》:"淮南小山白毫子,乃在淮南小山里。夜臥松下雲,朝餐石中髓。小山連綿向江開,碧峰巉岩綠水回。"

【黄口小儿】 huáng kǒu xiǎo ér

〔褒贬〕中性,也用作贬义。

〔出处〕《淮南子·氾论训》:"古之伐国不杀黄口,不获二毛,于古为义,于今为笑。"

〔释义〕黄口:因雏鸟的口为黄色,所以人们用黄口代指雏鸟,借指儿童。古代户役制度称小孩为黄口,隋代以不满三岁的幼儿为黄口,唐代以刚生的婴儿为黄口。指年幼无知的年轻人,也用以讥讽他人年幼无知。亦作"黄颔小儿""黄口孺子""黄口小雀"。

〔鉴赏〕作者创用此语用以称赞古代民风的纯朴、良善和忠厚,鄙弃今世民风的浅薄、势利和狠毒。作者用对比的方法具体说明了古今民风的差异:古人淳朴善良,工匠制作的器具厚实坚固,商人诚实,女人纯真,因此政治和教育容易感化,风俗容易改变。如今社会道德日益衰败,民俗日益浅薄,想用质朴淳厚的方法去治理日益腐败的民风,就像不用马嚼子和马鞭去驾驭烈马那样困难。过去神农氏时代没有制度法令而民众却自觉服从,唐尧虞舜时代尽管制定了法令但无人触犯刑罚;夏朝人说话守信用,殷朝人以发誓来守信,周朝人则通过歃血为盟来达到守信。到了当世,人们习惯忍受耻辱,为贪婪而不顾廉耻,在这种情况下还想用神农时代的方法来治理,那么会必定乱套的。过去伯成子辞去诸侯这样的官爵而去农耕,天下人都称赞他;如今的人如果辞官归隐,就会被乡里人瞧不起,两者哪能相提并论呢!古代兵器,只是弓和剑,木矛没有攻击力,长戟没有锋尖。后来的兵器,冲车做得高大以备攻城,用沟堑和幨帐进行防御,连发的机弩用来射杀,装有尖刀的战车用来战斗。古时候征讨别的国家,不杀小孩、不捉老人,这种人道的做法,在古代被视为仁义的事,今天却被人嘲笑。

以上通过古今战争观的对比,反映出作者反对大肆屠杀、连儿童都不放过的残酷战争,主张战争的人性化,痛恨灭绝种族的战争行为的人道主义的战争观。

本条的形成经历了一个较长的历史过程,除了在《淮南子·氾论训》出现之外,在《孔子家语·六本》也出现过:"孔子见罗雀者,所得皆黄口小雀。夫子问之曰:'大雀独不得,何也?'罗曰:'大雀善惊而难得,黄口贪食而易得。'"不过,这里的"黄口"只是它的本义,而《淮南子·氾论训》出现的这个词语用的是比喻义,这与本条成语的意义是一致的,这是该书为本条成语的形成所作的重要贡献。但从笔者所查阅的资料来看,其定型当在唐代。

〔例句〕1.唐·许碏《题南岳招仙观壁上》:"黄口小儿初学行,唯知日月东西生。"

2.鲁迅《华盖集续编·古书与白话》:"其中自然有古典,为黄口小儿所不知。"

〔近义〕黄口孺子　乳臭小儿

〔反义〕老奸巨猾　老成持重

【挥戈返日】　huī gē fǎn rì

〔褒贬〕褒义

〔出处〕《淮南子·览冥训》:"鲁阳公与韩构难,战酣日暮,援戈而挥之,日为之反三舍。"

〔释义〕挥舞长戈,赶回太阳。比喻战胜困难,扭转危局。也用来比喻留恋时光,希望白天能够延长。

〔鉴赏〕这是作者说明天人感应、物类相通的关系时所创用的成语。作者首先记述了两个神话传说:周武王讨伐商纣王,在孟津渡黄河时,波神阳侯掀起大浪,逆流袭来,狂风大作,天昏地暗,人马都看不清楚。这时周武王左手握着黄钺,右手掌着白色的军旗,瞋目喝道:"我以天下为任,谁敢违逆我的意志!"于是风平浪静。还有一个传说就是过去鲁阳公与韩国结仇交战,战斗难分胜负,这时太阳已经西沉,鲁阳公挥戈大喝,太阳竟为之退避三舍。作者由此加以生发议论:这样看来,那些全性保真、不使自身亏损的人,当处危难之时,他的精诚就能上通天帝而得到佑助。如果一个人从未偏离道之根本,那么做什么事都会成功。那些将生死视为同一的人,是无法对他胁迫欺凌的;同样威武勇猛的人是可以称雄三军的。当然,这样威武勇猛的人只不过是为了追求功名,那么,这些追求功名的人都能如此,更不用说那些包裹天地自然、胸怀容纳万物、与造化为友、内心蕴含中和之气的人了,他们这些人真是只将人的形体视为"道"所寄托的躯壳,钻研专一的"道",就能知道未曾知道的许多事情。这样的人即使形体不在了,但他们从未死过,与道同在。

与鲁阳公挥戈返日的故事相似,张岱《夜航船·天文部》记载了"挥剑反日的故事":"虞公与夏战,日欲落,以剑指日,日返不落。"

需要指出的是,作者所说明的"天人感应"的关系,从今天来看是缺乏科学根据的。人类的某种活动与自然界中的一些奇异现象如果同时存在,那也只是一种巧合,两者之间缺少因果关系。如果说有的话,那也可能是相互影响的结果,而不是自然有意为之的,因为自然界是无意识的。本条成语所说的情况未必真的出现过,如果真有这种情况,那也是巧合。如果说这是"天人感应"的结果,那就涂上了神话色彩。作者实际上是借神话来渲染这些英雄人物的伟大举动,如果我们剥离其神话色彩,单就这些人物的英勇无畏、敢于斗争的精神还是值得肯定和赞赏的。

〔例句〕1.明·徐渭《续英烈传》第十八回:"向天道:'鲁阳尚能挥戈返日,光武尚且坚冰渡河,我独不能乎?'"

本条成语也作"挥戈回日""挥戈反日""挥戈退日""鲁阳挥戈""鲁戈回日""鲁阳挥戈""鲁戈挥日"。如:

2.唐·白居易《礼部试策第四道》:"至乃邹衍吹律而寒谷暖,鲁阳挥戈而暮景回……不测此何故也。"

3.明·李东阳《登五显庙瑞芝亭》:"鬼斧凿空通鸟道,鲁戈挥日驻云梯。"

4.朱德《赠友人》:"自信挥戈能退日,河山依旧战旗红。"

5.清·丘逢甲《和平里行》:"鲁戈回日难中天,潮生潮落穿碑前。"

6.明·刘基《次韵和石抹公悲红树》之二:"却羡鲁阳功德盛,挥戈回日至今传。"

〔近义〕回天之力　回天倒日　扭转乾坤　挥剑成河

〔反义〕束手无策　无力回天　回天乏术　无能为力

【毁钟为铎】　huǐ zhōng wéi duó

〔褒贬〕贬义

〔出处〕《淮南子·说林训》:"心所说,毁舟为杕;心所欲,毁钟为铎。"

〔释义〕铎:大铃,形如铙、钲而有舌,古代宣布政教法令用,亦为古代乐器。将钟改铸为铃铎。毁大物为小物,比喻随心所欲的愚蠢行为。

〔鉴赏〕这是作者劝导人们要读书学习时所创用的成语。作者在前面列举了一系列事例用以说明事物之间具有普遍联系的关系之后,又列举了一些现象用以说明任何事物都有自己的客观规律,做任何事情都要尊重规律:商纣王对直言劝谏的诸侯梅伯施以醢刑,文王和诸侯们就图谋为梅伯伸冤;夏桀肢裂劝谏的忠臣,商汤就派人去吊唁。狂奔的马不会撞到树上去,疯狗不会自己跑入河里去,即使是最没有理性的兽类都不会自取灭亡的,更何况人呢?喜欢大熊却喂它吃盐,热爱水獭却让它喝酒,这真是想要饲养它们,但却违背事理。心里喜欢就会毁掉船来做船舵;内心想要就会不惜毁熔大钟来铸铃铎。作者在这里列举了包括昏君夏桀在内的一些做事乖张、不合情理、随心所欲的行为,意在劝说人们做事要慎重,要考虑得失和后果。由此进一步劝导人们要读书学习,以知晓道理,提高素质和行事能力。本条成语由此产生,其警醒意义当须重视。

〔例句〕我们要对自己的行为负责任,千万不能做～这样的蠢事。

〔近义〕毁舟为杕　随心所欲　得不偿失　轻举妄动　视同儿戏

〔反义〕三思而行　深思熟虑　思深忧远　深计远虑　深惟重虑

【毁舟为杕】　huǐ zhōu wéi duò

〔褒贬〕贬义

〔出处〕《淮南子·说林训》:"心所说,毁舟为杕;心所欲,毁钟为铎。"

〔释义〕 枕:通"舵"。将船拆毁改成舵。毁大物为小物,比喻随心所欲的不当行为,举动得不偿失。

〔鉴赏〕 见"毁钟为铎"。

【浑浑沉沉】 hún hún chén chén

〔褒贬〕 中性

〔出处〕《淮南子·兵略训》:"天化育而无形象,地生长而无计量,浑浑沉沉,孰知其藏。"

〔释义〕 沉:深厚。清·王念孙《读书杂志·淮南内篇二》将"沉"解为"沈"字。指广大的样子。

〔鉴赏〕 这是作者描述"道"的形象和内涵时所创用的一条成语。作者解释说:所谓"道",就是体现"圆"又取法"方",背靠"阴"而怀抱"阳",左手执"柔"而右手持"刚",脚踩"幽"而头顶"明"。事物变化没有常规,掌握纯一的本原——"道",就能应对无穷,这就叫做"神明"。那"圆"是天、那"方"是地。圆圆的天穹没有开端,所以不可能看到它的形状;方方的大地没有界限,所以没法窥视它的门户。上天化育万物没有形迹,大地生育万物无法计量,浑厚而深沉,谁知道其中的蕴藏!作者这里强调了"道"的高妙神奇,无论是治国理政,还是行军打仗,只要能依"道"而行,当然就能无往而不胜。

随着时代的发展,该成语的原始意义已逐渐消失,现与"昏昏沉沉"通用,形容头晕、神志不清的样子。

〔例句〕 我这几天老是觉得～的,四肢乏力,打不起精神来。

〔近义〕 昏昏浩浩　混混沌沌　昏昏沉沉

〔反义〕 神清气爽

【祸中有福】 huò zhōng yǒu fú

〔褒贬〕 中性

〔出处〕《淮南子·说林训》:"失火而遇雨,失火则不幸,遇雨则幸也,故祸中有福也。"

〔释义〕 指不幸之中也包含着产生幸运的因素。

〔鉴赏〕《老子》第五十八章有一条著名的格言:"祸兮福之所倚,福兮祸之所伏。"本条成语是对这条格言前一句的通俗而又简洁的解释。这条格言或者说这条成语包含了重要的辩证法思想。唯物辩证法的重要规律之一——"对立统一"的规律,也就是通常讲的矛盾。"祸"固然使人悲伤,"福"固然使人快乐,但两者并不是绝对相互排斥的,而是在排斥中又相互包含,两者之间就是一个对立矛盾。也就是说,"祸"有可能使人吸取教训,"祸"能博得人们的同情和支持,"祸"能激发人们的斗志,"祸"本身也埋有积极的因素,所以"祸"能因"祸"而产生"福"。反之亦然,"福"有可能使人乐极生悲而产生"祸"。所以它们之间是一个矛盾的统一体,两者相互依存,并在一定的条件下相互转化。所谓"否极泰来""乐极生悲"讲的就是"祸""福"相互转化的原理。

历史上因祸得福例子比比皆是,"塞翁失马,焉知非福""亡羊得牛"的典故尽人皆知。正如司马迁《报任安书》指出:"西伯拘而演周易;仲尼厄而作春秋;屈原放逐,乃赋离骚;左丘失明,厥有国语;孙子髌脚,兵法修列;不韦迁蜀,世传吕览;韩非囚秦,说难、孤愤。诗三百篇,大抵圣贤发愤之所为作也。"包括司马迁在内,这些中国历史上的文化名人虽然自身都曾遭遇过磨难和不幸,这对于他们的人生来说是不幸,是灾祸,但对于他们的精神来讲,对于他们的美名来讲,对于中华民族的历史文化来讲,却是福,是幸运,正是他们的挫折,促成了他们在历史上的名声和地位,正是他们的磨难,中华民族的历史上才多了许多璀璨的明珠。

就拿当代来说,自从新中国成立以来,以美国为首的西方发达国家在军事和高科技领域始终对我们进行封锁和禁运,想取得他们的外援十分困难,这对于我们的军事工业和科技发展来说可谓是"祸"。在这种情况下,我们只有依靠自力更生,发愤图强。广大科技工作者以不信邪、不服输的大无畏精神,充分发挥中国人民的聪明才智,攻坚克难,矢志不渝,一往无前,前赴后继,薪火相传,终于攻克了一个又一个难关,取得了一个又一个突破,创造了一个又一个辉煌,外国发达国家的封锁不仅没有阻止我们前进的步伐,反而加快了我们的发展速度。

总而言之,在生活和生产实践中,我们应该充分看到"祸""福"相依的辩证关系,有了"祸"就要想到与之对立的"福",有了"福"就要想到与之对立的"祸",并且要从"祸"中看到"福"的因素,从"福"中看到"祸"的存在,这样才能较好地处理"祸""福"的矛盾。所以,在灾祸来临时,要能够镇定自若,努力分析和寻找有利的积极因素,化不利为有利,转祸为福。在好事来临的时候,要心存警觉,不盲目乐观,以避免因陶醉在福中而忘了祸正向我们悄然走来,致使出现转福为祸、乐极生悲的现象。

〔例句〕在前进的路上,难免会遇到困顿和挫折。但是,只要我们能保持良好的心态,坚信~的辩证原理,冷静正确地分析其"祸"的原因并加以克服,找到其有利的因素并加以合理培育和利用,就一定能转败为胜,实现自己的既定目标。

〔近义〕塞翁失马,焉知非福　否极泰来　因祸得福

〔反义〕得马生灾　乐极生悲　因福得祸

J

【鸡犬升天】 jī quǎn shēng tiān

〔褒贬〕贬义

〔出处〕《论衡·道虚》:"淮南王学道,招会天下有道之人,倾一国之尊,下道术之士,是以道术之士并会淮南,奇方异术,莫不争出。王遂得道,举家升天,畜产皆仙,犬吠于天上,鸡鸣于云中。此言仙药有余,鸡犬食之,并随王而升天也。好道学仙之人,皆谓为然。此虚言也。"

〔释义〕刘安得了道术,自己及家人都飞升成仙,就连家里养的鸡和狗也因吃了刘安留下的仙药也一同升入天国。比喻一人得势,跟他有关系的人都跟着沾光。

〔鉴赏〕西汉刘安因被人告发谋反而畏罪自杀。因他生前迷信仙丹道术,所以在他死后便有好事者虚构了他得道成仙,家人及家畜也跟着升天的神话故事,给了现实生活中这种残酷的事实罩上了理想美妙的光圈。这个神话传说最早记载在汉代王充《论衡·道虚》里面,但晋代葛洪《神仙传·刘安》对这个故事的记载更为详细:淮南王安,爱好寻求能成为神仙的道术,来自各地跟着他一起访求神仙之道的方士很多。一天,有八个仙公登门造访,颜容很是衰老,憔悴而又驼背,把门的人对他说:"淮南王喜欢的是神仙能让世人长寿的方法,一定与一般人不同,这样的人淮南王才能有礼貌地接待,现在你们这般衰老,我们淮南王是不会接见你们的。"仙公们求见四次都被拒之门外,守门人用同样的话来打发他们。八公们说:"淮南王认为我们衰老而不想见我们,要让我们变成少年这有何难?"于是抖抖衣服,整理一下容貌,立刻变成了幼童的形状,守门人吃惊地将他们引进室内。淮南王倒穿着鞋迎接,按拜师礼节自称弟子,说:"高仙远降,将教我什么?"问他们的姓名,回答说:"我们的名字分别叫做文五常、武七德、枝百英、寿千龄、叶万椿、鸣九皋、修三田、岑一峰,都能呼风唤雨,调动雷电,翻天覆地,白昼倒退,江河止流,役使鬼神,鞭挞魔魅,出入水火,移动山川,能作任何变化之事。"

当时淮南王有一个小臣叫伍被,曾犯过罪,害怕被淮南王诛杀,不得安心,就出关向朝廷告发淮南王要谋反,汉武帝有所怀疑,就派遣负责宗族事务的大臣到淮南去调查此事,钦差到了之后,八位神仙对淮南王说:"伍被作为臣下,而污蔑主子,天必诛之,大王可以离开人间了。这也是上天的安排,君王要不是遇到这件事情,一天天这样过下去,怎会舍得人间?"于是就拿出锅来熬丹药,让淮南王吞服,三百多位骨肉至亲一同升天,舔过药器的鸡犬也一同飞去。我们当然不会相信这个传说,但却愿意接受这个有趣的神话故事,尤其是它所产生的这条成语,给后人留下了丰富的文化意蕴。

〔例句〕柳亚子《题〈饮冰室集〉》:"逐臭吞膻事可怜,淮南鸡犬早成仙。"

〔近义〕淮南鸡犬　一人得道,鸡犬升天　一人飞升,仙及鸡犬　弹冠相庆

〔反义〕树倒猢狲散

【积爱成福】　jī ài chéng fú

〔褒贬〕中性

〔出处〕《淮南子·人间训》:"夫积爱成福,积怨成祸。若痈疽之必溃也,所浼者多矣。"

〔释义〕指积累仁爱以成为福祉。

〔鉴赏〕作者在这里创用此条成语,揭示了爱与福、怨与祸的内在联系,从而说明了积累仁爱、避免树怨的必要性,表明了作者亲民、爱民的善良愿望。为了避免空洞的说教,作者还打了一个比方:积聚怨恨则酿成祸患,这就如同痈疽必然要溃烂,并污染很多地方一样。形象生动,深入浅出,发人深省。

〔例句〕1.雷收麦《"积爱成福"——记第五届中国十大杰出青年王富龙》 2.福因爱生,~。让我们做爱的使者,享受幸福的人生!

〔近义〕积善成德　善有善报

〔反义〕积怨成祸　多行不义必自毙

【积怨成祸】　jī yuàn chéng huò

〔褒贬〕中性

〔出处〕《淮南子·人间训》："夫积爱成福，积怨成祸。若痈疽之必溃也，所浼者多矣。"

〔释义〕怨恨积聚多了，就会转变成祸害。

〔鉴赏〕见"积爱成福"。

【屐齿之折】　jī chǐ zhī zhé

〔褒贬〕中性

〔出处〕《晋书·谢安传》："玄等既破坚，有驿书至，安方对客围棋，看书既竟，便摄放床上，了无喜色，棋如故。客问之，徐答云：'小儿辈遂已破贼。'既罢，还内，过户限，心喜甚，不觉屐齿之折，其矫情镇物如此。"

〔释义〕屐：木屐。折：折断。因兴奋激动不觉将木屐齿折断了。形容内心十分欣喜。也比喻故作镇定。

〔鉴赏〕见"矫情镇物"。

〔例句〕明·宋濂《赠别胡守中序》："有客来叩门……予惊喜出迎，不觉屐齿之折。"

〔近义〕欣喜若狂　喜不自胜　喜出望外

〔反义〕愁眉苦脸　愁容满面

【疾风暴雨】　jí fēng bào yǔ

〔褒贬〕中性

〔出处〕《淮南子·兵略训》："何谓隐之天？大寒甚暑，疾风暴雨，大雾冥晦，因此而为变者也。"

〔释义〕疾：又快又猛。暴：突然而猛烈。形容风雨来势凶猛。比喻迅猛激烈的斗争，或声势浩大、来势凶猛的群众运动。

〔鉴赏〕见"大雾冥晦"。

〔例句〕清·褚人获《隋唐演义》第二十二回:"斧照伯当上三路,如瓢泼盆倾,疾风暴雨,砍剁下来。"

〔近义〕暴风骤雨　狂风暴雨　疾风暴雨

〔反义〕和风细雨

【疾雷不及塞耳】　jí léi bù jí sāi ěr

〔褒贬〕中性

〔出处〕《淮南子·兵略训》:"故善用兵者,见敌之虚,乘而勿假也,追而勿舍也,迫而勿去也,击其犹犹,陵其与与,疾雷不及塞耳,疾霆不暇掩目。"

〔释义〕雷声急速,来不及捂耳。比喻事情或动作来得突然,使人来不及防备。后多用作"迅雷不及掩耳"。

〔鉴赏〕用兵打仗,取得战争的胜利取决于各种因素和条件。作者在这里创用此语,意在说明乘敌虚弱,急攻快打,不给敌人喘息机会,迅速制敌于死地,抢抓战略时机的必要性,这是对"兵贵神速""避实击虚""乘胜追击"等战略战术的综合运用,具有重要的军事理论价值和实践意义。

〔例句〕1941年12月7日,日本帝国海军以～之势偷袭了美国珍珠港,使美国蒙受重大损失。

〔近义〕疾雷不及掩耳　疾霆不暇掩目　迅雷不及掩耳

〔反义〕鹅行鸭步　慢条斯理　从容不迫

【疾霆不暇掩目】　jí tíng bù xiá yǎn mù

见"疾雷不及塞耳"。

【虮虱相吊】　jǐ shī xiāng diào

〔褒贬〕贬义

〔出处〕《淮南子·说林训》:"汤沐具而虮虱相吊,大厦成而燕雀相贺,忧乐别也。"

〔释义〕虮:虱的幼卵。吊:慰问。虮和虱相互怜悯。洗头的热水准备停当,头上的虮子和虱子就会互相哀悼。比喻即将灭亡时,相互怜悯和哀悼。

〔鉴赏〕作者创作本条成语的意图是将蚍虱互怜的悲景与大厦成而燕雀相贺的乐景相对照,以此来说明不同的行为会产生不同的结果。用热水洗头,对蚍虱来说是悲,大厦落成,对燕雀来说是喜,忧乐各不相同。同样,柳下惠见到饴糖,就会说可以用它来赡养老人。而盗跖见了则会说用它可以来粘锁簧。看到的对象相同,所产生的动机却不一样。此所谓仁者见仁,智者见智。作者运用这些比喻,举出这些事情,其更深层的意思还是在于说明,对待任何事物,都要弄清楚它的道理和缘由,不能简单类推,不能一概而论。否则,就会犯经验主义,给工作和事业带来一定的损失。那么,这个道理和缘由实际上就是作者念念不忘的"道"。如果我们把这个十分玄乎的"道"的内涵换成客观事物的规律和真理,并将其用于实际工作,其意义将会更加巨大。

〔例句〕中国的抗日战争严重削弱了日本军国主义的军事力量,苏美两个大国的参战加速了以德意日为首的法西斯阵营的崩溃。到了1945年春夏之际,曾经不可一世的世界法西斯已是气息奄奄,它们~,共同奏响了灭亡的哀歌。

〔近义〕形影相吊

〔反义〕燕雀相贺　弹冠相庆

【计福勿及,虑祸过之】　jì fú wù jí,lǜ huò guò zhī

〔褒贬〕中性

〔出处〕《淮南子·人间训》:"百射重戒,祸乃不滋,计福勿及,虑祸过之。"

〔释义〕对福不必想得过多,对祸却要多加考虑。

〔鉴赏〕祸与福临,在人们得福庆喜的时候,祸患可能就会悄然降临。祸与福也是相对的,福是建立在无祸之上的,所以对于人生来说,无祸便是福。因此,我们在考虑问题的时候,要把着眼点放在如何防祸消灾上,而不要沉浸在福的畅想之中。那种心中只想福,脑中不思祸的盲目乐观的意识是非常危险的,只有"百射重戒,祸乃不滋",福才绵绵。(参见"敬小慎微""百射重戒,祸乃不滋")

〔例句〕我们应该有~的忧患意识,这样才能获得真实的平安和幸福。

〔近义〕人无远虑，必有近忧　防患未然　生于忧患，死于安乐　居安思危　狡兔三窟

〔反义〕醉生梦死　画饼充饥

【计功受赏】　jì gōng shòu shǎng

〔褒贬〕褒义

〔出处〕《淮南子·人间训》："是故忠臣事君也，计功而受赏，不为苟得；积力而受官，不贪爵禄。其所能者，受之勿辞也。"

〔释义〕受：同"授"。按功劳的大小给予奖赏。同"论功行赏"。

〔鉴赏〕这是作者阐述要正确对待功名利禄奖赏时所创用的一条成语。作者认为，天下有三危：第一，少德而多受宠；第二，才能低下而地位高高在上；第三，身无大功而俸禄丰厚。所以作者说，无功而获得富贵，这种富贵不如不要；追求虚名，虚名难留；没有本事却去揽他人的事，事情就很难办成功；没有功劳却获得大利，终将被其所累而酿成祸害。这就好比爬到树的高处眺望四方，虽然一时心旷神怡，可是突然刮起大风，就不免惊慌害怕。一旦祸及自身而后悔，那么即使驾上六匹骏马也难以追回。所以忠臣事奉君王，要算准自己有多少功劳后才接受相应的奖赏，不能苟且多得；要衡量自己的才能去接受相应的官职，不能贪图爵位利禄。自己能胜任的事，就不必推辞；自己不能胜任的事，给了你也不必自喜。推辞自己能胜任的事就是逃避责任；勉强做自己做不了的事就会把事情搞砸。推辞自己不能胜任的事，接受自己能够胜任的事，这才是正确的行事原则。作者对功名利禄奖赏的见解，确实是一种很实用的处世哲学，是超越时代的永恒的真理。无论何时，只有论功行赏，才能激励先进，维护公平公正，推动社会的进步和发展。只有计功受赏，才能避免招致嫉恨，远离祸端。

〔例句〕1. 南朝·宋·范晔《后汉书·南匈奴传》："其南部斩首获生，计功受赏如常科。"

2.《晋书·齐王冏传》："长沙、成都、鲁、卫之密，国之亲亲，与明公计功受赏，尚不自先。"

〔近义〕计功行爵　赏罚分明

〔反义〕赏罚不明　无功受禄

【寂然无声】 jì rán wú shēng

〔褒贬〕中性

〔出处〕《淮南子·泰族训》:"高宗谅暗,三年不言,四海之内寂然无声。""圣主在上,廓然无形,寂然无声,官府若无事,朝廷若无人。"

〔释义〕形容非常安静,没有声音。

〔鉴赏〕这是作者强调施政者应该效法自然、无声无息地施惠于民时所创用的成语。作者认为,天上日月星辰各安其位,各主其事,四季轮回,化育万物,草木凋零,都是在无声无息、无影无踪中进行的。殷高宗武丁居丧,三年内闭口不言,四海之内随之寂然无声;但他一旦发布号令,便震撼天下,这正是遵循天意而使天下像呼和吸那样感应。所以,圣明的君王应该如同春雨浇灌万物那样,浑浑然流淌,源源不断地施与恩泽,没有什么地方不受润滋,没有什么植物不被养育。这样的治理,空廓无形,寂静无声;官府开起来好像无事可做,朝廷久无人迹;民间没有隐居之士、没有避世佚民,百姓没有劳役,刑狱没有冤屈;四海之内,没有人不仰慕君王的德行,依照君王的旨意;像夷狄这样的国家,也会通过重重翻译来朝见。这种情景并不是靠挨家挨户地劝说宣传实现的,而是靠君王将精诚之心推广施行于天下来实现的。这正如《诗经》所说的:"恩惠施加给中国本土,这样可以安抚四方的诸侯。"内部事情治理顺畅,四方诸侯、夷狄自然安宁。

两千多年过去了,但作者这种春风化雨,润物无声的施政理念仍然没有过时,其教育意义仍然值得我们重视。一个良好的社会风气,一个让老百姓心悦诚服的施政效果,不是哇哩哇啦喊出来的,而是实实在在做出来的。比如过去光喊反腐,结果越喊腐败越多,已经严重动摇了党基国本。十八大以来,以习近平为总书记的党中央对反腐动了真格,结果"大老虎""小苍蝇"一个个现形,人民群众无不拍手称赞,衷心拥护。

〔例句〕1.明·冯梦龙《醒世恒言》:"这些和尚是山野的人,收了这残盘剩饭,必然聚吃一番,不然,也要收拾家火,为何寂然无声?"

2.明·冯梦龙《东周列国志》:"自始至终,寂然无声。乃使执法往报吴王曰:'兵已整齐,愿王观之,惟王所用。虽使赴汤蹈火,亦不敢退避矣。'"

〔近义〕鸦雀无声　万籁俱寂　悄无声息　阒寂无声　噤若寒蝉　无声无息　夜深人静

〔反义〕吵吵闹闹　人声鼎沸　喧闹嘈杂　响彻云霄　雷声震天

【家给人足】 jiā jǐ rén zú

〔褒贬〕褒义

〔出处〕《淮南子·人间训》:"后稷乃教之辟地垦草,粪土种谷,令百姓家给人足。"

〔释义〕指生活富足。

〔鉴赏〕这是刘安等人歌颂后稷教给百姓农业生产知识以改善人民生活时所创用的成语。关于后稷的伟大事迹,《史记·周本纪》记载得更为详细:

周后稷,名弃。其母有邰氏女,曰姜嫄,原为帝喾元妃。姜嫄出野,见巨人迹,心忻然说,欲践之,践之而身动如孕者。居期而生子,以为不祥,弃之隘巷,马牛过者皆辟不践;徙置之林中,适会山林多人,迁之;而弃渠中冰上,飞鸟以其翼覆荐之。姜嫄以为神,遂收养长之。初欲弃之,因名曰弃。

弃为儿时,屹如巨人之志。其游戏,好种树、麻、菽。及为成人,遂好耕农,相地之宜,宜谷者稼穑焉,民皆法则之。帝尧闻之,举弃为农师,天下得其利,有功。帝舜曰:"弃,黎民始饥,尔后稷播时百谷。"封弃于邰,号曰后稷,别姓姬氏。

这是对后稷的来历及其贡献所作的最为系统的记载,写出了后稷神奇的身世和经历,以及在开创农业生产实践方面所作的巨大贡献,也表现出古代劳动人民辛勤劳作的情景,以及改善生活、渴望富足的强烈愿望。作者创用此条成语,除了用以对神话人物后稷引导百姓开垦荒地,改良土壤,播种谷物,让老百姓家家都能丰衣足食的丰功伟绩进行歌颂之外,还反映了作者积善树德、去利行义、以正制邪的积极的处世哲学。

〔例句〕清·西周生《醒世姻缘》:"五谷丰登,家给人足,一连十余年都是丰收年岁。"

〔近义〕五谷丰登　丰衣足食

〔反义〕饥寒交迫　民不聊生

【家给民足】 jiā jǐ mín zú

见"家给人足"。

【浃髓沦肤】 jiā suǐ lún fū

〔褒贬〕中性

〔出处〕《淮南子·原道训》:"不浸于肌肤,不浃于骨髓,不留于心志,不滞于五藏。"

〔释义〕浃:湿透。沦:陷入。浸透肌肉,深入骨髓。比喻感受或影响极深。也作"浃沦肌髓""浃髓沦肌"。

〔鉴赏〕作者创用此语,意在告诉人们:如果自身不能把持心性归向,只以外界刺激来装饰自我,不可能浸滋肌肤,渗入骨髓,更不可能停留在心间,进入五脏六腑。所以从外界刺激感受到的欢乐只是短暂的快乐;而从内部心性所产生的欢乐才是真正的长久的欢乐。由此,作者进一步上升到"道"的高度,那就是人不能以外物的变化而违反自己所应当遵循之道。真是三句不离其"道",反映出作者对"道"的虔诚而又热烈的信仰和追求。

〔例句〕宋·范成大《谢江东漕杨廷秀秘监送江东集并索近诗二首》之二:"浃髓沦肤都是病,倾囷倒廪更无诗。"

〔近义〕刻骨铭心 铭肌镂骨

〔反义〕无动于衷 浮光掠影

【简丝数米】 jiǎn sī shǔ mǐ

〔褒贬〕中性

〔出处〕《淮南子·泰族训》:"寸而度之,至丈必差;铢而称之,至石必过;石秤丈量,径而寡失;简丝数米,烦而不察。"

〔释义〕简:挑选。挑选丝头,细数米粒。比喻工作过于琐细。

〔鉴赏〕这是作者说明治国之道时所创用的一条成语。作者认为,治理大国的治术不能琐碎,国土辽阔的管理制度不能褊狭;处在高位的人处事不能烦琐,百姓众多时政治教化不能苛刻。事务琐碎就难以治理,法令

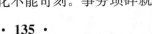

烦杂就难以推行,欲求多就难以满足。一寸一寸地量,量到一丈时就一定会有误差出现;一铢一铢地称,称到一石时就一定会有差错出现。反之,用石和丈为单位来称量,既简单又少失误。挑选丝头、细数米粒,是既麻烦又不精确。所以从大的方面入手就容易运用智慧,纠缠于细枝末节就难以发挥智慧。所以对那些无益于治理,只会增添麻烦的事,圣人是不会去做的;对那些不实用,只会浪费精力的事,聪明人是不会去做的。所以要做成大事只有简约,要做好大事也只有俭省,欲求要满足只有欲求少;这说明功业简约则容易完成,事情俭省容易办到,欲求寡少容易满足。容易办成的事情,拿来交给人家办理,也就容易办成。孔子说:"太烦琐的论证辩说只会损害真理,太计较蝇头小利只会妨害大义,太卖弄雕小技艺只会破坏大道术,太小的见识是无法产生通达观念的;要想通达大度,就必须要简约。"

作者这种从大处着眼,反对烦琐、清心寡欲的治国理政的观点体现了积极的辩证法思想,具有一定的合理性。

〔例句〕清·孙诒让《札迻·自叙》:"凡所考论,虽复简丝数米,或涉琐眉,于作述闳旨未窥百一。"

〔近义〕繁文末节　烦文琐事　斤斤计较　凌杂米盐

〔反义〕以简驭繁　删繁就简　大刀阔斧　快刀斩乱麻

【间不容息】 jiàn bù róng xī

〔褒贬〕中性

〔出处〕《淮南子·原道训》:"时之反侧,间不容息;先之则太过,后之则不逮。"

〔释义〕间:中间。容:容纳。息:喘息。中间都不允许喘一口气。形容时机紧迫,不容延误。

〔鉴赏〕见"一寸光阴一寸金"。

【见始知终】 jiàn shǐ zhī zhōng

〔褒贬〕褒义

〔出处〕《淮南子·缪称训》:"故君子见始,斯知终矣。"

〔释义〕看见事物的开始阶段就能预见到它的结局。也作"睹始知终"。

〔鉴赏〕见"倡而不和"。

〔例句〕1.汉·袁康《越绝书·越绝德序外传》:"故圣人见微知著,睹始知终。"

2.三国·蜀·诸葛亮《便宜十六策·思虑》:"君子视微见著,见始知终,祸无从起,此思虑之政也。"

〔近义〕见微知著　因小见大　一叶知秋　远见卓识　高瞻远瞩

〔反义〕一叶障目,不见泰山　明察秋毫,而不见舆薪　目光短浅　鼠目寸光

【矫情镇物】 jiǎo qíng zhèn wù

〔褒贬〕贬义

〔出处〕《晋书·谢安传》:"既罢,还内,过户限,心喜甚,不觉屐齿之折,其矫情镇物如此。"

〔释义〕矫情:原指扭捏、害羞,多用来形容女性的神态。也用来形容人物故意违反常情,显示与众不同的性格。镇物:指使众人镇定。比喻故作镇静,使人无法揣度其思想感情。

〔鉴赏〕东晋时期,统一了北方的前秦苻坚率领号称百万之众的军队南下,志在消灭东晋,一统天下。前秦军队来势凶猛,抵抗的各路军队节节败退。军情危急,东晋都城一片震恐,东晋皇帝封谢安为征讨大都督。谢安派遣弟弟谢石、侄儿谢玄等率领八万军队前往应战。公元383年的一天,谢玄等将领率军攻破苻坚的军队,捷报传来,谢安正在与客人下棋,谢玄拿着前方捷报递给谢安。谢安看后默不做声,随手扔到床上,没有流露出丝毫喜色,仍然正常下棋。下完棋后,客人询问驿书的情况,谢安淡淡地说:"晚辈们已经破贼。"客人走后,谢安回到内室,谢安由于内心十分高兴,在过门槛的时候,不觉将木屐的齿给折断了。

这条成语一语道破了谢安在客人面前故作镇静,以显自己老成持重、不喜形于色、成竹在胸的名士风度的虚伪性。战争的形势瞬息万变,胜败难料,往往一个偶然的因素就能改变战争的结果。就淝水之战来说,战前双方军事力量的对比悬殊,按照常规战争来推算,晋军胜算很小,在这生

死攸关之际,作为最高统帅的谢安心里肯定没有底,紧张不安自然难免。谢安在众人面前故作轻松,一不过是为了稳定军心,鼓舞士气;二不过是为了效仿诸葛亮羽扇纶巾的儒者风度,以巩固自己不喜形于色的名士虚名。

〔例句〕高阳《清宫外史》:"仿佛羽扇纶巾,谈笑可以退敌,强学谢安的矫情镇物,只怕真到紧急关头,拿不出谢安的那一份修养。"

〔近义〕神情自若　不动声色

〔反义〕惊慌失措　喜形于色

【矫枉过直】 jiǎo wǎng guò zhèng

〔褒贬〕中性

〔出处〕《淮南子·本经训》:"扶拨以为正,坏险以为平,矫枉以为直。"

〔释义〕矫:纠正,使曲变直。枉:弯曲。过直:超过了正常限度。为了把弯曲的东西扭直,超过了正常限度,结果反而又弯向另一边。比喻纠正谬误、错误或偏差超过了应有的限度,反而又陷入另外一种错误或偏差之中。

〔鉴赏〕这是本文作者用来分析不同类型的君主们所采用不同的治国策略而刨用的一条成语。作者认为,最高明的国君应该是能够遵循天道,实行无为而治的人,这样的君主能够明白天地的性情,通晓伦理道德;他的聪明能照耀日月,精神与万物相通;动静与阴阳协调,喜怒与四时和谐;他的德泽施及四方以外的区域,名声流传到子孙后代。效法阴阳的国君,他的德行和天地相配,英明与日月同辉,精气与鬼神相合;他头顶天穹,脚踏大地,掌握圭表墨绳等法度,内能修养心性,外能获得人心;他发号施令,天下百姓无不闻风而动。遵循时序的人,柔顺而不脆弱,刚强而不折断;宽缓而不放纵,急速而不紊乱;优柔宽容,以养育各种物类。他的德行可以容纳愚昧和不贤之人,没有私心和偏爱。使用六律的人,则能讨伐叛乱、禁止强暴,进用贤才而贬斥不贤者;扶以为正,除险以持平,矫枉以使直;懂得禁止、赦免、开启、关闭的道理,顺应时势以驾驭人心。作者还认为,国君们应该根据本国等级的大小强弱贵贱来采用相应的治国策略,使贵贱都不失自己的体统,这样天下就容易治理了。

本条成语针对的是第四种治国之道,也就是依法治国。通过法律治国,以拨乱反正,令行禁止,使一切都能在法的体系下有条不紊地运行,这是文明社会必不可少的治国手段,在当下仍然具有重要的实践意义。

本条成语在西汉时期已经具备了成语的基本要素,但尚未定型。如:董仲舒《春秋繁露·玉杯》:"《春秋》为人不知恶,而恬行不备也,是故垂累责之,以矫枉世而直之。矫者不过其正,弗能直。知此而义毕矣。"显然,其用法与《淮南子·本经训》的使用基本相似。到了东汉之后,经过学者的剪辑,才使本条成语得以定型,并被广泛引用。

〔例句〕1.汉·袁康《越绝书·篇叙外传记》:"子之复仇,臣之讨贼,至诚感天,矫枉过直,乳狗哺虎,不计祸福。"

2.宋·秦观《财用上》:"士大夫矫枉过直,邈然以风裁自持,不复肯言财利之事。"

3.梁启超《中国学术思想变迁之大势》第四章第四节:"学问之汨没性灵,至是已极,物极必反,矫枉过直。"

本条成语也作"矫枉过正"。如:

4.南朝·宋·范晔《后汉书·仲长统传》:"逮至清世,则复入于矫枉过正之检。"

5.《资治通鉴·晋惠帝永熙元年》:"自古以直致祸者,当由矫枉过正,或不忠笃,欲以亢厉为声,故致忿耳。"

6.清·蒲松龄《聊斋志异·细柳》:"或有避其谤者,又每矫枉过正,至坐视儿女之放纵,而不一置问。"

本条成语又作"矫枉过中"。如:

7.唐·张说《吊陈司马书》:"矫枉过中,斯害也已。"

8.宋·晁补之《鸡肋集·代尚书侍郎两制祭魏王文》:"汉惩秦馀,非刘不王,矫枉过中,尾大股强。"

该条成语还作"矫枉过甚""矫枉过当"。如:

9.清·《富强报》:"凡訾议朝政,矫枉过甚,如近人改正朔、易服色,三始六罪诸说,在所必摒,将以广华洋之辨,大中外之防。"

10.清·周亮工《书影》卷四:"石公此论,未为不是;惜乎矫枉过当,遂开后人口实。"

〔近义〕过犹不及

〔反义〕恰到好处　恰如其分

【谨毛失貌】　jǐn máo shī mào

〔褒贬〕中性

〔出处〕《淮南子·说林训》:"寻常之外,画者谨毛而失貌。"

〔释义〕绘画时小心谨慎地画出了细微而无关紧要之处,却忽略了整体面貌。比喻注意了小处而忽略了大处。

〔鉴赏〕清代王昱说:"画失大貌为大失,失细节为小失,小失易改,大失难救,画者不宜不慎。"作者在这里一连用了数个比喻,以提醒人们正确看待大和小的辩证关系。有时候能通过细小之处了解和掌握全局,小中见大,牵一发而动全身,毫厘之差决定成败大局。这时就要谨小慎微,着眼小处。有时过于注意细小之处就会忽略或影响整体,一叶障目而不见泰山,但见秋毫之末而不见舆薪,因小失大。本条成语体现了作者辩证唯物主义的认识观,对于我们正确认识"大"和"小"的关系具有重要的意义。

〔例句〕我们要正确认识和处理大与小、整体与部分之间的关系,凡事都要从大处着眼,小处着手,既不能粗枝大叶,也不能～。

〔近义〕敬小慎微　谨小慎微　明察秋毫　不见舆薪

〔反义〕窥一斑而见全豹　一叶落而知秋

【近而远之】　jìn ér yuǎn zhī

〔褒贬〕中性

〔出处〕《淮南子·人间训》:"故物或远之而近,或近之而远。"

〔释义〕欲接近它反而疏远它。

〔鉴赏〕见"远而近之"。

【敬小慎微】　jìng xiǎo shèn wēi

〔褒贬〕褒义

〔出处〕《淮南子·人间训》:"圣人敬小慎微,动不失时,百射重戒,祸乃不滋。"

〔释义〕敬：敬肃，戒慎。对细微的事物也采取小心谨慎的态度。形容待人处事非常谨慎小心。也作"谨小慎微"。

〔鉴赏〕《淮南子》总的思想倾向是遵"道"推"仁"行"义"，但这种主张实行起来是有前提的，必须是在条件和环境允许的情况下才能推行。如果是在"或明礼义，推道体而不行""或用之而身死国亡者"的情况下强行推行，则势必创下"身死国亡"的大祸。因而作者明确指出："圣人虽有其志，不遇其世，仅足以容身，何功名之可致也。"在这种情况下，圣人虽然有高远的志向，但由于时势所限，无法推行其仁义王道，那就只能首先独善其身了，兼济天下的理想也只有暂且先存于胸中了。正所谓"达则兼济天下，穷则独善其身"。如何能独善其身？那就是诸事小心谨慎，行为举动不失时宜，远离祸端。无灾便是幸，无祸便是福，所以作者把防灾避祸作为处世哲学的基点。所以，作者谆谆告诫我们：对于社会纷繁复杂的现象要体察入微，谨慎行事，动不失时，多加防范，这样才能避免出现纰漏和错误。灾祸就不会产生。真是苦口婆心，发人深省，对于我们如何扎根社会，有效地进行安身立命具有重要的参考价值。

〔例句〕汉·董仲舒《春秋繁露》卷六："故为人君者，谨本详始，敬小慎微，志如死灰，形如委衣，安精养神，寂寞无为，休形无见影，掩声无出响。"

〔近义〕小心谨慎　谨小慎微

〔反义〕粗心大意　麻痹大意　粗枝大叶

【九年之储】　jiǔ nián zhī chǔ

〔褒贬〕中性

〔出处〕《淮南子·主术训》："十八年而有六年之积，二十七年而有九年之储。"

〔释义〕指国家平时有所积蓄，以备非常。

〔鉴赏〕《淮南子·主术训》讨论的是君主的统驭之术，作者从道家的立场出发，给出了很多的术略。其中就包括重视民生，发展生产，平时要有所储蓄，以备非常之需。这个观点，无论是对国家，还是对家庭和个人，都是必须坚持的一个方针。

〔例句〕一个国家如果没有～,国基将得不到巩固。

〔近义〕六年之积　九年之蓄

〔反义〕寅吃卯粮

【居高临下】　jū gāo lín xià

〔褒贬〕中性

〔出处〕《淮南子·原道训》:"登高临下,无失所秉,履危行险,无忘玄伏。"

〔释义〕居:站在,处于。临:靠近。处在高处,俯视下面。形容所处的位置或地位很高,极为有利。也指人故作姿态,盛气凌人。

〔鉴赏〕作者创用此语,意在说明无论在什么情况下都要持有"道"。居高临下而不失所秉之"道",遭遇危机也要勿忘玄妙之"道"。作者还认为,只要能保持这个"道",他的"德"就不会亏损;万物纷糅复杂,也能与之周旋变化。有了"道",就有了最高的德性,有了最高的德性,处理事情就会像顺风奔跑轻松快捷。也就是说,拥有"道",也就拥有了德和能,处理任何事情都有所依据,不会出错。这样也就拥有了快乐。时至今日,这条成语仍然具有积极的意义,它激励我们积极向上,努力发展,始终处于优势位置,这样就可以无往而不胜。但当我们取得一定成就时,要平易近人,谦虚谨慎,而不要气势凌人,傲慢无礼。

〔例句〕《魏书·财安王》:"缴山立栅,分为数处,居高临下,隔水为营。"

〔近义〕高高在上　高屋建瓴　盛气凌人

〔反义〕降贵纡尊　平易近人　低三下四

【举无遗策】　jǔ wú yí cè

〔褒贬〕褒义

〔出处〕《淮南子·主术训》:"是故不用适然之数,而行必然之道,故万举而无遗策矣。"

〔释义〕举:提出,使用。遗:失去。策:计谋。使用的计谋没有失算的。形容足智多谋,也作:"算无遗策""谋无遗策"。

〔鉴赏〕这是论述君主治理天下的法术时所创用的一条成语。作者首先用马车夫的驾马术来比喻君主驾驭臣下之术,指出圣明的君主治理天下,就好像造父驾驭马车一样,善于控制缰绳、调节辔头来使马儿步伐整齐和谐,通过他平和的吆喝来调节车辆的快慢;驾驭马车的法术熟谙于胸中,而竹鞭又紧紧地握在手里;那缰绳的松紧,吆喝声的高低,竹鞭的使用等无不传达他的意旨,而马儿也能领会他的意思。所以马车的进退、转弯都能符合规矩,取道上路多远都能到达,人马不会感到精疲力竭,这都应当归功于神奇的驾驭术。王位和权力就相当于君主的车辆;而大臣就是君主的驾车和马匹。如果身体还没在车上坐稳,马儿又不听使唤,就发轫上路,而不出现车毁人亡的危险,从古到今好像还没有过。所以如果车马不协调,即使是王良也不敢驱车上路;同样,如果君臣不和谐,即使是唐虞这样的圣君也不能治理好天下。而一旦掌握了驾驭臣下的法术,那么就能使管仲、晏婴这样的人的才智得以最大限度地施展出来;明确君臣名分,即使像盗跖、庄跻这样的大盗也难以作乱耍奸。

之后,作者又用照脸再次进行比喻。指出趴在井栏朝着井水照脸,眼睛视力再好也不易看清自己的眼珠子;而用明镜来照脸,脸上的毛孔和斑点都能看得一清二楚。所以英明的君主耳目不劳累,精神不耗损,物体来到时能看清它们的形象,事情发生了能应对它们的变化,不论远近都能治理得井井有条。因此,如果不靠偶然的机会而遵循必然规律,那么无论做什么事,都不会有失误。

显然,两个比喻都在说明遵循必然规律的必要性。只要遵循必然规律,就能举无遗策,无往而不胜。这个结论可以说是至理名言,不仅是治国,做任何事情都要遵循客观规律。历史已经雄辩地证明,并将永远证明:任何违背客观规律的举动都将遭到惨败。所以,举无遗策,必须以遵循客观规律为前提。

〔例句〕1.《晋书》卷一百三十载记第三十:"属奸雄鼎峙之秋,群凶岳立之际,昧旦临朝,日旰忘膳,运筹命将,举无遗策。"

2.《梁书·本纪》:"自谓安若泰山,举无遗策,怵于邪说,即安荆楚。"

3.宋·陈亮《邓禹》:"盖举无遗策,而天下皆知其不可当也。"

4.宋·司马光《资治通鉴·晋纪三十五》:"玄于道自作《起居注》,叙讨刘裕事,自谓经略举无遗策,诸军违节度,以致奔败。"

5.宋·司马光《资治通鉴》第七十卷:"用兵之道,先胜后战,量敌论将,故举无遗策。"

本条成语也作"算无遗策"。如:

6.《金史·太祖纪赞》:"太祖数年之间算无遗策,兵无留行,底定大业,传之子孙。"

7.三国·魏·曹植《王仲宣诔》:"算无遗策,画无失理。"

8.《南史·梁简文帝纪论》:"自谓安若太山,算无遗策。"

还作"谋无遗策"。如:

9.三国·魏·曹奂《以钟会为司徒诏》:"蜀之豪帅,面缚归命,谋无遗策,举无废功。"

10.《晋书·王彪之传》:"自顷以来,君谋无遗策,张陈复何以过之!"

〔近义〕足智多谋 举无遗算

〔反义〕君子千虑,必有一失 漏洞百出

【踞鼃食蛤】 jù wā shí gé

〔褒贬〕中性

〔出处〕《淮南子·道应训》:"卢敖游乎北海,经乎太阴,入乎玄阙,至于蒙谷之上。见一士焉,深目而玄鬓,泪注而鸢肩,丰上而杀下,轩轩然方迎风而舞,顾见卢敖,慢然下其臂,遁逃乎碑。卢敖就而视之,方倦龟壳而食蛤蜊。"

〔释义〕鼃:同"蛙"。指超然脱世,遨游四方。

〔鉴赏〕作者创用本条成语,意在启发人们舍私小而就广大,最终达到"与天地精神往来"的天人合一之境。为此,作者为我们虚构了一则"卢敖游乎北海"的寓言故事:卢敖漫游到了北海,经过太阴,进入玄阙,到达蒙谷山上。发现有个人在那里,此人眼眶深陷,鬓发乌黑,脖子粗短,双肩耸起像老鹰,上身丰满,下身瘦削,正迎着风翩翩起舞。此人回头看见了卢敖,慢慢放下手臂停止舞动,逃避到石碑的后面。卢敖走近去观察,此人正蹲在龟壳上吃蛤蜊。卢敖于是上去与他搭话:"唯有我卢敖离乡背井,远离人群,观览遍天地之外的所有地方,这样的人恐怕难找第二个吧? 我卢敖从小喜欢周游四方,长大以后这种兴趣也没改变。我游遍了四方极远的地域,只是还没见过北阴。今天我在这里突然与你相遇,不知你愿意与我为友吗?"这时这位人士露齿而笑说:"嘿嘿,您是中原人,竟然远道来到这个地方。不过这里仍然日月照耀,满天星辰,阴阳运行,四季变化,这儿与那个叫不出名称的地方相比,还只是个小角落。像我向南游过的无边无际的空旷之地,在北方休息在寂静幽暗的地方,向西跑遍幽深边远的地方,往东一直来到日出之处。这些地域是下无地而上无天,听不到任何声音,看不清任何物件。此外还有水天相连的海洋的边岸,我尽管一动就是千万里,但我还是无法达到那里。现在你才游历到这里,就认为看尽了一切地方,与我上述说的那些地方比,你不觉得差远了吗? 不过你待在这里好了,我与汗漫先生已约好在九垓之外会面,所以我无法在这里久留。"说完,此人臂一举,耸身飞入云端。卢敖仰面瞭望,已看不见此人的身影了。于是卢敖停下了马车,惊惧困惑,若有所失,自言自语说:"我和这位先生相比,就如同黄鹄与小虫一样。我整天奔波不停,却还在咫尺之地漫游,但我却自以为很遥远了,这不是显得很悲哀吗?"

据史载,历史上确有卢敖(公元前 275－公元前 195 年)其人,他曾为秦始皇寻求古仙人羡门、高誓及芝奇长生仙药,秦始皇赏赐甚厚,进为博士。后见秦始皇刚愎拒谏,专横失道,于是就避难隐遁,居于故山(今山东省诸城市东南 13 公里处)。秦始皇大怒,下令搜捕,终因未得而作罢。故山后改名卢山,山前有卢山洞,内置卢敖像。汉武帝感其德,建卢氏县,县名沿袭至今。

〔例句〕明·杨慎《词品·黄玉林》:"(黄玉林)赠丁南邻云:'待踞鼋食蛤,相期汗漫,与烟霞会。'"

〔近义〕枕石漱流　闲云野鹤　岩居谷饮　飞遁鸣高

〔反义〕身不由己　紫陌红尘　宦海沉浮　灯红酒绿

【卷席而居】 juàn xí ér jū

〔褒贬〕中性

〔出处〕《万胜岗新城录》:"冬,纵兵临寿春,屠马塘,走其守令狐通,焚霍丘,淮南郡邑大骇,民人卷席而居。"

〔释义〕卷席:把席子裹成圆筒形状给收起来。居:住。携带一床席子走到哪儿就住到哪儿。形容生活不安定,随时准备逃难。也形容经常出差或外出考察者辛苦。

〔鉴赏〕作者创用此条成语,用以描述寿州大地的一次重要战乱。唐宪宗元和十二年(817)冬天,淮西叛军首领吴元济兵临寿州,刺史令狐通"战数北",叛军焚烧霍邱,淮南市民惊慌失措,纷纷弃家逃难,卷席而居。后来在御史中丞裴度的统一指挥下,平定了吴元济的叛乱,维护了唐朝的统一局面,老百姓才得以回乡安居。

〔例句〕每逢战乱,人民群众必然流离失所,～。

〔近义〕流离失所　颠沛流离　国破家亡

〔反义〕安居乐业　国泰民安　居有其所

【绝国殊俗】 jué guó shū sú

〔褒贬〕中性

〔出处〕《淮南子·修务训》:"绝国殊俗、僻远幽间之处,不能被德承泽,故立诸侯以教诲之。"

〔释义〕绝国:极其辽远的邦国。殊俗:不同的风俗。不同国家的地方有不同的风俗习惯。

〔鉴赏〕这是作者阐述帝王天子、诸侯百官的产生和设置都是为民忧民的产物时所创用的一条成语。作者认为,古代拥立帝王,不是为了奉养其欲望;圣人登上君位,也不是为了自身的安逸享乐。而是因为天下出现以强凌弱、以多欺少、以诈骗愚、以勇侵怯、拥有知识而不肯指导别人、积累了财富而不肯分给别人的现象,所以才拥立帝王来使天下团结平等。又因为帝王一人的聪明才智不足以普照天下,所以又设置三公、九卿来辅佐帝王天子。还因为遥远的邦国、偏僻地区无法承受到帝王天子的德泽,所以又分封诸侯来教诲那里的民众。因而尽量做到地势无不利用、天时无不协调、官吏无不尽职、国家无不获益,以使饥寒的百姓得以温饱,老弱病残得以供养,劳累疲倦得以休息。

〔例句〕～,各呈异彩。

〔近义〕绝域殊方　绝域异方　异域殊方　异域他乡　南航北骑
〔反义〕本乡本土　一衣带水　鸡犬相闻　比邻而居

【掘藏之家必有殃】 jué cáng zhī jiā bì yǒu yāng

〔褒贬〕中性

〔出处〕《淮南子·人间训》："夫再实之木根必伤，掘藏之家必有殃，以言大利而反为害也。"

〔释义〕意思是盗墓之人必定有祸殃。

〔鉴赏〕见"再实之木根必伤"。

【掘室求鼠】 jué shì qiú shǔ

〔褒贬〕中性

〔出处〕《淮南子·说山训》："坏塘以取龟，发屋而求狸，掘室而求鼠，割唇而治龋，桀跖之徒，君子不与。"

〔释义〕挖坏房子捉老鼠。比喻因小失大。

〔鉴赏〕见"发屋求狸"。

K

【开门而待】 kāi mén ér dài

〔褒贬〕褒义

〔出处〕《淮南子·兵略训》:"百姓开门而待之,淅米而储之,唯恐其不来也。"

〔释义〕敞开家门,等待客人的到来。形容对客人的尊敬和热情欢迎。

〔鉴赏〕对老百姓敞开家门等待着,淘好米准备烧饭,唯恐义军不到自己家里来,短短的三句话把老百姓对正义之师爱戴和拥护的情景惟妙惟肖地表现了出来。同时也体现了古代劳动人民爱憎分明、淳朴善良、热情好客的美德。

〔例句〕战争年代,尽管老百姓生活十分艰苦,但对共产党领导的人民子弟兵的到来还是~,淅米而储,充分体现了军民的鱼水之情。

〔近义〕翘足而待

〔反义〕坚壁清野

【孔席墨突】 kǒng xí mò tū

见"墨突不黔"。

【块然独处】 kuài rán dú chǔ

〔褒贬〕褒义

〔出处〕《淮南子·原道训》:"所谓一者,无匹合于天下者也。卓然独立,块然独处,上通九天,下贯九野。"

〔释义〕块:成疙瘩或成团的东西。块然:孤独的样子。远离群体,一人独处。

〔鉴赏〕本条成语是作者阐述"道"的最基本的内涵——"静"所创造的成语。作者认为,清静是德的最高境界,而柔弱又是"道"的精要之所在;虚无恬愉,适用于万物。以恭敬之心感应外界,然后再坚决地回到根本上来,就能进入无形的境界。作者所讲的无形,就是达到浑然一体的状态。这种浑然一体,就是天下没有与之相匹配的独一无二的一个整体。它独立于天地之间,远离群体,傲然独处;它能上通九天,下贯九野;圆而无法用规来度量,方而难以用矩来测量;浩大浑然为一体,积累成体而难见底;它包裹天地为道之关键,它杳然无形,独存纯德;它布施恩德而无穷,作用万物而无尽。因此难以见到它的形状,无法听到它的声响,也无法触摸它的身体。它无形却能产生有形,无声却能形成五音,无味却能生成五味,无色却能形成五色。所以说有形来自无形,实体出自虚空。将天下围成一圈,使名实同居一处。

作者所揭示的"道"的这种甘于寂寞、宁静淡定的优秀品质,今天仍然具有其普遍的实用价值。它既包含了一种人对于宇宙万物的应有态度,即尊重万物的天然状态,不妄加干预,不使其偏离应行之道。尤其在我们赖以生存的大自然遭到严重破坏的今天,我们比以往任何时候都需要更加重视对自然和环境的尊重和保护,决不能任由让那种向大自然贪婪索取、无尽使用、乱开滥采的野蛮行径继续下去了。也包含了一种对待他人的应有的态度,即推己及人,利人而不与之争,尊重别人的应有权利。更包含了一种人对于自己所应有的态度,即反观内省,淡定自持,不为外物所诱,潜心修身,宁静以致远。

"块然独处"是一种宁静的心态、高尚的志趣、远大的抱负、崇高的人生境界的综合体现,而不是离群素居,厌倦或逃避社会和尘世,更不是对人生的无聊打发。

〔例句〕1.汉·司马迁《史记·滑稽列传》:"今世之处士,时虽不用,崛然独立,块然独处。"

2.宋·苏轼《答杨济甫二首》:"春色已盛,但块然独处,无与为乐。"

3.宋·赞宁《宋高僧传》:"释国道者,未知何许人也。器凝淳粹,行敦高迈,块然独处,翩翩在形器之上矣。"

4.清·周亮工《南陵盛此公遗稿序》:"故非确然能辨人之泾渭,则不如不与人见。然天下无块然独处之人,势不能不出而与人见也。士君子处此难矣哉!"

〔近义〕超然独处　卓然独立　离群索居

〔反义〕南阮北阮　群居和一　鸿俦鹤侣

【匡床蒻席】　kuāng chuáng ruò xí

〔褒贬〕中性

〔出处〕《淮南子·主术训》:"匡床蒻席,非不宁也,然民有处边城、犯危难、泽死暴骸者,明主弗安也。"

〔释义〕匡:方正,一说安适。蒻:嫩的香蒲。标准、安适的床,柔软的席子。形容床铺非常舒适。

〔鉴赏〕这是作者在阐述君主应该体察民情、与民同甘共苦的主张时所创用的一条成语。作者认为,君主的每一举动都必须慎重。君主要向人民征收赋税,一定要事先了解一下收成的好坏,衡量一下人民手中的积蓄,弄清百姓是饥还是饱,有余还是不足,然后才酌情征收供君王车马衣食所需要的赋税。层叠连片的亭台楼榭和宫室,十分壮观漂亮,但是老百姓还住在土房窄屋,那么英明的君主就不会以住在这些华丽的宫室楼台里为快乐;浓烈的醇酒,甘美的佳肴,可谓味美可口,但是老百姓连糟糠粗粮都吃不上,那么英明的君主就不会以此为甘美了;安适的床榻,细软的席垫,睡起来舒适至极,但是老百姓还在戍守边疆、遭受危难、甚至战死疆场、尸骨露野,那么英明的君主就是躺在舒适的卧榻之上也难以安睡。所以古代的明君,他们为百姓的痛苦而悲伤,只要国家有挨饿的人,他就不会那么重视口味了;只要国家还有挨冻的人,他就不会身穿裘皮;只有当年成丰收百姓富足时,君主才悬挂钟鼓,陈设干戚,君臣上下与民同乐,国家因此无一人悲哀。

作者关于与民同甘共苦的思想只有在今天共产党领导的社会主义社会里,才能焕发出新的光彩,使之成为真正的现实。因为社会主义的宗旨就是以人民为中心,以提高人民的福祉为奋斗目标。当年,美国记者斯诺在《西行漫记》中,详细记述了他在延安看到毛泽东等中共领导同志吃的是粗糙的小米饭、穿的是用缴获的降落伞改制的背心,住着简陋的窑洞的情形,感慨地称赞这是存在于共产党人身上的"东方魔力""兴国之光"。这是"吃苦在前、享受在后"的最好见证。尤其是在新中国成立后的三年困难时期,毛泽东等老一辈无产阶级革命家与全国人民一样,过着十分艰苦的生活,毛泽东宣布三年不吃肉,跟全国人民一道吃树叶草根,他还风趣地取名为"叶蛋白"。

但是,老一辈革命家所开创的与民同甘共苦的良好的社会风气在改革开放之后,由于西方享乐主义的影响和侵蚀,由于金钱的诱惑,许多党的干部蜕化变质了,以聚敛财富、满足私欲为人生追求,大肆洗钱劫财,出现了诸如周永康、徐才厚、谷俊山等腐败分子,严重影响了党在人民群众心目中的形象。春雷一声震天响!我们欣慰地看到,以习近平为首的党中央向腐败分子进行了掷地有声的宣战,以反腐的铁腕和坚强的意志向腐败分子打出了一系列组合重拳,一大批"老虎""苍蝇"纷纷落马,受到了法律的严重制裁和人民的宣判,实在是大快人心。我们欣然看到,一个风清弊绝、共同富裕、万民同乐的小康社会正在向我们走来。

从本条成语的发展来看,可以追溯到《庄子·齐物篇》:"与王同筐床。"《商君书·画策》也出现了"匡床"一词:"人主处匡床之上,听丝竹之声,而天下治。""蒻"在屈原的《楚辞·招魂》已经出现:"蒻阿拂壁。"

《淮南子·主术训》将"匡床"和"蒻席"合在一起,使本条成语得以定型,但仍可分开使用。也作"匡床旃席"。

〔例句〕1.汉·桓宽《盐铁论·取下》:"匡床旃席,侍御满侧者,不知负辂挽船,登高绝流之难也。"

2.汉·张衡《同声歌》:"思为莞蒻席,在下蔽匡床。"

L

【牢笼天地】 láo lóng tiān dì

〔褒贬〕中性

〔出处〕《淮南子·本经训》:"牢笼天地,弹压山川,含吐阴阳,伸曳四时,纪网八极,经纬六合。"

〔释义〕牢笼:关鸟兽的器具,比喻约束、限制人的事。也作动词用,指约束,限制,或指包罗,容纳。整条成语是指道家所说的"天道"那种弥漫宇宙、包孕万物的特质。后来也用来形容著作内容的广泛和丰富。

〔鉴赏〕见"取予有节"。

〔例句〕1.唐·刘知几《史通》:"其书牢笼天地,博极古今,上自大公,下至商鞅,其错综经纬,自谓兼于数家,无遗力矣。"

2.严复《救亡决论》:"经营八表,牢笼天地。"

3.施立学《二十四节气:牢笼天地演农耕》

〔近义〕包举宇内　囊括四海

〔反义〕一鳞半爪　冰山一角

【劳形竭智】 láo xíng jié zhì

〔褒贬〕中性

〔出处〕《淮南子·氾论训》:"非今时之世而弗改,是行其非也,称其所是,行其所非,是以尽日极虑而无益于治,劳形竭智而无补于主也。"

〔释义〕劳损形体,竭尽智力。指为某事而劳心费力。

〔鉴赏〕作者创用此语,意在批评儒、墨这些口头理论家成天牢骚满腹,对现实进行抱怨和非议,而不去进行实质性的改变,对不合理的东西任其自流,成天用尽心思、劳形竭智,却无补于事,无益于世,无用于时的行为,体现了作者脚踏实地、除旧布新的积极用世的思想。这条成语还启示我们,要把精力和智慧用在该用的地方,把个人的追求放在国家、社会和时代的要求上,这样才能劳而有功。否则,不仅是徒劳,甚至是罪恶之劳。

〔例句〕周公为周朝的建立和巩固～,功不可没。

〔近义〕殚精竭虑　劳心费力　劳心焦思　煞费苦心　费尽心机　绞尽脑汁　潜精研思　千思万虑　忧深思远　千方百计

〔反义〕无所用心　无所事事　饱食终日　心广体忕

【乐极则悲】 lè jí shēng bēi

〔褒贬〕中性

〔出处〕《淮南子·道应训》:"夫物盛而衰,乐极则悲,日中而移,月盈而亏。"

〔释义〕欢乐过度,结果发生悲伤之事。也作"乐极悲生""乐极生悲"。

〔鉴赏〕这几句话是孔子参观鲁桓公的庙堂,看到庙中有一个叫作宥卮的器具后所发的感慨:事物兴盛了就会转向衰败,快乐过度就会产生悲伤之事,太阳到了正午就会向西偏,月亮圆后便慢慢残缺。作者在这里强调了相互矛盾的事物之间相互转化的现象,具有朴素的辩证法思想。但是作者的真正意图却是借此来警示世人为人处世要低调,要谦虚谨慎,凡事要留有余地。作者借具体喻抽象,形象地诠释了"虚静无为"的"道"体内涵。(参见"祸中有福")

〔例句〕《史记·滑稽列传》:"酒极则乱,乐极则悲,万事尽然,言不可极,极之而衰。"

〔近义〕乐极哀来　乐尽悲来　乐极则忧　乐极生哀

〔反义〕否极泰来　苦尽甘来　否终则泰　时来运转

【离本趣末】 lí běn qū mò

〔褒贬〕中性

〔出处〕《淮南子·要略》:"又恐人之离本就末也,故言道而不言事,则无以与世浮沉,言事而不言道,则无以与化游息。"

〔释义〕趣:通"趋",趋向。丢掉根本,追逐末节。

这是《淮南子》的作者说明写作该书的原则和方法时所创用的一条成语。作者解释说,因害怕人们阅读该书时"离本就末",所以该书既"言事"又"言道"(即既讲理论,又讲实践),是"言事"与"言道"的结合。如果只谈大道而不谈人事,那么就要脱离社会,如果只谈人事而不谈大道,那么就不能和自然融为一体。

本条成语除了用来说明本书的写作原则和方法以外,也为我们进行社会实践提供了重要的方法论。它提醒我们在分析问题和处理事务的时候,首先要识别主要矛盾和次要矛盾,要分清轻重,然后要这个抓住主要矛盾,突出重点,这样,任何复杂的事务都能迎刃而解。反之,如果抓小放大,本末倒置,必然是徒费精力,一事无成。

需要指出的是,本条成语在《淮南子·要略》卷中尚未定型,只是提供了重要的语源,后来人们根据这个语源,发展成"离本而徼""弃本逐末""离本趣末""离本依末"等多条同源成语。如:

〔例句〕1.《汉书·严安传》:"侈而无节,则不可赡,民离本而徼末矣。"

2.《汉书·食货志》:"弃本逐末,耕者不能半,奸邪不可禁,原起于钱。"

3. 汉·徐干《中论·考伪》:"以此毒天下之民,莫不离本趣末,事以伪成。"

4.《晋书·刑法志》:"然而律文烦广,事比众多,离本依末。"

〔近义〕舍本逐末　本末倒置　离本徼末

〔反义〕追本求源　追根求源　追本穷源　追本溯源

【立私于公】 lì sī yú gōng

〔褒贬〕中性

〔出处〕《淮南子·人间训》:"夫事之所以难知者,以其窜端匿迹,立私于公,倚邪于正,而以胜惑人之心者也。"

〔释义〕将私放在公之上。指以公务活动为借口来谋取个人私利。

〔鉴赏〕作者创用此条成语,意在揭露和批判那些假公济私的贪腐行为。这种贪腐因为打着公的旗号,利用公的平台,举着公的保护伞,非常具有隐蔽性和欺骗性,很难加以识别。作者然后又作进一步延伸,认为世界上许多事物都是看似相同,扑朔迷离,难辨难分,因此,我们决不能从表面上来判断,必须要去伪存真,由表及里,抓住事物的本质。作者的落脚点在于提醒人们要努力提高分析和判断能力,谨慎地审察一切。作者的这种认识观不仅在当时,尤其是在今天更具有它的现实意义。以习近平总书记为首的党中央,在反腐工作上已经取得了重大成果,但我们不能就此满足,止步不前,而是要充分认识反腐斗争的艰巨性、复杂性和长期性,要练就一双火眼金睛,能够洞察入微,明察秋毫,决不让腐败分子能够心存妄想,逃匿法外,要彻底铲除腐败的土壤,营造碧海蓝天的社会政治环境。

〔例句〕不管贪腐分子如何窜端匿迹,～,倚邪于正,只要我们真抓实打,善于分析研究,就一定能找到蛛丝马迹,揪出狐狸的尾巴,正所谓道高一尺,魔高一丈。

〔近义〕中饱私囊　假公济私　营私舞弊

〔反义〕大公无私　公而忘私

【厉志竭精】　lì zhì jié jīng

〔褒贬〕褒义

〔出处〕《汉书·梅福传》:"孝武皇帝好忠谏,说至言,出爵不待廉茂,庆赐不须显功,是以天下布衣,各厉志竭精以赴阙廷,自衒鬻者不可胜数。"

〔释义〕厉:古同"励""砺",是指磨炼、激励、振奋的意思。指激励意志,用尽全部力量。一般用于对工作、事业等美好事物的矢志追求。

〔鉴赏〕这是寿春人梅福上书汉成帝劝其纳谏时所创用的一条成语。梅福为了能够说动汉成帝,作了精心的布局和令人折服的雄辩论证。他首先举出了箕子在殷商假装疯癫,但为周武王陈述《洪范》,叔孙通从秦逃归汉,制订礼仪制度的两个典型的反面事例,说明叔孙通不是不忠,箕子不是疏远他的家族而背叛亲属,而是因为他们原先的君主刚愎自用,听不进去良臣规劝造成的。

然后又从正面赞颂了汉高祖以及汉文帝由于善于纳谏,致使天下贤士争相归附为其所用的行为。高祖采纳好的建议唯恐来不及,接受规劝像转圆环那样容易,听取意见不要求他的才能,奖赏功劳不考察他的一贯表现。陈平从逃犯中提拔出来却成为主要谋臣,韩信从军队中提拔出来却立为大将军。所以天下的士人像云彩汇合归于汉,争着奉献各自的特长,不论聪明还是愚钝,都竭尽心智;不论勇士还是怯夫,都有牺牲精神。汇聚天下贤士的智谋,集中天下贤士的威风,因此攻下秦王朝像取鸿毛一样轻巧,攻取楚就像拾起地上的东西一样容易,这就是高祖无敌于天下的原因。

汉文帝从代谷而来继承帝位,没有周公、邵公那样的老师,没有伊尹、吕望那样的辅佐大臣,但是遵循高祖的法规,再加恭行节俭,从而使天下接近升平。由此可知,遵循高祖的法规,国家就治理得很好,不遵循就会造成混乱。

汉武帝喜好忠心直言的规劝,喜好深切中肯的言论,授给官爵不等待荐举,赏赐庆祝不须要出现功劳,所以天下平民出身的士人各自激励意志,竭尽精力,奔赴朝廷自荐的人多得数不清。汉王室得到的贤才,在这时最盛。

梅福在论述听从谏言、广纳贤士的重要性的同时,也创造了"厉志竭精"的成语,在政治思想和语言艺术方面都作出了积极的贡献。(参见"从谏若转圜")

〔例句〕河北机车技师学院校园快讯《励志竭精薪火传承——我校参加全市中等职业学校技能竞赛载誉归来》

〔近义〕殚精竭虑　殚智竭力

〔反义〕无所用心　漫不经心

【廉俭守节】　lián jiǎn shǒu jié

〔褒贬〕褒义

〔出处〕《淮南子·主术训》:"清静无为,则天与之时;廉俭守节,则地生之财。"

〔释义〕指廉洁自守,俭省节约。

〔鉴赏〕崇尚清廉节俭是《淮南子》政治思想的重要内涵,本条成语就是为阐述这一主张而产生的。不过,《淮南子》的廉俭思想是以道家"清静无为,政返于朴"的思想为核心的。作者是这样阐述它们之间的关系的:英明的君主治理天下,国家有受到诛杀的惩罚并不是因为君主的恼怒,朝廷有奖赏活动也不是君主的赏赐,受到诛刑的人不会怨恨国君,因为这是他们罪有应得;受奖赏者也不需要感谢国君,这是由于他们的功劳所致。民众都知道赏罚取决于自身,所以也就会努力去建功立业,而不指望君主的恩赐。所以朝廷人迹稀少,大家都去做自己的事情,开辟出来的荒地都无杂草。最好的统治者,下面的老百姓仅仅知道他的存在并跟从而已;桔槔的立柱直立而不活动,控制着横木杠杆上下运动汲水取物;君主如同立柱庄重静穆而不躁动,百官们就能处理好政事。犹如军队中指挥旗帜的将领,如果乱挥旗帜就会导致场面混乱。所以靠智慧是不足以使天下安宁,也难以使国家转危为安;与其赞誉尧帝而诋毁夏桀,不如现在就收起所谓的聪明而返归到无为而治之道。奉行清静无为,上天都会赐给时运;推行廉俭守节,大地都会生财;君主守朴处愚,办事合乎道德标准,就连圣人也会为他出谋献策的。所以说为人低调,万物都会归附他,态度谦虚,天下也会归他所有。

作者这里对君主的修养提出了三项基本要求:一是"清静无为",二是"廉俭守节",三是"处愚称德"。"清静无为"是君主修养的总原则,是君主修养的最高境界,也是最基本的要求;"廉俭守节"是要求君主通过自身修养来达到廉洁节俭,持守操行,节制欲望;"处愚称德"要求君主去智、绝智,甘为愚者,并衡量自己的品德。但作者并不排斥知识,主张通过学习来提升自身的境界和修养。从今天来看,廉洁、俭省、守节、修身、学习等主张,仍是作者留给我们的宝贵遗产,值得继承和发扬。

〔例句〕尧荣芝《梁孝王文人集团创作与地域环境的关系》:"作品充分体现了晋文化尚贤、尚法、尚功、尚义的特点,以及楚文化'少私寡欲,廉俭守节'的哲学思想。"

〔近义〕俭以养廉　洁己奉公　清廉自守
〔反义〕贪得无厌　穷奢极侈　贪赃枉法

【炼石补天】 liàn shí bǔ tiān

〔褒贬〕褒义

〔出处〕《淮南子·览冥训》:"于是女娲炼五色石以补苍天,断鳌足以立四极。"

〔释义〕炼:将物质用火烧制或加热使之纯净、坚韧、浓缩。古神话说天西北崩,女娲炼五色石补之。比喻施展才能和手段,弥补欠缺。也作"女娲补天"。

〔鉴赏〕见"补天浴日"。

【量粟称金】 liáng sù chēng jīn

〔褒贬〕中性

〔出处〕《淮南子·氾论训》:"今谓强者胜则度地计众,富者利则量粟称金。"

〔释义〕计量粟粮,计算金币。指醉心于积累财富。

〔鉴赏〕见"度地计众"。

【临河羡鱼】 lín hé xiàn yú

〔褒贬〕中性

〔出处〕《淮南子·说林训》:"临河而羡鱼,不若归家织网。"

〔释义〕临:到跟前。羡:希望得到。站在水边想得到鱼,不如回家织网去捕鱼。比喻只想不做,毫无收获。也作"临河羡鱼""临川羡鱼""临渊羡鱼"。

〔鉴赏〕这条成语用一个简单而又朴实的事例,说明了一个深刻的道理:行动成就愿望。有愿望、有理想固然重要,但如果不采取措施,不付出行动,那么这个愿望就会变成失望,理想就是空想。

理想对于人生来说,固然不可缺少。因为"理想是石,敲出星星之火;理想是火,点燃熄灭的灯;理想是灯,照亮夜行的路;理想是路,引你走到黎明。"(流沙河)没有理想,人生很难走远。没有理想,人生也将很难活出精彩。但是,人生要想有所作为,光有理想还是远远不够的。当我们有了理想之后,接下来就要付出艰苦的努力,一次又一次的具体行动,否则的话,我们将一事无成,最终沦为口头上的巨人,实践中的侏儒。正因如此,那些伟大的人物都十分看重行动。革命导师列宁指出:"少说些漂亮话,多做些日常平凡的事情……"化学家童第周要我们记住:"我们的事业,需要的是手,而不是嘴。"爱因斯坦将成功的秘诀写出了一个公式:$A=X+Y+Z$。其中 A 代表成功,X 代表艰苦劳动,Y 代表正确方法,Z 代表少说废话。他还指出:"在一个崇高的目的支持下,不停地工作,即使慢,也一定会获得成功。"

是的,历史上哪一个成功的人士不是经过漫长而又艰苦的劳动才获得成功的?正如天上不会掉下来馅饼一样,天上也绝不会掉下来成功的。居里夫妇经过三年零九个月锲而不舍的工作,终于从上千公斤重的矿渣中提炼出 0.1 克金属镭。曹雪芹用了毕生的经历才写就了世界名著《红楼梦》,中国共产党用了二十多年的浴血奋斗才取得了新民主主义革命的伟大胜利。由此可知,一条朴素而又具体的成语包含了一个多么重要而又深刻的认识论问题。

〔例句〕汉·张衡《归田赋》:"徒临川以羡鱼,俟河清乎未期。"

〔近义〕望梅止渴　画饼充饥

〔反义〕脚踏实地　埋头苦干

【柳下借阴】 liǔ xià jiè yīn

〔褒贬〕中性

〔出处〕《淮南子·人间训》:"武王荫暍人于樾下,左拥而右扇之,而天下怀其德。"

〔释义〕比喻请求别人的庇护。

〔鉴赏〕此条成语来源于周武王给一位中暑之人遮阴扇凉的故事。周武王将一位中暑的人安置在树荫之下,左手抱着他,右手用扇子给他扇凉,这件事使天下人都感念其德并都归顺于他。作者引用这个故事,意在说明圣人做事从小处入手,但却能产生大的影响,能感化安抚远方的人们。作者这种注意身边小事,从点滴做起,对诸事都要敬小慎微,随时随事而求其宜的主张,体现了实用而又不失理想的处世哲学,具有重要的实践价值,值得人们吸取和借鉴。从此条成语的出处可以看出,原意是帮助和庇护别人,后来却用以表示请求别人的帮助和庇护。

〔例句〕1.宋·胡继宗《书言故事·夏》:"求庇于人,曰暍人于柳下借阴耳。"

2.很多犯罪分子收监后到处托人拉关系,企图~,网开一面。执法部门必须铁面无私,严格执法,决不能姑息养奸,使犯罪分子逍遥法外。

〔近义〕蒲鞭之罚　养痈畜疽　一床锦被遮盖　秦庭之哭

〔反义〕自强不息　自力更生

【聋者之歌】 lóng zhě zhī gē

〔褒贬〕中性

〔出处〕《淮南子·原道训》:"夫内不开于中,而强学问者,不入于耳而不着于心,此何以异于聋者之歌也?效人为之而无以自乐也,声出于口则越而散矣。"

〔释义〕聋子听不到歌声,却跟着别人学唱歌,是无法自得其乐的。形容在不了解别人行为意义的情况下去盲目效仿,是达不到行为目的的。

〔鉴赏〕作者认为,那种不是从本性产生学习愿望的人而勉强去学习,所学的东西是不会进入耳中留于心里的。为了说明这个道理,作者创用此条成语进行比喻:这不就像聋子唱歌吗?聋子唱歌只是仿效人而无法自得其乐,歌声一出口便很快就消散了。这个比喻形象生动,说理透彻,有力说明了学习要从内心需要出发才有效果,来自于外界压力而被动学习是无济于事的道理。

作者这里谈的实际上是个学习的动机问题。心理学告诉我们,要想有效地学习,首先必须有一个良好的学习动机。因为动机决定学习者的学习方向,知晓自己为什么而学习,朝着什么方向去努力。同时,动机还可以加强学习者的努力程度。促使学习者积极主动并持之以恒地进行学习,从而能持久地保持旺盛的学习热情,具备充足的学习动力。事实证明,动机水平高的学习者能够长时间维持良好的学习状态。当然,学习动机要健康、纯洁、积极,而作者所说的学习动机则是循"道"向善,这个动机在当时来说,应该是至高无上的,至善至美的。除此之外,这里还讲到了一个学习的方法问题,那就是不能盲目模仿,一定要在充分理解的基础上进行学习,这样的学习才能有实质性的效果。两千多年之前的作者,能注意到培养良好的学习动机问题,实属不易,表现出作者进步的学习观。

〔例句〕很多学生家长不从孩子的兴趣爱好出发,而是盲目跟风,强行让孩子参加各种素质教育辅导班进行学习,其结果不仅加重了孩子们的学习负担,而且也分散了孩子们的注意力,严重影响了孩子们的健康成长,这无异于～,很难达到教育目标。

〔近义〕人云亦云　随声附和　拾人牙慧

〔反义〕独树一帜　标新立异　特立独行

【漏卮难满】 lòu zhī nán mǎn

〔褒贬〕中性

〔出处〕《淮南子·氾论训》:"今夫雷水足以溢壶榼,而江河不能实漏卮。故人心犹是也。"

〔释义〕卮:古代盛酒的器皿。渗漏的酒器难于盛满。比喻没有满足感。

〔鉴赏〕这条成语是作者劝导人们节欲时所创用的。作者首先列举了生活中的一个常见的悖逆现象:事情有时就是这样,你本想得到它,但恰恰因此而失去了它;有时你想避开它,但恰恰因此而碰到了它。然后作者概括地向我们讲述了两个故事:一个是楚人跳江的故事。说楚国有个人在乘船过江时遇上了大风,为了避开劈头打来的浪头竟自己跳入了江中。作者分析说:他并不是不怕死,而是因为怕死而一时昏了头,反而忘了怎样活命。另一个是齐人偷金的故事。说有个齐国人偷金子,在街市正繁华热闹的时候,看到金子拿着就走,被捉住后问他:"你怎么敢在集市里偷金子?"那人回答说:"我没看到人,只看到金子。"这正是满脑子里都在想东西的时候,竟忘了自己的所作所为。举例之后,作者水到渠成地阐述了对于情感和欲望的态度:所以圣人是明察动与静的变化,恰如其分地掌握接受和给予的分寸,理顺爱与憎的情感,调整好喜与怒的限度。如果动静得当,祸患就不会降临;接受和给予适度,罪孽就不会拖累你;理顺爱与憎,忧虑就不会产生;喜怒节制,怨恨就不会侵犯。所以通达于道的人,是不随便捞取好处的,也不会无故推辞应得的福禄;自己该有的不放弃,不该有的不索取;这样永远充实而不溢出,恒常虚空而易满足。如果有满足感,就是屋檐漏下的水也能装满盆盂酒壶;如果没有满足感,就是有江河之水也难以装满渗漏的酒杯。人心就是这样。然后,作者提出人要自觉地用道术来作为衡量的标准,即只要吃饱穿暖就足以怡养你的七尺之躯了;反过来说,你如不用道术来衡量、检束自己,那么即使给你万乘之国也会嫌不够尊贵;即使给你天下所有的财富,你也不会感到高兴。孙叔敖三次失去令尹的官职而没有忧伤的神色,这是因为爵禄不能拖累他;楚国的佽非在两蛟龙挟持缠绕他所坐的船的危急情况下,神志不动摇,这是因为怪物不能吓倒他。所以圣人是心志平静,精神内守,外物不能惑乱他的神志。

作者这里列举了丰富的事例,恳切地劝导人们要有满足感,要心志平易,精神内守,不为功名利禄所诱惑,不刻意追求、索取那些不属于你的东西,这样也就能避免出现当要获取之际,恰恰又是受伤害之时的情况。本条成语用比喻的修辞方法,形象而又深刻地说明和支撑了这一思想。

从本条成语的出处可以看出,《淮南子》已经具备了该成语的基本语素,唐人经过剪辑加工使之定型。

〔例句〕1.《旧唐书·列传》:"殊不知漏卮难满,小器易盈,曾无报国之心,但作危邦之计,四居极位,一无可称。"

2.唐·祖君彦《为李密檄洛州文》:"而科税繁猥,不知纪极;猛火屡烧,漏卮难满。"

〔近义〕欲壑难填　贪得无厌　贪心不足　唯利是图　蛇欲吞象

〔反义〕安分知足　知足常乐　随遇而安　安时处顺　怡然自得

【卤水点豆腐,一物降一物】　lǔ shuǐ diǎn dòu fu, yī wù xiáng yī wù

〔褒贬〕中性

〔出处〕寿县俗语。

〔释义〕石膏:单斜晶系矿物,是主要化学成分为硫酸钙的水合物,广泛用于工业材料和建筑材料。用石膏点成豆腐,比喻宇宙万物相生相克,生生不息,有一种事物,就会有另一种事物来制服它。

〔鉴赏〕淮南王刘安迷信神仙方术,他除了著书立说,还和"八公"等人在淮南国都寿春的北山上筑起火炉,炼制长生不老药。长生不老药虽然没有炼制成功,但却意外发明了豆腐。由于《淮南子》外篇、《淮南万毕术》等典籍的遗失,刘安创制豆腐难以找到直接的证据,但在其他文献以及实证资料中,能够得到肯定。

可以查证的最早的文献史料是南朝萧梁(502—557年)人谢绰。他在《宋拾遗录》中记载:"豆腐之术,三代前后未闻。此物至汉淮南王始传其术于世。"

南宋大理学家朱熹有八首素食诗,其中一首是讲淮南王刘安发明豆腐的:

种豆豆苗稀,力竭心已腐;

早知淮南术,安坐获泉布。

朱熹还为此加了自注:"世传豆腐本为淮南王术。"

元朝吴瑞的《日用本草》也云:"豆腐之法,始于汉淮南王刘安。"

明代以后,关于豆腐的记载逐渐增多,其中李时珍《本草纲目》的记载最有影响。该书曾引用淮南王及门客著述的《淮南子》《淮南万毕术》《淮南八公山相鹤经》《三十六水法》等著作,在该书二十五卷《谷部》中,对豆腐的发明者、原料、制法、类型、味道、豆腐皮及其药性等内容进行了最为完整的记述:

"豆腐之法,始于汉淮南王刘安。凡黑豆、黄豆及白豆、泥豆、豌豆、绿豆之类,皆可为之。造法:水浸皑碎,滤去滓,煎成,以盐卤汁或山矾叶或酸浆、醋淀就釜收之。又有人缸内,以石膏末收者。大抵得咸、苦、酸、辛之物,皆可收敛尔。其面上凝结者,揭取晾干,名豆腐皮,入馔甚佳也。味甘、咸、寒,有小毒。"

叶子奇《草木子·杂制篇》载:"豆腐始于汉淮南王刘安,方士之术也。"陈炜《山椒戏笔》中云:"豆腐始自淮南王。"陈继儒的《群碎录》也载:"豆腐,淮南王刘安所作。"

明、清之际的思想家方以智在其《物性志》中说:"豆以为腐,传自淮南王。以豆为乳,脂为酥。"

清初钱塘人高士奇《天禄识余》卷上载:"豆腐,淮南王刘安造。"清代江苏巡抚梁章钜《归田琐记》中说:"豆腐……相传为淮南王刘安所造。"清嘉庆李兆洛为凤台县令时所修《凤台县志·食货志》云:"屑豆腐,推珍珠泉所造为佳品。俗谓豆腐创于淮南王,此盖其始作之所。"

从以上所引各代文献资料来看,古人无不认为豆腐的发明者是汉代淮南王刘安,再加上大量的地方传说和事物印证,豆腐源于刘安等人的炼丹所获是基本可信的,俗语"卤水点豆腐,一物降一物"由此而来。

卤水点豆腐分为盐卤点卤和石膏点卤两种,盐卤的主要成分是氯化镁,石膏的主要成分是硫酸钙。其具体做法是:先把黄豆浸在水里,泡胀变软后,磨成豆浆,再滤去豆渣,然后煮开,形成了"胶体"溶液。要使胶体溶液变成豆腐,必须点卤。如果用盐卤点卤,则是将卤盐水熬盐后,剩下的黑色液体即为盐卤。将卤盐倒入豆浆里,并用勺子轻轻搅匀,不久之后,豆浆就会凝结成豆腐花,在豆腐花凝结后约15分钟,用勺子轻轻舀进已铺好包布的容器里,盛满后,用包布将豆腐花包起,盖上木板,压10~20分钟,即成豆腐。如果是用石膏点卤,则是先将石膏焙烧并碾成粉末,加水调成石膏浆,倒入豆浆里,后面的做法与前者相同。

"卤水点豆腐"是寿县人民对全国乃至世界饮食业的一大贡献,它极大地丰富了人们的物质文化生活,实在是功不可没。而由此产生的本条俗语,则是具体形象、通俗易懂地说明了世间万物相克相生的道理,具有极高的思想价值。

〔例句〕1.清·曹雪芹《红楼梦》:"王夫人听见,大发雷霆,金钏儿跳了井,宝玉挨了打,贾政挨了骂。这真是:'卤水点豆腐,一物降一物。'"

2.刘浩鹏等《洪武剑侠图》:"田齐思索片刻,计上心来。他忙把死鹰撕开,把鹰血抹了自己一脸,跑到大笼子前就喊叫起来,这真是卤水点豆腐,一物降一物。五只猴子见田齐满脸是血,立时就吓得龟缩到一块了。"

该俗语前后句顺序还可以调换。如:

3.刘兰芳等《岳飞传》五八回:"这叫一物降一物,卤水点豆腐。连环马再厉害,见着钩镰枪拐子队,立刻成了废物。"

该俗语也可省略为"一物降一物"。如:

4.明·吴承恩《西游记》五一回:"许旌阳道:'此一时,彼一时,大不同也。常言道:一物降一物哩。'"

〔近义〕獾子怕山猫　狐狸精怕张天师

〔反义〕天下无敌　所向无敌

【鲁阳挥戈】　lǔ yáng huī gē

见"挥戈返日"。

【禄厚慎取】　lù hòu shèn qǔ

〔褒贬〕褒义

〔出处〕《说苑·敬慎》:"孙叔敖再拜曰:'敬受命,愿闻余教。'父曰:'位已高意益下,官益大而心益小,禄已厚而慎不敢取。君谨守此三者,足以治楚矣!'孙叔敖对曰:'甚善,谨记之。'"

〔释义〕俸禄越丰厚,越不能索取别人的财物。

〔鉴赏〕司马迁在《史记·货殖列传》中说:"故曰:'天下熙熙,皆为利来;天下壤壤,皆为利往。'夫千乘之王,万家之侯,百室之君,尚犹患贫,而况匹夫编户之民乎!"俗语也云:无利不起早。追逐财富永远是人们的本性。为了生存,为了过上富裕安康的生活而获取财物那是必要的,但若超出这种基本的、必要的生活保障而去无止境地追求财富,以满足自己和家人奢靡的生活,甚至是为了满足对物质财富的占有欲,那就是拜金主义者,是违反人类生存意义和法则的狂热行为。这种行为如果是在遵守社会公共法则的情况下进行的,我们至多也只能摇头嗟叹其不明智,但若是在破坏社会公共秩序和法则之下产生的行为,那就是人神共愤,天理难容的犯罪行为。对于为政者来说,地位越高,权力就越大,权力越大,他所获得的俸禄也就越多,也就更容易养成骄奢淫逸的生活习气和对物质财富的贪欲,同时由于位高权重,也就有更多的机会和条件来捞取金钱财富,稍有不慎,将会陷入贪腐的泥坑而不能自拔。值得我们敬佩的是,孙叔敖在权利面前能够保持清醒的头脑,以非凡的定力抵挡住了物质财富的诱惑,轻车简从、粗衣淡饭,艰苦朴素,不仅能保持自身的清正廉洁,不贪不占,持廉至死,而且还能用自己的俸禄周济贫寒、施惠于民,体现了他做官为民和厚施博爱的无私精神,使民众不仅不像对一般的高官厚禄那样去怨恨他,反而对他充满了崇敬和爱戴,以致代代称颂。

"禄厚慎取"是廉政建设的重要素材,在此影响和教育下,出现了一代又一代清官,为中国历朝历代的政治生态环境的改善发挥了重要的作用。在我们今天全面推进建设社会主义小康社会的伟大进程中,"禄厚慎取"的为官之道仍然并且更加需要我们去学习和借鉴,因为随着社会的发展,物质生活水平的大幅度提高,享乐主义和对金钱财富的占有欲会更加强烈,抗拒物欲诱惑的任务会更加艰巨。同时,又由于我们的小康是人民的小康,人人致富、共同发展是我们根本的建设宗旨和目标,那种资本主义社会的一人致富万人穷的现象决不允许在我们社会主义的国度里存在,更不能容忍利用职务之便捞取物质财富的贪腐行为的发生。为此,一方面我们要加强对领导干部的廉政建设教育,使各级领导干部,尤其是手握重权的领导干部,要自觉地慎取拒贪,自我净化,自我完善。另一方面,正如习总书记所指出的那样,要形成不敢腐败的惩戒机制、不能腐败的防范机制、不易腐败的保障机制,保证领导干部做到位高不擅权、权重不谋私。习近平关于廉政建设的思想博大精深,视野开阔,思想深邃,是对孙叔敖"禄厚慎取"的利益观的发扬光大,对于深入推进党风廉政建设和反腐败斗争,保证全面深化改革的顺利进行,实现中华民族伟大复兴的中国梦,具有重大而深远的意义。

需要指出的是,本条成语目前尚未被各种成语词典所收录,但由于它精深的思想,重要的现实意义,规范的成语格式,所以这里予以推荐,相信随着使用者的增多,会逐渐被成语大家族所接受。

〔例句〕一切领导干部都应该以孙叔敖为榜样,~,这既是党和人民的需要,也是自身安全和幸福的保障。

〔近义〕摆袖却金　洁己从公　两袖清风

〔反义〕巧取豪夺　贪得无厌　招权纳赂

【露水没种子,卯天没本子】　lù shuǐ méi zhǒng zi,mǎo tiān méi běn zi

〔褒贬〕褒义

〔出处〕寿县民间传说。

〔释义〕意思是临时编讲故事,不需要脚本。指善于讲故事。

〔鉴赏〕这是在寿县相传很久的一个故事。据说南部张村曾住过百来户人家,他们都是地主张百万的佃户。其中有个后生叫张卯天,虽然没上过学,但他聪明过人,性格开朗,诙谐幽默,善于用故事来讽刺地主。地主恼羞成怒,限期让张卯天交出故事本子,否则就要收回出租给张卯天的土地,将其一家赶出张家村。这下可急坏了张卯天,因为他知道自己所讲的这些故事都是临时发挥,现编现讲的,哪来什么本子?张百万心狠手辣,说到做到,交不出本子,全家将无以为生。他越想越害怕,晚上回家不吃不喝不洗不脱衣,倒上床蒙头便睡,妻子反复询问才知真相。妻子笑着安慰他说:"我以为好大事咧,这事不难,交给我办好了!"

卯天疑惑地问妻子:

"交给你办?你从哪里弄来本子?"

"这你别管,明天早晨你只管睡觉,我不喊你,你千万别起床,一切包在我身上。"

卯天将信将疑,但也只能依计而行。第二天一早,张百万带着两个家丁一摇一摆地来到卯天家,进门就嚷:

"张卯天呢?"

卯天妻子笑盈盈地回答:

"老东家这么早就找卯天,有什么事吗?"

"我找张卯天要本子!"

"卯天天不亮就出门到地里去了,等他回来就把本子送给你。"

"天不亮到地里干啥?"

"他到地里去收露水种子去了。"

"胡说!露水哪来种子?"

"对呀,老东家!露水没有种子,卯天哪有本子?"

地主无话,只好带着家丁悻悻地走了。这个故事不仅反映了张卯天的风趣幽默、出口成章的高超的语言达能力,也体现了卯天的妻子灵活机智、举重若轻、镇定自若的处事能力。从逻辑的角度来看,卯天妻子看似开玩笑的一句话却包含了深刻而又雄辩的逻辑力量。

一是隐含了充足理由律,也就是说,并非讲故事都是照本宣科的,正真善于讲故事的人往往是不需要本子的,张财主硬说张卯天的故事有本子是不符合事实的。

二是隐含了类比推理,即:卯天的故事有本子与露水有种子的情况是相似的(都是无中生有),如果卯天有本子,那么露水就有种子。

三是隐含了归谬法和反证法,即:如果卯天有本子,那么露水就有种子。露水不可能有种子,那么卯天就不可能有本子。

这个典故充分显示了寿县劳动人民的聪明才智。

〔例句〕~,真正的故事高手讲故事一般都是取自生活中的鲜活材料,很少照本宣科。

〔近义〕出口成章　随机应变

〔反义〕照本宣科　生搬硬套

【罗之一目】　luó zhī yī mù

〔褒贬〕中性

〔出处〕《淮南子·说山训》:"有鸟将来,张罗而待之,得鸟者,罗之一目也;今为一目之罗,则无时得鸟矣。"

〔释义〕网中的一个眼。比喻局部只有在整体中才能起其作用。

〔鉴赏〕这条成语来源于一则寓言故事。从前有一个人估计会有鸟飞来,便张网以待,果然捕有所获。这件事被另外一个人看到了,这个人通过在旁观察发现,被捕的鸟每只只钻一个网眼,心想既然如此,那其他网眼不都是多余的吗?何必要结那么多网眼呢?于是他回家便剪断长绳做成一个个圈圈,别人问他作什么用,他笑而不答,庆幸自己有所发现,于是就找了一个没人的地方安好这一洞之网,结果没有一次捕上鸟。这个寓言揭示了部分和整体的关系,部分只有在整体中才能发挥作用,脱离了整体,部分便不起任何作用。反之,如果缺少局部的存在,整体也就荡然无存。

〔例句〕隋·智𫖮《摩诃止观》卷五:"一目之罗,不能得鸟,得鸟者罗之一目耳。"

〔近义〕沧海一粟　沧海一鳞　冰山一角　九牛一毛

〔反义〕天网恢恢　一网打尽　多如牛毛

M

【马氂截玉】 mǎ máo jié yù

〔褒贬〕褒义

〔出处〕《淮南子·说山训》:"两坚不能相和,两强不能引服。故梧桐断角,马氂截玉。"又"割而舍之,镆邪不断肉;执而不释,马牦截玉。"

〔释义〕氂:马尾。木质疏松的梧桐树可以击断兽角,纤细的马尾可以截断玉石。比喻柔能胜刚,相反相成。也比喻力量虽弱小,但只要坚持不懈,就能取得成功。

〔鉴赏〕作者创用本条成语,主要揭示柔能克刚、相反相成的道理。在作者看来,"同不可相治,必待异而后成"。比如"厉利剑者必以柔抵,击钟磬者必以濡木,毂强必以弱辐。"(厉:同"砺",磨砺。抵:同"砥",细的磨刀石。濡:柔弱。磨砺利剑一定要用细软的磨刀石,敲击钟磬一定要用柔软的木棒,车毂坚硬一定要用柔软的辐条。)同样,"梧桐断角,马牦截玉"。所以是"两坚不能相和,两强不能相服"。由此可知,本条成语具有重要的方法论意义,它告诉我们做事要避免硬碰硬,不能搞鱼死网破,而是要避实击虚,迂回包抄,曲线挺进,以小胜大,以柔克刚。正如诸葛亮《将苑》所说:"善将者,其刚不可折,其柔不可卷,故以弱制强,以柔制刚。"

当然,以柔克刚、以弱胜强是有条件的,那就是要"执而不释",即坚持不懈,持之以恒,矢志不渝。从这一方面来讲,本条成语又与"水滴石穿"同义。

〔例句〕~,水滴石穿,只要用心专一,坚持不懈,就有希望达到目的,成就伟大的事业。

〔近义〕水滴石穿　绳锯木断　磨杵成针　梧桐断角　以柔克刚

〔反义〕一曝十寒　有始无终　三天打鱼,两天晒网　刚强不屈

【马去马归】 mǎ qù mǎ guī

见"塞翁失马"。

【盲者得镜】 máng zhě dé jìng

〔褒贬〕中性

〔出处〕《淮南子·人间训》:"夫戟者所以攻城也,镜者所以照形也。宫人得戟则以刈葵,盲者得镜则以盖卮;不知所施之也。"

〔释义〕卮:音 zhī,中国古代盛酒的器皿。盲人得到镜子,只会拿它当酒壶盖子使用。形容事物不能发挥正常作用。也比喻埋没人才。

〔鉴赏〕戟是用来攻城的,镜是用来照人的。但宫中太监得到戟,就只会用它来割葵菜;盲人拿到镜,就只会用它当酒壶盖,这是因为他们不知道戟和镜的用途。作者创用此条成语,绝非为了调侃,而是用来说明一个重要的道理,即同样的人、事、物,其名声、命运却截然不同,造成这种不同的结果,不在于他们自身,而在于社会的习俗、时势、世道所使然。这条成语使我们更加充分地认识到,环境对人、事、物的巨大反作用。

〔例句〕如果我们只是拥有知识而不知道如何运用知识去解决实际问题,就如~,得无所益。

〔近义〕宫人得戟

〔反义〕如虎添翼

【茂木丰草】 mào mù fēng cǎo

〔褒贬〕中性

〔出处〕《淮南子·泰族训》:"茂木丰草,有时而落;物有隆杀,不得自若。"

〔释义〕繁茂的树木,丰盛的青草。

〔鉴赏〕作者创用该条成语,用来阐述圣人能革故鼎新、兴利除弊。作者指出,世间一切事物没有只张不弛、只成不毁的,任何事物发展到极点就会走向反面、盈满了就会有亏损。五光十色虽然明亮,但时间一长就要消退;茂盛的草木,到一定的季节就要凋零,不可能只是一种状态。唯有圣人的事业能够长盛不衰、盈满不亏。圣人的事业之所以能所以够长盛不衰,是因为圣人能顺应时势,革弊鼎新,不断调整天地社会之气氛。这并不是他们喜欢改变古制和常规,而是因为时世变了,只有通过改革才能挽救破败,振兴衰落,革除淫邪,纠正错误,使万事万物在适宜的生存环境下得以发展。作者站在唯物论和辩证法的立场上来分析和总结自然和人类社会的发展规律,反映了作者与时俱进的思想和积极进步的发展观。

〔例句〕汉·刘向《说苑·丛谈》:"五采耀眼,有时而渝;茂木丰草,有时而落。"

〔近义〕丰草长林　郁郁葱葱　枝繁叶茂　郁郁芊芊　草木葱茏

〔反义〕枯枝败叶　草木黄落　草木凋零

【美酒嘉肴】　měi jiǔ jiā yáo

〔褒贬〕中性

〔出处〕《淮南子·诠言训》:"今有美酒嘉肴以相飨,卑体婉辞以接之,欲以合欢,争盈爵之间,反生斗。斗而相伤,三族结怨,反其所憎,此酒之败也。"

〔释义〕味道醇美的好酒,精美的菜肴。形容十分丰盛的宴席。

〔鉴赏〕这一成语的语源最早可以追溯到《诗·小雅·正月》:"彼有旨酒,又有嘉殽。"这里的"旨酒"是指美酒,"殽"古同"肴"。《礼记·投壶》将"旨酒"与"嘉肴"连成一个词组:"子有旨酒嘉肴,某既赐矣,又重以乐,敢辞。"本条成语至此已初步形成。本卷将"旨"改为"美",使本条成语得以定型。今多作"美酒佳肴"。

本卷改用本条成语,主要用以说明"质""量""度"三者的辩证关系。

比如,作者所说的"今有美酒嘉肴以相飨,卑体婉辞以接之,欲以合欢,争盈爵之间,反生斗。斗而相伤,三族结怨,反其所憎,此酒之败也"之悲剧,正是因为失"度"而酿成的。准备好美酒佳肴宴请宾客,以卑恭的态度和委婉的言辞接待客人,想以此来交结朋友欢聚一场,这本来是人生乐事,但因为相互攀酒而发生了争执,并打斗起来造成伤害,为此双方族人结下仇怨、变成仇人,出现了原本不想见到的局面。这就是因为劝酒、攀酒、缠酒而导致酗酒,超越了饮酒应有的"度"的限制,最终由喜转悲。难能可贵的是,作者不仅揭示了"质""量""度"三者相互制约的关系,而且还指出了解决的办法,那就是要谨慎地对待量的积累,掌握好尺度,这样就可万无一失。

〔例句〕1.明·凌濛初《二刻拍案惊奇》第十九卷:"是日同衙门官摆着公会筵席,特贺到任,美酒嘉肴,珍羞百味。"

2.清·曹雪芹《红楼梦》第一回:"须臾茶毕,早已设下杯盘,那美酒佳肴,自不必说。"

3.清·吴趼人《九命奇冤》第七回:"下余二十两,置办肥肉大鱼,美酒佳肴,叙饮庆功。"

4.王朔《玩儿的就是心跳》:"一向就喜欢在有美酒佳肴漂亮女人享受设施齐全的东南沿海城市混。"

〔近义〕山珍海味　佳肴美馔　锦衣玉食　美味佳肴

〔反义〕粗茶淡饭　家常便饭　布衣蔬食　粗衣粝食　粗衣恶食

【美珠不文】 měi zhū bù wén

〔褒贬〕中性

〔出处〕《淮南子·说林训》:"白玉不琢,美珠不文,质有余也。"

〔释义〕美丽的珍珠无须文饰。

〔鉴赏〕见"白玉不琢"。

【门里人】 mén lǐ rén

〔褒贬〕贬义

〔出处〕《史记·春申君列传》:"春申君入棘门,园死士侠刺春申君,斩其头,投之棘门外。"

〔释义〕门:指棘门,古代宫门插戟,故称宫门为棘门。棘:通"戟"。这里特指当年楚国的宫门,今寿县城南门内。全条成语指藏在棘门内刺杀春申君的刺客。

〔鉴赏〕公元前241年,楚考烈王接受相国黄歇(春申君)的建议,把都城迁到寿春。黄歇为相期间,施仁政,重农商,政绩卓著,深得考烈王的信赖。但考烈王没有儿子,黄歇为王位继承人问题日夜操心,苦无结果。

此时,黄歇门下舍人李园,为了巴结主人,把自己的妹妹献给了黄歇,不久,李氏怀孕在身。此时,李园又怂恿其妹诱劝黄歇将自己献给楚王,黄歇听信此言,将李氏献给了考烈王,不久李氏果然生得一子,楚王十分高兴,宣布立为太子,就是后来的楚幽王。李园阴谋得逞,摇身一变成为国舅爷,此时,李园害怕日后阴谋败露,便暗中策划刺杀黄歇以灭口。李园的阴谋早就被黄歇的另一门人朱英看穿,朱英劝黄歇安排自己担任郎中,借机除掉李园。但黄歇没有采纳朱英的建议,十七天之后,楚考烈王死,黄歇前去吊唁进入棘门时,被李园豢养的刺客从两侧夹住刺杀了黄歇,头被斩下,扔到棘门外边,连黄歇家族也被李园抄斩。寿县人民为了不忘这血的教训,在黄歇遭刺的地方,嵌上石刻刺客像——"门里人"。以此警示后人,对身边小人一定要善于识别,高度警惕,绝不能给其可乘之机。

〔例句〕作为寿县八景之一的石刻"~",以血的教训昭示游人要谨防小人。

【糜沸蚁动】 mí fèi yǐ dòng

〔褒贬〕中性

〔出处〕《淮志子·兵略训》:"攻城略地,莫不降下,天下为之糜沸蚁动,云彻席卷。"

〔释义〕糜:通"糜",粥。像在锅里沸腾的粥,像窝里骚动不已的蚂蚁。比喻纷乱扰攘。用来形容局势动乱,人心骚动不安。亦作"糜沸蚁聚"。

〔鉴赏〕见"云彻席卷"。

【面如死灰】 miàn rú sǐ huī

〔褒贬〕中性

〔出处〕《淮南子·修务训》:"昼吟宵哭,面若死灰,颜色霉墨,涕液交集。"

〔释义〕死灰:冷却的灰烬。形容因心情沮丧或受到惊吓而脸色灰白。

〔鉴赏〕作者创造此条成语,用来形容楚国重臣申包胥在秦廷的情形。在楚国面临被吴军即将被攻破的危难之际,申包胥赤脚上路,远涉千山万水,辗转来到秦廷,通过痛哭流涕、凄入肝脾、哀感顽艳的方式,终于打动了秦哀公,使他派兵帮助楚国打败了吴军,从而立了存国之功。作者的用意是要通过这个史实来证明"名可务立,功可强成"的论断。有理有据,令人信服,具有极强的教育意义。

〔例句〕二月河《康熙大帝》二十五:"听了明珠这番话,徐干学和余国柱像被雷击了似的僵立在地,面如死灰。"

〔近义〕面如土色　面无人色　面如槁木

〔反义〕面不改色　面色红润　面如傅粉　满面春风

【名可务立】 míng kě wù lì

〔褒贬〕褒义

〔出处〕《淮南子·修务训》:"名可务立,功可强成,故君子积志委正,以趣明师。"

〔释义〕务:追求。名誉可以通过努力追求而获得。

〔鉴赏〕作者在本卷给我们讲了这样一个故事,说春秋时期,鲁国有一个叫南荣畴的人,为自己一心信奉的圣人之道却偏偏衰亡在自己生活的时代而感到羞耻,于是就带着一大堆问题,餐风饮露,跋山涉水,披荆斩棘,脚穿草鞋奔走,脚上磨出厚厚的老茧也不敢休息,千里迢迢地来到了南方拜见老子,接受老子的一席教诲,精神豁然开朗,茅塞顿开,高兴得就像饿了很久突然得到一顿大餐一样。从此以后,他的思想光辉照耀四海,名誉流传后世,豁达得能容下天地,锐利得能明察秋毫。称颂南荣畴的美言,一直没有停止过。本文作者讲述这个故事,意在证明"名可务立"的结论。有理有据,令人信服,给人以鼓舞。

〔例句〕～,只要我们肯于奋斗,善于奋斗,就很有希望成名成家,载誉青史。

〔近义〕功可强成　天下无难事,只怕有心人　有志者事竟成　梅花香自苦寒来　名垂青史

〔反义〕劳而无功　浑浑噩噩　无所事事

【明月入怀】 míng yuè rù huái

〔褒贬〕褒义

〔出处〕《代淮南王》:"朱城九门门九闺,愿逐明月入君怀。"

〔鉴赏〕南朝的宋代时期,有一位诗人叫鲍照,他出身寒微,年轻时曾事农耕。在门阀等级森严的当时,鲍照纵有满腹才学,靠正常的路径进入官场很难。但他不甘平庸,迫切希望凭借自己的才智,在上层社会找到一席之地。鲍照得知临川王刘义庆喜爱文学,便怀揣诗文想去碰碰运气。《代淮南王》就是他给刘义庆的干谒诗。鲍照以淮南王刘安暗指好道重情的临川王刘义庆。刘义庆心领神会,对其作品爱不释手,对鲍照毛遂自荐的胆识也颇为赞许。刘义庆赐鲍照帛二十匹,并给了他一个国侍郎的官职,不久又提拔他为秣陵县令。鲍照就这样颇为顺利地步入了官场。下面我们来看看《代淮南王》的全诗内容:

淮南王,好长生,服食炼气读仙经。琉璃作盌牙作盘,金鼎玉匕合神丹。合神丹,戏紫房,紫房彩女弄明珰,鸾歌凤舞断君肠。

朱城九门门九闺,愿逐明月入君怀。入君怀,结君佩,怨君恨君恃君爱。筑城思坚剑思利,同盛同衰莫相弃。

诗的上阙主要描写了淮南王追求长生不老、沉湎于炼丹求仙的习性以及炼丹用具之豪华、与宫廷宠幸服食丹药的场景。一方面写出了刘安想长生不老,不食人间烟火,另一方面又写出了他对"鸾歌凤舞"的尘世生活的不舍。下阙主要写紫房彩女希望与淮南王相亲相守,不离不弃,抒发了他们之间浓郁的亲昵和思念之情。

鲍照不仅给淮南王刘安赠送了一首凄美的诗篇,同时也为后人留下了颇有意境的"明月入怀"这样一条成语。很明显,这条成语的本意是指宫女怨旷的。

东晋王羲之的书法笔力雄劲,技艺炉火纯青,自成一家,影响深远。尤其是他的《兰亭序》,洋洋洒洒,一气呵成,精妙绝伦,为历代书法家所推崇,被誉为冠绝古今的"天下第一行书"和"神品",唐人李嗣真称王羲之的草书是"草行杂体,如清风出袖,明月入怀",堪称绝妙的比喻。后来人们便用"清风出袖,明月入怀"来赞美书法清丽、疏朗、隽秀的神韵。也用来形容远离尘嚣的归隐生活。

〖例句〗1.宋·贺铸《掩萧斋》:"落日逢迎朱雀街,共乘青舫度秦淮。笑拈飞絮罥金钗,洞户华灯归别馆。碧梧红药掩萧斋,愿随明月入君怀。"

也有人用来形容人的心胸开朗,高风亮节,襟怀坦荡,淡泊名利。如:

2.清·袁枚《与胡书巢书》:"香亭佐刘太守于徐州,见之者都有明月入怀、清风投座之意。"

东汉末年,吴国将军孙坚的夫人吴氏梦见月亮进入她的怀中,不久后便怀孕生下孙策。后来她又梦见太阳钻入她的怀中,怀孕后就告诉孙坚说:"以前我怀孙策时梦见月亮入怀,现在又梦到太阳入怀,会怎样呢?"孙坚说这是帝王出世的预兆。后来人们就用"明月入怀"或"日月入怀"来代指怀孕生子。如:

3.清·钱谦益《三叠韵答孟阳慰余哭子作》:"老觉繁霜侵鬓早,愁看明月入怀迟。"

〖近义〗日月入怀　明月入抱　挂冠而去　襟怀坦白　光明磊落　淡泊明志　身怀六甲

〖反义〗老骥伏枥　口蜜腹剑　卑鄙无耻　卑鄙龌龊　花多子少

【漠然不动】 mò rán bù dòng

〖褒贬〗中性

〖出处〗《淮南子·修务训》:"无为者,寂然无声,漠然不动,引之不来,推之不往。"

〖释义〗漠然:冷淡的样子。形容对人或事态度冷淡,毫不动心。

〖鉴赏〗见"寂然无声"。

〖例句〗1.清·文康《儿女英雄传》第十二回:"这却也难怪你,父子天性,你岂有漠然不动的理。"

2.瞿秋白《饿乡纪程》:"然而他们下等社会静止的生活却依旧漠然不动,即使稍受同化,却又是俄国式乡下人的污糟生活。"

〖近义〗置若罔闻　束之高阁　置之不理　漠不关心　不屑一顾　无动于衷

〖反义〗怦然心动　感人肺腑　激动不已　金石为开　百感交集　情不自禁

【墨突不黔】 mò tū bù qián

〔褒贬〕褒义

〔出处〕《淮南子·修务训》:"若以布衣徒步之人观之,则伊尹负鼎而干汤,吕望鼓刀而入周,百里奚转鬻,管仲束缚,孔子无黔突,墨子无暖席。"

〔释义〕黔:黑色,这里指熏黑。突:烟囱。孔子、墨子为了推行自己的主张,四处周游,每到一处,灶突还没有熏黑,坐席还未焐热,就匆匆离开前往别处了。形容事情繁忙,东奔西走,无暇休息。也比喻人来去匆匆。

〔鉴赏〕作者创用此语,是为了颂扬那些为民谋利除害的圣人和君王。作者认为那些圣人大多出身平民百姓,如伊尹曾以烹调技术取得商汤的重用,吕望由操刀屠牛入仕周朝,百里奚曾多次被转卖为奴,管仲曾被捆绑拘捕过,孔子长年周游列国,墨子四处奔走。他们不怕山高河宽,甘愿吃苦,蒙受耻辱来谋得君王的信用,他们这样辛苦并不是为了追逐个人的名利,而是为了天下百姓的安危冷暖。那些圣王明君为了天下百姓的利益也是吃尽苦头。正如古书所说:"神农憔悴,尧帝清瘦,舜帝脏黑,而禹王手足长茧。"作者由此得出结论:圣人君王为了给老百姓谋福都是十分辛苦劳累,想不吃苦劳神就能将事情办好,欲望得到满足,那是不可能的。作者用来概括圣人君王为百姓的利益而不辞劳苦的这条成语,将永远激励着一代又一代的英雄豪杰和有识之士为人民的利益而鞠躬尽瘁,浴血奋斗。2013年1月5日,习近平总书记在新进中央委员会的委员、候补委员学习贯彻党的十八大精神研讨班开班式上的讲话中指出:"衡量一名共产党员、一名领导干部是否具有共产主义远大理想,是有客观标准的,那就要看他能否坚持全心全意为人民服务的根本宗旨,能否吃苦在前、享受在后,能否勤奋工作、廉洁奉公,能否为理想而奋不顾身去拼搏、去奋斗、去献出自己的全部精力乃至生命。一切迷惘迟疑的观点,一切及时行乐的思想,一切贪图私利的行为,一切无所作为的作风,都是与此格格不入的。"习总书记关于"衡量一名共产党员、一名领导干部是否具有共产主义远大理想"的客观标准正是"黔突暖席"精神在当今社会的发扬和光大。

〔**例句**〕汉·班固《答宾戏》:"是以圣哲之治,栖栖遑遑,孔席不暖,墨突不黔。"

〔**近义**〕席不暇暖　一沐三捉　一馈十起　枵腹从公　废寝忘食

〔**反义**〕饱食终日　荒淫无度　吃喝玩乐　醉生梦死

【墨子泣丝】　mò zǐ qì sī

〔**褒贬**〕中性

〔**出处**〕《淮南子·说林训》:"墨子见练丝而泣之,为其可以黄可以黑。"

〔**释义**〕洁白的练丝可以染成黄色,也可以染成黑色。比喻人变好变坏,环境的影响关系很大。

〔**鉴赏**〕墨子去了染布坊,看到了雪白的丝绢被放进黑色的染料中,就变成了黑的;把它们放在黄色的染料中,就变成了黄色的。墨子大为感叹,以致掉下眼泪。墨子由此想到统治阶级用人,一般人择友,都要慎重。跟什么人在一起,必然会受到什么样的影响,影响的好坏关系着人生的结局、事业的成败、国家的兴亡,即所谓"近朱者赤,近墨者黑",环境的影响力不可小觑。墨子泣丝,其意深远。

〔**例句**〕～,环境对人的影响不可小觑。

〔**近义**〕衢涂一哭　近朱者赤,近墨者黑　潜移默化

〔**反义**〕一尘不染　百毒不侵

N

【南航北骑】 nán háng běi qí

〔**褒贬**〕中性

〔**出处**〕《淮南子·齐俗训》:"胡人便于马,越人便于舟,异形殊类,易事而悖,失处而贱,得势而贵,圣人总而用之,其数一也。"

〔**释义**〕北方少数民族善于骑马,而南方越人喜欢行舟。指南北交通差异很大。也形容各地生活习惯和风俗不同。

〔**鉴赏**〕俗话说:"百里不同风,千里不同俗。"中国幅员辽阔,各地各民族之间的风俗文化差异很大。就交通运输来说,由于生产状况和自然地理条件的制约,古代南北交通运输的民俗与方式也各不相同。南方多江河湖海,所以古代南方人的交通主要靠河海提供舟楫之便。据《周易·系辞》记载,黄帝时"刳木为舟,剡木为楫,舟楫之利,以济不通"。在一根木头上挖槽成舟,这是最初的独木船。考古工作者在距今六七千年的浙江余姚河姆渡遗址发掘出了六只木桨,这六只木桨做工精致,说明当时南方吴越的先民不仅用船普遍,而且已经有了相当高的造船水平。在南方水乡,船是人们赖以生存的工具,人们靠它来进行渔猎和运输。《吴越春秋》中曾用"以船为家,以楫为马"来形容吴越之人。《春秋大事表》也说吴人"不能一日而废舟楫之用"。由此可见,舟船在古代南方人的生活中具有不可或缺的作用。

同时,生活在千里大草原的北方游牧民族,很善于借用畜力,很早就形成了以畜力来搬运物品,以及以骑马、骑驴来代步的交通方式和习俗。在所有的畜群中,马占有至高无上的地位,不仅是主要的代步工具,也是重要的生产、生活工具。所以,马是蒙古族人民的骄傲。随着社会生产的不断发展和生活的日趋丰富,对交通工具也提出了越来越高的要求,除了交通运输以外,还将其运用到生产、娱乐、军事等领域。所谓"赛马途上知骏马,摔跤场内识好汉""在飞翔中识别雄鹰,在奔驰中识别骏马,在疆场上识别勇士""来如天坠,去如电逝""急行如风,侵略如犬"等谚语都是对骑术的训练以及高超技能的概括和描述。

《淮南子·齐俗训》将这种南北两方的交通差异明确地概括为"胡人便于马,越人便于舟",这便是本条成语的最早来历。作者创用本条成语是用来阐述他的人才观。作者认为:在社会的治理上,人们应该坚守本职岗位,这样,事务就容易处理,礼仪也容易实推行,人间的债务也容易偿还。胡人善于骑马,越人善于行舟。如果让他们去做自己不熟悉的事情,就会乱套;丧失他们所应处的地位和环境,就会变得毫无用处。但若得到适当的位置,就会变得十分有用。圣人能综合他们的情况进行合理使用,使人们都能发挥出自己的才能。能够先知先觉、富有远见,这自然是人才中的杰出人物,但治世的君主不能用这样的标准去苛求一般的民众。博闻强记、能言善辩,同样是聪明人中的精英,但圣明的君主同样不能用这种标准去要求下属官员。高傲自负,不与世俗同流合污,这是士人的高洁品行,但治世的君主却不能拿这样的品行去教化民众。制造可以启闭开合的灵巧机械,并不留雕琢的痕迹,这是能工巧匠中的高手,但治世的君主同样不能要求所有百姓掌握这种技巧。由此看来,治理国家无须专靠特殊人才,而以"道"术治理国家则可以普遍实施长期适用。

以上论述,反映了作者量才而用、各尽其才、各司其职、各安其分,以"道术"为核心的积极的人才观,本条成语在论述这种人才观时起到了重要的论据支撑作用。但本句话只是包含了该成语的基本要素,后人通过剪辑改造,使之定型,并进一步发展成"南船北车""南棹北辕""南船北马"等多条近义成语。

〔例句〕1.明·吴承恩《寿胡内子张孺人六帙序》"及西畹,应宾贡游两都,南航北骑,孺人与有勤焉,于是乎益瘵。"

2.清·李绿园《歧路灯》第九十六回:"但恐宦海萍踪,南船北车,又在不定耳。"

3.清·平步青《霞外攟屑·玉雨淙释谚》:"三十年来,南棹北辕,时复谙益,宙合大矣。"

〔近义〕南船北车　南棹北辕　南船北马　方土异同

〔反义〕六合同风　一轨同风

【南门外的卜篮——外行】　nán mén wài de bǔ lǎn——wài háng

〔褒贬〕中性

〔出处〕寿县俗语。

〔释义〕南门外：八十年代以前寿县农产品的交易场所都是在县城南门外。卜篮：一种扁圆形的用柳条、藤条、竹篾等编织的容器。行：行纪人专门代替委托人买卖货物的固定场所。这是一条歇后语。它的字面意思是寿县县城南门外卖卜篮的场所。其字里意思则是指外行，即不属于本行业的人。

〔鉴赏〕略

【男女有别】　nán nǚ yǒu bié

〔褒贬〕中性

〔出处〕《淮南子·泰族训》："因其好色而制婚姻之礼,故男女有别。"

〔释义〕男女之间有所区别。旧时用以强调应严守封建礼教。

〔鉴赏〕根据人有情欲的本性，制定了婚礼，因而界定男女之间的区别。作者认为，音乐、礼节、各种规定都是根据人的本性特点和需求来制定的，然后再由圣人来加以教导培养，使人成才。所以如果人没有这方面的本性，就很难加以教导；而人有了这方面的本性，但如果没有对此加以教养引导，也不能使之走上正道。作者在这里注意到了人的本性、资质、教育、成才之间的关系，体现了积极的教育观。

〔例句〕清·文康《儿女英雄传》第五回："你我萍水相逢,况且男女有别,你与我无干,我管你不着。"

〔近义〕男女授受不亲　男尊女卑

〔反义〕男女平等

【鸟尽弓藏】　niǎo jìn gōng　cáng

〔褒贬〕贬义

〔出处〕《淮南子·说林训》:"狡兔得而猎犬烹,高鸟尽而强弩藏。"

〔释义〕飞鸟打光了,弓箭也就藏起来不用了。比喻事情成功之后,原来借助的人就被一脚踢开或加以杀害。

〔鉴赏〕见"兔死狗烹"。

〔例句〕《旧五代史·梁书·氏叔琮等传论》:"叔琮而下,咸以鹰犬之才,适遇云龙之会,勤劳王室,践履将坛,然俱不得其死,岂不惜哉。得非鸟尽弓藏,理当如是耶?"

【宁静致远】 níng jìng zhì yuǎn

见"澹薄以明志,宁静以致远"。

【牛蹄之涔】 niú tí zhī cén

〔褒贬〕中性

〔出处〕《淮南子·氾论训》:"夫牛蹄之涔,不能生鳣鲔,而蜂房不容鹄卵;小形不足以包大体也。"

〔释义〕涔:雨水。牛蹄印中的积水,形容水量极少。也比喻处在不能有所作为的境地。

〔鉴赏〕牛蹄踩出来的水塘是长不出鱼来的,蜂巢里是容不下鹅蛋的,这说明狭小的东西是容不下大东西的。作者创用此语,意在说明君主在考察、选拔和评价人才时,要从大处着眼,如果不考虑他的功绩,不看到他的主要优点,而只是计较他的小节问题,这便是失去贤才的做法。所以此人只要有大德,就不必去计较他的小节,对其吹毛求疵。对于人才的要求过于严厉,那将会失去很多优秀的人才。也就是说,对于人才的培养和使用,一定要为其创造出有利于施展其才能的优良的环境,建立宽松的评价机制。这种人才观是很积极的,至今仍然具有它的现实意义。

〔例句〕北周·庾信《为杞公让宗师表》:"况复一枝倦曲,终危九层之台;一股涔蹄,必伤千里之驾。"

〔近义〕杯水车薪　池中之物

〔反义〕烟波浩渺　汪洋大海

【女娲补天】 nǚ wā bǔ tiān

见"炼石补天"和"补天浴日"。

P

【蓬户瓮牖】 péng hù wèng yǒu

〔褒贬〕中性

〔出处〕《淮南子·原道训》:"处穷乡僻壤,侧溪谷之间,隐于榛薄之中,环堵之室,茨之以生茅,蓬户瓮牖,揉桑为枢,上漏下湿,润浸北房,雪霜滚瀁……"

〔释义〕蓬:杂草。户:门。瓮:古时一种盛东西的陶器,口小腹大。牖:窗。用蓬草编门,用破瓮做窗户。意指清贫的家境和生活。

〔鉴赏〕作者创用本条成语,其用意并非在说明贫穷的本身,而是意在说明即使生活在这样清贫的境况之中,有道德的人也不会因此而忧愁悲伤,也不会失去心中的快乐。这是因为这些人能够"自得",也就是能够保全自身的天性,便与"道"融合一体。所以他认为,虽然悠游于江边海滩,驰骋骏马,乘坐豪车,眼观《掉羽》《武象》之乐舞,耳听激荡清丽的音乐,高奏郑卫名曲,吟诵清凄高亢的民歌,射猎湖泊岸边的惊鸟,逐猎苑囿内奔跑的野兽,这些都是凡夫俗子沉湎于放荡的事情,但是圣人置身于这样的环境,却不足以惑乱精神意志,受诱惑而失去本性。同样,身处穷乡僻壤,置深山溪谷,居草野丛林,住简房陋室,茅草盖顶,柴草编门,桑枝为枢,上漏下湿,卧室阴冷,雪霜覆盖,菰蒋蔓延,漂游在沼泽之中,徘徊在山峡之旁,这些都可以使凡夫俗子形体黑瘦疲惫,郁郁寡欢,不得其志,但是圣人处在这种环境中不会忧愁怨恨,并不失掉内心的愉悦。这是因为得道之人内心已领悟天机,因而不因贵贱、贫富、劳逸的不同而丧失天性。这就像乌鸦哑哑、喜鹊喳喳,哪会因寒暑燥湿的变化而改变它们天生的鸣叫声呢?

作者这里所描绘的"蓬户瓮牖"式的贫困生活已经一去不复返了,即使是基层的人民群众,也都过上了过去统治阶级都无法享受到的高度发达的物质生活。但是,作者这里所阐发的快乐观却仍然具有其重要的现实意义。物质生活水平虽然提高了,但也正是由于物质生活水平的提高所带来的物质享受的刺激,也由于人性的贪欲所驱使,人们并不一定因此感到快乐和满足,而是被更高的物质生活目标所困扰,物质主义、拜金主义向毒蛇一样在啃噬着人们的快乐之心。高科技与高情感严重失衡,高物质与高精神激烈冲突。多少富翁、白领、高学历者跳楼自杀,多少高官厚禄为填欲壑而锒铛入狱,多少人为争蝇头小利而至头破血流。如果缺少乐观的心态,钱再多也悲苦;如果能够怡然自得,纵使吃糠咽菜,蓬户瓮牖也自得其乐。快乐源于人的内心,只要心中有乐,时时事事处处都快乐。愿我们常怀快乐之心,永做快乐之人。

〔例句〕1.汉·韩婴《韩诗外传》卷一:"原宪居鲁,环堵之室,茨以蒿莱,蓬户瓮牖,桷桑而无枢。"

2.宋·苏辙《黄州快哉亭记》:"窃会计之余功而自放山水之间,此其中宜有以过人者,将蓬户瓮牖无所不快。"

〔近义〕瓮牖绳枢　绳床瓦灶

〔反义〕锦衣玉食　高楼大厦

【披发文身】 pī fā wén shēn

〔褒贬〕中性

〔出处〕《淮南子·原道训》:"九嶷之南,陆事寡而水事众。于是民人被发文身,以象鳞虫。"又《礼记·王制》:"东方曰夷,被发文身,有不火食者矣。"

〔释义〕被:通"披",散开。文:刺,在身上刺鸟、兽之类的图纹。披散着头发,身上刺着图案。这是上古时期我国南方某些少数民族的风俗,后也用来泛指某些尚未开化的地区。

〔鉴赏〕作者使用本条成语,其用意仍然是劝诫人们必须遵循天然之道。作者认为,自然界中的万事万物都有其特定的生存方式和运行规律,如九嶷山以南的民众,由于从事陆地的活动少而在水中的活动多,所以这里的民众都披散着头发,身上刺着花纹,用以模仿水中动物的形象;同样,他们只围着短裙不着长裤,以便于涉水游渡,穿短袖衫或卷起袖子,以方便撑船,这些都是由水上生活的特点所决定的。所以通达"道"的人必返归清净的天性,探究事物本性的人必归顺自然无为。以恬静来养性,用淡漠来修神,就能进入天然的境界。作者认为,遵循天然之道,进入天然之境,最好的途径就是保持"静",人循此"静"而行便是人所应行之"道"。当然,作者这里讲的"静"并非是寂然不动,而是一种谦卑退让、不自以为是、不躁动的"静",也就是待时而动,事宜而行,而不是违背天道的盲目蛮干,否则的话,只会招致失败和灾难。

本文作者在举例论述必须遵道而行的时候,也客观地为我们介绍了九嶷山以南的古代民众的生活习性。其隐含的意义还在于说明不同地域、不同民族由于生产力水平与历史文化的差异,其民风民俗也有所不同,这很正常,不值得大惊小怪。作为国君,要承认并尊重这种不同文明的存在,不需要去作强行改变,即使是落后的风俗习惯,也只能通过劝导的方法,让人们自觉地去改变落后习俗,接受先进的文化。这种观点,作者在《齐俗训》里的有关成语讲得更透彻,这里不赘。

关于本条成语的出处,一般都认为出自《礼记·王制》:"东方曰夷,被发文身,有不火食者矣。"我们认为,《礼记》虽然是西汉戴圣对秦汉以前汉族礼仪著作加以辑录而成的,但其辑录成书的年代要晚于《淮南子》,该条成语究竟是编纂者自己的话,还是引述先前的其他典籍,已无从考察。且戴圣曾为九江太守,当时的九江郡治在寿县。据此,可以说戴圣也是寿县的文化名人。因此,不论本条成语是出自这两本书的哪一本,都可以看成是与寿县有关的成语。

〔例句〕一说如上,认为古代吴越之人是"披发"说的,如:

1.宋·周密《观潮》:"吴儿善泅者数百,皆披发文身。"

2.章炳麟《驳康有为论革命书》:"禹入裸国,披发文身;墨子入楚,锦衣吹笙。"

所谓"披发",至少应该都是齐肩的长发。另一说则认为古代吴越之人是"断发",所谓断发,就是将头发剪短。持此说的似乎人更多,如:

3.《左传·哀公七年》:"大伯端委以治周礼,仲雍嗣之,断发文身,裸以为饰,岂礼也哉。"

4.《庄子·逍遥游》:"宋人次章甫而适越,越人断发文身,无所用之。"

5.汉·曹操《善哉行》:"太伯仲雍,王德之仁。行施百世,断发文身。"

6.宋·苏轼《策断》二五:"昔吴之先,断发文身,与鱼鳖龙蛇居者数十世。"

7.闻一多《端节的历史教育》:"古代吴越人'断发文身',是我们熟知的事实。"

8.冯至《伍子胥》:"在吴越的边境上还有许多野人,他们是断发纹身的。"

至于古吴越之人为什么是"断发文身",东汉末期应劭认为是越人"常在水中,故断其发,文其身,以象龙子,故不见伤害也"。原来是由于古代越人"习水"而避蛟龙的一种自我保护的方式。显然,"披发"和"断发"是截然相反的,古吴越之人究竟是"披发"还是"断发"? 抑或既有"披发",又有"断发"? 很难断定,值得探讨。

〔近义〕披发左衽

〔反义〕礼数之邦

Q

【期而必当】 qī ér bì dāng

〔褒贬〕褒义

〔出处〕《淮南子·氾论训》:"言而必信,期而必当,天下之高行也。"

〔释义〕期:约会。当:按时。说话一定要恪守信用,约会一定要按时赴约。指说话、做事一定要守信。

〔鉴赏〕作者创用此语,意在说明"权变"的重要性。为此,作者首先指出了一般人都肯定的信条:说话一定要恪守信用,约定的事一定要履行约言并付诸行动,这是天下公认的高尚品行。但是,作者笔锋一转,列举了两个事例:直躬的父亲偷了别人的羊,直躬检举证实了父亲的偷盗行为;尾生和一女子相约在桥下见面,但女子失约,而尾生为了守信约,站在桥下任上涨的河水淹死。作者对于这两种情况进行了质疑:正是直躬为正直而检举父亲、尾生为守信而被河水淹死,他们虽然正直和守信,但又有谁来推崇看重他们的行为。所以,作者认为,无论什么法令制度,还是社会的礼节和道德准则,都不是绝对的正确,它们都要符合现实的情况,要因事制宜,因时制宜,因地制宜。不过,作者这里强调的是"权变",列举的事例也是特殊的例子,一般情况下,作为社会道德准则的"言必信,期必当"还是应当遵守的。

〔例句〕言而必信,~,确实是天下之高行,我们应该努力践行。

〔近义〕言而有信　一诺千金　一言既出,驷马难追　言信行果

〔反义〕信誓旦旦　言而无信　出尔反尔　背信弃义　食言而肥

【骑驴探亲】 qí lǘ tàn qīn

〔褒贬〕褒义

〔出处〕《晋书》卷九十:"质之为荆州也,威自京都定省,家贫,无车马僮仆,自驱驴单行。每至客舍,躬放驴,取樵炊爨,食毕,复随侣进道。既至,见父,停厩中十余日。"

〔释义〕骑着毛驴去看望当了刺史的父亲。指为官清廉,家庭贫穷,行程简朴。

〔鉴赏〕胡质,字文德,淮南寿春人,魏文帝时,官至东莞太守、荆州刺史,后加封振威将军,赐爵关内侯;其子胡威,字伯虎,晋武帝时官至青州刺史。

胡质从不起眼的小吏到日后官职显要,不是靠逢迎拍马或者贿赂开路,而是靠自己的清廉勤勉和出色的政绩。魏文帝曹丕在位时,胡质任东莞太守,"在郡九年,吏民皆安"。到荆州任刺史后,他的政绩依然卓著。他任职之处,形成了"广农积谷,有兼年之储"的富庶局面。

胡质担任荆州刺史时,胡威自京城洛阳前去探望父亲,由于家中贫困,没有车马以及僮仆,只是自己单身骑驴前往。每到一个客栈,胡威就自己放驴、取柴做饭,吃完后再与旅伴一起上道。到达荆州后,胡威拜见父亲,在驿站中停留了十余天,然后向父亲告辞。胡质帐下的都督在胡威未出发前,就请假还家,暗中置下路上所需物品,在百余里外等候胡威,邀胡威作为旅伴,事事都帮助胡威。一起行走数百里后,胡威心中疑惑,就引他说话以得知实情,既知他是父亲帐下的都督,就取出父亲所赐给的那匹绢偿付给都督,向他道谢后与他分手。胡威回家之后,在信中将此事告诉了胡质,胡质责打了都督一百杖,并除去他的吏名。胡质父子如此清廉谨慎,其名誉广为人知。

胡质作为一名刺史,可谓位高权重,俸禄优厚,但家中却是如此贫困,就连普通士绅家中都有的车马和仆人他都没有,可见其清贫之甚。嘉平二年(250),胡质病逝,"家无余财,唯有赐衣书箧而已"。四年后,朝廷追思清节之士,考虑到胡质一生为官清廉,体恤民情,特下诏褒奖其清廉品德,并"赐其家钱谷"。胡质一生秉持"俸禄厚慎取"的为官态度,除了俸禄之外,分文不取。胡质父子传中所提供的三则故事可见一斑。尤其是胡质帐下的都督请假为胡威暗中护送这一情节,读后实在让人唏嘘。从人际关系来讲,都督送行实属通情达理之举,无可厚非。一是因为胡威当时年龄尚小,路上不让人放心。二是都督深知胡质家庭困难,所给盘缠不足,恐胡威路上有所不便。三是没有用公款,是私费送行。从程序来讲,都督此举也是合规合法的,因为他办了请假手续,是以个人名义送行的,不属于公差。从人品上来讲,也无讨好巴结上司之嫌,因为他是瞒着胡质父子的,只是不小心被套说漏了嘴才被胡质父子知晓。尽管如此,胡威不仅用父亲赐给他的那匹丝绸偿付给都督,而且还把此事跟父亲说了,体现了胡威很强的廉洁意识。胡质在得知此事后,不仅对都督仗责一百,而且还割了他的职。胡质对都督的严厉处罚,体现了他反贪拒腐的坚决态度,其清廉之德实在让今天的那些大大小小的贪腐分子们汗颜!

〔例句〕胡质~的典故,为寿县的廉政文化再添一段佳话。

〔近义〕轻骑简从　艰苦朴素

〔反义〕轻裘肥马　前呼后拥

【跂行喙息】 qí xíng huì xī

〔褒贬〕中性

〔出处〕《淮南子·原道训》:"夫太上之道,生万物而不有,成化像而弗宰。跂行喙息,蠉飞蝡动,待而后生,莫之知德;待之后死,莫之能怨。"

〔释义〕跂:通"蚑",虫爬行的样子,泛指爬行。喙:指鸟类的嘴,或形容像鸟类嘴一样尖锐的东西。也指人的嘴,如"毋庸置喙"。以足行走、用喙呼吸的动物。也指含有人在内的各种动物。

〔鉴赏〕本文作者创用该条成语,用来赞美"道"的至高无上的品行。这种品行表现在:她生育了万物却不占为己有,造就了各种物象却不自以为主宰。各种奔走、飞翔、蠕动、爬行的动物靠"道"而生,但都不知这是"道"的恩德;因"道"而死,但也不能怨恨"道"。而因"道"得利者不去赞誉"道",用"道"失败者也不能去非议"道";不因收聚蓄积而富上加富,布施他人也不会因此而更加贫穷;(这些"道"理)周旋往复而无法探究,极其细微而难以穷尽。累积它也不变高,使它坠落也不会降低;增加它也不见多,削减它也不会少;砍削它也不变薄,伤害它也不会残;开凿它也不见深,填充它也不见浅。惚惚恍恍,难见形象;恍恍惚惚,功能无限;幽幽冥冥,感应无形;深邃幽洞,运动不虚;随刚柔一起卷舒,同阴阳一起俯仰。

这里,作者用了一系列排比句,从各种物体、各个角度、各个方面充分地揭示了"道"的无私、博大和坚韧。

本段在颂扬"道"的伟大德行的同时,也为我们创造了一条新的成语。本条成语为两个主谓词组构成一个联合词组,可用作主语、谓语、定语。从修辞手法来看,本条成语运用的是借代的辞格,以部分代整体,具有很强的表现力。所以,后人引用得也较多。

〔例句〕1.汉·司马迁《史记·匈奴列传》:"跂行喙息蠕动之类,莫不就安利而辟危殆。"

2.《汉书·公孙弘传》:"北发渠搜,南抚交址,舟车所至,人迹所及,跂行喙息,咸得其宜。"

3.宋·刘敞《喻客》:"当此之时,覆载侔于天地,文明比于日月,休恩添于时雨,厉威繁于霜雪,跂行喙息,罔有不服。"

4.清·谭嗣同《以太说》:"一毛端,一水滴,知其有万亿京垓之微生物、微植物,或根著,或浮流,或蜎飞蠕动,跂行喙息。"

〔近义〕 蠉飞蝡动　蜎飞蠕动　蚑行蠕动

【蚑行蛲动】 qí xíng náo dòng

〔褒贬〕中性

〔出处〕《淮南子·修务训》:"蚑行蛲动之虫,喜而合,怒而斗,见利而就,避害而去,其情一也。"

〔释义〕蚑:爬行的小虫。蛲:寄生在人体小肠下部和大肠里的小虫。小虫爬动的样子。比喻昆虫的微小。

〔鉴赏〕见"宋画吴冶"。

〔例句〕无论是～的小虫,还是行动敏捷的禽兽,它们都是自然界中的生命体,我们都应该尊重它们的生存权。

〔近义〕 蠉飞蝡动　蝶舞蜂喧　昆虫啾鸣　跂行喙息

〔反义〕 含牙带角　豺狼虎豹　被毛戴角

【气充志骄】 qì chōng zhì jiāo

〔褒贬〕贬义

〔出处〕《淮南子·人间训》:"遂合诸侯于嘉陵,气充志骄,淫侈无度,暴虐万民。"

〔释义〕指气势凌人,骄傲自大。也作"气满志骄""气骄志满"。

〔鉴赏〕这是作者用来说明"损之而益""益之而损"的道理时所创用的成语。为此,作者列举了两个截然相反的典型事例,一是孙叔敖临终时叮嘱儿子要求封赏贫瘠的寝丘之地,结果能代代相传;而晋厉公在嘉陵会合诸侯,盛气凌人,大有称霸天下之野心,结果在出游时遭人劫持而无人出手相救致死。前者是欲损减之反补益之,后者是欲补益之反减损之。这两个事例充分说明了诸如祸福、得失、利害、存亡等均能在一定条件下互相转化,我们只有充分认识这种辩证关系,才能在各种复杂的情况下俯仰世事,从容应对,化不利因素为有利因素,以立于不败之地。同时,这条成语还提醒我们,为人处世要低调,尤其是在有利的形势下,更不能盛气凌人,骄傲自大,否则的话,只会自食恶果,甚至是自取灭亡。

〔例句〕明·施耐庵《水浒全传》第八十六回:"他打了俺三个大郡,气满志骄,必然想着幽州。"

〔近义〕心高气傲　目空一切

〔反义〕谦虚谨慎　戒骄戒躁

【弃其余鱼】　qì qí yú yú

〔褒贬〕中性

〔出处〕《淮南子·齐俗训》:"故所趋各异,而皆得所便。故惠子从车百乘以过孟诸,庄子见之,弃其余鱼。"

〔释义〕将钓上来的鱼又倒进水里,表示鄙弃。也比喻节欲知足。

〔鉴赏〕惠子当了魏国的宰相衣锦还乡,带着几百乘车马,路过孟诸,去拜访庄子时,庄子当时正在塘边钓鱼,见到了惠子前呼后拥,不可一世的排场,他毫不掩饰自己的厌恶,当场就把钓上来的鱼全都放回了池塘。成语"弃其余鱼"的典故由此而来。

从故事的主人公庄子的角度来看,他这样做的目的就是为了讥讽惠施对荣华富贵的贪欲。庄子的意思是:我连所钓到的鱼(维持生活的基本食物)都可以不要,你搞这么大的阵势又有何用? 不就是为了贪图虚荣吗?

庄子和惠子虽然都是宋国人,但他们年轻时却并不相识。庄子虽然很有才华,但他不屑功名富贵,只求独善其身。惠子却不一样,他要通过功名仕进来实现兼济天下的政治抱负。由于两人的志趣和追求的不同,导致两人的思想境界也大相径庭。有一次庄子去看惠子。惠子正在魏国当宰相。有人告诉惠子说:"庄子来,欲代子相。"知道庄子才华的惠子很容易地听进谗言,于是派人在国内搜捕了三日三夜。庄子却不以为然,他自动找上门来,对惠子说:"南方有鸟,其名为鹓鶵,你知道吗?这个鹓鶵从南海飞往北海,非梧桐不止,非竹实不食,非甘泉不饮。可是猫头鹰得了腐鼠,看到鹓鶵从头上飞过,抬起头怒视着它说:'去!'今天你也是怕我夺了你魏国的相位吗?"

对于权位,庄子确是不屑一顾。庄子钓于濮水。楚王派两个大官找到他,说:"老先生,帮我们治理国家吧?"庄子持竿不顾,说了一个故事:"我听说楚有神龟,死已三千岁矣。卜筮的把它藏在庙堂之上。请问,这只龟生前是愿意进入庙堂,以待死后留下骨壳以显示尊贵,还是宁愿摆着尾巴生活在泥潭里?"两位大官说:"宁愿摆着尾巴生活在泥潭里。"庄子曰:"好啦!我宁愿摆着尾巴生活在泥潭里。"由此可见,庄子对惠子的追求不屑一顾并非伪饰。庄子对权位的鄙视为后世留下了"清高"的典范。

庄子虽然鄙视惠子追求荣华富贵的举动,但也将惠子视为能够谈得来的知己和辩友。他们都好辩论,辩才犀利无比;他们亦很博学,对于探讨知识有浓厚的兴趣。

与庄子争斗了一辈子的惠施终于先于庄子而离开了人世。庄子有一天带着几个门生走到惠施的墓前,弟子们都知道老师必有高论,纷纷拿出随身携带的记事本。庄子果然开讲了。他说:"楚都郢有二匠人,干活之时有泥浆落在一匠的鼻尖上,欲待擦拭,另一匠人说声我来也,运斧如飞砍削过来。你们说,后果如何?"弟子们都紧闭双目地回答:"鼻子上的泥浆削了,人的脑袋也肯定成了泥浆。"庄子的回答让弟子们感到意外:"匠人直视斧子削过,然后摸一摸鼻子,泥浆没了,鼻子无伤。""后来呢,一个叫宋元君的宋国人找到这个飞斧削泥的匠人,请他再表演一次。匠人对他说:'我有此绝招,可是我的伙伴却不在了。'"说完这句话,庄子就走开了。庄子向弟子们讲述这个故事,或者是说自己和惠施的亲密关系;或者是在感慨知音难求。

从庄子对他的学生所讲述的这个故事可以看出,庄子虽然对惠子热衷于官位权势有鄙视之意,但也并没有像管宁对华歆那样与之割席断交,而是以惠子为辩友和知音,他对惠子的离世表现出极度的悲哀和惋惜,体现出他对惠子从政所给予的的理解。

《淮南子》的作者引用这个故事,主要用来说明人们的追求和取舍各有不同,不应该相互指责和非议的道理。作者引述了"弃其余鱼"的故事之后,接着议论道:鹈胡饮水数斗都不够,而鳝鲔只需吸入一些露水就足够了;智伯拥有三晋还不满足,林类和荣启期衣衫破烂得像蓑衣都毫无遗憾。由此看来,人们的追求、取舍各不相同,又有什么必要互相责难和非议呢?

〔例句〕北齐·颜之推《颜氏家训·勉学》:"阮嗣宗沉酒荒迷,乖'畏途相诫'之譬也;谢幼舆赃贿黜削,违'弃其余鱼'之旨也。"

〔近义〕清心寡欲　淡泊名利　傲世轻物

〔反义〕欲壑难填　前呼后拥　驷马高车　八音迭奏

【轻赋薄敛】　qīng fù báo liǎn

〔褒贬〕中性

〔出处〕《淮南子·修务训》:"汤夙兴夜寐,以致聪明,轻赋薄敛,以宽民氓。"

〔释义〕减轻徭役赋税。

〔鉴赏〕商汤起早摸黑,用尽智慧处理国家大事,减轻赋税,使人民能过得宽松富裕。这里,作者通过对商汤等五位圣王治国理政的做法和成效的描述,回答了作者所推崇的"无为而治"的政治内涵。作者认为,所谓"无为而治",并不是真正的无所作为,而是要遵循规律、顺应自然,因势利导,布施德惠,一心为民。作者笔下的"无为而治"的政治是顺人心、合民意的,是进步的施政理念。

〔例句〕随着经济的发展,国家不仅不再对农民进行～,反而给予农民农业补贴,这是中国农民亘古未有的重大福利。

〔近义〕轻徭薄赋　休养生息

〔反义〕苛捐杂税　横征暴敛

【轻死得生】　qīng sǐ dé shēng

〔褒贬〕中性

〔出处〕《淮南子·人间训》:"或贪生而反死,或轻死而得生,或徐行而反疾。何以知其然也?"

〔释义〕视死如归反而活了下来。形容抱着大无畏的精神反而能取得胜利。

〔鉴赏〕作者在这里首先提出了"有时候贪生怕死反而丧生,有时候视死如归反而得生,有时候人慢行反而是速达"的观点,然后又列举了鲁国有个人到齐国去为父报仇,事后没有夺路而逃,而是缓慢驱马而行。结果反被追上来的人认为是有节操之士予以释放。有理有据,令人信服。作者在这里用三个排比句阐述了生与死、徐与疾的辩证关系,对于我们正确面对生死、坦然处置危机具有积极的意义。

〔例句〕盟军派出的敢死队都抱着壮士一去不复返的决心而去,结果是～,全都安然无恙地胜利归来。

〔近义〕视死如归　临难不恐　徐行反疾　置之死地而后生

〔反义〕苟且偷生　贪生反死

【穷僻之乡】　qióng pì zhī xiāng

〔褒贬〕中性

〔出处〕《淮南子·原道训》:"处穷僻之乡,侧豀谷之间,隐于榛薄之中,环堵之室,茨之以生茅,蓬户瓮牖,揉桑为枢。"

〔释义〕穷:荒僻缺少物资。僻:偏远。贫穷偏远的地方。

〔鉴赏〕见"蓬户瓮牖"。

〔例句〕1.《周书·列传第十八》:"建德四年,诏曰:'昔叔敖辞沃壤之地,萧何就穷僻之乡,以古方今,无惭曩哲。而有司未达大体,遽以其第即便给外。今还其妻子。'子隆。"

2.《北史·长孙嵩传》:"昔叔孙辞沃壤之地,萧何就穷僻之乡,以古方今,无渐曩哲。"

3.陈杰《旱码头》:"仅数十年,周村就从穷僻之乡变成了交易如沸的旱码头。后人感其诚,立'今日无税碑'以志。"

该成语也作"穷乡僻壤",如:

4.宋·曾巩《叙盗》:"穷乡僻壤、大川长谷之间,自中家以上,日暮持钱,无告籴之所。"

5.宋·朱熹《条奏经界状·贴黄》:"故州城县所在之乡,其产不甚重与穷山僻壤至有相背蓰者,此逐乡产钱租额,所以本来已有轻重之所由也。"

6.清·吴敬梓《儒林外史》第九回:"穷乡僻壤,有这样读书君子,却被守钱奴如此凌虐,足令人怒发冲冠。"

7.茅盾《子夜》:"他们将使他们的灯泡、热水瓶、阳伞、肥皂、橡胶套鞋,走遍了全中国的穷乡僻壤。"

〔近义〕穷山恶水　穷乡僻壤　不毛之地　赤地千里

〔反义〕沃野千里　洞天福地　通都大邑　鱼米之乡

【秋收冬藏】　qiū shōu dōng cáng

〔褒贬〕中性

〔出处〕《淮南子·主术训》:"昔者神农之治天下也,神不驰于胸中,智不出于四域,怀其仁诚之心,甘雨时降,五谷蕃植,春生夏长,秋收冬藏,月省时考,岁终献功,以时尝谷,祀于明堂。"

〔释义〕秋天收获,冬天储藏。指农业生产的一般过程。亦比喻事物的发生、发展过程。

〔鉴赏〕作者创用本条成语说明神农氏治理天下根据季节来安排农业生产的做法。作者解释说:过去神农氏治理天下,精神沉静而不在胸中躁动驰骋,智慧藏匿而不外露,只怀着一颗仁爱赤诚之心。因而甘雨及时降落,五谷繁茂生长,春天发芽夏天生长,秋天收割冬天储藏。按月检查,按季节考察,到年底向祖宗神灵汇报丰收成功的喜讯,按季节尝吃新谷,在明亮的厅堂上祭祀祖宗神灵。明堂的建筑式样,有天穹一样的圆形顶盖而无四面墙壁,但风雨却不能侵袭,寒暑也不能伤害。每当祭祀祖宗神灵时,怀着公心养育民众的神农氏率领随从胸襟坦荡、步履从容地进入明堂。他的民众朴素稳重,正直诚实,不用互相争夺,而使财物富足,不用过分劳累身体而能大功告成。他凭借着大自然的资助,而与天地自然融会一体。所以,他尽管身处高位,但却从不逞威逞凶;制定刑法政令,但却不必动用;法令简略而不繁杂,所以对民众的教化功效神奇。他的管辖范围南到交趾,北到幽都,东到旸谷,西到三危,各处无不听从归附。在这个时候,法律宽厚,刑罚轻缓,监狱空虚,而天下风俗却纯一,谁也不怀奸诈之心。

以上论述,反映了作者以人为本、尊重自然规律、合理利用资源的科学发展观以及法治与教化并用的理念,这一观念今天仍然具有重要的现实意义。大跃进时期,政府大搞形式主义,违反因时制宜、因地制宜的原则,与自然规律对着干,政府强行干预农民进行生产,结果使农业生产遭受重创,国民经济几乎到了崩溃的边缘。而改革开放之后,由于实行了分田到户,极大地调动了农民的积极性,他们可以根据自然条件和传统的生产经验,自主进行农业生产,结果仅用一年时间就解决了粮食问题,也为工业改革树立了信心,奠定了基础。历史证明,只要顺应自然规律,社会就会得到健康、稳定地发展。反之,社会就会出现动荡和倒退。所以,本条成语看似简单朴素,实则蕴含了一条深刻的道理。

需要指出的是,本条成语从产生到定型也经历了较长时间,最早可追溯到《鬼谷子·持枢》篇:"持枢,谓春生、夏长、秋收、冬藏,天之正也,不可干而逆之。逆之者,虽成必败。"这里首先揭示了按时进行农业生产、尊重客观规律的重要性。这里是将"秋收"与"冬藏"作为两个词语并列使用的。

《荀子·王制》也是将"秋收"与"冬藏"作为两个词语并列使用的:"春耕、夏耘、秋收、冬藏,四者不失时,故五谷不绝,而百姓有余食也。"

《淮南子·主术训》将这两个词语合并成并列词组,使本条成语定型下来,并被广泛使用。

〔例句〕1.汉·司马迁《史记·太史公自序》:"夫春生夏长,秋收冬藏,此天道之大经也。弗顺则无以为天下纲纪。"

2.南朝·齐梁·周兴嗣《千字文》:"天地玄黄,宇宙洪荒。日月盈昃,辰宿列张。寒来暑往,秋收冬藏。闰馀成岁,律吕调阳。"

3.明·无名氏《三化邯郸》第一折:"这力田呵,春耕夏耨,秋收冬藏,无饥无忧,何为不乐?"

〔近义〕春华秋实　春生秋杀　五谷丰登
〔反义〕颗粒无收　劳而无功　一无所获

【取予有节】 qǔ yù yǒu jié

〔褒贬〕褒义

〔出处〕《淮南子·本经训》:"四时者,春生夏长,秋收冬藏;取予有节,出入有时;开阖张歙,不失其叙;喜怒刚柔,不离其理。"

〔释义〕获取和给予是有节制的。比喻不苟贪得。

〔鉴赏〕这是本文作者在论述帝王的统治术时所创用的成语。作者首先对统治术的高低进行了分类,认为称帝者应遵循天道,无为而治;称王者应效法阴阳,实施仁义;称霸者应以四季为准则,依法治理;而小国君主则应以法律管理国家。然后,作者又对"天道""阴阳""四时""六律"四种手段进行了具体的解释说明:所谓天道,它以纯朴元气包裹牢笼天地,控制山川,含蕴阴阳二气,调和四季,经纪八极,管理六合,覆盖润滋,昭示引导万物,广泛无私而遍施物类,各种生物无不仰承它的德泽而生长发展。所谓阴阳二气,承受着天地自然的中和之气,形成万物千差万别的形体,含蕴着的和气能化育万物;它伸缩舒卷,深入到无法测量的境域,开始时虚空、终以盈满,周转于没有终始的时空之中。所谓四时,春主生育、夏主成长、秋主收敛、冬主藏纳;予取有节,出入有时;它开张合闭不失次序,喜怒刚柔不违背原理。所谓六律,就是"生与杀、赏与罚、予与夺"这六种;除此之外,别无他道。所以,谨慎地持守这些权衡的准绳、审察这些法度的轻重,就足以治理好所管辖的国家了。

这是作者为统治者所开的四副妙方,荟萃了诸子百家的观点而又能自成一体。无疑,"天道"反映了道家无为而治的治国理念,这是作者认为最为高明、也最为心仪的治国策略。"阴阳"之法体现了阴阳家以阴阳五行决定政治的观念。"四时"之法反映了农家关于"适时而为"的生产观,"六律"则反映了法家的法治思想。其实,这四种手段并不是互相排斥的,对任何一个统治者来说,这四种手段都应并用。两千多年后的今天,其以德治国、依法治国、尊重自然规律等理念仍然是我们进行治国理政的重要法宝。

今天看来,本条成语仍然具有重要的教育意义和实用价值。无论是人类社会对于自然界,还是个人对于社会,都应该取予有节,适可而止,贪婪必将遭到无情的报复。

〔例句〕丁天华《大小兼为取予有节宽严相济虚实呼应——读〈红色中华〉看苏区工商业管理的辩证思想》

〔近义〕适可而止 取之有度

〔反义〕贪得无厌 贪贿无艺 贪婪无厌 贪心不足 贪如饕餮

【权衡轻重】 quán héng qīng zhòng

〔褒贬〕中性

〔出处〕《淮南子·泰族训》:"欲知轻重而无以,予之以权衡,则喜。"

〔释义〕权衡:衡量。衡量哪个轻,哪个重。比喻比较事物主次,考虑得失大小。

〔鉴赏〕本条成语的中心词是"权衡"。权,秤锤。衡,秤杆。杆秤在中国已有数千年历史,它不仅是民间日用称重的器具,而且蕴含着很深的传统文化内涵。秤锤(权),象征轩辕星座;秤杆(衡),象征紫薇星座。相传,秤杆表示刻度的秤星是根据天上的星宿演化而来,前六颗代表南斗六星,象征四方和上下;再往后数七颗则代表北斗七星,象征用秤者立于天地间,心要中立,要像北斗七星指示方向一样公正不偏颇。秤杆的尾端是福、禄、寿三星,用来告诫生意人要诚实守信,不欺骗,否则,少一两无福,短二两少禄,缺三两折寿。在秤杆上嵌这十六颗星时(古时十六两为一斤),颜色必须是白色或黄色,不能用黑色,比喻做生意要心地纯洁,不能昧着良心,告诫人们,要买卖公平,生财有道。

由此可见,古人视杆秤为公平、公正的象征。诸葛亮说过:"吾心如秤,不能为人作轻重。"意思是说,我的心就像杆秤,要公平,不能对人分轻重。后来,"权衡"不只是指衡量物品的轻重,也用来衡量一件事情是否符合道义、良心,衡量一个人是否心怀诚信与正义,这也正是中华传统的优良文化。《礼记·深衣》载:"规矩取其无私,绳取其直,权衡取其平。"意思是说，人们用圆规、曲尺来象征公正无私，用绳墨线来取其正直之意，用秤锤、秤杆是为了达到公平。

《韩非子·守道》也出现了"权衡"二字："明于尊位必赏，故能使人尽力于权衡，死节于官职。"意思是：知道尊法的人一定要对此行赏，这样就会使人们竭尽全力遵守法律，誓死忠于职守。韩非这里将"权衡"引申为法度、标准。

《史记·龟策列传》再次出现"权衡"一词："规矩为辅，副以权衡。四维以定，八卦相望。"不过，这里出现的"权衡"已不是秤锤和秤杆的意思了。根据清·钱大昕《廿二史考异·史记五·龟策列传》的注释："魏相奏事，言东方之神执规司春，南方之神执衡司夏，西方之神执矩司秋，北方之神执权司冬。此云规矩权衡，指四方而言，亦四维为八卦。"该词语显然是指南、北两个方位。

后来，人们又将"权衡"的词义扩展为"权力""枢要""估量"或"比较"等。

"轻重"的词义也很丰富，根据《汉语大词典》的解释，有：物体重量的大小、尊卑贵贱、说话和做事的适当限度、增减、贤愚好坏、左右（影响）事物、权衡、褒贬、真伪虚实、主次、声音的高低强弱以及关于调节商品、货币流通和控制物价的理论等多种含义。

《淮南子·泰族训》首先将"权衡"与"轻重"联系起来，为本条成语奠定了语源基础。刘安等人创用该成语，意在说明学习"道"的必要性。

权衡轻重是进行科学合理地取舍的重要前提，是一门高超的处事艺术，所谓"两利相权取其重，两害相权取其轻"，讲的就是权衡轻重的意思。

需要指出的是，该卷只是为本条成语提供了完整的语素，后人通过剪辑，使本条成语得以定型。

〔例句〕1.《周书·王褒庾信传论》："权衡轻重，斟酌古今，和而能壮，丽而能典，焕乎若五色之成章，纷乎若八音之繁会。"

这里，词义已由"称量物体轻重"引申为"掂量事物主次，考虑得失大小。"再如：

2.老舍《老张的哲学》第四十："所不幸的是他的立脚点不十分雄厚稳健，所以他的进退之际不能不权衡轻重，看着有时候像不英武似的。"

〔近义〕权衡利弊　权衡得失

〔反义〕轻举妄动　不管三七二十一

【鹊巢知风】 què cháo zhī fēng

〔褒贬〕中性

〔出处〕《淮南子·缪称训》:"鹊巢知风之所起,獭穴知水之高下,晖目知晏,阴谐知雨,为是谓人智不如鸟兽,则不然。"

〔释义〕喜鹊能预知风讯而决定建巢之高低。比喻有预见性。也比喻只能预见远患而看不到近忧。

〔鉴赏〕这是作者在论述君主的素养时所创用的成语。作者首先从鸟兽的一些具有预知本能的技艺说起,比如喜鹊能预知风讯而选择合适的位置筑巢,水獭能根据水位的高低来建穴,雄鸩鸟鸣叫将预报天要放晴,雌鸩鸟鸣唱将预报天要下雨。如果从中就认为人的智慧不如鸟兽,那是不对的,因为这些鸟兽的本能之技总是有限的。所以通晓一种技艺,只能得到一种认识,这样的人只能与他说些局部的肤浅的道理,而不能与他作广泛深入的交流。

然后作者又列举了宁戚饭牛与雍门子哀哭的事例,指出宁戚敲击牛角而悲歌,感动了齐桓公,被齐桓公任命为大田官。雍门子以哀歌使孟尝君悲从心起,流下眼泪以至浸湿了帽带。悲歌痛哭普通人都会,但悲声一发,听了就能感动人心,那就只能是真诚的感情才能做到。唐尧、虞舜的治国方法可以效仿,但他们以情感化人心的效果是常人无法学到的。齐简公因为懦弱而被杀,子阳因为施行猛政而遭劫难,这些都是因为他们不得其道的原因。作者这里讲的"道",就是以情动人,以诚感人。

最后,作者又照应并深化了开头所提到的鸟兽具有一些预知性的本能,指出纣王用象牙筷而使箕子悲叹,并预感到纣王的贪欲将导致国家灭亡;鲁国用木偶人殉葬使孔子心痛叹息,诅咒不仁者将绝子绝孙。所以圣人看到事物的征兆就能预知到事物的结局。水发源于高山,必定要注入大海,庄稼长在田野,最后一定会贮藏到粮仓。这正是圣人看到事物的生成,就能知道它们将来的归宿。

作者以上论述,主要用来说明两个问题:一是说明教育的最高艺术是感化,二是说明人比某些具有先知性的特异功能的禽兽更为高明的地方就是具有全面系统的分析和判断能力,正是因为有了这种能力,人们能够见微知著,见始知终。

〔例句〕1.明·杨慎《升庵诗话》卷一:"鹊巢知风起,獭穴知水生。"

2.明·李时珍《本草纲目·兽二·水獭》:"时珍曰:獭状似狐而小,毛色青黑,似狗,肤如伏翼,长尾四足,水居食鱼。能知水信为穴,乡人以占潦旱,如鹊巢知风也。"

〔近义〕先见之明　鹤知夜半

〔反义〕鼠目寸光　目光短浅

R

【让地三尺】 ràng dì sān chǐ

〔褒贬〕褒义

〔出处〕寿县民间传说。

〔释义〕巷道两边人家各自退让三尺之地建房,以加宽巷道方便通行。

〔鉴赏〕在淠、颍两河入淮之处的寿县古镇正阳关,有一条名叫贤良街的古街,据说这条街的命名源于清康熙年间的正阳关名人俞化鹏写信劝家人让地建房以友善邻里的事件。俞化鹏,字扶九,寿州正阳人。生年不详,康熙三十年(1691)中进士,先后任宁海县知县、贵州道御史、奉天府府丞、大理寺常卿、顺天府府尹等职,晚年辞职回正阳故里颐养天年,雍正元年(1723)病故。传说他为官清廉,奉公守法,不以权谋私,身正谦让,"有惠政"。

俞扶九自小家境贫困,但他天资聪颖,勤奋好学,成绩优秀,深受老师喜欢。在京城做官后,靠薪水在正阳南大街买了一处旧房产以安顿家人。有一年,他家与邻居周铁匠家同时拆旧房盖新屋,两家都想向中间的过道扩展,这样一来,过道就没有了。双方僵持不下,都无法动工。这时俞家便派人进京送信给俞扶九,要他出面干涉,使周家让步。周家依仗财大气粗,根本不把俞家放在眼里。俞扶九写回信一封,交给来人带回,并说:"妙计尽在其中。"信被带回家里,拆开一看,只见上面写着:"千里传书为堵墙,让他三尺有何妨?万里长城今犹在,不见当年秦始皇!"两户都被俞扶九的高风所感动,各自退让三尺,原来的三尺巷就变成六尺巷了。从此,正阳关百姓将此巷称为"贤良街",以纪念俞扶九不以势压人的友善谦让之美德。

203

关于"让地三尺""贤良街"或"六尺巷"的名称和传说全国至少有七个版本,寿县正阳关的"贤良街"命名故事是其中具有代表性的一个版本。不论是哪个版本,它们都是以实物的方式来弘扬中华民族关于谦让的美德。中华民族作为礼仪之邦,历来崇尚谦让。老子崇尚宽容,以"清虚以自守,卑弱以自持"为处世哲学;孔子主张遇事要"忍",认为"小不忍则乱大谋",把"温良恭俭让"作为人的五种美德;墨家主张"兼爱""非攻",认为"兼相爱则治,交相恶则乱"。《增广贤文》则通俗易懂地揭示了忍让的实践意义:"忍一时风平浪静,退一步海阔天空。"在实践上,贤相蔺相如屡次避让大将廉颇,致使廉颇幡然悔悟,主动负荆请罪,演出了将相和的千古美剧。孔融让梨的故事更是家喻户晓,流芳百世。由于千百年来的弘扬和传承,谦让的美德已经积淀为我们民族的一种社会心理。今天,我们在全力建设社会主义现代化,全面推进社会主义小康社会的伟大进程中,更需要发扬和光大这种美德,因为这是社会和谐有序发展的基础,是国家安定团结的保障,是人民幸福美满生活的有机组成部分。因此,我们要进一步营造以和邻睦里、仁爱待人、豁达大度、助人为乐为荣,以仗势欺人、横行乡里、以强凌弱、巧取豪夺为耻的良好风气,积极运用宣传教育进行感化以及运用舆论、法律的手段进行制裁的两种手段来让谦让的美德更加深入人心,让谦让成为我们化解社会矛盾,构建社会主义和谐社会的强大的精神武器!

〔例句〕曾莉《附近村民开荒种菜 山坡稳定性遭破坏——在建小区让地三尺排隐患》

〔近义〕孔融让梨

〔反义〕寸土必争

【人尽其才】 rén jìn qí cái

〔褒贬〕中性

〔出处〕《淮南子·兵略训》:"若乃人尽其才,悉用其力,以少胜众者,自古及今,未尝闻也。"

〔释义〕每个人都能充分发挥自己的才能。

〔鉴赏〕作者创用此语,意在说明带兵打仗,取得战争胜利的因素是多方面的,但官兵同心,每个人都能充分发挥自己的才能,各尽其力,这些都是制胜的先决条件。作者认为,优秀的将帅带兵,能使士卒协力同心,能使勇敢的人不会逞强只身冲杀前进,也不使胆怯的人因怯阵而独自后退,部队行动时有如一个有机的整体,所以这样的军队就会无往而不胜。五根手指交替着弹击,就不如重拳狠狠一击;一万个人一个一个地上去,不如一百人一起临战。虎豹虽然敏捷,熊罴虽然力大,但人还是能吃它们的肉,用它们的皮做垫席,这是因为它们之间不能互相沟通思想、统一力量。水是能够灭火的,但是当台楼失火时还用勺子、升子盛水来灭火,即使舀干深井大池里的水,这火还是难以扑灭;但如果用大盆般的容器盛水灭火,这火也就能立刻扑灭。有些将帅统率的人多,但战斗力却很弱,这是因为没有将士兵的力量拧成一股绳;有些将帅带的兵并不多,但战斗力却很强,这是因为将士兵的力量协调一致的缘故。假若一支能协调众人力量的大部队,被一支小部队所打败,这大概是从古到今都没听说过的事。

作者在这里充分强调了行军打仗要步调一致、密切配合、协同作战的必要性,这个必要性不仅表现在军事行动上,在一切行业和事务的管理上,都应如此。

本条成语反映了作者对于人才的重视和合理使用的人才观,具有广泛而又永恒的意义。

〔例句〕郑观应《〈盛世危言〉初刊自序》:"兴学校,广书院,重技艺,别考课,使人尽其才。"

〔近义〕量才录用　人尽其力　各尽所能

〔反义〕大材小用　英雄无用武之地　怀才不遇　学非所用

【人为财死,鸟为食亡】 rén wèi cái sǐ, niǎo wèi shí wáng

〔褒贬〕贬义

〔出处〕寿县民间传说。

〔释义〕人为了钱财而死,鸟为了食物而丢掉性命。指为了追求金钱和食物,连生命都可以不要。

〔鉴赏〕相传很早以前,寿县瓦埠湖住着赵姓兄弟二人,父母早亡,兄弟二人相依为命,后来兄弟二人渐渐长大,哥哥娶妻张氏。这张氏是个阴狠刻薄的女人,在这个女人没有娶过门来之前,兄弟二人倒也能和睦相处,可自从嫂子娶进家门后,哥哥受其影响,也变得有些贪婪,在嫂子的怂恿和坚持之下,哥哥只好依着嫂子和弟弟分家过日子。分家时,嫂子就分给这个傻弟弟一袋炒熟了的稻子和一点锅碗瓢勺,这个弟弟憨傻老实,把这袋稻子当作宝贝一样留下来做种子。到了春天,弟弟将种子播种到田里,经过几个月的劳作,田中间只长出一颗幼苗,原来是嫂子在炒这袋谷子时,有一粒稻子蹦到锅台上没有炒熟,结果长出一颗壮苗,赵二虽觉得奇巧,但他还是精心呵护这颗稻苗,结果秋后一长出颗饱满的稻穗,赵二把这颗稻穗收回来挂在屋檐之下。

秋去冬来,大雪纷飞,鸟雀无处觅食。有一只金喜鹊从这飞过,觉得肚子很饿,正好看到檐下有一串饱满的稻穗,三两下就给它吃了。这一幕正好被赵二看见,他并没有驱赶,只是伤心地哭了起来:"你这只喜鹊啊,你把我这唯一的一串稻穗给吃了,我本来留着做种子的,你叫我明年春天拿什么去播种啊?"

这只金喜鹊看到赵二哭得很伤心,就很不好意思地问他是怎么回事。赵二就把这颗稻子的来龙去脉一五一十地告诉这只金喜鹊。这只金喜鹊听到它把人家仅有的一点稻种给吃了,感觉很对不起人家,于是就对赵二说:"赵二呀,你人很好,但太老实,很难自食其力,这样吧,你回家准备一只口袋,并准备一些干粮,明天一早在这里等我,我带你去一个地方,捡一些金块回来,够你一辈子吃喝穿用了。"说完,这只金喜鹊就不见了踪影。赵二听它这么一说,就半信半疑地回到家里按照金喜鹊说的去做,准备好了袋子和干粮。

到了第二天早晨,金喜鹊如约准时来到赵二的屋檐之下,在前面带着往前赶路,他们翻过高山,穿越大河,走过险地,终于来到一个山洞口,就对赵二说:"赵二啊!你走过这个山洞,就到了太阳国,那里到处都是金银财宝,你要尽快装,千万要记住,在太阳出来之前一定要赶回来,不然等太阳出来之后你就会被太阳烤焦的。"赵二很听话,不敢怠慢,以最快的速度装了一些金银财宝,连夜赶到洞口这边,跟着金喜鹊离开太阳国赶了回来。金喜鹊带着赵二回来之后,对赵二说:"赵二呀,你千万要记住,这件事你不能告诉任何人。"赵二爽快地答应了,金喜鹊也就飞走了。

赵二得了金银财宝以后,就盖起了大瓦房,买了很多的田地以及耕牛和农具,还请了帮工给他种田,日子过得红红火火。赵二的发达,哥哥嫂嫂既奇怪又羡慕,非要问赵二一个究竟,赵二记住金喜鹊的话,不愿意跟哥嫂说。但经不住哥嫂的软磨硬缠,只好一五一十地告诉了哥嫂,哥嫂听了以后非常高兴地回到家里。

回到家以后,张氏抱着侥幸的心理对赵大说:"原来是这么一回事!我们也照你弟弟的办法重新做一遍试试,看看能不能把金喜鹊骗过来,让它也带我们去找金银财宝。"赵大听了以后说道:"老婆说得对,明天我们就照着去做。"于是他们就照着赵二说的做了起来,结果还真把金喜鹊骗来了。金喜鹊照样领着他们来到满地是金的太阳国,但他们只顾兴奋,一心想着要多装一些金银财宝回来,而没有在意金喜鹊的嘱咐。于是他们以飞快的速度走过山洞,一下看到满眼金光闪闪的金银财宝,于是欣喜若狂,手舞足蹈,狂呼起来:"我的天啦,这下我们要发大财啦。"于是他们拼命地捡啊装啊,装了一袋又一袋,根本忘了时间和金喜鹊的叮嘱。不知不觉太阳已经神慢慢爬上了地平线,温度越来越高,他们已热得满头大汗,可他们还在一个劲地装,等太阳完全出来的时候,他们想走已经来不及了,很快就被火烤死了。

这只金喜鹊在洞这边左等右等不见他们回来,金喜鹊有些担心,于是就飞过山洞口去看个究竟,它一飞过山洞口就闻到一股喷香的味道,等它走近一看,原来是两个人烤熟的味道,它本来就有些饥肠辘辘,一下闻到这么香的味道,它实在经不住这味道的诱惑,尽管它清楚高温的危险,本来想吃几口就赶快飞走,但它实在抗拒不了这诱人的味道,吃了这口还想再吃下一口,最后干脆放开贪婪地吃了起来,吃着还在说着:"香啊,真香啊!"当它吃下最后一口准备走的时候,已经飞不动了,就这样也被太阳烤焦了,再也回不来了。

这就是人们常说的"人为财死,鸟为食亡"成语的由来。关于这个成语典故的由来,还有很多的版本,但寿县这个版本更为具体,其地点、姓氏都很明确,所以我们把它作为这条成语的出处也不无根据。这个故事的教育意义是极其深刻的,它告诉我们,贪婪永远是人的致命弱点,只有能跳出贪婪的魔障,人才能成为自由、轻松、快乐、幸福之人。

〔例句〕清·李宝嘉《官场现形记》第十三回:"俗话说得好:'人为财死,鸟为食亡。'当时袁伯珍听得这些说话,便要从此发一宗洋财。"

〔近义〕人不为己,天诛地灭　人心不足蛇吞象　得陇望蜀　贪得无厌　贪心不足

〔反义〕知足常乐　适可而止　清心寡欲　淡泊名利

【人心不足蛇吞象(相)】　rén xīn bù zú shé tūn xiàng

〔褒贬〕贬义

〔出处〕中国古代典故及寿县等地民间传说。

〔释义〕相:这里指寿县传说中一个叫梅生的宰相。本条成语是一句劝世名言,用来比喻人贪心不足,就像蛇想吞食大象一样。

〔鉴赏〕寿县古城宾阳门洞内,有一块大蛇吞"相"的石刻,这就是寿县内八景之一的"人心不足蛇吞'相'",具有重要的教育意义。

关于"人心不足蛇吞象(相)"的典故,有两个来历。第一个来历是古代典故。《山海经·海内南经》云:"巴蛇食象,三岁而出其骨。"这是该典故的源头。屈原《天问》也有"一蛇吞象,厥大何如"之句。古代典故说的是蛇的贪婪——"蛇吞象"。

第二个来历是民间传说。这个来历又有很多版本。其中,孟塈编写的《寿州故事传说》对这个故事是这样介绍的:

一个叫梅生的名落孙山的秀才,其灵蛇是一条触犯天条的蟒蛇精。蟒蛇精被奉命追赶的雷公逼得现了原形,无处逃匿,危在旦夕。落榜秀才动了恻隐之心,带回去养大后予以释放,后用一块蛇肝报答了梅生,梅生用这块蛇肝揭下皇榜,治好了皇太后的病,被封为宰相。可梅生贪心不足,意欲取下大蟒的全部心肝以图自己长生不老,结果大蟒因不堪忍受疼痛而合上了嘴巴,使梅生成了自己的一顿美餐。民间传说的"人心不足蛇吞象(相)"的诸种版本情节大致相同,都说的是人的贪婪,人被蛇吞掉,是"蛇吞人"。显然,古代典故中的这条成语只是作为兽类的奇异现象进行一般性记载的,而作为民间传说,其意义则是:上进之心无止境,贪婪之心不可有。

〔例句〕元·无名氏《冤家债主》楔子："人心不足蛇吞象,世事到头螳捕蝉。"

〔近义〕贪得无厌

〔反义〕知足常乐

【任其自流】 rèn qí zì liú

〔褒贬〕贬义

〔出处〕《淮南子·修务训》："听其自流,待其自生,则鲧禹之功不立,而后稷之智不用。"

〔释义〕指不加约束、引导,听任自由发展。

〔鉴赏〕作者创用此条成语,意在告诉人们什么是"无为而治"。作者所说的"无为而治"不是无所作为,听其自然,任其自流,而是要"循理而举事",也就是要按照客观规律行事。为了让人们更好地理解这个含义,他用了两个形象的比喻:依着西高东低的地势,所以江河流水也都是由西向东流入大海,但这必须要经过人对江河的治理疏导,才能使水顺着河道向东奔流;禾苗庄稼在春季生长发育,但必须要加以耕耘管理,到秋天五谷才能丰收。假若听任水自流,待苗自长,那么鲧和禹的功绩也就无从建立,后稷的智慧也就无用。通过这种生动形象的解释,使我们对"无为而治"的思想的合理性和积极性有了充分的认识。

〔例句〕刘少奇《论共产党员的修养》："有些党员放任党内某些缺点、错误和各种坏的现象不管,而任其自流地发展。"

〔近义〕放任自流　听之任之　听其自然　任其自然

〔反义〕因势利导　循循善诱　因时制宜　因地制宜　因事制宜

【日薄虞渊】 rì bó yú yuān

〔褒贬〕中性

〔出处〕《淮南子·天文训》："(日)至于虞渊,是谓黄昏。"

〔释义〕薄:迫近。虞渊,即隅谷,古代神话传说中日没之处。指太阳就要下山了。后比喻人已经衰老或事物腐朽衰败,临近死亡。

〔鉴赏〕《天文训》是一篇阐述天文知识的文章。作者根据当时自然科学所能达到的高度,对宇宙、天地、日月星辰、风雨雷电、阴阳、四季等自然现象的形成和变化进行了观察和描述。该文根据北斗运行的规律,在中国历史上第一次完整地记录了二十四节气的名称及其确定方法。尤其是在解释二十四节气的运转时用到了阴阳的观点,同时作者还运用阴阳来解释和认识万事万物之间、人与人之间、人与物之间的关系和处理方法,虽然今天看起来不免有失科学,但却是古人对于这些问题的一种基本视角,是中国文化的一个重要内涵。本条成语是作者在描述太阳运行规律时而创用的。我们首先来看看作者笔下的太阳是怎样运行的:

日出于旸谷,浴于咸池,拂于扶桑,是谓晨明。登于扶桑,爰始将行,是谓朏明。至于曲阿,是谓旦明。至于曾泉,是谓早食。至于桑野,是谓晏食。至于衡阳,是谓隅中。至于昆吾,是谓正中。至于鸟次,是谓小还。至于悲谷,是谓𫗦时。至于女纪,是谓大还。至于渊虞,是谓高舂。至于连石,是谓下舂。至于悲泉,爰止其女,爰息其马,是谓县车。至于虞渊,是谓黄昏。至于蒙谷,是谓定昏。日入于虞渊之汜,曙于蒙谷之浦,行九州七舍,有五亿万七千三百九里,禹以为朝昼昏夜。

大意是说:太阳从旸谷出来,在咸池沐浴以后,掠过扶桑树木,这时叫晨明。升到扶桑树顶之后,就开始了行程,这时叫黎明。到达曲阿山时,叫旦明。到达曾泉,正是用早餐时间。而到达桑野,正是吃晚饭的时候。到达衡阳,正好接近中午。到达昆吾,日在正中。到达鸟次,是中午偏西。到达悲谷已是申时。到达女纪,太阳更是偏西。到达渊虞后,已是戌时。到达连石时,已是亥时。而到了悲泉,全天行程已完成,于是让御日女神停下来,卸车息马,悬车休息。到了虞渊,已是黄昏时分。再到蒙谷,天已黑,是黄昏之后的定昏了。这时太阳入息于虞渊水边,阳光余辉映照着蒙谷之畔。太阳每天行经九州、七舍,行程五亿万七千三百零九里,可将此分为早晨、白天、黄昏和夜晚四个阶段。

这是中国古代对太阳一天之内的行程以及由此产生的不同时间最完整的描述,反映了我国古代朴素的天文观,它对我国古历法的制定产生过积极的影响。

〔例句〕1.晋·向秀《思旧赋》:"余逝将西迈,经其旧庐。于时日薄虞渊,寒冰凄然。邻人有吹笛者,发音寥亮。"

2.谢震《〈女报〉发刊词》:"大率昙花一现,即归乌有,其存焉者,亦大有日薄虞渊之景象。"

〔近义〕日薄崦嵫　气息奄奄　日薄西山　西山日迫

〔反义〕朝气蓬勃　蒸蒸日上

【日修夜短】 rì xiū yè duǎn

〔褒贬〕中性

〔出处〕《淮南子·天文训》:"阳气胜则日修而夜短,阴气胜则日短而夜修。"

〔释义〕修:长。指夏至前后几个月日长夜短。

〔鉴赏〕这是作者阐述时序的形成和变化情况时所创用的一条成语。作者认为,太阳每天行经九州岛、七舍,行程五亿万七千三百零九里,可将此分为早晨、白天、黄昏和夜晚四个阶段。夏至时阳气回落阴气上升,所以万物趋于死亡。冬至时阴气回落阳气上升,所以万物向往并准备生长。白昼属阳气管辖,夜晚属阴气主管。因此,阳气为主时白天长而夜晚短,阴气为主时白天短而夜晚长。这是作者对昼夜长短的形成的一种朴素的认识,反映了中国古代的天文观。

〔例句〕夏季太阳直射点移至北半球时,北半球~,南半球则昼短夜长。

〔近义〕昼长夜短

〔反义〕日短夜修　昼短夜长

【如鱼得水】 rú yú dé shuǐ

〔褒贬〕中性

〔出处〕《淮南子·主术训》:"夫螣蛇游雾而动,应龙乘云而举,猨得木而捷,鱼得水而骛。"又"鱼得水而游焉则乐,塘决水涸,则为蝼蚁所食。"

〔释义〕如同鱼儿得到了水一样。比喻有所凭借,找到了依靠。指对自己很合适的环境。

〔鉴赏〕本卷两处出现"鱼得水"的情景,前者是得水能"骛",这里的"骛"通"鹜",指鱼得到水就能纵横驰骋,随心所欲。后者指鱼得水就能快乐地游动。两者都说明了鱼对水的依赖性。

本条成语典型地反映了生物与环境的密切关系。一方面,生物对其所生存的环境具有严重的依赖关系,在一定的情形之下,环境对生物的生存和发展可能起决定的作用。正如作者所说,鱼只有得水才能快乐地生活着,离开了水将会"为蝼蚁所食";同样,猿猴只有生活在树上才能显示其敏捷,"应龙"只有"乘云而举","腾蛇"只有遇雾而游动。正因如此,世界上的一切生物都会十分重视对生存环境的选择和利用,趋利避害是生存的自然规则,正所谓"良禽择木而栖,贤臣择主而事"。但另一方面,也要注意外因的内化,不断调整和改造自身,以适应不断变化的生存环境和条件,这样才能做到适者生存,始终保持旺盛的生命活力。如果只是一味地依赖环境,被动地适应环境,那么,当环境一旦出现某些重要的变化,那就只能等死自灭。

　　例如深海里由于氧气稀薄,很多动物不得不根据深海里的环境来进化自己,那就是尽量减少活动,以减少身体对氧气的需求。所以尽管深海里环境恶劣,但还是有不少动物顽强地生存了下来。但有研究者发现,在美国南加州海域,人们移植了大量含氧海藻,这种能够改善深海动物生存环境的举措,结果反而导致深海动物的大量死亡,原因就是那些长期蛰伏于一处不动的深海动物,已经适应了缺氧的环境。突然注入新鲜的氧气,便容易产生氧气中毒。不会氧气中毒的方法只有一个,那就是迅速改变原有的生活习惯,改静为动。只有不停地游动,才能够加速呼吸,让过量的氧气排出体外,这样,过量的氧气不但对它们构成不了威胁,反而会让它们更加具有活力。所以,生活在深海中的动物很快便会分为两种:一种是因为无法改变自己原先懒惰的生活习性而"淘汰",另一种是变静为动,因为适应了由大量氧气注入的新环境而变得"如鱼得水"。这个现象告诉我们:主动地适应新环境比被动地依赖已经习惯了的原有环境更为重要,这是生物进化法则最明显的表现。

　　〔例句〕1.明·冯梦龙《东周列国志》第五回:"平王曰:'卿久不莅任,朕心悬悬。今见卿来,如鱼得水,卿何故出此言耶?'"

　　2.明·高启《鞠歌行》:"物有合,势必从,如鱼得水云与龙。"

　　〔近义〕如虎添翼　情投意合　如鸟投林　水乳交融　志同道合

　　〔反义〕寸步难行　步履维艰　釜底游鱼　格格不入

【若不胜衣】 ruò bù shèng yī

〔褒贬〕中性

〔出处〕《淮南子·氾论训》:"周公事文王也,行无专制,事无由己,身若不胜衣,言若不出口,有奉持于文王,洞洞属属,而将不能,恐失之,可谓能子矣。"

〔释义〕好像连衣服的重量都承受不住。形容身体虚弱。

〔鉴赏〕作者创用此语,意在盛赞周公的美德。作者是这样描述周公对其父王周文王的尊敬和谦卑的:周公侍奉文王的时候,行动不擅自决定,办事不自作主张;在文王面前柔顺得好像禁不起衣服的重量,说话轻言细语好像没有发出声音,每当有东西要捧给文王时,总是相当柔顺小心、恭恭敬敬,好像捧着重物力不胜任,生怕有所闪失,这真可谓能尽孝子之道。接下来作者又写了周公对武王和成王的用心辅佐而不居功自傲的品行。推崇和赞美之情溢于言表。由此也看出作者虽然信守老庄之"道",但对儒家提倡的忠孝仁义礼智信也给予了肯定和赞许,并把它们看作普世的价值观,反映出作者杂家的思想意识。

〔例句〕唐·姚思廉《梁书》:"舍曰:'臣外弟徐摛,形质陋小,若不胜衣,而堪此选。'"

〔近义〕弱不胜衣　弱不禁风

〔反义〕身强力壮　身轻体健

【若有所丧】 ruò yǒu suǒ sàng

〔褒贬〕中性

〔出处〕《淮南子·原道训》:"解车休马,罢酒彻乐,而心忽然若有所丧,怅然若有所亡也。"

〔释义〕若:好像。丧:丢失。好像丢了什么似的。形容心神不宁的样子。也形容心里感到空虚。

〔鉴赏〕作者创用此语,意在从"道"的角度来阐释快乐的含义。作者认为,真正的快乐应该来自于内心世界,只有内部心性所产生的快乐才是真正的快乐,这种快乐才能经久不散。而靠外部刺激所产生的快乐是表面的和短暂的,如锦衣玉食、亭台楼榭、歌舞升平、灯红酒绿、斗鸡走狗、追鹰逐兔、车喧马叫等都是一时的欢乐,一旦曲终场散,刺激不在时,就会感到空虚惆怅,若有所失,转喜为悲。而内心的快乐就是"得道",一旦"得道",就可以不受外物的役使,无论身处何境,都能自得其乐。显而易见,作者对于快乐的理解是极其深刻的,只要我们把作者心目中的"道"赋予当代社会需求的价值取向,树立正确的世界观、人生观和快乐观,内心会感到充实和快乐。

〔例句〕如果心中失去了理想和追求,失去了信仰和希望,就会感到~,产生空虚的心境。

〔近义〕若有所失　若有所亡　怅然若失　茫然若失

〔反义〕若无其事　行若无事　泰然自若　安之若素

【若有所亡】 ruò yǒu suǒ wáng

〔褒贬〕中性

〔出处〕《淮南子·原道训》:"解车休马,罢酒彻乐,而心忽然若有所丧,怅然若有所亡也。"

〔释义〕亡:失去。好像有什么东西丢了似的。形容精神恍惚或心神不宁的样子。也形容精神空虚的样子。

〔鉴赏〕见"若有所丧"。

S

【塞翁失马】 sài wēng shī mǎ

〔褒贬〕中性

〔出处〕《淮南子·人间训》:"近塞上之人有善术者,马无故亡而入胡,人皆吊之。其父曰:'此何遽不为福乎?'居数月,其马将胡骏马而归。"

〔释义〕塞:边界上险要的地方。翁:老头儿。边界上的一个老头儿家中丢了一匹马,几个月之后,这匹马不仅回来了,而且带回了一匹好马。比喻坏事可以变成好事。也指因福得祸。

〔鉴赏〕这个故事说的是古代靠近塞北的人家中,有一个善于术数的人,家里的一匹马无缘无故地跑到胡人那边去了,乡亲们来安慰他,他说:"这事难道就不能变成好事吗?"过了一段时间,走失的那匹马领着一群胡地的骏马回来了。邻居们又来庆贺。他说:"这事难道就不可能变成坏事了吗?"果然,因家里养有不少这样的好马,他儿子喜欢骑,不慎将大腿骨给摔断了。这样邻居又来安慰他。他又说:"怎么知道这事不会变成好事呢?"过了一年,胡人大举进攻边塞,青壮年男子都拿起武器参战,结果边塞附近的居民死去十分之九,唯独这户人家因儿子跛脚(未去参战),父子性命得以保全。作者讲述这个故事,意在说明诸如凶吉、祸福、得失、存亡、利害、苦甜等均能在一定条件下互相转化,人们只有掌握和学会利用这种相互转化的规律,才能对自然和社会变幻莫测的发展变化能够从容应对,立于不败之地。这是一种积极的处世哲学,寄托了作者去利行义、以正制邪的思想。

〔例句〕清·李汝珍《镜花缘》第七回:"处士有志未遂,甚为可惜,然'塞翁失马,安知非福'。"

〔近义〕亡羊得牛

〔反义〕因福得祸

215

【塞翁失马，焉知非福】 sài wēng shī mǎ, yān zhī fēi fú

见"塞翁失马"。

【三十年河东转河西】 sān shí nián hé dōng zhuǎn hé xī

〔褒贬〕中性

〔出处〕寿县民间传说。

〔释义〕原指河流改道，后形容世事变化无常，盛衰难定。也作"三十年河东三十年河西"。

〔鉴赏〕居住在寿县隐贤镇的人，无人不晓"三十年河东转河西"这个成语典故，因为这个典故就出于本镇。秦末汉初之际，六安出了一个名将，名叫英布。因受秦律被黥，又称黥布。英布初属项梁，后为项羽帐下五大将之一，封九江王。后叛楚归汉，汉朝建立后封淮南王，与韩信、彭越并称汉初三大名将。刘邦先后诛杀韩信、彭越，英布甚为恐慌，为求自保，于公元前196年起兵反汉，兵败被杀。

相传有一年初夏，他离开京城回到六安故地，乘船至正阳关，然后准备溯淠河而上。这时，他听说前方冯瓴南面十里附近，有一个大集镇叫隐贤集，河流穿街而过，两岸都是闹市，人在船上就可以购物。英布以前从未听说过离老家百余里的地方还有这么大一个集镇，所以，他决定这次要乘船一游。第二天中午，船一过冯瓴，便看见前面烟雾缥缈，一条大河奔流而下，这就是人们所说的"东隐贤，西隐贤，隐贤集街心能跑船"的隐贤集。两岸闹市熙熙攘攘，人头攒动，好不热闹。英布当即决定在此小住几日，了解一下当地风土人情。

时过境迁，造化弄人。后来，英布因谋反，被刘邦起兵讨伐战败，在向南逃亡的过程中，英布路过当年曾经小住过的隐贤集时，突然发现先前乘舟而行的河道似乎在东，现在却改道西边了，昔日的风光今日也不复存在。他不无感慨地说："真是三十年河东转河西啊！"

关于这条成语的出处，还有一个版本。据说唐朝郭子仪之孙是个不学无术、成天游手好闲、挥霍无度的浪荡公子。家产败光之后，沿街乞讨来到河西庄，这时他想起了奶妈，便去寻访，在天快黑时走来一个农夫，他

上前一打听竟然是自己奶妈的儿子,他随着奶妈的儿子来到奶妈家,他向四周一看,只见粮囤满仓,牛马成群。他不解地问道:"你家那么有钱,为何还要自己劳作?"乳母的儿子就说:"家产再大,也会坐吃山空。家母在世时,带领我们艰苦创业,才建立如此家业。靠勤俭持家,才保有这份家业。"郭孙听后很惭愧。奶妈的儿子不忘旧情,便让郭孙在家管账,无奈他对管账一窍不通,主人不禁叹息到:"真是三十年河东享不尽荣华宝贵,四十年河西寄人篱下。"

综上所述,"三十年河东转河西"的典故版本,至少有三个版本,一是来自地理上的河流改道,这应该是最原始的版本,但究竟是指哪条河流已无从考察。二是出自英布在隐贤集的感慨。三是来自对郭子仪之孙家道衰落的感慨。同样是传说,但英布的故事要比后者早几百年,所以把它作为寿县的典故也无牵强之嫌。

〔例句〕清·吴敬梓《儒林外史》第四十六回:"大先生,三十年河东,三十年河西。就像三十年前,你二位府上何等气势,我是亲眼看见的。而今彭府上,方府上,都一年胜似一年。"

〔近义〕沧海桑田　白云苍狗

〔反义〕一成不变　依然如故

【杀人灭口】 shā rén miè kǒu

〔褒贬〕中性

〔出处〕《史记·春申君列传》:"春申君曰:'何谓毋望之祸?'曰:'李园不治国而君之仇也,不为兵而养死士之日久矣,楚王卒,李园必先入据权而杀君以灭口。此所谓毋望之祸也。'"

〔释义〕杀害证人以毁灭口供。

〔鉴赏〕此条成语出于春申君门人朱英对春申君另一门人李园行为的推测。朱英认为,李园不执掌国政便是春申君的仇人,他不管兵事却豢养刺客为时已久了,楚王一下世,李园必定抢先入宫夺权并要杀掉春申君灭口。春申君不纳此言,结果确如朱英所料,春申君惨遭李园杀害。血淋淋的教训犹在眼前,令人唏嘘感叹。

〔例句〕《新唐书·王义方传》:"杀人灭口,此生杀之柄,不自主出。"

〔近义〕毁灭证据

〔反义〕留下活口

【杀头便冠】 shā tóu biàn guàn

〔褒贬〕贬义

〔出处〕《淮南子·说林训》："夫所以养而害所养，譬犹削足而适履，杀头而便冠。"

〔释义〕杀：指砍小一点。便：方便，适应。冠：帽子。把头砍小一点以便戴上小帽子。本指本末倒置。后常用以比喻人们做事生搬硬套，无原则地迁就，勉强求合。

〔鉴赏〕见"削足适履"。

【山崩地坼】 shān bēng dì chè

〔褒贬〕中性

〔出处〕《宋书·五行志》："六月，寿春大雷震，山崩地坼，家人陷死，上庸郡亦如是。"

〔释义〕山岳崩塌，大地裂开。也用以形容响声强烈巨大。

〔鉴赏〕晋惠帝元康四年(295)六月，寿县发生了一场震级较大的地震，造成房屋倒塌，人员伤亡。本条成语对这个事件进行了简要的记载，这为研究中国地震史提供了重要的史料。

〔例句〕明·冯梦龙《警世通言·乐小舍拚生觅偶》："忽听得说潮来了。道犹未绝，耳边如山崩地坼之声，潮头有数丈之高，一涌而至。"

〔近义〕山崩地裂　天崩地裂　地动山摇　天翻地覆

〔反义〕风平浪静　万籁俱寂　平安无事

【善骑者堕】 shàn qí zhě duò

〔褒贬〕中性

〔出处〕《淮南子·原道训》："夫善游者溺，善骑者堕，各以其所好，反自为祸。"

〔释义〕堕：掉下来，坠落。善于骑马的人常会落马摔伤。比喻擅长某一技艺的人,往往因大意而招致失败。

〔鉴赏〕见"善游者溺"。

【善游者溺】 shàn yóu zhě nì

〔褒贬〕中性

〔出处〕《淮南子·原道训》:"夫善游者溺,善骑者堕,各以其所好,反自为祸。"

〔释义〕善于游泳的人容易淹死。比喻擅长某一技艺的人,往往因大意而招致失败。

〔鉴赏〕善于游泳的人往往会淹死,善于骑马的人往往会摔下来。他们各因自己的爱好特长而招致灾祸。作者创用此条成语,意在告诉世人,世界上没有绝对的事物,任何真理和技能都有一定的限度。再高超的泳技和骑术也会有挫败的时候,这种可能性一方面来自于这些人自以为掌握了这方面的技能而自以为是,麻痹大意,以致招来不测之祸。另一方面是来自于客观环境和条件的变化,不可控因素的突然出现,失常情况的突然发生,以致措手不及、横祸飞来。所以俗话说,常在河边走哪有不湿鞋,常走山路必遇虎。因此,再内行的人,本领再大的人,行事也要遵循客观规律,小心谨慎,审时度势,量力而为,对意外风险要有足够的认识,千万不能因大意而失荆州。这条成语不仅包含了朴素的辩证证法思想,而且也包含了深刻的人生体验,是一剂弥足珍贵的苦口良药。

〔例句〕~,善骑者堕,这是对无数事实所作的客观总结,我们当引以为戒,牢牢记取。

〔近义〕善骑者堕

〔反义〕万无一失

【上下和合】 shàng xià hé hé

〔褒贬〕褒义

〔出处〕《史记·循吏列传》:"孙叔敖者,楚之处士也。虞丘相进之于楚庄王以自代也。三月为楚相,施教导民,上下和合,世俗盛美,政缓禁止,吏无奸邪,盗贼不起。"

〔释义〕指君臣上下和睦相处,关系融洽。

〔鉴赏〕本条成语是司马迁对孙叔敖政绩的赞颂。孙叔敖自小就有舍己为人、勇于为民除害的优良品质。同时又幸遇恩公收留,并将其毕生学识倾囊相授,使孙叔敖受到了良好的培养和教育。这种德才兼备的优秀素质,使他在受到国相虞丘的举荐并接替虞丘的国相职务之后,协助楚庄王励精图治,兴修水利,发展农业生产,搞活市场,繁荣经济,化民易俗,为政宽缓,法纪严明。在这一系列的善政推动之下,使楚国出现了空前的繁荣、昌盛、和美的局面,为楚庄王称霸诸侯创造了必要的条件,孙叔敖也因此成为尊显当代、享誉后世的贤相。

"上下和合"的成语在司马迁的《史记》中被两次使用,在《史记·魏世家》中用借叙的方式高度评价了魏文侯的政绩:"秦尝欲伐魏,或曰:'魏君贤人是礼,国人称仁,上下和合,未可图也。'"前者用来称颂贤相,后者用来称颂明君,可见孙叔敖在作者心目中的地位。由于魏文侯在位比孙叔敖出任国相晚了200年,所以我们把本条成语的出处设定为《史记·循吏列传》中对孙叔敖的评价。

"上下和合"是良好的人际环境的体现,是激发社会成员创造活力的重要前提和基础,是社会幸福指数的标志,也是我们今天建立社会主义和谐社会的重要内涵,是完善社会主义制度的根本任务。所以,今天在致力建设社会主义小康社会的进程中,比以往任何时候都更加需要上下和合、万众一心的情感纽带和人际环境。

〔例句〕~是建立社会主义和谐社会的重要基础和表现。

〔近义〕上下一心　上下同心　枝附叶连

〔反义〕离心离德　人心涣散　各自为政

【上下同心】　shàng xià tóng xīn

〔褒贬〕褒义

〔出处〕《淮南子·兵略训》:"主明将良,上下同心,气意俱起,所谓实也。"

〔释义〕指上下一条心。

〔鉴赏〕作者认为,用兵打仗,将帅一定要有独到的见解和胆识,这就是神明,这是取得胜利的先决条件。君王圣明,将领贤良,上下同心,心往一处想,劲往一处使,这就叫"实"。只要做到"实",就能攻无不克,战无不胜。这里,作者注意到了主观能动性在战争中的作用,充满了战争辩证法思想。

〔例句〕南朝·宋·范晔《后汉书·孝和孝殇帝纪》:"咎罚既至,复令灾及小民。若上下同心,庶或有瘳。"

〔近义〕同心同德 戮力同心 上下一心

〔反义〕离心离德 同床异梦

【召父杜母】 shào fù dù mǔ

〔褒贬〕褒义

〔出处〕《汉书·循吏传》:"其化大行,郡中莫不耕稼力田,百姓归之,户口增倍,盗贼狱讼衰止。吏民亲爱信臣,号之曰召父。"又《后汉书·郭杜孔张廉王苏羊贾陆列传·杜诗》:"时人方于召信臣,故南阳为之语曰:'前有召父,后有杜母。'"

〔释义〕召:指西汉召信臣。杜:指东汉杜诗。召信臣和杜诗先后都曾做过南阳太守,且皆有善政,使人民得以休养生息,安居乐业,故南阳人为之语曰:"前有召父,后有杜母。"后用"召父杜母"作为颂扬地方官政绩的套语。

〔鉴赏〕西汉年间,九江郡寿春县出了一位爱民如子,备受老百姓称赞的地方官——召信臣。召信臣,字翁卿,生卒年龄不详,活跃于西汉初元至竟宁年间(公元前48—公元前33年),以明经甲科身份被举任为郎官,出京外调补缺做了谷阳县长。在考绩中列为一等,调任上蔡县长。后来他便越级升为零陵郡太守,又因病而回到故里。病愈后他又被征为谏大夫,后调任南阳郡太守,其治理情况也如在上蔡时一样好。召信臣为人勤勉有计谋,喜欢为人民兴办福利,实行富民政策,亲自带头进行农耕,出入于田间地头,在乡间公舍住宿,很少能有安闲的时候。他还致力于兴修水利,在郡中巡视水源,主持开通沟渠,设立水门提闸数十处,大大增加了灌溉面积,最多时达到了三万顷,老百姓从中深受其益,家给民足。召信臣还为百姓制定了用水的规定,实行用水制度化,并将其刻在石碑上,立在田地边界处,以防止争抢。此外他还禁止婚丧嫁娶时奢侈浪费,致力于推行勤俭节约的风尚。对府县官吏家的子弟任意游玩,而府县官吏不以耕作大事作为本职业务的,则通通斥责罢官,严重者还要绳之以法。通过以上种种措施,教化在郡中得以广泛推行,郡中没有不努力从事农业生产的,人民拥护郡县官吏,郡中的户数也成倍增加,盗贼和打官司的事减少到了很小的程度。官吏民众都爱戴召信臣,称他为"召父"。荆州刺史上奏称赞召信臣能为百姓谋取福利,所辖郡治得以富庶,赐给黄金四十斤。后召信臣调任河南太守,治理情况常居天下第一,因此又多次被增加俸禄并赐给黄金。元始四年,皇上下达诏书祭祀百官卿士中为民做过益事的人,蜀郡以文翁,九江以召信臣应诏。每年一到时候郡太守都率领下属官吏去行礼,供奉祭拜召信臣的坟墓,而南阳也为他立了祠。说来也巧,在召信臣去世不到百年时间,南阳又出了一位爱民如子事事替老百姓着想,深受百姓爱戴的另一位太守杜诗。老百信们奔走相告,纷纷拿他和前任太守召信臣相比,说"前有召父,后有杜母"。"父母官"的名词由此产生,并成为中国古代对州、县一级恤民、爱民、为民的好官的尊称。

〔例句〕明·萧良有《龙文鞭影》第一卷:"召父杜母,雍友杨师。"

〔近义〕甘棠遗爱　爱民如子　视民如子　仁民爱物　勤政爱民

〔反义〕尸位素餐　草菅人命　鱼肉百姓　鱼肉乡里　荼毒生灵

【社稷为墟】　shè jì wéi xū

〔褒贬〕中性

〔出处〕《淮南子·人间训》:"重耳反国,起师而伐曹,遂灭之。身死人手,社稷为墟。"

〔释义〕社稷:古代帝王所祭的土神和谷神,代指国家。国家成为废墟。指国家灭亡。

〔鉴赏〕这里讲的"社稷为墟",并非指一般的国家灭亡,而是特指战国时期的曹国国君因侮辱在逃的晋公子重耳而招致亡国。晋公子重耳流亡途中经过曹国,曹国国君想看看重耳的骈生肋骨,就有意让重耳裸露着上身下河去捉鱼。这时厘负羁劝说道:"公子重耳是位非常人物,跟随他的三位随从也都是有辅佐霸王的才能。如果今天对他们无礼,将来必定会给咱们曹国带来后患的。"曹国君不听劝告。后来重耳返回晋国取得了君位,果然对曹国发起了进攻,随之灭亡了曹国。曹国国君因此身死他人之手,曹国变成一片废墟,而这灾祸正是由于让重耳袒露骈生肋骨下水捉鱼引起的。齐、楚两大国想救曹国,但也无能为力。所以,本条成语的作者反过来说,当初如果听了厘负羁的劝告,曹国也许就不会招致灭顶之灾。这个故事雄辩地证明了作者在本段开头提出的分论点,即"使患无生,易于救患",也就是使祸患从根本上不发生远比等到祸患发生了再去挽救容易得多。等到祸患发生了再去挽救,这样再有圣明的智慧,也是无计可施的。因而作者对人们竭力防备和阻止祸患,不去思考怎样使祸患从根本上不发生的行为提出了严肃的批评,认为对这样的人无法与他们谈论道术。后来这个成语就指一般性的亡国了。

〔例句〕1.《宋史·列传》卷二百一十:"飞曰:'天不祐宋,社稷为墟,应镬死以报国,誓不与诸生俱北。'"

2.宋·司马光《资治通鉴·后周纪》:"彼相前朝,语其忠则反君事仇,语其智则社稷为墟。"

3.南宋·洪迈《容斋随笔·卷十·战国自取亡》:"赵以上党之地,代韩受兵,利令智昏,轻用民死,同日坑于长平者过四十万,几于社稷为墟,幸不即亡,终以不免。"

〔近义〕国破家亡　山河破碎

〔反义〕国泰民安　民富国强

【身死族灭】　shēn sǐ zú miè

〔褒贬〕中性

〔出处〕《淮南子·兵略训》:"有逆天之道,帅民之贼者,身死族灭!"

〔释义〕本人被处死,家族被诛灭。

〔鉴赏〕这是作者在强调战争的正义性时所创用的成语。作者认为,率军打仗要师出有名,是为了讨伐暴君才起兵的。作为正义之师,首先要纪律严明,要爱护人民,不得烧杀抢掠。同时要进行宣传,列举暴君的罪行,让人民知道义军的到来就是为了讨伐暴君,解救人民。具体来说,布告可以这样写:"你们这个国家的君主傲视天命,欺侮神灵,制造冤狱,滥杀无辜,这就是上天要惩处他、人民仇恨他的原因。今天我们正义之师来到你们国家,就是为了废除不义的昏君,恢复道德,让有德之人执掌朝政。谁要是敢违背天意,保护害民之国贼,一旦抓获,本人处死、家族灭绝;谁能带领全家听从我军的命令,则赐给全家人俸禄;谁率领一里居民顺从我军,则赏赐全里;谁率领全乡服从我军的命令,就将该乡赐封给谁;谁率领全县归顺我军,就封他为县侯。"

　　这条布告真是恩威并重,赏罚分明,自然会对人民群众产生强大的震慑力。尤其是身死族灭这一条,真令人不寒而栗。这是古代处罚罪犯最为严厉的一种刑法,一般用于对政治犯或罪大恶极的罪犯,这里用于敢于违背天意,保护害民国贼的人。这样一来,还有谁敢庇护他们?

　　〔例句〕1.胡赛萌《身死族灭吴三桂是如何走入人生死胡同的》:"对于吴三桂来说,他手里本来有着一副绝好的王牌,无论是关宁铁骑还是山海关,都是多尔衮和李自成梦寐以求的东西,可惜因为自己一时的愤怒而将这一副好牌给打烂了,最终落得个身死族灭的下场。"

　　2.孟祥才《贪得无厌使嫪毐身死族灭》

　　3.罗曲、方尧尧《理财大师桑弘羊缘何身死族灭——技术型官员从政之路的启示》。

　　〔近义〕赶尽杀绝　株连九族　斩尽杀绝　斩草除根

　　〔反义〕一人做事一人当　网开一面

【身体力行】　shēn tǐ lì xíng

　　〔褒贬〕褒义

　　〔出处〕《淮南子·氾论训》:"夫绳之为度也,可卷而伸也,引而伸之,可直而睎,故圣人以身体之。"又《礼记·中庸》:"力行近乎仁。"

　　〔释义〕身:亲身。体:体验。亲自去做,努力实行。

　　〔鉴赏〕作者创用该条成语,是用来阐述治政方针的。作者为了有效阐述心中理想的治政方针,首先从世界本源说起。中国古代哲学认为,气是存在于宇宙中的运行不息且无形可见的极细微的物质,这是构成宇宙万物的本原(或本体)。气分阴阳,阴阳相逢,濡润和谐则为中和。中和之气,充满天地万物之间,使天地万物共存共荣,生生不息,成为一个庞大的和谐体。正如《荀子·礼论》所说:"天地合而万物生,阴阳接而变化起。"

反之,如果阴阳不能相逢对接,紊乱失调,那么就会有灾难发生。所以《国语·周语上》说:"夫天地之气,不失其序。若过其序,民之乱也。阳伏而不能出,阴迫而不能蒸,于是有地震。"因此,作者认为天地之间的气,没有比中和之气更珍贵了。只有阴阳协调,才分昼夜,万物才能生长,生长和成熟都离不开这精纯的中和之气。将这一原理运用到处事原则上,那就应该是:宽松而又坚决,威严而又温和,柔软而又刚直,威猛而又仁慈。因为如果太刚硬则容易折断,如果太柔软则容易卷曲,所以圣人是处刚柔之间,为得道之根本。积阴过多则沉,积阳过多则飞,只有阴阳交融才能达到融和的状态。

作者在从哲学的制高点对"中和之气"的重要性作了逻辑论证之后,又运用了物质世界中的具体物质——墨绳,作了比喻论证。他说墨绳作为一种尺量的器具,既可以卷曲起来怀抱一团,又可以牵直伸长来测直瞄准。虽长但不横阻,虽短但不穷尽,虽直但不刚坚,长久但不被遗忘,这大概就是墨绳的特性吧?

最后,作者在对"中和之气"和"绳墨能屈能伸"的特性作了精辟的阐述之后,将笔锋转到问题的实质上来。认为圣人就要亲身体验这种墨绳能伸能屈的特性,掌握好恩德、严厉、仁爱、刑法等治政工具使用的度。如果只用恩德来治政就显得懦弱了些,要是懦弱了就没有了威信;如果只靠严厉来治政就显得凶猛了些,要是凶猛了就没有了和睦;如果一味地以仁爱来治政便会放纵,要是放纵了就无人听从命令;如果只用刑罚来治政就显得暴虐了些,暴虐的政治是无人来亲附归顺的。

由远而近,由此及彼,环环相扣,层层深入,逻辑严密,体现出作者高超的论证技巧。作者在论述治政方针的过程中,无意间还提出了亲身体验的重大的认识论问题。

百年后,曾经做过九江太守的戴圣,在他编纂的《礼记·中庸》篇中,记载了鲁哀公的问政与孔子的故事。孔子回答说:"好学近乎智,力行近乎仁,知耻近乎勇。知斯三者,则知所以修身;知所以修身,则知所以治人;知所以治人,则能成天下国家矣。"

后人将《淮南子·氾论训》中出现的"圣人以身体之"与《礼记·中庸》中"力行近乎仁"两个句子合在一起,便形成了"身体力行"的成语。本条成语包含了认识论的重要原理,突出了实践的重要性。邓小平同志曾说:"世界上的事情都是干出来的,不干,半点马克思主义也没有。"是的,没有行动,就只能永远讲在口头上、写在文件里,再美好的蓝图、再动听的口号也不可能变为现实。一切形式主义、口头主义都是误国殃民的罪魁祸首。本条成语对后世影响很大,引用频率很高。

〔例句〕1.明·章懋《答东阳徐子仁书》:"但不能身体力行,则虽有所见,亦无所用。"

2.清·张惠言《承拙斋空传》:"先生以致知格物为基址,以身体力行为堂奥。"

3.《曾国藩家书·赠九弟曾国荃》:"牢骚满腹无济于事,身体力行才是上策。"

4.清·文康《儿女英雄传》第三十六回:"门生父亲,平日却是认定一片性情,一团忠恕,身体力行,便是教训门生,也只这个道理。"

〔近义〕事必躬亲　亲力亲为

〔反义〕纸上谈兵　玩忽职守

【身先士卒】　shēn xiān shì zú

〔褒贬〕褒义

〔出处〕《淮南子·兵略训》:"故古之善将者,必以其身先之。暑不张盖,寒不被裘,所以程寒暑也。"

〔释义〕作战时将领亲自带头,冲在士兵前面。比喻在工作中,领导带头,走在群众前面。

〔鉴赏〕本条成语是作者分析说明取得战争胜利的条件时所创用的。(参见"视死若归")

需要指出的是,本条成语在该书该卷中尚未定型,虽只是提供了重要的语源,但却在该成语的形成过程中起到了关键性的作用。

〔例句〕1.宋·司马光《资治通鉴·隋纪炀帝大业九年》:"玄感每战,身先士卒,所向摧陷。"

2.明·罗贯中《三国演义》第七十二回:"披坚执锐,临难不顾,身先士卒。"

3.明·朱梦龙《东周列国志》第九十五回:"乐毅身先士卒,四国兵将,无不贾勇争奋,杀得齐兵尸横原野,流血成渠。"

〔近义〕身体力行　一马当先　以身作则

〔反义〕临阵脱逃　瞠乎其后　畏缩不前

【深根固本】 shēn gēn gù běn

见"根深本固"。

【神出鬼没】 shén chū guǐ mò

〔褒贬〕中性

〔出处〕《淮南子·兵略训》:"善者之动也,神出而鬼行。"

〔释义〕没:消失。像神那样出现,像鬼那样消失。形容出没无常,行动变化迅速,不可捉摸。

〔鉴赏〕作者创用此语,主要用来阐述他的"无形"的军事原则。作者认为,用兵过程中需要遵守的一个基本原则——"无形",即智谋、意图、行动、装备等不显露于外,这样就不易被人所察觉、所揣度、所制迫。人们之所以看重"道",是在于"道"的无形。一般而言,你的智慧表现出来,人家也就会用智谋来对付你;你的形迹表现出来,人家也就会以相应的行为来对付你;你的部队稍有暴露,人家就会打埋伏;你的器械装备一亮出来,人家就会做好充分的防备。总之,动作周旋、曲直屈伸、使巧用诈,都不算是高明的。高明的人是神出鬼没,如星辰闪烁不定,像天体恢宏运行,进退屈伸,不留痕迹;像鸾鸟飞升、麒麟跳跃、凤凰飞翔、神龙腾空;发动时如焱风,而迅猛得又像闪电。这样的军队实在是防不胜防。以前的诸子兵法中,虽然不乏重视用兵布阵要善于变化的论述,但将这种变化莫测上升到"无形"的层面,并且阐述得如此详尽的还是此文。同时,作者还将兵法纳入到"道"的体系中,使之自成一家,其创新性显而易见,其理论地位不可忽视。即便在今天的军事斗争中,也仍然具有极其重要的实践意义。

此处为本条成语提供了关键的语素,后人经过剪辑改造将其定型。

〔例句〕1.唐·崔致远《桂苑笔耕集·安再荣管临淮都》:"前件官夙精韬略,历试机谋,尝犯重围,决成独战,实可谓神出鬼没。"

2.《朱子语类·礼·小戴礼》:"只如《周易》,许多占卦,浅近底物事尽无了;却空有个《系辞》,说得神出鬼没。"

3.明·罗贯中《三国演义》:"孔明分付三个锦囊与我,教我一到南徐,开第一个;住到年终,开第二个;临到危急无路之时,开第三个:于内有神出鬼没之计,可保主公回家。"

4.明·沈鲸《双珠记》:"我想袁先生是个有道行的人,平日言语动静,神出鬼没,因此不敢问他详细。"

5.明·冯梦龙《喻世明言·葛令公生遣弄珠儿》:"谁知申徒泰拚命而来,这把刀神出鬼没,遇着他的,就如砍瓜切菜一般,往来阵中,如入无人之境。"

〔近义〕变化无常　神秘莫测　神鬼不测　神出鬼入
〔反义〕显而易见　大张旗鼓　招摇过市　显而易见

【生寄死归】　shēng jì sǐ guī

〔褒贬〕褒义

〔出处〕《淮南子·精神训》:"禹南省,方济于江,黄龙负舟,舟中之人五色无主。禹乃熙笑而称曰:'我受命于天,竭力而劳万民,生寄也,死归也,何足以滑和?'视龙犹蝘蜓,颜色不变,龙乃弭耳掉尾而逃。"

〔释义〕寄:暂居。生似暂居,死如归去。指不把生死当作一回事。

〔鉴赏〕这是本卷赞颂大禹为民劳形,早将生死置之度外时所创用的成语。作者在本段中,采用对比的方法,指出一般的人之所以热衷于做君主的原因,那是由于君主可以穷极耳目的欲望,并能让身体舒舒服服。但真正为天下百姓谋幸福的圣君贤主却从不贪图个人的享受。现在的那些高楼台榭,一般人都认为是壮丽的,但是尧帝住房屋顶的茅草不加修剪,屋檐的椽子不让人砍削,梁柱的端头也不进行雕饰;那些珍奇的食品,一般人都认为是味道鲜美的,但是尧帝却只吃粗糙的饭菜,喝用野菜熬成的汤羹;还有那些绣有纹彩的锦衣和纯白的狐皮裘衣,一般人都是十分喜爱的,但是尧帝却用麻布裹身,用鹿皮御寒保暖。尧帝的养生条件并不比一般人优厚,但却增加了比一般人多得多的繁重事务所带来的忧虑,所以尧就将天下禅让给舜,就像卸下了重担一样,这实在不是出于一种谦让美德的名声,而是君主王位在尧看来不值什么,实在没有什么可留恋的。这便是"轻天下"的具体事例。

夏禹到南方巡视,在渡江时,一条黄龙游出水面并将夏禹他们所乘坐的船托起,船上的人都吓得神色大变,可禹却恬然地笑着说:"我受命于天,竭尽全力为百姓操劳。我活着是寄居天地之间,死后还是要回归大地,哪里值得我为生死而来搅乱平静的心境!"在夏禹的眼里,这黄龙就像一条小小的蜥蜴,所以神色不变,而那黄龙最终耷拉着耳朵、掉转尾巴逃走了。这是大禹小看万物的具体事例。

郑国的神巫给壶子林看相,看到了壶子林脸上显示的凶兆,并将此事告诉了列子。列子哭着前去报告老师壶子。谁知壶子却向列子谈起天地间的生命起源和回归的道理来;是天地间的生气,名实不入于心,一线生机从脚后跟升起,壶子把生死看成一回事。子求已有五十四岁了,得了伛偻病,脊椎骨高于头顶,胸前骨头贴近腮帮,大腿向上,下阴朝天;子求爬到井边照视自己的模样,然后说道:"伟大啊!造化者怎么将我变成这么奇妙的弯曲之形?"子求对自己身体奇异的变化并不大惊小怪。所以,看看尧让帝位,就可知道天下君位的轻微;看看禹的志向,就可知道万物的细小;推敲壶子的言论,就可知道生死的相同;看了子求的行为,就可知道变与不变是一样的。

通过对比,一般人为了个人享受去拼命争夺君位,与四位圣君贤达看轻宇宙万物的人生境界之高低鲜明地表现了出来,希望人们放弃个人私欲,不为外在的名利所动,与天地万物融为一体,实现虚静逍遥、精神和乐安宁的思想也由此确立,同时也为我们创造了富有深刻思想内容的本条成语。"生寄死归"是为了人民的利益而舍生忘死、无私奉献的崇高的精神境界的体现,是对死亡的一种淡定和超脱,是对人生的一种透彻的参悟。

〔例句〕1.明·徐弘祖《徐霞客游记·续编》:"吾游遍灵境,颇有所遇,已知生寄死归,亦思乘化而游,当更无所罣碍耳。"

2.清·文康《儿女英雄传》第十九回:"我这病多分不起,生寄死归,不足介意。"

3.黄宗羲《明儒学案》:"曰:'性率五常,学求复性,大公至正之道也。

如此而生,如此而死,何不该焉。专言生死,生寄死归,自私耳矣。'"

4. 韦千里《千里命稿·应运篇》:"盖生寄死归,有梦必醒。为盗跖而生,不如为伯夷而死。"

5. 李妍、杜卉、田晓青、武玉梅《在这里,他们的生命之烛长明——参观天津医科大学"生命意义展室"纪实》:"我的作品是我留下的丰碑。丈夫儿子姊妹务必节哀豁达,生劳死息,生寄死归!"

〔近义〕视死如归

〔反义〕贪生怕死

【声东击西】　shēng dōng jī xī

〔褒贬〕中性

〔出处〕《淮南子·兵略训》:"故用兵之道,示之以柔而迎之以刚,示之以弱而乘之以强,为之以歙而应之以张,将欲西而示之以东……"

〔释义〕声:声张。指造成要攻打东边的声势,实际上却去攻打西边。这是使对方产生错觉以出奇制胜的一种战术。

〔鉴赏〕这是作者阐述军事战略战术时所创用的一条成语。作者认为,用兵的策略,有时故意向敌方显示我军的柔弱,但真要开战时,就用刚强给敌人以迎头痛击;有时故意向敌方示以收敛的姿态,但当对方进犯时,却大张旗鼓并配以强盛的气势给敌方以沉重的打击;有时想往西进,却故意制造成东进的假象。用兵要像"鬼"那样来无踪去无影,又要像"水"那样渗透深入不留痕迹。所以军事上有这种情况,即外表上的趋向并不是他真要去的地方,表露出来的迹象并不代表他的真实意图,所以一举一动很难吃准这到底是为什么。由此就会导致这样的结果,像晴天炸雷,你没法防备;而且一定记着军事招数不可重复使用,这样才能稳操胜券;与神奇的光明相通,但却不知它的门径,这就叫做用兵如神。

作者这里论述的是一种以假象迷惑敌人,使敌方摸不清己方军事实力和战略意图的战略战术,也是对"声东击西"计谋的透彻阐释,具有极高的军事理论和实践价值。用兵打仗常常可以用欺诈、蒙蔽的手段来克敌制胜。声东击西就是避开敌人的锋芒,运用忽东忽西、即打即离的战术制造假象来迷惑敌人。使敌人搞不清楚己方的真正进攻意图。从而避免暴露出自身的薄弱部位。或者是敌人把主力布置到错误的地点我方则趁机发动猛攻,出其不意,一举战胜敌人。概而言之,就是制造假象,扰乱视听,使敌方做出错误判断,然后乘其不备,攻其要害,从而夺取战争的胜利。

声东击西,用假象来迷惑敌人是兵法三十六计中的重要一计,早在《孙子兵法》就有所阐述:"故善动敌者,形之,敌必从之。"这里讲的"形之",就是制造假象来欺敌的意思。自《淮南子·兵略训》明确提出之后,这一计策不断被后人所推崇。

在军事实践上,"声东击西"的计策更是得到了普遍的运用,并且不断取得重大的军事成果。例如战国时期,韩国从魏国手里成功夺回军事重镇成皋便是其典型的战例。成皋是韩国北方的屏障,失陷后,韩国上下一片慌乱。魏国原意用成皋来换孙膑,韩国不少大夫主张答应魏国的交换条件,用孙膑换回成皋,韩王也打算把孙膑交给魏国。但申大夫坚决反对,他说只要孙膑在韩国,成皋就不愁不能夺回,而且魏国也不敢小视韩国。身为大将军的韩国太子也反对交出孙膑,认为如此将是韩国的羞辱。于是韩王改变主意,命太子和孙膑带兵夺回成皋。

韩国的军队没有直接进攻成皋,而是直逼魏国的重镇中牟。庞涓估计孙膑会像当年围魏救赵一样故技重演,并未回兵中牟,而是率主力直逼韩国国都。韩王立刻命太子和孙膑回军。孙膑让太子率大军明为回国救急,实为虚晃一枪,而是自己与钟离春率领一支精干轻装军队,夜奔成皋,乘敌不备,夺回了成皋。

班超平定莎车也是成功运用"声东击西"的典型战例。东汉时期,班超出使西域,目的是团结西域诸国共同对抗匈奴。为了使西域诸国便于共同对抗匈奴,必须先打通南北通道。地处大漠西缘的莎车国,煽动周边小国,归附匈奴,反对汉朝。班超决定首先平定莎车。莎车国王北向龟兹求援,龟兹王亲率五万人马,援救莎车。班超联合于阗等国,兵力只有二万五千人,敌众我寡,难以力克,必须智取。班超遂定下声东击西之计,迷惑敌人。他派人在军中散布对班超的不满言论,制造打不赢龟兹,有撤退的迹象。并且特别让莎车俘虏听得一清二楚。这天黄昏,班超命于阗大军向东撤退,自己率部向西撤退,表面上显得慌乱,故意让俘虏趁机脱逃。

231

俘虏逃回莎车营中,急忙报告汉军慌忙撤退的消息。龟兹王大喜,误认班超惧怕自己而慌忙逃窜,想趁此机会,追杀班超。他立刻下令兵分两路,追击逃敌。他亲自率一万精兵向西追杀班超。班超胸有成竹,趁夜幕笼罩大漠,撤退仅十里地,部队即就地隐蔽。龟兹王求胜心切,率领追兵从班超隐蔽处飞驰而过,班超立即集合部队,与事先约定的东路于阗人马,迅速回师杀向莎车。班超的部队如从天而降,莎车猝不及防,迅速瓦解。莎车王惊魂未定,逃走不及,只得请降。龟兹王气势汹汹,追赶一夜,未见班超部队踪影,又听得莎车已被平定,人马伤亡较重的报告,见大势已去,只有收拾残部,悻悻然返回龟兹。

声东击西之计,早已被历代军事家熟知,成功运用这一计策的战例举不胜举。在运用时务必要谨慎,必须充分估计敌方情况。如果敌方指挥确可扰乱,使用此计必胜,如果对方指挥官头脑冷静,能破计谋,此计就不可能发挥效力了。正如《汉书·周勃传》的《按语》所说:

西汉,七国反,周亚夫坚壁不战。吴兵奔壁之东南陬,亚夫便备西北;已而吴王精兵果攻西北,

遂不得入。此敌志不乱,能自去也。汉末,朱儁围黄巾于宛,张围结垒,起土山以临城内,鸣鼓攻其西南,黄巾悉众赴之,儁自将精兵五千,掩其东北,遂乘虚而入。此敌志乱萃,不虞也。然则声东击西之策,须视敌志乱否为定。乱,则胜;不乱,将自取败亡,险策也。

这则按语通过使用此计的两个战例,来提醒使用此计的人必须考虑对手的情况:黄巾军中了朱儁佯攻西南方之计,遂丢失宛城(今河南南阳)。而周亚夫处变不惊,识破敌方计谋。吴军佯攻东南角,周亚夫下令加强西北方向的防守。当吴军主力进攻西北角时,周亚夫早有准备,致吴军无功而返。

《淮南子·兵略训》为本条成语提供了语源,后人对其进行剪辑使之定型。

〔例句〕1.唐·杜佑《通典·兵典六》:"声言击东,其实击西。"

2.《宋史·高敏传》:"兵家之事,声东击西。"

3.刘伯温《百战奇略》:"声东而击西,声彼而击此,使敌人不知其所备,则我所攻者,乃敌人所不守也。"

4.明·罗贯中《三国演义》第一百一十一回:"蜀人或声东击西,指南攻北,吾兵必须分头守把。"

5.明·施耐庵《水浒传》第十八回:"这雷横亦有心要救晁盖,以此争先要来打后门;却被朱仝说开了,只得去打他前门,故意这等大惊小怪,声东击西,要催逼晁盖走了。"

6.袁庙《辛亥革命征信录》:"是夜革党拟于十二点钟,由汉口起事,声东击西,使武昌不暇筹备。"

7.毛泽东《抗日游击战争的战略问题》第四章:"经常要采取巧妙的方法,去欺骗、引诱和迷惑敌人,例如声东击西,忽南忽北,即打即离,夜间行动等。"

本条成语也用来形容动作、说话、行为等变化莫测。

8.清·李渔《玉搔头·讲武》:"一任他声东击西,藏头露尾,俺自有应八面的雄捍蔽。"

9.孙犁《澹定集·读作品记》:"他的语言,采取了长段排比,上下骈偶,新旧词汇并用,有时寓庄于谐,有时寓谐于庄,声东击西,真假相伴,抑扬顿挫,变化无穷的手法。"

〔近义〕出其不意　出奇制胜　围魏救赵　指东打西

〔反义〕无的放矢　单刀直入　不出所料　料敌如神

【声如雷霆】　shēng rú léi tíng

〔褒贬〕褒义

〔出处〕《淮南子·兵略训》:"三军之众,百万之师,志厉青云,气如飘风,声如雷霆,诚积逾而威加敌人,此谓之气势。"

〔释义〕霆:响雷,炸雷。雷霆:巨大的雷声。比喻声音巨大,气势威武雄壮。

〔鉴赏〕作者创用此语,用以说明"气势"在战争中的作用。作者认为,用兵需要占据"三势",即"气势""地势"和"因势"。将领充满勇气并且藐视敌人,士卒果断勇敢并且乐于参战,三军人马、百万雄师,壮志凌云、豪气冲天,声如雷霆,积聚忠诚之情,并在气势上压倒敌军,这就叫"气势"。山峡险道,渡口关卡,大山名塞,像龙蛇盘踞,似斗笠排列;羊肠小

233

道,像鱼笱似的险隘,一人把持隘口,千人莫想通过,这就叫"地势"。乘敌军劳累疲倦、松懈混乱、饥饿干渴、挨冻受热之机,将摇摇欲坠、动荡不安的敌军逼到死境,这就叫"因势"。除了要占据"三势"以外,还要拥有"二权",即"智权"和"事权",前者讲的是智谋,后者讲的是军规军纪。作者关于"三势"和"二权"的论述是很有见地的,之前的军事理论里面尽管有人谈及,但没有本书作者概括得这么全面系统而又如此精到。

〔例句〕1. 明·冯梦龙《东周列国志》第八十回:"时子胥在旁,目若燎火,声如雷霆……"

2. 唐·杜佑《通典·选举典二》:"神龟二年,羽林、虎贲相率千余人,至尚书省诟詈,求彝长子、尚书郎始均不获,以瓦砾投击台阁,声如雷霆,京师慑震,莫敢讨遏。"

3.《北史·列传》第四十八卷:"于是时观者走之,转相腾籍,声如雷霆。"

〔近义〕气贯长虹　气冲霄汉　气势磅礴　声势浩大　声势煊赫　声振寰宇　声振林木　穿云裂石

〔反义〕窃窃私语　声若蚊蝇　低声细语　呢喃细语　喃喃自语　怡声下气　绵言细语

【绳之以法】 shéng zhī yǐ fǎ

〔褒贬〕中性

〔出处〕《淮南子·泰族训》:"若不修其风俗,而纵之淫辟,乃随之以刑,绳之以法,虽残贼天下,弗能禁也。"

〔释义〕绳:准绳,引申为制裁;之:代词,代指犯法的人;以:用,拿;法:法律,法令。用法律为准绳予以制裁。

〔鉴赏〕作者创用本条成语,主要强调道德教化在治国理政中的重要性。作者认为,人们之所以看重圣人,不是看重圣人根据罪行来量刑,而是看重圣人了解产生动乱祸害的缘由这一点。如果不治理社会风气,培养良好的风尚,放纵邪恶泛滥,而到了邪恶泛滥之时再动用所谓的刑法去惩治,这刑法即使能铲除奸贼邪恶,但仍无法从根子上禁绝邪恶。从以上简短的论述中可以看出,在法律和教化这两个治国法宝中,作者更为看重后者的作用。因为在作者看来,"法能杀不孝者,而不能使人为孔、曾之行;法能刑窃盗者,而不能使人为伯夷之廉"。也就是说,外在的刑罚虽然使人畏惧,但并不能使人们从思想上、从根本上向善;只有使人们从内心深处体认到良心良知之后,才能够使人们自觉自愿地向善,讲礼仪,知廉耻。

〔例句〕汉·冯衍《上疏自陈》:"以文帝之明而魏尚之忠;绳之以法则为罪;施之以德则为功。"

〔近义〕天网恢恢,疏而不漏　罪有应得　法网难逃

〔反义〕逍遥法外　网开一面　法外施恩

【圣人思修】 shèng rén sī xiū

〔褒贬〕中性

〔出处〕《淮南子·人间训》:"故仁者不以欲伤生,知者不以利害义。圣人之思修,愚人之思叕。"

〔释义〕修:长。叕:读 zhuó,短浅,不足。指品德高尚、智慧高超之人深谋远虑。

〔鉴赏〕作者在《人间训》中讲述了郑国商人弦高以牛犒秦师得以存国而不受赏的故事。然后笔锋一转,有力地得出以本条成语为中心的如上结论。作者创用这条成语,并不是为了简单地概括这个事实,而是重在告诫人们考虑问题要从长远利益着想,要从大处去思考,不能急功近利,鼠目寸光。否则将会损害根本利益,动摇长远福祉。谆谆告诫,当须时刻在耳。

〔例句〕圣人与愚人之间的重要区别之一就是~,目光远大;愚人思叕,鼠目寸光。

〔近义〕深谋远虑　深计远虑　深思熟虑

〔反义〕鼠目寸光　目光短浅　愚人思叕

【识高虑远】 shí gāo lǜ yuǎn

〔褒贬〕褒义

〔出处〕《续资治通鉴·宋纪一百十七》:"帝乃手书报浚:'近以边防

所疑事咨卿,今览所奏甚明,俾朕释然无忧。非卿识高虑远,出人意表,何以臻此!'"

〔释义〕见识高,考虑问题深远。

〔鉴赏〕本条成语是宋高宗称赞宋代名相张浚在抗金斗争中的突出表现时所创用的。张浚(1097—1164年),字德远,世称紫岩先生,汉州绵竹(今属四川)人。南宋名相、抗金名将、民族英雄、学者,西汉留侯张良、唐朝开元时期名相张九龄之弟张九皋之后。张浚四岁时就成了孤儿,他为人诚实耿直,品行端正,少年时代就被熟人认定将来必成大器。宋徽宗政和八年(1118)进士,历枢密院编修官、侍御史、知枢密院事、川陕宣抚处置使、尚书右仆射同中书门下平章事兼知枢密院事都督诸路军马等职。隆兴元年(1163),封魏国公。隆兴二年八月,病卒,葬宁乡,赠太保,后加赠太师。干道五年(1169)谥忠献。著有《紫岩易传》等。

由于张浚坚决主张抗金,这与宋高宗、秦桧、汤思退等主和派观点相左,因而得不到重用。宋高宗绍兴六年(1136)十月,金朝扶植的刘豫政权起兵三十万,由寿州进犯合肥、定远等地,江淮天然防线危在旦夕,张浚作为负责江淮地区防务的长官甚是忧心,而宋高宗及部分惧战将领拟退守江南,张浚上书高宗,坚决反对宋军撤退,主张合力击退刘豫军队,守住淮南。宋高宗亲自手书表扬张浚"识高虑远"。

绍兴三十一年(1161)正月,金军南犯已迫在眉睫,宋高宗不得已放弃不抵抗的政策,再次启用张浚准备抗战。同年十月,宋金战争再次爆发,朝廷任用张浚为潭州判官,十一月又改为建康府判,当他十二月下旬到任时,金帝完颜亮已被部下杀死,两淮金军开始退兵。但宋金战争仍在进行,宋高宗却认为终归于和,所以并不重用张浚。直到绍兴三十二年(1162)五月,才任命张浚专一负责江淮军政要务。六月,高宗退位,孝宗即位。

宋孝宗即位后,张浚复用为枢密使。隆兴元年(1163),封为魏国公,都督江淮军马渡淮北伐,这时主和派势力随即抬头,秦桧党羽汤思退,于七月间被任为右相兼枢密使,议和活动也在进行中。十二月,汤思退升任左相兼枢密使,张浚也升任右相兼枢密使,仍兼管江淮地区防务。

隆兴二年(1164)三月,张浚奉诏视师淮上,积极部署抗金措施。四月,被召回朝,随后江淮都督府也被罢免,在太上皇宋高宗干预下,左相汤思退更加紧进行降金乞和活动,张浚感到抗金无望,即求致仕,于是被罢相,授少师、保信军节度使、出判福州(今属福建)。张浚辞新命,恳求致仕,改授醴泉观使闲差。同年八月,张浚病故,葬于宁乡,赠太保,后加赠太师。干道五年(1169),获赐谥号忠献。

张浚不仅是一位坚决主张抗金的名将,同时也是一位廉洁自律的清官。相传张浚得罪了秦桧以后,被贬到零陵,随身只带了几箱子旧物。秦桧党羽诬告说那里面都是张浚和蜀地旧部往来策划谋反的书信,以为抄家缴来至少可以在其中发现一些不利于张浚的私物。宋高宗派人去抄来,在朝堂上打开却只看到一些书籍,虽然也有书信,但里面都是忧国爱君的内容。此外就是破旧衣服,宋高宗大出意外,非常感动,说:没想到张浚竟然一贫如此。于是派使者追赶去送他三百两黄金。

张浚以寿县为据点,在江淮之间展开了数年艰苦卓绝的抗金斗争,在寿县人民抵抗外族入侵的历史上留下了光辉的一页。一代名相张浚虽然远离我们而去,但他精忠报国的情怀和清正廉洁的高尚品质为激励后人的宝贵的精神遗产。同时,高宗褒奖他的这条成语为寿县成语典故增添一名新秀。

〔例句〕1.宋·吕祖谦《东莱博议·晋文公》:"文公安齐之富,无复四方之志,苟从行诸臣,亦苟其欲,则终身营丘一布衣矣,幸而诸臣识高虑远,谋于桑下……"

2.清·蔡召华《笏山记》:"韩腾执其手曰:'庄勇真识高虑远之佳士也。今欲如何?'"

〔近义〕见多识广　高瞻远瞩

〔反义〕鼠目寸光　目光如豆

【时苗留犊】 shí miáo liú dú

〔褒贬〕褒义

〔出处〕《三国志·魏书·常林传》裴松之注:"时苗,字德胄,钜鹿人(东汉末年平乡为钜鹿郡辖地)。少清白,为人疾恶。建安中,入丞相府。出为寿春(今安徽省寿县)令,令行风靡。其始之官,乘薄牸车,黄犊牛,布被囊。居官岁余,牛生一犊。及其去,留其犊。

〔释义〕犊:小牛。东汉末年寿春令时苗,离任后不肯带走任上所喂养的母牛产下的牛仔。自此之后,"时苗留犊"成为为官清廉的代名词。

〔鉴赏〕寿州大地,清官辈出,其中时苗留犊已成为人们耳熟能详的佳话。故事发生在东汉末年建安中期,河北钜鹿(今河北邢台平乡)人时苗任寿春令时,乘坐一辆牛车而来。一年过后,母牛生下一小牛犊。卸任后,当地官员和老百姓都以"六畜不识父,自当随母"为由,力劝时苗将牛犊带走。但他却说:"令来时本无此犊,犊为淮南所生有也。"即使当地父老民众"攀辕卧辙",时苗还是执意留犊而去。当时,人们都认为他偏激,然而,时苗却因此而闻名天下。

时苗年轻时就崇尚清白为人,疾恶如仇。建安中期,经常出入丞相府,成为丞相曹操所看重的人物。后出为寿春令,他为政谨肃,纪律严明,清廉自持,不事权贵。当时扬州治在其县,蒋济为治中。时苗上任之初曾去拜见蒋济,蒋济向来嗜酒,不巧正遇到他喝醉酒,不能接见时苗。时苗愤然而回,刻了一个木人,署名"酒徒蒋济",放于墙根之下,早早晚晚用箭射之。州郡虽然知道他的所为,对其不满,然而因为时苗行得端走得正,也拿他没办法。后任太官令,为令数年,不肃而治,官至典农中郎将。后因不满曹操专权朝政,弃官归隐,正始年间病卒,年七十余。

后来,寿县人们为了纪念时苗为官清廉,就把小牛饮水之池取名为"留犊池",又在牛犊栖身地建起"留犊坊"。明成化年间(1465—1487年),知州赵宗顺从民意,又在池北建祠祭祀时苗,因称"时公祠"或"留犊祠",池、祠之间的街巷称作"留犊祠巷"。

"时苗留犊"的历史故事和成语典故是时苗留给寿春人民一笔重要的历史文化遗产,在中国历史上产生了深远的影响,"留犊祠巷"已成为中国廉政文化的重要基地,历代文人墨客为此写有很多的赞美诗文。如唐代李瀚《蒙求》就有"时苗留犊,羊续悬鱼"之句,苏轼、张轼、汤鼐和王九思等也都曾为时苗留过诗句。元代监察御史王恽赞此"清白居官志不贪,故教留犊在淮南"(《题时苗留犊》)。明代张轼《留犊池诗》也有"来一牛来去一牛,清风高节至今留"之句,汤鼐的《留犊池》诗也称赞道:"漫说池湮不记年,开池今见郡候贤。爱民政高向时着,留犊名从去后传。"尤其是明寿州主事董豫所作的《留犊池》一诗,读来令人深思:"去任无惭到任时,独留一犊饮斯池。廉名不持当时重,遗爱能令去后思。千载清风垂古史,半池明月映荒祠。停骖几度池边立,漫剔苍苔诵勒诗。"清代文人孔庆珪写的五言诗《太平乡》也耐人寻味:"一载寿春令,弃官归隐居。留犊语父老,清廉近何如。佳墓巍然存,大木风萧疏。爱此太平乡,醇风还古初。"

总之,时苗以此清正廉洁、勤勉为政而深受人民的崇敬和赞誉,"时苗留犊"也将永远成为寿春人民引以为豪的一条成语典故。

〔例句〕唐·李瀚《蒙求》:"时苗留犊,羊续悬鱼。"

〔近义〕两袖清风　一尘不染　脂膏不润　廉洁奉公　一介不取　一廉如水

〔反义〕贪得无厌　赃官污吏　虎饱鸱咽　羊贪狼狠　刮地皮

【时移俗易】 shí yí sú yì

〔褒贬〕中性

〔出处〕《淮南子·齐俗训》:"仪必应乎高下,衣必适乎寒暑。是故世异则事变,时移则俗易。故圣人论世而立法,随时而举事。"

〔释义〕移:变动;易:更换。指时代变了,社会风俗也跟着发生变化。

〔鉴赏〕《淮南子·齐俗训》是一篇专门讨论礼俗问题的文章。作者认为,不同的时代、不同的地区、不同的国家和民族,有着不同的礼俗。这些礼俗都是对人们在特定时空条件下的特定的生活环境、社会伦理、政治制度、人际关系的反映。因此,礼俗不是一成不变的,也不是整齐划一的,人们应该尊重礼俗的多样性,不能以某种礼法标准来衡量这些礼俗的贵贱和是非,也不能用某一种礼法来统一天下社会,更不能强迫人们接受一种繁琐而无实用的礼俗。所以,作者强烈质疑"岂必邹鲁之礼之谓礼乎"主张"入其国者从其俗,入其家者避其讳,不犯禁而入,不忤逆而进"。也就是要入乡随俗,移风易俗。

在具体的论证过程中,作者首先对世界上有很多所谓的明事理者进行了批评和否定,因为他们实际上是离开这一"道德"根本的,说什么"礼义足以治天下",这种人是不可以和他谈治国方略的。为什么这样说呢?因为他们不懂得礼仪的真正含义而盲目搬用。作者认为:所谓礼义,实际上是五帝三王制定的法典和习俗,各适合于他们所处的那个时代。作者首先揭示了礼仪的内涵,它们实际上是一定历史条件下用来治理社会的产物。

作者关于礼俗的论述,确如陈广忠在《淮南子斠诠》中所说的那样,处处洋溢着一种开放、发展、变化、包容而博大的精神风貌。这对于我们多层次、多角度地分析问题,看待不同现象,颇有启发意义。尤其是作者给我们留下的"时移俗易"的成语,千百年来,一直以其高度的概括性、含义的深刻性、思想的新颖性而不断被人们借鉴和运用,成为人们革故鼎新,推动社会进步和发展的重要理论根据。

需要注意的是,"时移俗易"与"移风易俗"属于近义词,它们都有改变风俗习惯的意思,但前者强调的是因为时代变了,旧的风俗习惯已经不合时宜了,所以要加以改变。后者仅仅只是说明要改变风俗习惯,而没有说明为什么要进行改变。

〔例句〕1.汉·刘向《说苑·杂言》:"今夫世异则事变,事变则时移,时移则俗易。"

2.三国·魏·嵇康《卜疑》:"时移俗易,好贵慕名,臧文不让位于柳季,公孙不归美于董生,贾谊一当于明主,绛灌作色而扬声。"

3.《魏书·礼志四》:"良由去圣久远,典仪殊缺,时移俗易,物随事变。"

4.晋·葛洪《抱朴子·擢才》:"且夫爱憎好恶,古今不均,时移俗易,物同价异。"

5.《宋书·颜竣传》:"及时移俗易,则通变适用,是以周、汉俶迁,随世轻重。"

6.鲁迅《彷徨·高老夫子》:"但时移俗易,世风也终究觉得好了起来。"

〔近义〕破旧立新　除旧布新　革故鼎新

〔反义〕因循守旧　墨守成规　故步自封

【市不豫贾】 shì bù yù jiǎ

〔褒贬〕褒义

〔出处〕《淮南子·览冥训》:"黄帝治天下,道不拾遗,市不豫贾。"

〔释义〕贾:同"价"。豫贾:虚定高价以欺骗顾客。指市场上商人不虚定物价来骗人。用于形容社会风气良好,商人文明经商。

〔鉴赏〕这是《淮南子》的作者在本卷赞美黄帝治下的理想社会而创用的一条成语。作者认为,黄帝治理天下时,在力牧、太山稽等贤臣辅佐下,能顺应日月运行、阴阳变化的规律来制定历法,区分性别,明确等级,使社会强不凌弱、众不欺寡。人民能保天命而不无故夭折,年成按时成熟丰收而不闹灾异;各级官吏公正无私,上下协调而无过失;法令严明而不昏暗,辅佐大臣公正不阿;耕者互不侵犯田界,猎渔者不争夺鱼多水域;路不拾遗,市场无人哄抬物价;城门昼夜敞开,城镇没有盗贼;穷乡僻壤之人也能互相谦让财物,连猪狗也不吃路边的食物。所以百姓无争论之心,怨恨之情。因此天下清平安定,日月明亮,星辰运行正常不偏离轨道,风调雨顺,五谷丰登;虎狼不随意扑咬,猛禽不随便搏击,凤凰出现在庭院,麒麟闲游郊外,青龙进献车驾,神马安卧马槽;诸北、儋耳等边远国家无不奉献贡品。

这真是一幅祥和瑞气、温暖和谐、其乐融融的社会图画,正如唐代诗人顾况在《八月五日歌》所描绘的那样:"率土普天无不乐,河清海晏穷寥廓。"令人心向往之。其中的主色调便是和谐,这种和谐不仅表现在人与人之间,而且还表现在人与自然之间。显然,作者所描绘的这幅社会图景表达了作者心中的社会理想,虽然这只是一种幻想,但其和谐的社会目标仍然具有现实的意义,也是我们今天建立社会主义和谐社会应有的内涵。本条成语所描述的这种经商行为是这种理想社会的重要组成部分,对商人来说,具有永恒的规范意义。

〔例句〕《史记·循吏列传》:"(子产)为相一年,竖子不戏狎,斑白不提挈,僮子不犁畔。二年,市不豫贾。"

〔近义〕市无二价　童叟无欺　货真价实　买卖公平

〔反义〕哄抬物价　漫天开价　漫天要价　瞒天讨价

【视死若归】 shì sǐ ruò guī

〔褒贬〕中性

〔出处〕《淮南子·兵略训》:"故战日有期,视死若归。故将必与卒同甘苦,侔饥寒,故其死可得而尽也。"

〔释义〕把死看得像回家一样平常。形容勇敢不怕牺牲。同"视死如归"。

〔鉴赏〕这是作者在分析取得战争胜利的基本条件时所使用的一条成语。作者认为，取得战争胜利的条件很多，但最根本的条件是取得民众的支持。而取得民众支持的先决条件除了战争的正义性、政治清明以及符合人民群众的愿望和利益之外，还有重要的一点就是君王要爱民如子，将帅要爱兵如子，君王将帅与民众士兵亲如父子兄弟。作者解释说：君王如果将民众看成是自己的子女，那么民众就会将君王看成是自己的父亲；君王如果视民众为兄弟，那么民众就会视君王为兄长。君王如能视民众为子女，那么也就必能统治天下。民众若将君王视为自己的父亲，那么天下也就能安定团结。君王将民众看成自己的弟弟，那么民众就会把君王看成自己的兄长，那么民众就不会把为君王牺牲生命当成难事。所以，君民官兵亲如父子兄弟，敌人是无法与之斗争的，因为君王将帅平时就施恩与民众和士兵。作者又打比方说：如果驷马动作不协调，即使是造父也无法驾车赶远路；弓和箭不相配，即使是后羿也无法百发百中；君臣离心离德，即使是孙武也无法率军与敌交战。所以，君王一定要内修清明政治，广积恩德；外塞丑行恶迹，树立威信；体察民众的疾苦，以知道民众的生活状况。这样，一旦打起仗来，民众就会视死如归。所以将帅若真能与士兵同甘苦、共饥寒，那么到作战时士兵的牺牲精神就会充分体现出来。所以古代善于带兵打仗的将帅一定是身先士卒，酷暑与士兵一样不张伞盖，寒冬与士兵一样不穿皮衣，以体察士兵的寒暑；遇险要关隘不骑马，上山爬坡也必下车步行，以体验士兵的劳逸；部队饭菜做好后才敢用餐、部队水井凿通后才肯饮水，以与士兵共饥渴；两军交战时也与士兵一样随时有可能被箭射中，以与士兵共安危。所以良将用兵，往往是以施与恩德的军队去迎战士兵怨气极盛的敌军，用积累仁爱军队去迎战内部充满仇恨的敌军。这样的军队哪有不取胜的道理？

由此可见，要让士兵能做到视死若归是有条件的，那就是士兵能够心甘情愿为之牺牲生命的战争必须是正义的战争，为之牺牲的事业必须是代表广大人民群众利益的事业，为之牺牲的国家和军队必须是深受君主和将帅关怀、爱护、尊重的国家和军队。正因如此，才有文天祥等为了民族的利益而"留取丹心照汗青",谭嗣同、秋瑾等为了通过变革来拯救国家而血染大地。特别是在中国共产党领导的新民主主义革命时期以及社会主义革命时期,不知有多少像方志敏、刘胡兰、江姐、黄继光、邱少云、张志新等那样的革命烈士,他们为了中国革命的胜利,民族的解放,为了捍卫国家和人民的利益而慷慨就义。这些为国家和人民利益而牺牲的人民英雄,人民将永远记住他们!

需要指出的是,本条成语是对成语"视死如归"的改造而成的,从语源上来说虽非原创,但却进一步丰富了表达类似意义的成语。

〔例句〕汉·刘向《新序·杂事第四》:"平原广囿,车不结轨,土不旋踵,鼓之而三军之士,视死若归。"

〔近义〕舍生忘死　舍生取义　视死如归　临危不惧　齿剑如归　鼎镬如饴

〔反义〕贪生怕死　苟且偷生　苟延残喘　临阵脱逃

【是非不分】 shì fēi bù fēn

〔褒贬〕贬义

〔出处〕《淮南子·修务训》:"为学者蔽于论而尊其所闻,相与危坐而称之,正领而诵之。此见是非之分不明。"

〔释义〕是:正确。非:错误。分辨不清正确与错误。

〔鉴赏〕作者创用此语,意在批评那些尊古贱今的世俗之人。作者认为,精通事物的人,是不能用诡怪来惊吓他的;明白道理的人,是不能用奇异来惊动他的;明察言辩的人是不能用虚名来迷惑他的;审察物形的人,是不能用假象来蒙骗他的。反倒是那些世俗之人,大多是尊古而贱今的。这些人为了宣传自己的学说和主张,就一定要假托神农、黄帝的名义进行说教,以为这样才能让人们乐意接受他们的学说和主张。乱世的昏庸君主们,总要将自己所拥有一切粉饰得高深莫测,以此来抬高自己。而求学者被他们的观点所迷惑蒙蔽,尊崇他们听到的传闻,便聚在一起正襟危坐地称道着,挺直颈脖诵读着。所以,作者称这些人是不明是非之人,"是非不分"的成语由此而来。作者这种尊重现实、与时俱进、剥去不合时宜的经过古圣人理论包装的观点,无论是对治学,还是对治国理政都具有积极的现实意义。

〔例句〕黎红雷《"直躬"的故事——〈论语·子路〉"叶公语孔子"章人物辨析》:"这就表明,孔子绝不是那种是非不分的人,而只是认为维护亲情比弄清是非更加重要罢了。"

〔近义〕是非颠倒　颠倒黑白　指鹿为马　混淆是非

〔反义〕明辨是非　是非分明　泾渭分明　黑白分明

【是非不明】 shì fēi bù míng

见"是非不分"。

【手足重茧】 shǒu zú chóng jiǎn

见"双足重茧"。

【授人以柄】 shòu rén yǐ bǐng

见"倒持太阿,授人以柄"。

【束身受命】 shù shēn shòu mìng

〔褒贬〕中性

〔出处〕《淮南子·人间训》:"然卫君以为吴可以归骸骨也,故束身以受命。"

〔释义〕约束自身,听从命令。指投案归顺,不再抗拒。

〔鉴赏〕这是《淮南子》的作者说明"圣人之举事,不加忧焉,察其所以而已矣"时所创用的一条成语。作者认为,圣人办事,不自寻烦恼,只要搞清楚事情的所以就然行了。比如上万个人来调整乐钟,就不可能合音律,假若有懂行的专家,只需一个人调整就够了。游说也是如此,如果说在理上,用不着话多。车子之所以能运行千里,关键在于那三寸长的车辖。劝说人家,人家不按你说的去做,禁止人家又禁止不住,原因在于你讲的话不在理上。

为了有效说明这一道理,作者列举了子贡成功游说吴国这一典故。从前卫国国君到吴国去朝拜,吴王夫差将卫君囚拘起来,还打算将他流放到海岛上去。劝阻吴王的人车子络绎不断,冠盖相望,但就是改变不了吴王的主意。鲁哀公知道这件事以后,撤去了悬挂着的钟鼓,穿着素服上朝。孔子上朝拜见哀公,问道:"君王为什么面有忧虑的神色?"鲁哀公说:"诸侯们互相不亲爱,卫君还主动去亲近诸侯;大夫们互相不团结,卫君主动去团结他们。现在卫君去吴国朝见吴王,吴王将他囚禁起来,还打算将其流放到海岛上去。谁知道卫君如此仁义,却竟然遭到如此的灾难呢?我想解救他,可又做不到,真不知怎么办好?"孔子听了后说:"要想解救卫君,那就请子贡去一趟吧。"于是哀公叫来子贡,授给他将军印。子贡推辞不受,解释说:"尊贵的地位无益于消除卫君的灾难,要靠正确的方法才行。"子贡于是悄悄地上路,前往吴国去了。到了吴国,他先去见太宰伯嚭。太宰伯嚭对子贡的到来感到十分高兴,准备将他推荐给吴王。子贡说:"你在吴王面前讲话不起作用,我又怎么能靠你引见呢?"太宰伯嚭说:"你怎么知道我讲话不起作用呢?"子贡说:"卫君来朝拜吴王的时候,卫国有一半的人说:不如去朝拜晋国。卫国的另一半人则说:不如去朝拜吴国。但是卫君认定吴国可以托付终身,所以就绑着自己来吴国听吴王发落。现在你们不但将卫君囚禁了起来,还打算将他流放到海岛上去,这等于有意奖励卫国中主张朝拜晋国的人,打击卫国中主张朝拜吴国的那部分人。再说,卫君来吴国的时候,诸侯都为卫君占卜过凶吉,现在卫君朝拜吴国非但没有得到好处,反而受难,这样就使诸侯们的心要向着晋国了。你想帮助吴王完成霸主的事业不就很难了吗?"太宰伯嚭进宫就将这番话原原本本地报告给吴王听,吴王听后马上下令:"十天之内如果对卫国君的礼仪还没完备的话,就处死。"

以上作者以雄辩的事实告诉我们,无论做什么事情都要善于分析,弄清问题的实质,抓住问题关键因素。因为它们是事物的本质、主流、要害之所在,是一组矛盾中的主要矛盾,是一个矛盾中的主要方面,是发展的主线,问题的核心,是牵一发则动全身的神经,是生死攸关的命脉。我们只要抓住了事物的实质和关键,就能事半功倍,在复杂的问题也能迎刃而解。这正是所谓"打蛇打七寸""牵牛鼻子走"的原理。

〔例句〕解放战争后期,很多国民党将领在我党的感召下,在英勇的人民解放军的强大攻势下,他们~,投诚到革命阵营中来,为中国人民的解放事业和社会主义的建设事业作出了积极贡献。

〔近义〕束手受戮　束身自爱　束手听命

〔反义〕桀骜不驯　负隅顽抗　垂死挣扎

【树黍不获稷】 shù shǔ bù huò jì

〔褒贬〕中性

〔出处〕《淮南子·人间训》："故树黍者不获稷,树怨者无报德。"

〔释义〕种黍的不会收获稷。指做了什么事,必然会得到相应的结果。

〔鉴赏〕俗话说:种瓜得瓜,种豆得豆。善有善报,恶有恶报。种黍的不会收获稷,做了让人怨恨的事得不到恩德的报答。作者从真善美的角度,列举了从圣王大贤到普通百姓布德行善而受尊免灾的事实,运用否定的句式,具体、形象而又令人信服地说明了因果报应这个抽象的思想。作者创用此语,并不是简单地在宣传佛教这一因果轮回的教义,而是重在提醒人们祸福无常,做事要慎重,不要为了追求眼前的利益而树怨结恨,埋下祸患的种子,保全自身最为重要。体现了作者实用主义的处世哲学思想,具有积极的意义。

〔例句〕~,树怨无报德。为了构建和谐社会,也为了自身和家庭的平安幸福,要与人为善,与自然为友,坚决不做树怨结恨之事。

〔近义〕种瓜得瓜　种豆得豆　因果轮回　积爱成福　积怨成祸　祸自生之,福自成之

〔反义〕阴差阳错　飞来横祸　无妄之灾　事与愿违　适得其反

【率性而行】 shuài xìng ér xíng

〔褒贬〕褒义

〔出处〕《淮南子·齐俗训》："率性而行谓之道,得其天性谓之德。性失然后贵仁,道失然后贵义。"

〔释义〕率性:坦露真性,不加掩饰。指为人处世从其真性出发,不受别人的干预和影响。

〔鉴赏〕这是作者在阐述仁义礼乐产生的由来及其性质时所创用的一条成语。作者在本卷的开端便开宗明义地指出:遵循天性而行叫作道,

得到这种天性叫作德。天性丧失以后才看重仁,道丧失以后才崇尚义。所以仁义确立也就意味着道德的蜕化。用礼乐进行修饰也就说明纯朴的散失;是非标准的形成反而使百姓迷惑,珠玉尊贵起来致使人们为之互相争夺。所以说,仁义、礼乐、是非、珠玉这四者,是因世道衰落而创造的事物,是末世所使用的东西。

从作者对"率性"和"天性"的解释可以看出,作者最为推崇的是"率性",认为"率性而行"就到达了"道"的境界了。作者这里讲的"率性而行谓之道"与《中庸》所说的"天命之谓性,率性之谓道"是一脉相承的,《中庸》认为性由天赋予,循本性而行自然就合乎天道了。《中庸》几乎通篇都在告诫我们要至诚至性,率性而为,行乎当行,止乎当止。孔子在《论语·为政》篇里对自己的心路历程作了清晰的总结,即"吾十有五而志于学,三十而立,四十而不惑,五十而知天命,六十而耳顺,七十而从心所欲不逾矩"。孔子经过志学、而立、不惑、知天命、耳顺等阶段和状态之后,最后达到了从心所欲不逾矩的自我完善的最高境界。这与本书作者的阐释及《中庸》的阐述基本上是一致的,可谓异名同质。

需要指出的是,这里讲的"率性而行",其"率性"应该是一种成熟的、自然的、志趣高尚的、符合社会最高道德准则和普世价值观的、富有实践成效的本性,是既符合"本我",又符合"他我"的"自我"之心性。

人生在世,总有七情六欲,总要受动物之本能所驱使。同时,社会之复杂,生存竞争之残酷,各种不良思想之影响,其心未必纯,其思未必正,其性未必善,其智未必高,如果以此"率性而行",从心所欲,势必要对社会产生负面影响,甚至会造成极大危害。历史上多少贪官污吏、奸佞小人、土豪劣绅、汉奸卖国贼、冥顽不化的政客,正是他们的"率性而行"、从心所欲,而至国家和人民蒙受重要损失,甚至造成毁灭性的灾难。例如慈禧太后将挪用购买武器的军费去修建供给个人享乐的后花园,导致在列强的坚船利炮面前毫无还手之力,从而加快了中国沦为半殖民地的进程。吴三桂冲冠一怒为红颜,引清军入关,致使李自成政权功亏一篑。所以,真正能够率性而行的"性"是经过学习改造而升华的、臻于完善的"性",而不是自然浑浊充满邪念的"性",否则的话,即便是英雄豪士,如果心性不纯,一旦随心率性,难免逾矩悖道,更不用说一般的世俗之人。而当本性修炼完善之后，就要充分遵循自己的个性，说自己想说的话，做自己喜欢做的事，走自己愿意走的路，性情坦率，不趋炎附势，不人云亦云，"率性而行"，从心所欲。

　　从本条成语的发展历程来看，应该是起源于《中庸》，在《淮南子》中使之定型化，在本条成语的发展中起了里程碑式的作用。

　　〔例句〕1. 明·王守仁《传习录》："天命于人，则命便谓之性；率性而行，则性便称之为道；修道而学，则道便谓之教。"

　　2. 清·汪中《自序》："夫节亮慷慨，率性而行，博极群书，文藻秀出，斯惟天至，非由人力。"

　　3. 顾锡东《率性而行 其心长乐》

　　〔近义〕我行我素　率意而行　特立独行　傲世独立

　　〔反义〕人云亦云　随声附和　谨小慎微　不敢自专

【双足重茧】　shuāng zú chóng jiǎn

　　〔褒贬〕贬义

　　〔出处〕《淮南子·修务训》："昔者楚欲攻宋。墨子闻而悼之，自鲁趋而十日十夜，足重茧而不休息。"

　　〔释义〕双脚都磨成了厚厚的老茧。指徒步长时间急速行走，十分辛苦。

　　〔鉴赏〕过去楚国要攻打宋国，墨子听说以后很悲伤，于是就从鲁国出发，千里迢迢地赶往楚国。走了十天十夜，脚上磨起了一层层的老茧也不肯休息，撕下衣衫包裹一下又向前赶路。到达楚都郢城后，马上拜会楚王，说："我听说大王您要兴兵攻打宋国，您是估计一定能攻占宋国后才决定攻打的呢？还是要使民众劳苦、损兵折将，蒙受被天下指责为不义的名声，却得不到尺寸之地，仍还进攻的呢？"楚王说："如果一定攻占不了宋国，又要蒙受不义之名声，我为什么还要进攻呢？"墨子说："我看大王您一定是既得不到宋国，又必定使名誉受损的。"楚王又说："公输般现在是天下有名的工匠，由他来制造云梯这种器械来攻宋城，为什么不能取胜？"墨子回答说："请让公输般假设来攻城，我来防守，演习一下。"于是公输般就摆开器械来攻城，墨子也摆出了守城的阵式和装备，公输般连攻九次都被墨子打退,始终攻不进城内。这样使得楚王只得取消攻宋的计划,从而保全了宋国,避免了一场血淋淋的战争。这个故事集中体现了墨子"非攻"和"博爱"的思想。

〔例句〕墨子～,千里迢迢从鲁国来到楚国,通过游说使楚王放弃了攻宋计划,制止了一场不义之战,充分体现了墨子坚持正义、关爱人民的伟大情怀。

〔近义〕足茧手胝　胝肩茧足　手足重茧　足跰舌敝　皲手茧足

〔反义〕足不出户　杜口裹足　养尊处优

【水火无交】 shuǐ huǒ wú jiāo

〔褒贬〕褒义

〔出处〕《隋书·循吏传·赵轨传》:"父老相送者各挥涕曰:别驾在官,水火不与百姓交,是以不敢以壶酒相送。公清若水,请酌一杯水奉饯。"

〔释义〕连担水生火都不麻烦百姓。指官员洁身自好,清廉奉公。后也用以表示两者之间互不相干。

〔鉴赏〕隋代有一个地方官叫赵轨,他品学兼优,清廉爱民。赵轨曾任寿州总管长吏。在寿期间,他大力兴修水利,发展农业生产,清廉勤政,寿州百姓深受其益,所以关于他的口碑在寿州代代相传。由于他的美好名声,所以在隋朝建立之后,任他为齐州别驾。在他任齐州别驾期间,由于政绩卓著,后被征召入朝任职。临别时,前来送别的父老乡亲各自擦眼泪说:"别驾在官任上,挑水和生火的小事都不麻烦百姓,因此不敢用一壶酒送别您。您清廉如水,我们就奉上一杯水为您饯行。"几句朴实的话深深表达了老百姓对清官赵轨的崇高敬意。赵轨接过水一饮而尽。

〔例句〕1.《后西游记》第三三回:"你今纵闻我铁棒之名,却两下水火无交,莫若悄悄任我过去,只当未曾识面,犹可保全性命。"

2.清·赵吉士《寄园寄所寄·囊底寄·警敏》:"达公变色曰:'本院与吏属水火无交,贵县言作郡难,有说乎?'"

3.清·文康《儿女英雄传》第八回:"我与他也是水火无交,今日才见。"

〔近义〕水米无交　杯水之敬　廉洁奉公　两袖清风

〔反义〕中饱私囊　贪得无厌

【私谷代征】 sī gǔ dài zhēng

〔**褒贬**〕褒义

〔**出处**〕《元史·董文炳传》:"县贫,重以旱蝗,而征敛日暴,民不聊生。文炳以私谷数千石与县,县得以宽民。"

〔**释义**〕用自家的谷子替老百姓缴纳赋税。

〔**鉴赏**〕元代有一位战功显赫的军事将领、元世祖忽必烈非常器重的大臣,曾在寿县主政守战,为寿县再添一页爱民如子的清官记录,这位清官就是名响朝野的董文炳。

董文炳(1217—1278年),字彦明,是董俊的长子。据《元史·董文炳传》记载:至元九年(1272),董文炳迁枢密院判官,行院事于淮西,筑正阳两城,夹淮相望,作捣宋腹心之势。淮河两岸,东、西正阳,战略位置十分重要,元宋双方在这里展开了激烈的争夺战。当时,宋淮西安抚制置使夏贵率舟师十万余众,环攻正阳,矢石如雨,形势十分危急,董文炳登城力御。至夜,夏贵再次发起攻击,飞矢贯穿董文炳左臂及肋下,董文炳拔矢再战,连发四十余箭,矢尽,又索随员箭十余支,终因力困,弓不能张满,不能再战。但他仍然没有退却,令其子董士选代战,自带重伤督阵,由于董文炳父子的顽强抵抗,致使宋军进攻受挫,只得撤退。

董文炳十六岁时就失去了父亲,带着几个弟弟侍奉母亲李夫人。李夫人贤德有操守,治家严谨,全心教育子女,董文炳把母亲当作先生对待。他聪明机灵,善于记忆和背诵,小的时候就如同成年人一样。三年后,以父荫接任藁城县令。府中的同事都是他父亲时的人,他们轻视董文炳年轻,连小官吏都不怕他。董文炳兼听明断,以恩义树立起自己的威信。没过多久,同事们都心甘情愿地在他手下干事,小官吏拿着文书让他签署时,都不敢抬头看他,乡里的人也都很佩服他。

县里很贫穷,又遇到旱灾、蝗灾,但赋税日益增多,民不聊生。董文炳用自己家中数千石谷子代交赋税,官府才能够放过老百姓。前任县令因征集军需向私人借贷,而贷款的那家收取利息逐年加倍,官府拿百姓的蚕和麦子去偿还。董文炳说:"百姓都很困苦。我作为县令,不忍心看到这样的事,我应当替百姓偿还。"于是他把自家的田地作价还给放贷的人,又登记县里的闲置田地分给贫民耕种。于是流散在外的人渐渐回来,几年时间后老百姓都比较富裕了。朝廷起初统计人口,下诏说有敢于隐瞒实情的将被处死,并抄没家产。董文炳让老百姓聚在一起居住,户数便减少了。县府里很多人都认为这样不妥。董文炳说:"为了老百姓而被定罪,我是心甘情愿的。"老百姓也有不愿这样做的,董文炳说:"以后他们会感激我的。"于是赋税大大减少,人们都很富裕并保全下来。

邻近县中有告状得不到伸张的,都来拜见董文炳,求他裁决。董文炳曾经拜见上级官员,邻县的人都聚在那儿观看,说:"我曾多次听说董县令(的神明),董县令看起来也是人啊,为什么他这样明断如神!"当时官府不停地搜刮百姓,董文炳压着官文不予执行。有人向州府说他坏话,州府中也有人想诬蔑陷害他,董文炳说:"我怎么也不能通过剥削老百姓来给自己谋取私利。"于是弃官而去。

"私谷代征"是董文炳留给后人的一笔丰富的文化遗产,是孙叔敖"禄厚博施"的再版。令我们感到欣慰的是,历史已经翻过了苛捐繁赋的沉重一页,今天的农民再也不用为缴税而发愁了,这种在几千年的封建社会里连想都不敢想的事情,在今天中国共产党的领导下已经完全做到了。不仅如此,政府还对三农实行反补,林业有林补,农业有农补,养殖业有养补等各种惠农政策纷纷出台,农民得到的实惠实实在在。随着社会经济的发展,社会主义小康社会的实现,农民所得到的实惠还将进一步增加。今天的农民真是历史上最幸福的农民!但是,从中国共产党的立党宗旨和奋斗目标来讲,惠民行动永远在路上。各级领导干部仍然需要董文炳这种"私谷代征"的情怀,想民之所想,急民之所急,进一步强化"执政为民"的公仆意识,始终怀有亲民、爱民的情结,情牵群众疾苦,心挂百姓冷暖,身系人民安危,心中时刻装着人民,让"私谷代征"的情操在社会主义的新时代里放射出更加灿烂的光芒!

〔例句〕~的事件虽然已经交给了历史,但~的精神却时刻闪耀在我们所处的每一个时代里。

〔近义〕私田偿贷　禄厚慎取　慷慨解囊　博施济众　乐善好施　广济博施

〔反义〕一毛不拔　爱财如命　为富不仁

【私田偿贷】 sī tián cháng dài

〔褒贬〕褒义

〔出处〕《元史·董文炳传》:"前令因军兴乏用,称贷于人,而贷家取息岁倍,县以民蚕麦偿之。文炳曰:'民困矣,吾为令,义不忍视也,吾当为代偿。'乃以田庐若干亩计直与贷家,复籍县闲田与贫民为业,使耕之。"

〔释义〕用自家的私田来偿还政府的贷款,以减轻老百姓因政府为偿贷而强加的摊派本息。

〔鉴赏〕见"私谷代征"。

【死无遗忧】 sǐ wú yí yōu

〔褒贬〕中性

〔出处〕《淮南子·泰族训》:"使其君生无废事,死无遗忧。"

〔释义〕死而心安,无后顾之忧。

〔鉴赏〕见"骨肉相残"。

〔例句〕为人不做亏心事,~。

〔近义〕死而无憾　死而无悔　含笑九泉

〔反义〕死不瞑目　抱恨终天　含恨九泉

【死者相枕】 sǐ zhě xiāng zhěn

〔褒贬〕中性

〔出处〕《魏书·苻坚传》:"谢石乘胜追击,至于青冈,死者相枕。"

〔释义〕死亡的人相互枕藉而卧。形容死亡的人很多。

〔鉴赏〕这是《魏书·苻坚传》里记载前秦统治者苻坚在淝水之战中战败溃逃的狼狈情景时所创用的成语。详见"风声鹤唳,草木皆兵"。

〔例句〕1.《南史·〈齐本纪下·废帝东昏侯〉》:"三年,殿内火,合夕便发,其时帝犹未还,宫内诸房阁已闭,内人不得出,外人又不敢辄开,比及开,死者相枕。"

2.《新唐书》:"永淳元年冬,大疫,两京死者相枕于路。"

3.清·徐松《宋会要辑稿·方域二一》:"臣先谍知之,预遣内属戎人邀其归路,因纵兵疾击,虏败走,尘起迷失本路,人马坠崖谷死者相枕籍,不知其数。"

〔近义〕死相枕藉　死伤相枕　尸横遍野

〔反义〕国泰民安　兵不血刃　不战而胜

【宋画吴冶】 sòng huà wú yě

〔褒贬〕中性

〔出处〕《淮南子·修务训》:"宋画吴冶,刻刑镂法,乱修曲出,其为微妙,尧舜之圣不能及。"

〔释义〕宋人的绘画,吴人的冶铸,皆极精妙。后形容物品精致巧妙。也为精巧神妙之物的代称。

〔鉴赏〕《庄子·田子方》记载了这样一故事:

宋元君将画图,众史皆至,受揖而立;舐笔和墨,在外者半。有一史后至者,儃儃然不趋,受揖不立,因之舍。公使人视之,则解衣般礴羸。君曰:"可矣,是真画者也。"

其意思是:宋元公打算画几幅画,众多的画师都来了,接受了旨意便在一旁恭敬地拱手站着,舔着笔,和着墨,站在门外的还有半数人。有一位画师最后来到,神态自然,不慌不忙,接受了旨意也不恭候站立,随即回到馆舍里去。宋元公派人去察看,只见这个画师已经解开了衣襟,裸露着身子,叉腿而坐。宋元公说:"好呀,这才是真正的画师。"

又据《吴越春秋·阖闾内传》载,吴人干将、莫邪夫妇善于铸剑。后以"宋画吴冶"作为精巧神秘之物的代称。

刘安等人将这两个典故合在一起,创造出本条成语,从理论到实践,从动物到人,从古到今,从正到反,全方位、多角度地阐明学习的重要性和持久性,这种认识是极其深刻和有见地的,具有永恒的教育和启发意义。

〔例句〕南朝·梁·刘勰《文心雕龙·丽辞》:"自扬马张蔡,崇盛丽辞,如宋画吴冶,刻形镂法,丽句与深采并流,偶意共逸韵俱发。"

〔近义〕宋斤鲁削　鬼斧神工　巧夺天工　美轮美奂　出神入化

〔反义〕百拙千丑　不登大雅

【孙公斩蛇】 sūn gōng zhǎn shé

〔褒贬〕褒义

〔出处〕《新序·杂事第一》:"孙叔敖为婴儿之时,出游,见两头蛇,杀而埋之;归而泣。其母问其故,叔敖对曰:'闻见两头之蛇者死。向者吾见之,恐去母而死也。'其母曰:'蛇今安在?'曰:'恐他人又见,杀而埋之矣。'其母曰:'吾闻有阴德者,天报以福,汝不死也。'及长,为楚令尹,未治而国人信其仁也。"

〔释义〕孙公:孙叔敖。孙叔敖儿时曾斩杀一条据说是人见必死的两头蛇,体现了孙叔敖自小就有为民除害的良好品质。

〔鉴赏〕见"阴德天报"。

T

【贪生反死】 tān shēng fǎn sǐ

〔褒贬〕中性

〔出处〕《淮南子·人间训》:"或贪生而反死,或轻死而得生,或徐行而反疾。何以知其然也?"

〔释义〕贪生怕死反而致死。

〔鉴赏〕见"轻死得生"。

〔例句〕据有关统计,中国古代先后有十五六位帝王死于丹药中毒,正所谓～。

【唐漏鼷穴,一墣能塞】 táng lòu xī xué, yī pú néng sāi

〔褒贬〕中性

〔出处〕《淮南子·人间训》:"唐漏若鼷穴,一墣之所能塞也。"

〔释义〕唐:通"塘"。鼷:一种小老鼠。鼷穴:小老鼠的窝,比喻小孔。墣:土块。塞:堵,填满空隙。池塘堤坝的漏洞只有像老鼠洞那么大时,只需一块土块就可堵塞。指弭祸于萌芽之中较为省力。

〔鉴赏〕见"敬小慎微"。

【韬戈卷甲】 tāo gē juǎn jiǎ

〔褒贬〕中性

〔出处〕《旧唐书·陈少游传》:"及李希烈陷汴州,声言欲袭江淮。少游惧,乃使参谋温述由寿州送款于希烈曰:'濠、寿、舒、庐,寻令罢垒,韬戈卷甲,伫候指挥。'"

〔释义〕韬:隐藏,隐蔽。收藏起戈矛盔甲。指休兵停战。

· 255 ·

〔鉴赏〕寿县历史上清官频出,具有悠久的廉政文化传统,寿县也因此成为闻名全国的廉政建设教育基地,每一个寿县人都会为此感到自豪和骄傲。但是,任何事物都有它的两面性,无须讳言,寿县历史上也出现过巨贪,这个人就是唐代的陈少游。陈少游,博州博平(今山东博平县)人。祖父陈俨,为唐安西副都护;父陈庆,曾任右武卫兵曹参军。陈少游自幼聪明,有辩才。后来科举考试及第,先后任过渝州南平县(今重庆巴南区)县令、大理司直、监察殿侍御史、节度判官、金部员外郎、侍御史、回纥粮料使、检校职方员外郎、河北副元帅判官、兵部郎中兼侍御史、晋州刺史、郑州刺史、淮南节度使等职。

唐代宗永泰三年(767),陈少游被任为桂州(今属广西)刺史、桂管观察使。陈少游嫌偏远,希望能重新改换一个离京城近一点的地方任职。狡黠的陈少游看到当时朝中宦官董秀得宠,掌管枢密要事,便"以一身独供七郎之费,每岁请献钱五万贯"的厚贿来巴结董秀,后又行贿于朝中权相元载之子元仲武。这样,元载和董秀内外配合,不数日,陈少游即改拜宣州(今安徽宣州)刺史和宣、歙(shè)、池都团练观察使。

唐代宗大历五年(770),陈少游又迁升扬州大都督府长史,淮南道节度观察使。陈少游在董秀和元载的庇护下,一直任职在这一富庶地带,占据一方宝地,"征求贸易,且无虚日,敛积财宝,累巨亿万"。陈少游此时变本加厉,触角进一步向后宫延伸,除了大肆贿赂宦官董秀以外,他"又多纳赂于用事中官骆奉先、刘清潭、吴承倩等"。因此对他的赞美之声不断地传进皇帝耳中。当陈少游获悉宰相元载渐渐被皇帝猜疑后,就逐渐疏远元载。元载之子元伯和贬官到扬州,陈少游这时正好也在扬州,陈少游表面上继续和他交往,暗中却使人"伺其过失,密以上闻"。唐代宗收到陈少游的密疏,认为他有忠心,就更加厚待他。

唐德宗即位,又加封检校礼部、兵部尚书。建中初年(780),朝廷财政十分困难。陈少游通过宦官,刺知这一情报以后,乘机献媚取宠,上疏奏请在他治辖的淮南"本道税钱千增二百,盐斗加百钱"。本来,安史之乱以后,淮南租税就十分沉重,老百姓怨气冲天。现在又按百分之二十的比率加税,食盐价格激剧上涨,老百姓更加困苦不堪。陈少游一面自身贪赃枉法,另一面又穷凶极恶地为统治者进献刮骨吸髓的新税钱,充分暴露了他只顾自己升官发财,不顾百姓死活的豺狼本性。

唐德宗建中四年，藩镇叛乱愈演愈烈，以至发生"泾原兵变"，唐德宗被迫出幸奉天（今西安干县）。这时，度支的下属官吏包佶正在扬州，手中掌握东南地区新征集的赋税钱帛约八百万贯。有人向陈少游透露了这一经济情报，陈少游贼胆包天，竟然狼吞了一笔八百万贯的丰厚财货。此年年底，淮宁（淮西）节度使李希烈反叛，攻陷汴州（今河南开封），并扬言要袭击江淮。少游恐惧，遣其参谋温述送降书给李希烈，又遣巡官赵诜至郓州（治今山东东平西北）结交与李希烈同时叛乱的淄青节度使李纳。兴元元年（784），李希烈称楚帝，遣其将杨丰送敕书给陈少游，路过寿州时，被刺史张建封杀死。建封将李希烈敕书送给德宗，并将陈少游与李希烈勾结的情况上奏，后包佶入朝，又将少游夺取其所掌财赋的情况上奏德宗；少游大惧，上书自辩，言取包佶财赋，是供军急用，请按原数上交。不久，唐将刘洽收复汴州，从李希烈起居或"某月某日陈少游上表归顺"的字样。铁证如山，陈少游无法抵赖，又急又怕，"惭惶发疾，数日而卒"，结束了可耻的一生。

陈少游本来天资聪颖，口齿伶俐，是一个不可多得的天才。如果他能把他的聪明才智用于为国为民为事业的正道上，那将是国家和人民的福祉，他所为社会带来的正能量将是不可估量的。但是，在腐败横行、政治黑暗的封建时代里，他未能洁身自好，而是选择了与浑浊的现实同流合污的人生取向。由于站错了立场，他的聪明才智便变成了阴狠狡诈，他所产生的破坏力，他给国家、社会和人民所带来的伤害是一般的小奸小贪、苍蝇臭虫所无可比拟的。"夫以铜为镜，可以正衣冠；以古为镜，可以知兴替；以人为镜，可以明得失。"陈少游以其肮脏的灵魂、龌龊的行为、卑劣的表演、可悲的结局演绎了他的一生。作为反面教材，至少可以给我们提供两大教训：一是在用人上，一定要对拟用之人作深入、细致、严格的考察，千万不能被其假象所迷惑，坚决做到透过现象看本质，要本着宁缺毋滥的原则，确保每一个被用之人都是德、才、能、廉兼备之属。二是警示一切效尤之人，贪腐者绝没有好下场，身败名裂、遗臭万年是其唯一的归宿。

〔**例句**〕只要敌人还存在，我们就不能～，放马南山。

〔**近义**〕韬戈偃武　修文偃武

〔**反义**〕枕戈待旦　枕戈坐甲

【天覆地载】 tiān fù dì zài

〔褒贬〕中性

〔出处〕《淮南子·修务训》:"夫天之所覆,地之所载,包于六合之内,托于宇宙之间,阴阳之所生……"又《淮南子·泰族训》:"圣人天覆地载,日月照,阴阳调,四时化,万物不同,无故无新,无疏无亲,故能法天。"

〔释义〕覆:盖。载:承受。上天覆盖着万物,大地承载着一切。指天地或范围极其广大。也比喻恩泽广布深厚,古代常用来颂扬帝王的德政。

〔鉴赏〕考察本条成语的源头,最早见于《管子·心术下》:

"是故圣人若天然,无私覆也;若地然,无私载也。私者,乱天下者也。"

意思是说圣人与天一样,不为私利覆盖万物;像地一样,不为私利而承载万物。私是乱天下的根源。很明显,管子说这话是用来赞扬圣人的无私品质的。《礼记·中庸》也用这句话来赞扬圣人德行之广博深厚:

"是以声名洋溢乎中国,施及蛮貊。舟车所至,人力所通,天之所覆,地之所载,日月所照,霜露所队,凡有血气者,莫不尊亲,故曰配天。"

《淮南子》的作者将以上两部论著所出现的这句话剪辑成本条成语,使本条成语得以定型,用以说明学习的重要性。(参见"宋画吴冶")

〔例句〕1.《汉书·诸葛丰传》:"今陛下天覆地载,物无不容。"

2.宋·司马光《示道人》:"天覆地载如洪炉,万物死生同一涂。"

3.明·宋应星《天工开物·自序》:"天覆地载,物数号万,而事亦因之,曲成而不遗,岂人力也?"

4.姚雪垠《李自成》第二卷第二十一章:"将军必须立下几个大功,方能报陛下天覆地载之恩,也不负本督师一片厚望。"

〔近义〕天高地厚　恩重如山

〔反义〕孤恩负德

【条修叶贯】 tiáo xiū yè guàn

〔褒贬〕中性

〔出处〕《淮南子·兵略训》:"下至介鳞,上及毛羽,条修叶贯,万物百族,由本至末,莫不有序。"

〔释义〕修:长。贯:相互连接。枝条修长,树叶相连。形容树木繁茂。也比喻有条理、有系统。

〔鉴赏〕作者创用此条成语,意在说明"道"的柔和细微以及对世间万物的浸润,世间万物才因此而井然有序,生机盎然。"道"是无所不在、无所不能的。所以得"道"之人的谋略就多。这里,作者对"道"的功能、特征作了进一步的阐释和歌颂,使我们对古人所讲的"道"的内涵有了更深一层的认识。

〔例句〕春回大地,天堂寨原始森林～,郁郁葱葱。

〔近义〕条入叶贯　井然有序

〔反义〕枯枝败叶　杂乱无章

【听其自流】　tīng qí zì liú

〔褒贬〕贬义

〔出处〕《淮南子·修务训》:"听其自流,待其自生,则鲧禹之功不立,而后稷之智不用。"

〔释义〕指不加约束、引导,听任自由发展。

〔鉴赏〕本条成语是作者阐述遵循规律、顺应自然的积极的"无为"观而创用的。作者解释说,顺着西高东低的地势,江河之水得以由西向东流入大海,但这必须经过人们对江河的疏导治理,才能使水顺着河道向东奔流;禾苗庄稼在春季生长发育,但必须经过人们的耕耘管理,到秋天才能使五谷获得丰收。假若听任水自流,等待禾苗自长,那么鲧和禹的功绩也就无从建立,后稷的智慧也无所用。显然,作者的"无为"包含了两个层面:一是要顺其自然,遵循客观规律。所谓顺应自然,按照客观规律办事,就是指在处理公务时不能有私心杂念,个人的意志思想不能掺杂到普遍真理之中,个人的巧伪奸诈不能影响干扰正确的规律,人要遵循事理来做事,根据实际情况来成就事业。如果违背了客观规律,就如同用火去烘烤井水,将淮河水引上山冈浇灌,那只能是盲目蛮干,劳而无功。而应该像在水中乘船,在沙地行走用鸠车,在沼泽地行走用毪,在山地行走用蔂,夏天疏通沟渠,冬天开挖池塘,顺高地造田,在低洼处开掘河塘那样,因时而动,顺势而为,因地制宜。二是积极主动,有所作为。顺其自然,遵循客观规律,并不是消极等待,无所作为。而是要在遵循自然规律的前提下,脚踏实地,埋头苦干,发奋努力,积极进取,用作者的话说,就是"人必事焉,人必加功焉"。唯有如此,才能取得事业的成功。并且,事情成功了不夸耀,功业树立了不占为己有。这就是作者心目中的"无为"观,其积极性显而易见。

作者在阐释"无为"观的同时,所创用的本条成语,进一步丰富了汉语成语宝库。后人以此成语为语源,派生出"任其自然""听其自然""顺其自然""任其所为""放任自流""任其自流""听之任之"等多个近义成语。

〔例句〕1.五代·南唐·何溥《灵城精义》:"骨脉配合何如?合则顺其自然而以正合。"

2.宋·周密《齐东野语》卷七:"大要在固脏气之外,任其自然耳。"

3.清·曹雪芹《红楼梦》第十四回:"因此也不把众人放在眼里,挥霍指示,任其所为,目若无人。"

4.清·吴敬梓《儒林外史》第四十八回:"王玉辉也不懊悔,听其自然,每日在牛公庵看书。"

5.毛泽东《反对自由主义》:"见损害群众利益的行为不愤恨,不劝告,不制止,不解释,听之任之。"

〔近义〕 任其自然　听其自然　顺其自然　任其所为　放任自流

〔反义〕 循规蹈矩　因势利导　循循善诱　防微杜渐　防患未然

【同利相死】　tóng lì xiāng sǐ

〔褒贬〕中性

〔出处〕《淮南子·兵略训》:"故同利相死,同情相成,同欲相助。"

〔释义〕谓有共同利益的人就能相互舍命相助,同生共死。

〔鉴赏〕作者创用此条成语意在说明,赢得战争的胜利最为根本的条件是要符合广大人民群众的根本利益,这样才能取得民众的支持,只有这种人民战争才能使人民群众在"同利相死,同情相成,同欲相助"的一致性下,能够积极响应、并为之浴血奋斗。这样的军队才能所向披靡,攻无不克,战无不胜。作者注意到了战争的正义性和人民性是夺取战争胜利的先决条件,具有积极的意义。

〔例句〕1.汉·司马迁《史记·吴王濞列传》:"应高曰:'同恶相助,同好相留,同情相成,同利相死。'"

2.～,多少优秀的中华儿女在伟大的抗日战争中献出了自己宝贵的生命。

〔近义〕同情相成　同欲相助

〔反义〕见利忘义　同恶相济

【头会箕赋】　tóu kuài jī fù

〔褒贬〕中性

〔出处〕《淮南子·氾论训》:"头会箕赋,输于少府。"

〔释义〕按人数征税,用畚箕装取所征的谷物。指赋税苛刻繁重。同"头会箕敛"。

〔鉴赏〕本条成语概括了秦始皇统一全国之后,为了能使秦国政权得以稳固,万代相传,大肆动用民力物力,横征暴敛,致使民不聊生,人民被逼揭竿而起,秦政权迅速土崩瓦解的历史事实。作者创用此语,不是为了再现这个史实,而是要在从这个史实中吸取教训,那就是得人心者得天下。这种以民为本,顺民心、应民意的政治主张,已为无数先哲所推崇,也为很多有远见的统治阶级所推行。今天,以习近平为首的党中央提出"权为民所用、情为民所系、利为民所谋""与人民心心相印"的执政理念,是以民为本思想更为彻底的体现。

〔例句〕～是历代反动统治阶级搜刮民财的主要手段,直到共产党领导的人民政府才彻底改变了这一政策。

〔近义〕苛捐杂税　头会箕敛　横征暴敛　苛政猛于虎

〔反义〕轻徭薄赋　减租减息　休养生息

【投鞭断流】　tóu biān duàn liú

〔褒贬〕中性

〔出处〕《晋书·载记第十四·苻坚下》:"坚曰:'……以吾之众旅,投鞭于江,足断其流。'"

〔释义〕把所有的马鞭都投入江里,就能截断水流。比喻人马众多,兵力强大。后以"投鞭断流"形容兵众势大。

〔鉴赏〕这是唐代史学家房玄龄在记载前秦首领苻坚进攻东晋前夕与部下讨论攻晋之策时所创用的成语。前秦苻坚统一北方之后,急欲率军南下,意图一举消灭东晋,一统天下,做万乘之主。权翼、石越等部下认为晋有长江之天险,东晋虽小,但君主未丧其德,君臣和睦,上下同心,且有谢安、桓冲等英才辅佐,不可轻动。苻坚不听众劝,狂妄地说:"我有百万雄兵,如果把我们士兵的马鞭投到长江里,都可以使长江断流。"依仗人多势众,起兵八十万直扑东晋而来,结果在淝水被东晋打得落花流水,仓皇而逃,使其一统江山的美梦化为泡影。(参见"风声鹤唳,草木皆兵")

〔例句〕1. 明·王景《皇明开国辅运推诚宣力武臣荣禄大夫柱国西平侯追封黔宁王谥昭靖沐公神道碑》:"茫茫井络,气交神州。载清载夷,投鞭断流。式遏王诛,自尔南夷。"

2. 明·湛若水《格物·通卷一〇·儆戒二》:"臣若水通曰:'人之心,儆与肆而已矣。儆则为战兢临谷之心;以保有大业;肆则为投鞭断流之志,而大业以亡。'"

3. 清·陈鼎《东林列传·卷二四·乔可聘传》:"昔曹操百万,败于赤壁;苻坚投鞭断流,败于淝水。势非不强,兵非不众。然而长江大河波涛汹涌,虽众且强,无所用之。"

4. 清·黄宗羲《陕西巡都察院右副都御史玄若高公墓志铭》:"郧阳蕞尔汉水之隈。高公莅止,千里风霾。投鞭断流,聚骨成台。穷城就死,日影不回。"

5. 清·魏源《默觚下·治篇一六》:"或有见于多多益善之说,而败于投鞭断流;或有见于以少击众,而败于背城孤注。"

6. 中国近代史资料丛刊《辛亥革命·武昌起义清方档案·清吏条陈》:"荫昌统兵援鄂,几取各镇劲旅萃於鄂北一隅,似宜投鞭断流,武汉唾手可复。"

亦省作"投鞭"。

7. 唐·李白《登金陵冶城西北谢安墩》:"投鞭可填江,一扫不足论。"

8. 宋·刘克庄《贺新郎·实之三和有忧边之语走笔答之》:"君莫道,

投鞭虚语。自古一贤能制难,有金汤、便可无张许?"

〔近义〕 兵多将广　兵强马壮　旌旗蔽空　舳舻千里　百万雄师

〔反义〕 老弱残兵　兵微将寡　瘠牛羸豚

【徒乱人意】　tú luàn rén yì

〔褒贬〕 中性

〔出处〕《晋书·载记第十四·苻坚下》:"群臣出后,独留苻融议之。坚曰:'自古大事,定策者一两人而已,群议纷纭,徒乱人意,吾当与汝决之。'"

〔释义〕 徒:只能。意:心情。只会扰乱人的心情,起不到什么作用。指于事无益。

〔鉴赏〕 这是淝水之战前夕,前秦首领苻坚进行战前动员时所创用的一条成语。前秦统治者苻坚统一北方之后,在政治基础尚未巩固的情形之下,就急欲南下灭晋,以图一统天下。公元382年,苻坚与他的王公大臣们举行朝会,讨论伐晋问题。苻坚坚持要攻打晋。参与朝议的王公大臣,除了秘书监朱肜以外,几乎都是反对伐晋的,包括苻坚的同母弟征南大将军苻融、太子苻宏、中心公苻诜乃至苻坚尊敬的大和尚道安等都坚决反对伐晋。

朝会散后,苻坚独留苻融商议。苻融所说晋不可伐的理由,其核心问题主要有两个:一是兵将疲倦,不愿再打仗;二是鲜卑羌羯是心腹之患。从战争的结果看,这两个问题都是存在的。淝水之战,苻坚战败,其根本原因就败在这两个问题上。苻坚灭燕以后,没有诛杀燕主慕容暐及其王公大臣,仍让他们作官,保持着一定的政治地位。这既体现了苻坚作为一个政治家的豁达气度,但又显得天真和单纯。那时,被征服的各族的贵族并非真心臣服,只是暂时屈服,苻坚没有认识到这一点。非但如此,苻坚还信任非常,终于酿成大祸。正是这个慕容垂,极力撺掇苻坚南征,一年以后却在河内叛秦自立,成为后燕的开国皇帝。不止慕容垂,于385年俘杀苻坚的后秦姚苌以及西燕慕容冲、西秦乞伏国仁等,无一不是叛降前秦而受到重用的鲜卑、西羌贵族。这无疑是前秦败亡的一大内因。(参见"风声鹤唳,草木皆兵")

撇开历史不说，单就该条成语本身来讲，有一种摒弃无用的主张、排除干扰、坚持己见、除去不合时宜的事物的果断和魄力，这是成功者的必要素质，具有积极的实践意义。但关键是要对这些事物和主张进行正确的判断，如果抛弃有价值的事物或摒除正确的主张，那就是轻率、固执和愚蠢，必将对工作和事业造成不可挽回的损失，如苻坚不纳善言，操之过急，盲目发动兼并战争，结果落得身败名裂、贻笑后人的可悲下场，致使国家的统一至少推迟百余年。所以，对本条成语的认识和使用一定要持一分为二的态度，正确判断，合理运用。

〔例句〕1.宋·苏轼《富郑公神道碑》："始受命闻一女卒，再受命闻一男生，皆不顾而行，得家书，不发而焚之，曰：'徒乱人意。'"

2.《明史·熊廷弼传》："疆场事，当听疆场自为之，何用拾帖括语，徒乱人意，一不从，辄怫然怒哉！"

3.梁启超《戊戌六君子传·康广仁传》："忽一日，失蕉所在，则君所锄弃也。先生责其不仁，君曰：'留此何用，徒乱人意。'"

4.高阳《胡雪岩全传·平步青云》："这是所谓徒乱人意，裘丰言和刘不才不敢再开口。"

〔近义〕野人献芹　妖言惑众

〔反义〕金玉良言　金石之语

【土龙刍狗】　tǔ lóng chú gǒu

〔褒贬〕中性

〔出处〕《淮南子·说林训》："夫随一隅之迹，而不知因天地以游，惑莫大焉。虽时有所合，然而不足贵也。譬若旱岁之土龙，疾疫之刍狗，是时为帝者也。"

〔释义〕泥土捏的龙，稻草扎的狗。指过时无用的事物。也比喻名不副实。或指以假代真。

〔鉴赏〕作者创造这条成语，用来批评"以一世之制度治天下"的错误观点。作者打比方说，用某个朝代的制度来治理多变的社会，这就好像是游客乘船，船至江中，这位游客的剑掉入水中，他就赶快在剑落下的船舷部位刻上记号，等傍晚船靠岸后他就从所刻的记号跳入水里去找剑，这也太不懂事物的变化了。只知道在掉剑的船舷旁去寻找,而不知道因顺自然去行动,没有比这更糊涂的了,虽然有时偶然间有所合,但这种"合"不值得珍贵。就好像大旱之年求雨用的土龙,求神保佑疾病痊愈用的刍狗,只是临时在祭祀中起主宰作用。也就好像小孩用过的尿布,只有患蝼蛄疮的人视为宝贝,但是它终究不是夏后氏的玉璜。

可见,作者创造本条成语的用意是教育人们不要因循守旧,不要抱着不合时宜的东西不放,要顺应时变,因时制宜,因事制宜。(参见"时移俗易")

〔例句〕晋·陈寿《三国志·蜀志·杜微传》:"曹丕篡弑,自立为帝,是犹土龙刍狗之有名也。"

〔近义〕土牛木马　陶鸡瓦犬　泥塑木雕　名不副实

〔反义〕货真价实　名副其实　名至实归　名实相副

【兔死狗烹】　tù sǐ gǒu pēng

〔褒贬〕贬义

〔出处〕《淮南子·说林训》:"狡兔得而猎犬烹,高鸟尽而强弩藏。"

〔释义〕狡兔捕捉到手,猎犬就被烹煮。比喻统治者杀掉功臣。

〔鉴赏〕吴国打败越国之后,越王勾践卧薪尝胆,任用大夫文种、范蠡整顿国政,十年生聚,十年教训,使国家转弱为强,终于击败吴国,洗雪国耻。吴王夫差兵败出逃,连续七次向越国求和,文种、范蠡坚持不允。夫差无奈,把一封信系在箭上射入范蠡营中,信上写道:"兔子捉光了,捉兔的猎狗没有用处了,就被杀了煮肉吃;敌国灭掉了,为战胜敌人出谋献策的谋臣没有用处了,就被抛弃或铲除。两位大夫为什么不让吴国保存下来,替自己留点余地呢?"文种、范蠡还是拒绝议和,夫差只好拔剑自刎。越王勾践灭了吴国,在吴宫欢迎群臣时,发觉范蠡不知去向,第二天在太湖边找到了范蠡的外衣,大家都以为范蠡投湖自杀了。可是过了不久,有人给文种送来一封信,上面写着:"飞鸟打尽了,弓箭就被收藏起来;野兔捉光了,猎狗就被烹煮而食;敌国灭掉了,谋臣就被抛弃。越王为人,只可和他共患难,不宜与他同安乐。大夫至今不肯离他而去,不久难免有杀身之祸。"文种此时方知范蠡并未死去,而是隐居了起来。他虽然不尽相信信中所说的话,但从此常告病不去上朝,日久引起勾践疑忌。一天勾践登门探望文种,临别留下佩剑一把。文种见剑鞘上有"属楼"二字,正是当年吴王夫差逼忠良伍子胥自杀的那把剑。他明白勾践的用意,悔不该不听范蠡的劝告,只得引剑自尽。

　　这就是本条成语的由来。作者这里创用此语,主要用来说明事物的矛盾性、不确定性和悖理性,说明福中有祸,祸福无常。事物相克相生,互相依存。猎犬因为能捕捉狡猾的野兔而受到猎人的宠爱,而当狡兔捕捉到手,猎犬就被猎人宰杀烹煮吃了;同样,强弩因为能射杀飞鸟而被猎人拿在手里,一旦飞鸟射杀了,再好的弓弩也就被收藏起来了。也就是说,猎犬和弓箭因猎物而生,也因猎物的死亡失去作用而被主人宰杀或抛弃。又反映了作者对使用者无情无义的憎恨和对被使用者不能主宰命运的悲惨结局的同情。

　　历史上,作为工具式的人物最终被主子所谋杀的例子真是不计其数。例如赵国名将李牧、秦国名将蒙恬、汉代开国功臣韩信和彭越、西汉名将周亚夫、隋朝开国名将高颖、唐朝安西镇主帅高仙芝、南北朝时期的南宋名将檀道济、南宋抗金名将岳飞、明朝定远城守将袁崇焕等皆因功高而被害,朱元璋火烧庆功楼更是史无前例,令人发指。

　　"兔死狗烹"的现象反映了封建人才制度的劣根性,即人才只是用来为少数封建统治阶级服务,人才不能主宰自己的命运。只有到了今天,人才能自由地为国家和民族服务,为最广大的人民群众服务,才能真正做到人尽其才,人才的安全才能得到根本的保障。

　　有不少人都认为本条成语出自司马迁的《史记·越王勾践世家》,但《淮南子》早于《史记》,所以我们这里仍然以《淮南子》作为本条成语的最早出处,而《史记》则在本条成语的定型过程中起到了重要的作用。

　　〔例句〕1.汉·司马迁《史记·越王勾践世家》:"飞鸟尽,良弓藏;狡兔死,走狗烹。越王为人长颈鸟喙,可与共患难,不可与共乐。子何不去?"
　　2.陈忱《水浒后传》第九回:"大凡古来有识见的英雄功成名就,便拂袖而去,免使后来有'鸟尽弓藏,兔死狗烹'之祸。"
　　〔近义〕卸磨杀驴　鸟尽弓藏　过河拆桥　恩将仇报　得鱼忘筌
　　〔反义〕感恩戴德　始终不渝　饮水思源　感恩怀德　感激不尽

W

【外财不发命穷人】 wài cái bù fà mìng qióng rén

〔褒贬〕中性

〔出处〕寿县民间传说。

〔释义〕不是自己挣来的财富改变不了贫穷的命运。指品行端正的人懂得自力更生,不贪恋横来之财。

〔鉴赏〕"外财不发命穷人"是寿县人最熟悉不过的一句俗语。相传很早以前,寿县安丰塘畔刘家古堆住着一户人家。一天晚上,这家大嫂出去借筛子用,没走多远,看见一片灯火,她便朝灯火的方向走去。走到跟前,看见一个白发苍苍的老奶奶正在推磨,磨盘旁边放着一把筛子。大嫂跟老奶奶打过招呼,就帮老奶奶推起磨来。无意间,她抓起一把磨盘上的面粉,只觉得这面粉硬硬的,并呈颗粒状,仔细一看,尽是金粒子,她顿时起了一丝贪心,悄悄抓起几十个粒子放进口袋里,拿了筛子就走。门"吱呀"一声开了,迈过去一只脚,另一只脚还没来得及迈出来,门就"吱呀"一声关上了,正巧碰上了后一只脚的脚后跟,她感到稍有些疼痛。大嫂回到家后,一直忙到天亮。打开门一看,前面哪有什么人家,不就是天天都能看到的那个大谷堆吗?她有些诧异,连忙掏出口袋里的金粒子好好看看,发现金粒子是真的,还在闪闪发光哩。她又想起脚后跟,感觉还在疼痛,转身一看,呀,还在流血呢!她的丈夫只好用手推车推她去看医生,一次要花一颗金粒子,直到金粒子花完,她的脚后跟才痊愈。每当看到她的脚后跟时,这位大嫂就想起那段经历,她似乎从中悟出一个道理:"外财不发命穷人。"她经常讲给别人听,久而久之,这个故事便不胫而走,代代相传。

需要指出的是,关于"外财不发命穷人"的典故还有一个版本。一天,颜回的一个同学的铜方圈丢了,因为颜回的家庭十分困难,大家就怀疑是颜回偷了。虽然大家都在颜回面前旁敲侧击,颜回依然镇静自若,不予理睬。这样,同学们更加怀疑是他偷的了。还有的同学直接到老师孔子那里去告颜回的状。开始孔子不信,可告状的人多了,孔子就有些怀疑了,但孔子转念一想,颜回偷方圈又没有证据,假如不是他偷的,岂不白白冤枉了一个好孩子吗?孔子决定考验他一下。他拿出一锭金子,用纸包好,纸上写着"天赐颜回一锭金"。然后让人将它放在颜回经常经过的地方,自己躲在远处暗暗观察。颜回在上学的路上碰到这块用纸包的金子,他捡起来看了看,笑了一笑,然后取出笔也在上面写了几个字,又把金子包好放再原处。过了一会儿,有人趁颜回不注意,把那纸包交给了孔子。孔子打开一看,纸包上又多了"天赐颜回一锭金,外财不发命穷人"几个字。孔子看了默不作声,那些诬赖颜回的弟子们都低下了头。后来,丢失的方圈找到了,那个同学向颜回道了歉,颜回只是一笑而过。这个故事正好与前者相反,表现出了颜回道不拾遗、在重金面前不受其惑的高尚情操。

〔例句〕《施公案》七四回:"妇人说:头一件怕的是我儿瞒着我。再说俗语'外财不发命穷的人'。我母子再苦,也是前生注定,岂能更改?"

〔近义〕临财不苟

〔反义〕人无横财不富,马无露草不肥　不劳而获　非分之财

【亡羊得牛】 wáng yáng dé niú

〔褒贬〕褒义

〔出处〕《淮南子·说山训》:"亡羊而得牛,则莫不利失也。断指而免头,则莫不利为也。"

〔释义〕丢掉羊,得到牛。比喻损失小而收获大。

〔鉴赏〕丢失了羊而得到了牛,那么就没有人不愿意丢失东西的了。断了手指而能保全性命,那么就没有人不愿意这样做的。作者在这里用亡羊得牛、断指免头两个类比,用来说明人总是在利益之中争取最大的利益,而对危害总是力求降到最低限度的常情。作者在本卷中还用了其他大量的故事、谚语,进一步说明"相对中绝对,不确定中确定",以及"相对中取绝对,不确定中取绝对"的哲学观点,为我们进行正确取舍和抉择提供了方法论。(参见"塞翁失马")

〔例句〕现实生活中,~的幸事是有可能发生的。我们要积极创造条件,尽量让事物朝着有利于我们的方向发展。

〔近义〕塞翁失马,焉知非福　因祸得福

〔反义〕因福得祸　得不偿失　因小失大

【围棋赌墅】 wéi qí dǔ shù

〔褒贬〕中性

〔出处〕《晋书·谢安传》:"安遂命驾出山墅,亲朋毕集,方与玄围棋赌别墅。安常棋劣于玄,是日玄惧,便为敌手而又不胜。安顾谓其甥羊昙曰:'以墅乞汝。'"

〔释义〕敌方大军压境,作为军事最高统帅尚能下围棋,赌别墅。用来形容人从容镇定,举重若轻。

〔鉴赏〕公元383年,统一了北方的前秦苻坚率号称百万的军队南下,志在消灭东晋,一统天下。前秦军队来势凶猛,抵抗的各路军队节节败退。军情危急,东晋都城一片震恐,东晋皇帝封谢安为征讨大都督。谢安派遣弟弟谢石、侄儿谢玄等率领八万军队前往征讨。晋军虽然战事顺利,但面对强敌,谢玄心里到底还是有些紧张,前来问计,谢安神态安然,没有一点惧色,只说:我另有办法。就再也不说什么了。谢玄不敢再说,就请张玄重新来问,谢安却起身来到乡间的别墅中。当亲朋好友都来到的时候,谢安却要和张玄下围棋,并且以别墅作赌注。谢安平时下不过张玄,但是这天,张玄心有所惧,两人竟下得难解难分,一时难定胜负。这时,谢安对他的外甥羊昙说:"我就把这座别墅交给你了,你就替我接着下吧。"这个成语故事反映了谢安不畏强敌、指挥若定、胸有成竹、料事如神的大将风度,也启发我们遇到紧急情况时要镇定自若,从容应对,千万不能惊慌失措,否则将会招致失败。

〔例句〕谢安在强敌压境之际,尚能~,体现了一个成熟的统帅那种临危不惧、指挥若定、充满自信的风度。

〔近义〕从容镇定　举重若轻　镇定自若

〔反义〕惴惴不安　坐立不安　惊慌失措

【嵬然不动】 wéi rán bù dòng

〔褒贬〕褒义

〔出处〕《淮南子·诠言训》:"道者若丘山,嵬然不动,行者以为期。"

〔释义〕嵬:同"巍",高大耸立的样子。形容高大坚固,不可动摇。也作"巍然不动"。

〔鉴赏〕这几句话是说得道的人就像山丘,巍然不动,而行路人将它作为目标来攀登。然后,作者进一步解释道,这巍然不动的山丘只是自然而然地自给自足,它也不对人有过什么有意的施予,取用山丘财货的人也不必以为受了山的恩德而要去回报它,所以这山能安宁长久。所以,对于得"道"者来说,并不进行自我标榜,不张扬自我,并不要求人们去学习、效仿。这是得"道"之人的崇高的思想境界,对于今天来说,仍然具有重要的启发意义。

〔例句〕余秋雨《关于谣言》:"造谣的人在上边滔滔不绝,他明知实情却巍然不动。"

〔近义〕岿然不动　巍然不动　巍然屹立　稳如泰山　安如磐石

〔反义〕风雨飘摇　摇摇欲坠　岌岌可危　危如累卵

【巍然不动】 wéi rán bù dòng

见"嵬然不动"。

【位高意下】 wèi gāo yì xià

〔褒贬〕褒义

〔出处〕《列子·说符》:"狐丘丈人曰:'夫爵高者,人妒之;官大者,主恶之;禄厚者,怨归之。此之谓也。'孙叔敖曰:'不然。吾爵益高,吾志益下;吾官益大,吾心益小;吾禄益厚,吾施益博。可以免于患乎?'狐丘丈人曰:'善哉言乎!尧、舜其犹病诸。'"

又《说苑·敬慎》:"孙叔敖再拜曰:'敬受命,愿闻余教。'父曰:'位已高而意益下,官益大而心益小,禄已厚而慎不敢取。君谨守此三者,足以治楚矣!'"

〔释义〕地位越高,态度越谦虚。

〔鉴赏〕2600多年前,楚国有个名叫蒍贾的贵族,因遭奸臣陷害致死,幸有忠臣相助,其子蒍敖与母亲得以出逃避难于现在的河南省淮滨县,后改名为孙叔敖。又遇恩公收留,并将其毕生学识倾囊相授,使孙叔敖受到了良好的培养和教育。国相虞丘把他举荐给楚庄王,想让他接替自己职务。孙叔敖被举荐后三个月就升任为楚国的令尹,这时全都城的官吏和百姓都来祝贺。其中有一个老人,却穿着麻布丧服,戴着白色的丧帽,最后来吊唁。孙叔敖整理好衣帽出来接见了他,对老人说:"楚王不了解我没有才能,让我担任了咱们楚国的令尹,人们都来祝贺,只有您来吊丧,莫不是有什么话要指教我吧?"老人说:"是有话说。自己身份高了却对人骄横无礼的人,人民就会离开他;地位高了却擅自用权的人,君王就会厌恶他;俸禄优厚了,却不知足的人,就会暗生祸患。"孙叔敖听了之后向老人拜了两拜,说:"我诚恳地接受您的指教,愿听您下面的意见。"老人说:"地位越高,态度就要更加谦虚;官职越大,处事就要更加小心谨慎;俸禄已很丰厚,就不能索取别人的财物。您严格地遵守这三条,就能够把楚国治理好。"孙叔敖回答:"您说得太好了,我谨记您的教诲。"自此之后,孙叔敖时刻不忘这位老人的教诲,毕生谦逊持廉。

孙叔敖从政期间,主张宽刑缓政,有禁必止,纲纪整肃,政治清明。以民为本,止戈休武,休养生息,兴修水利,农商并举,活跃市场,发展经济,繁荣文化,政绩卓著,翘楚中华,"治楚三年,而楚国遂霸"。

孙叔敖虽然有功于国,施惠于民,受到举国上下的爱戴和拥护,但他绝不居功自傲,而是豁达大度,谦虚谨慎,终身持廉。他三次荣居相位并不沾沾自喜,因为他明白这是自己凭借才干获得的;三次离开相位也无悔恨,因为他知道自己没有过错。孙叔敖为人处世之所以能做到清心寡欲,这与他毕生谨记这位老人"位已高而意益下,官益大而心益小,禄已厚而慎不敢取"的喻世明言是分不开的。今天,我们在进行社会主义现代化的建设中,同样会面对各种物欲的诱惑,尤其是手握权力的领导干部,一不小心就有可能掉进贪腐的陷阱中。我们只有牢记这条警世成语,始终以孙叔敖为榜样,坚定地坚持社会主义的核心价值观,坚决地秉持清廉自守,自觉地奉行为人民服务的宗旨,才能成为纯粹、高尚、清静、快乐、幸福、名垂青史的人民公仆。

需要说明的是,本条成语虽未成熟定型,但由于它的经典和深刻,完全具备成语的条件,所以这里把它列为成语。

〔例句〕只有～,平易近人,才能真正获得人们的尊敬和拥护。

〔近义〕平易近人　谦虚谨慎　功高不矜　功臣不居

〔反义〕骄傲自大　居功自傲　居高临下　颐指气使

【无所不在】　wú suǒ bù zài

〔褒贬〕中性

〔出处〕《淮南子·兵略训》:"道之浸洽渭淖,纤微无所不在,是以胜权多也。"

〔释义〕浸洽(jìn qià):浸润,熏陶。渭淖(gē nào):黏稠。到处都存在。到处都有。

〔鉴赏〕这是作者用来强调"道"的普世性时所创用的一条成语。作者认为,古代得道者娴静时能效法天地,行动时能顺应日月,喜怒变化符合四时的规律,呼喊与雷霆相应,声音气脉不逆八风,收缩伸展不乱五行。下至甲鳞之虫,上达羽类飞鸟,欣欣向荣,生意盎然,万物林林总总,从本到末,无不井然有序。因此,进入狭小而不感到逼迫,处于阔大而不感到空荡;它浸润金石,滋润草木;大到宇宙天地,小至毫毛尖端,无不顺应有序。"道"的浸润、黏稠细微,无所不在,所以得道者的谋略就多。作者心目中的"道",充盈于各个角落,附体与各种事物,滋润一切物体,顺应自然规律。它不是看不见、摸不着的高深莫测的玄言,而是磅礴于宇宙、附着在各种形体之上的可观可感的实实在在的万能的法则。

〔例句〕周传雄《爱无所不在》(歌曲):"有一种幸福洋溢的满足,证明了爱无所不在。"

〔近义〕俯拾皆是　比比皆是　不胜枚举

〔反义〕凤毛麟角　屈指可数

【无妄之福】　wú wàng zhī fú

〔褒贬〕中性

〔出处〕同"无妄之祸"

〔释义〕没有想到能得到而得到的幸福。

〔鉴赏〕这条成语是楚国春申君的门客朱英用来为春申君分析国内政治形势,劝说春申君要抓住时机,成就伟业而创造的。当时,春申君在楚国出任令尹已经二十五年了,考烈王病重。朱英对春申君说:"世上既有意外之福,又有意外之祸;现在您处在非同寻常的世上,并且侍奉的是非正常的君主,怎么能没有一个非常之人呢?"春申君问:"什么叫作意外之福?"朱英回答说:"您在楚国出任令尹二十多年,虽然名义上是令尹,但实际上就是楚王。您五个儿子都辅佐楚王。现在楚王病重,早晚要死,太子又体弱,楚王一病不起,您就要辅助少主,因此可以代行国君大权,就像伊尹、周公那样。少主年长了,您再还政,或者干脆南面称王,因而完全据有楚国。这就是所谓意外之福。"事实证明,朱英对当时楚国国内政治时局的分析和预判是十分准确的,如果依此而行,早作谋划,那么,不仅是春申君个人的历史,而且对整个楚国的历史来说,都有可能发生根本性的变化。

〔例句〕《旧唐书·窦静传》:"如臣计者,莫如因其破亡之后,加其无妄之福,假以贤王之号,妻以宗室之女,分其土地,析其部落,使其权弱势分,易为羁制,自可永保边塞,俾为藩臣。此实长辔远驭之道。"

〔近义〕喜从天降　喜出望外　毋望之福

〔反义〕无妄之灾　祸从天降　飞来横祸

【无妄之祸】　wú wàng zhī huò

〔褒贬〕中性

〔出处〕《战国策·楚策四》:"世有无妄之福,又有无妄之祸。今君处无妄之世,以事无妄之主,安不有无妄之人乎。"

〔释义〕指平白无故受到的灾祸或者损害。

〔鉴赏〕也作"毋望之祸"。这是楚国春申君的门客朱英劝说春申君防范和诛杀奸人李园,避免遭遇飞来之祸而创用的成语。考烈王病重期间,朱英对春申君说:"世上既有无妄之福,又有无妄之祸;现在您处在非同寻常的世上,并且侍奉的是非正常的君主,怎么能没有一个非常之人呢?"春申君问:"什么是无妄之祸呢?"朱英回答说:"李园不理国家大事,又是异姓大夫,他不掌握兵权,可是长期以来,暗地里豢养了刺客。楚王死后,李园肯定进宫,他必然按照他既定的计谋,专断楚王之命,独揽大权,杀害您以灭口,这就是所谓的无妄之祸。"春申君说:"何谓非常之人呢?"回答说:"您先任命我为宫中侍卫之臣,楚王死了,李园先进宫,我就愿意为您用刀刺入他的胸膛,把他杀死。这就是所谓非常之人啊!"春申君说:"先生,您就搁起来吧!不要再提起这种事了。李园是一个软弱的人,我和他很友好,他怎么会这样做呢?"朱英害怕有大祸临头,就潜逃了。过了十七天,考烈王死了。李园果然先进宫,在棘门内安排了刺客。春申君后入宫,来到棘门,刺客对春申君两面夹攻,刺死了春申君,割下了他的头,扔到棘门之外。在这时,又派人把春申君满门杀绝。一世英雄,就这样毁在自己的门人手里,是何等的悲哀啊。正如司马迁在《史记·春申君列传》里所评论的那样:"初,春申君之说秦昭王,及出身遭楚太子归,何其智之明也!后制于李园,旄矣。"

〔例句〕《晋书·戴若思传》:"自顷国遭无妄之祸,社稷有缀旒之危。"

〔近义〕毋望之祸　无妄之灾　祸从天降　飞来横祸

〔反义〕喜从天降　喜出望外　毋望之福

【毋望之祸】 wú wàng zhī huò

见"无妄之祸"。

【梧桐断角】 wú tóng duàn jiǎo

见"马氂截玉"。

X

【悉索薄赋】 xī suǒ bó fù

〔褒贬〕中性

〔出处〕《淮南子·要略》:"武王继文王之业,用太公之谋,悉索薄赋,躬擐甲胄,以伐无道而讨不义。"

〔释义〕悉:全部。索:取出。薄:指不精良。赋:古代按田赋出兵。指动用所有的军事力量。

〔鉴赏〕这是作者阐述儒学的由来时所创用的一条成语。作者首先从周文王伐纣开始谈起,指出文王刚开始伐纣便去世了,周武王继承周文王的大业,采用姜太公的谋略,动用所辖的全部兵力,亲自穿上胄甲,来讨伐无道之君。在牧野会合天下诸侯,誓师伐纣,终于登上了天子之位。但天下还没有平定,武王打算让文王的美德昭明天下,使夷狄各自带着他们的财物前来进献;道路遥远的地方不能按时到达,于是便治理三年之丧,把文王尸体大殓在两个楹柱之间,用来等待远方之人。周武于立国三年而驾崩,周成王还在襁褓之中,不能执政。蔡叔、管叔辅助纣王公子禄父,想要举行叛乱。周公旦继承父兄文王、武王的事业,掌握了天子的政权,用来安定周王室,而辅佐成王,平定天下大叛乱。周公担心争斗不停止,臣下危及天子,因此便把军马释放到华山,把牛散放到桃林;把战鼓打破,鼓槌折断,身插笏板而朝见,以便安定周王室,镇压安抚天下诸侯。成王已经长大,能够处理政事,周公便到鲁国受封,用这个办法转移风气改变习俗。孔子修治成、康的主张,祖述周公的教训,用来教导七十个学生,使他们穿戴起周王朝的衣冠,研究遗留下来的典籍,于是儒学便产生了。

作者之所以用较多的篇幅来介绍周王朝建立的过程,是因为作者认为周王朝的宗法制度和礼乐文明是儒学的主要思想内容,是孔子所开创的儒学的直接的源头。从中,我们也可以看出创业的艰辛,更提示我们创业莫畏难,成果当珍惜,守业须谨慎。需要指出的是,本条成语并非原创,《左传·襄公八年》已出现"悉索敝赋"一词:"敝邑之人,不敢宁处,悉索敝赋,以讨于蔡,获司马燮,献于邢丘。"本条成语属于"悉索敝赋"的变体。类似的变体还有"悉帅敝赋"。如:《国语·鲁语下》:"我先君襄公不敢宁处,使叔孙豹悉帅敝赋,踦跂毕行。"

〔例句〕抗日战争期间,中国共产党所领导的革命武装～,全力投入反抗日本帝国主义的斗争中,与蒋介石"攘外必先安内"的政策形成鲜明的对比。

〔近义〕兴师动众 大动干戈 调兵遣将

〔反义〕偃旗息鼓 偃兵息甲 偃革倒戈

【淅米而储】 xī mǐ ér chǔ

〔褒贬〕褒义

〔出处〕《淮南子·兵略训》:"百姓开门而待之,淅米而储之,唯恐其不来也。"

〔释义〕淅米:淘米。淘好米准备做饭。

〔鉴赏〕见"开门而待"。

【席不暇暖】 xí bù xiá nuǎn

见"墨突不黔"。

【小谨者无成功】 xiǎo jǐn zhě wú chéng gōng

〔褒贬〕中性

〔出处〕《淮南子·氾论训》:"故小谨者无成功,訾行者不容于众。"

〔释义〕指在小事上处处小心谨慎的人是不会有功可成的。

〔鉴赏〕这两句话的意思是:在小事上处处谨慎的人是不会有大作为的,而那些专爱对别人吹毛求疵的人也大都不为众人所容。作者认为,真正的人才不是也不必面面俱到,处处谨小慎微。而是要有大视野、大格局、大气度,如果把注意力一味放在细小之处,处处追求完美,那将会牵扯和分散人才的精力,影响和制约人才的成长和发展,因而也就不可能成大器,干大事,立大业,建大功。反映了作者务实的人才观,对于人才的培养和使用具有积极的意义。(参见"牛蹄之涔")

〔例句〕俗话说:金无足赤,人无完人。古人也说～。在人才成长和使用过程中可以不拘小节,更不能为"小谨"所负累,而要从大处着眼,不要吹毛求疵。

〔近义〕因小失大　顾小失大

〔反义〕敬小慎微　明察秋毫　积微成著

【新陈代谢】　xīn chén dài xiè

〔褒贬〕褒义

〔出处〕《淮南子·兵略训》:"轮转而无穷,象日月之运行,若春秋有代谢,若日月有昼夜,终而复始,明而复晦,莫能得其纪。"

〔释义〕陈:旧的。代:替换,更迭。谢:衰败。指生物体内不断用新物质代替旧物质的过程。也指新事物产生发展的过程。

〔鉴赏〕作者创用此条成语,意在说明"道"的特征,即没有征兆,具有不可把握性。(就像)车轮转动而没有止境,又像日月的运行。还像四季更替、日月运转形成昼夜那样,终结了又开始了,明亮了又晦暗了,没有谁能发现它们的规律。虽然作者对于"道"的阐述过于玄乎,但却首次提出了事物之间不断地进行相互替代的规律,其实这就是物质存在的基本规律。唯物辩证法告诉我们,事物之间都是相互联系的,新事物不断代替旧事物,从而推动事物的发展。所以,这条成语是符合马克思主义哲学中关于事物的联系性和发展观的,具有朴素的唯物辩证法思想。(参见"凡物有朕")

〔例句〕1.毛泽东《矛盾论》:"世界上总是这样以新的代替旧的,总是这样新陈代谢、除旧布新或推陈出新的。"

2.郭沫若《少年时代黑猫》:"辛亥革命以后,因宦海中起了新陈代谢的宏波,于是政法风更成了狂风。"

〔近义〕吐故纳新　推陈出新

〔反义〕停滞不前　因循守旧

【心平志易】 xīn píng zhì yì

〔褒贬〕中性

〔出处〕《淮南子·氾论训》:"圣人心平志易,精神内守,物莫足以惑之。"

〔释义〕易:和悦。志:心情。指伟大人物心情都比较平静,不易受外界惑乱。

〔鉴赏〕《淮南子·氾论训》是一篇全面论述"权变"思想的文章。文章认为,世界是变化和发展的,天底下没有任何一成不变的"常规"和"常法",人们不能固定不变地遵循某种规则或条文。国家的法令和礼乐制度必须因时、因地、因事、因俗而制宜,人们也要随着具体的世事、情理、天地万物的改变而"与化推移",千万不能死板教条,食古不化。否则,将会被历史所淘汰。同时,作者还认为,世事难料,利与害、祸与福只有一步之遥,有时刻意求之反而失之,有时无意索之反而得之。对于这种情况的把握,还需人自身要有满足感,心志平易,精神内守,不为功名利禄所诱惑,不刻意追求、索取那些不该属于你的所有的东西,这样也就能避免出现当要获取之际,恰恰又是受伤害之时的情况。清心寡欲,心平气定,精神内守,不为外物诱惑所动,不强取,不贪婪,这是保全自身的良策。其劝诫之意对于我们进行修身养性不乏启迪之处。

〔例句〕~,精神内守,保持定力,是抗拒诱惑、避免失体弃节的重要保障。

〔近义〕心平气和　心平气定　心安神泰　泰然自若

〔反义〕心旌摇曳　心劳意攘　心劳日拙　焦躁不安

【心小志大】 xīn xiǎo zhì dà

〔褒贬〕中性

〔出处〕《淮南子·主术训》:"凡人之论,心欲小而志欲大,智欲圆而行欲方,能欲多而事欲鲜。"

〔释义〕办事小心,抱负远大。

〔鉴赏〕这是《淮南子》的作者在论述君主的统治术时所创用的一条

成语。作者认为,圣明的君主一定要做到"心欲小而志欲大"。作者所说的"心欲小",是指要虑患于未然,防祸于未发,诸事小心谨慎,严防出现过失,控制住欲望。作者所说的"志欲大",是指胸襟要开阔,志向要远大,能兼容所有的诸侯国,统一四方边远的异邦,保护并恩及天下百姓,让他们亲密聚合如同一个宗族的人;无论是和你一致的还是和你不一致的人,都要能将他们团结在你的身边,就像车辐聚合在车毂周围一样。也就是说,心细谨慎者就应将错误禁绝于微细萌芽中,胸襟开阔、志向远大者就应无所不容。

"心小"与"志大"是相互联系、相互依存的辩证统一,前者是前提和条件,后者是前者的目标和追求,两者缺一不可。一个人尽管抱负远大,但办事粗心大意,将很难实现其抱负。特别是一个领导者或者担负重要使命的人,稍不留神就会给工作和事业造成不可估量的损失。如1930年4月,阎锡山、冯玉祥结成反蒋联盟,发动了讨蒋的中原大战。阎冯两部预定在豫晋交界处的沁阳会师,以求一举聚歼驻河南的蒋军。结果冯的参谋在拟定命令时,误将"沁阳"写成"泌阳",两地相隔百里,结果冯部误入泌阳,贻误了聚歼蒋军的有利时机,使阎冯联军处处陷于被动,导致联合作战的失败。若不是多这一撇,或许中国现代史就会改写。反之,如果只是一味地"心小",处处谨小慎微,不能从大处着眼,缺少远大的抱负,遇事必然是前怕狼、后怕虎,不能敢作敢为,这样的人终归成就不了大业。

所以,"心小志大"应该是建功立业的法宝,不仅是帝王君主必要的统治术略,也是一般人所需要的素养,具有重要的实践意义。

从本条成语的发展来看,该书该卷为其提供了完备的语素,后人通过剪辑而使其定型。

〔例句〕1.三国·魏·刘劭《人物志·七缪》:"由此论之,心小志大者,圣贤之伦也;心大志大者,豪杰之俊也;心大智小者,傲荡之类也;心小志小者,拘懦之人也。"

2.唐·赵蕤《反经》:"由此论之,心小志大者,圣贤之伦也;心大志大者,豪杰之俊也;心大志小者,傲荡之类也;心小志小者,拘懦之人也。"

〔近义〕胆大心细　有胆有识

〔反义〕粗心大意　胸无大志

【行合趋同】 xíng hé qū tóng

〔褒贬〕中性

〔出处〕《淮南子·说山训》:"行合趋同,千里相从;行不合,趋不同,对门不通。"

〔释义〕指行为志趣相同。

〔鉴赏〕作者创用本条成语,意在说明"同"的重要性。作者举例说:水浑浊而鱼生,身体劳累精神就迷乱。所以国家有贤君,就能决胜于万里之外的敌人。靠媒人说亲而嫁娶,但嫁娶并不完全靠媒人来促成的;靠人介绍而与他人交往,但并不意味着都是靠别人介绍才与他人结为至交的。志趣性格相合,就是远隔千里也能亲密无间;志趣性格不相同,就是住在对门也不来往、沟通;海水虽大,却还是不容纳丁点腐肉。日月不与不同气的事物感应,君子不容忍不同类的人。

作者这里所说的,实际上是事物相辅相成的一面。从哲学的角度来说,就是指事物的同一性原则。唯物辩证法原理告诉我们,任何事物都存在着矛盾,世界就是一个矛盾的世界。事物的矛盾性表现为同一性和斗争性两个方面。矛盾的同一性是指矛盾双方相互联系、相互吸引、相互依存、相互渗透,共处一个统一体之中。斗争性是矛盾双方相互排斥、相互分离的性质和趋势。同一性是相对的,斗争性是绝对的,两者相结合,构成了事物发展的动力。比如养鱼,水浑浊,可为鱼提供所需要的营养,便于鱼的生长。所以,要养鱼,必须保持适当的水浊度,水至清则无鱼。因而水浑浊与鱼生长具有同一性。但这种由于鱼生活所产生的垃圾以及人们投放的饲料渣滓,会改变水质,造成水浊程度加重,鱼就无法生长了,这就是鱼与水浊的斗争性。鱼就是与水质的不断交换中生长繁殖的。再如作者所说的"行合趋同,千里相从;行不合,趋不同,对门不通",这话是符合常理的,所谓"人以类聚,物以群分""海内存知己,天涯若比邻""有缘千里来相会,无缘对面不相逢""道不同,不相为谋"讲的都是这个道理。这里强调的是人际关系中的同一性。如果没有"同"这个基础,就很难聚合在一起。但是,这个"同"也是有条件、暂时的,充满矛盾和斗争的,发展变化的。再好的朋友之间,哪怕是至亲之间,也会有矛盾,有斗争。

同一性虽然是相对的,但却是事物以及社会发展的前提和基础。今天,我们在构建社会主义和谐社会的过程中,必须充分认识同一性的重要性,必须保持社会的和平、稳定、和谐、有序。唯有如此,才能发展经济,才能保证社会主义的民主和富裕,才能保证社会各方面的协调和发展,才能维护和保持一个良好的国际和国内的发展环境。但这些并不意味着社会矛盾的消失,我们只有认识社会矛盾,善于协调和妥善处理各种矛盾,才能使社会各种利益主体和各种思想意识处于和而不同的状态。

〔例句〕只要～,纵有千山万水之隔也能成为知己。

〔近义〕情投意合　志同道合　意气相投

〔反义〕貌合神离　格格不入

【形夸骨佳】　xíng kuā gǔ jiā

〔褒贬〕贬义

〔出处〕《淮南子·修务训》:"曼颊皓齿,形夸骨佳,不待脂粉芳泽而性可说者,西施、阳文也。"

〔释义〕夸:柔软,美好。形容女子外貌美丽,体形优美。

〔鉴赏〕从字面来看,本条成语是在形容女子美貌的。但是从文章内容来看,则是用来驳斥和评判当时社会上否定学习的错误言论的。作者所处的时代世俗日益颓废衰败,非议学习的人也很多,这些人认为"人性各有所修短,若鱼之跃,若鹊之駮,此自然者,不可损益"。作者从驳论据入手,指出人和动物的筋骨形体都是天生的,确实无法改变。但以此论证事物不能改变就似乎有些不伦不类。当马还是马驹未加调教之时,桀骜不驯,难以驾驭。但当等到养马人驯服后,便能听任驭手的驱使,勇往直前,遇险而不惧。无意识的马尚且能通过人的调教而改变它的野性,使之驯服有用,更何况有意识的人呢。

作者认为天生就圣明崇高的只有尧舜、文王等少数几位,而天生就冥顽不化、品质恶劣的也只是丹朱、商均少数几个。天生丽质也只有西施和阳文,天生奇丑也只有嫫母和仳倠。大部分人是上不及尧舜那样圣明崇高,下也不至于像丹朱、商均那样卑鄙;漂亮比不上西施,但丑不至于像嫫母,这些芸芸众生都是能教化开导的。尽管有杀害父亲的逆子存在,但天下的父母并不因此疏远自己的孩子,这是因为杀父亲的还只是少数,大多数子女还是敬爱父母的。同样,儒生中也有邪僻之人,但先王之道却始终不曾废弃,这是因为躬行先王之道的人还是多数。现在如果因为学习者有过错而就此非议求学之人,这就好像一次被饭噎住便永远拒绝进食,一次绊倒摔疼就一辈子不走路那样,这是糊涂的表现。

作者关于主张通过后天的学习来达到向善、向上的观点是符合教育规律的,具有永恒的教育价值。

〔例句〕曼颊皓齿,~,不待脂粉芳泽而性可说者固然令人倾慕,但若缺少美好的内在修养,有妲己之歹毒,似赵姬之淫乱,或如慈禧之机深,将会使这种外在之美大打折扣,令人轻蔑。

〔近义〕窈窕淑女　亭亭玉立　袅袅婷婷　出水芙蓉

〔反义〕贼眉鼠眼　獐头鼠目　蛇头鼠眼　尖嘴猴腮　其貌不扬　面目可憎

【雄鸡夜鸣】 xióng jī yè míng

〔褒贬〕中性

〔出处〕《淮南子·泰族训》:"故人主有伐国之志,邑犬群嗥,雄鸡夜鸣,库兵动而戎马惊。"

〔释义〕高诱注:"鸡夜鸣而兵马起,气之感动也。"古代认为雄鸡夜鸣为异常现象,预兆战事。

〔鉴赏〕这是作者说明治理国家应以"道"为统领的道理所创用的成语。作者首先引用黄帝关于"茫茫昧昧,凭借着上天的神威,与天地元气相通"的名言为理论根据,然后比较了"元气""道义""强力"三者的高低优劣,指出与"元气"同一者可以称帝,与"道义"同一者可以称王,与"强力"同一者可以称霸,如果这三方面都不具备,就只能灭亡。所以国君如有侵犯征伐别国之心,城邑里的狗便会成群吠叫,雄鸡就会半夜啼鸣,兵库里的器械就会响动,战马就会惊动。一旦和敌国消除仇怨,停止战争,家中的父老乡亲就能睡得香甜,巷里就没有聚集的人群,妖害就不会产生。这不是法令施行的效果,而是精诚之气感化的结果。所以不用表白便显示诚信,不施恩惠就显示仁慈,不必动怒就显示威严,这是用天之心来感动变化的结果;施舍恩惠才体现仁慈、言说以后才显示诚信、发怒了才显示威严,这是用人之精诚来感化的结果。反之,施舍了恩惠还不显仁慈,表白了还不显诚信,大发雷霆还无威严,这是做表面文章造成的。所以用"道"来统领,法令即使很少,也足以感化民众;如果没有以"道"来统领,法令即使很多,也肯定会出乱子的。

显然,作者这里所说的"道",就是充盈于天地之间的元气,而这充盈于天地之间的元气,必是精诚之气,有了精诚之气即使少用法令也能化民众,安天下。正所谓桃李不言,下自成蹊。时至今日,如果我们将作者所说的"道"或者"元气"看成是社会主义的核心价值观,将"精诚之气"理解为党和政府全心全意地履行为人民服务的宗旨,那么就会万众一心,众志成城,实现中华民族的伟大复兴指日可待。

〔例句〕即使出现~,那也是环境、气候等各种因素所引起的偶然现象,与战争或动乱毫无关系。

〔近义〕虾忙蟹乱　野鸡入庙

〔反义〕凤凰来仪　瑞彩祥云

【须臾之间】 xū yú zhī jiān

〔褒贬〕中性

〔出处〕《淮南子·说林训》:"日出旸谷,入于虞渊,莫知其动,须臾之间,俛人之颈。"

〔释义〕须臾:时间单位词,指片刻时间。指极短的时间。

〔鉴赏〕占卜者拿着龟壳,占筮者拿着蓍草,而要询问占卜的方术,这哪里是他们该问的呢?跳舞者合着节拍起舞,观众不约而同地跟着鼓掌,打着节拍,这是因为两者心念一致的缘故。太阳从旸谷出来,到虞渊落下,没有人知道它是怎么运行的,片刻之间就偏西了,人只须反转头颈就能看到。人都不想学驾龙技术,而想学御马技术;都不想学习治理鬼的本领,而想学治理社会的本事,因为御马驾车、管理社会是急需的事。将门板卸下劈了当柴烧,将水井堵塞作碓臼,人们有时做的蠢事就像这样。作者在这里从正反两个方面教育人们做事要慎重,要明白什么是该做的事,什么是不该做的,应该怎么做,不应该这么做,凡事都要想明白再去做,不然的话,只会徒劳无功,甚至是适得其反。

作者还告诫人们,时间稍纵即逝,所以我们要万分珍惜时间,多做有益的事,早日建功立业。这是作者创用本条成语的意旨之所在,具有重要的劝勉意义。

〔例句〕1.明·施耐庵《水浒传》第三十九回:"须臾之间,只见戴宗舒眉展眼,便爬起来。"

2.清·褚人获《隋唐演义》第七十六回:"须臾之间,只见那些不中选的诗,纷纷的飘下楼来。"

【徐行反疾】 xú xíng fǎn jí

〔褒贬〕中性

〔出处〕《淮南子·人间训》:"或贪生而反死,或轻死而得生,或徐行而反疾。何以知其然也?"

〔释义〕慢行反而速达。

〔鉴赏〕见"轻死得生"。

〔例句〕应该辩证地看待快与慢,有时~,有时欲速则不达。

〔近义〕轻死得生

〔反义〕欲速则不达

【蓄积给足】 xù jī jǐ zú

〔褒贬〕中性

〔出处〕《淮南子·兵略训》:"甲坚兵利,车固马良,畜积给足,士卒殷轸,此军之大资也,而胜亡焉。"

〔释义〕指给养充足。

〔鉴赏〕见"车固马良"。

【蠉飞蝡动】 xuān fēi rú dòng

〔褒贬〕中性

〔出处〕《淮南子·原道训》:"跂行喙息,蠉飞蝡动,待而后生,莫之知德。"

〔释义〕跂:通"蚑"。蠉:虫子屈曲爬行或飞。也指孑孓,即蚊子的幼虫。蝡：旧读 ruǎn，同"蠕"，像蚯蚓那样慢慢地爬动。昆虫飞翔、爬行。亦指飞翔、爬行的昆虫。亦作"蠉飞蠕动"。

〔鉴赏〕见"跂行喙息"。

〔例句〕1.《淮南子·本经训》："覆露照导，普泛无私，蠉飞蝡动，莫不仰德而生。"

2. 汉·袁康《越绝书·吴人内传》："天生万物，以养天下，蠉飞蝡动，各得其性。"

3. 鲁迅《集外集拾遗补编·破恶声论》："至于有生，应乃愈著，阳气方动，元驹贲焉，秒秋之至，鸣虫默焉，蠉飞蝡动，无不以外缘而异其情状者，则以生理然也。"

亦省作"蠉蝡"。如：

4. 南朝·宋·何承天《达性论》："天地以俭素训民，乾坤以易简示人，所以训示殷勤，若此之笃也，安得与夫飞沉蠉蝡并为众生哉？"

5.《魏书·崔光传》："且藏蛰节远，昆虫布列，蠉蝡之类，盈于川原，车马辗蹈，必有残杀。"

〔近义〕蝶舞蜂喧　昆虫啾鸣

〔反义〕跂行喙息　豺狼虎豹

【悬鼗建铎】 xuán táo jiàn duó

〔褒贬〕中性

〔出处〕《淮南子·氾论训》："禹之时以五音听治，悬钟鼓磬铎置鼗，以待四方之士。为号曰：'教寡人以道者击鼓，谕寡人以义者击钟，告寡人以事者振铎，语寡人以忧者击磬，有狱讼者摇鼗。'"

〔释义〕鼗：拨浪鼓。铎：大铃，形如铙、钲而有舌，古代宣布政教法令用的，亦为古代乐器。悬挂着鼗、铎等乐器以听音而治。指听取臣民的意见。

〔鉴赏〕传说大禹统治时期，他在住地附近设置钟、鼓、磬、铎、鼗等五种乐器，并规定四方的贤人如何使用。传道的人击鼓，谕义的就敲钟，告事的就振铎，讲忧虑的就敲磬，有冤狱的就摇鼗。于是大禹就凭听这五种声音而处理政务。作者讲这个故事，意在赞颂大禹勤于政务，主动听取臣民意见的开明政治。

〔例句〕清·冯桂芬《〈校邠庐抗议〉自序》:"观于今日谏诤设专官,民隐不上达,而始知圣人悬鼗建铎,庶人传语之法善也。"

〔近义〕广开言路　咨诹善道

〔反义〕拒谏饰非　闭目塞听

【削足适履】　xuē zú shì lǚ

〔褒贬〕贬义

〔出处〕《淮南子·说林训》:"夫所以养而害所养,譬犹削足而适履,杀头而便冠。"

〔释义〕削:用刀切割。适:适应。履:鞋。因为鞋小脚大,就把脚削去一块来凑合鞋的大小。比喻不合理地迁就凑合,或不顾具体情况进行生搬硬套。

〔鉴赏〕任何事物都有其两面性,它们相互依存,并在一定的条件下相互转化。我们在利用物质和处理事情时,要充分考虑事物的这一属性,要有大局意识,要从整体出发,要用全面和发展的观点去处理问题,要顾此及彼,不能顾此失彼。本卷创用此语,形象地阐述了这一哲学观点。作者举例说:水火不兼容,但是装有水和食物的小锅放在火上就能煮成五味俱全的美食;骨肉至亲,但被谗贼小人从中挑拨,父子都有可能互相危害。为贪养生之物而伤害生命,这就好像削足适履,又好像削尖脑袋去带小帽子。菖蒲能除掉跳蚤和虱子,但却又招来蚰蜒害人,这真是除去小的害虫却招来大的害人虫,贪图小的快活而伤害大的利益。墙壁毁坏倒不如没有墙壁来得好,这样总比房屋倒塌好得多。形象生动,深入浅出,体现了作者积极的辩证法思想。

〔例句〕1.毛泽东《中国革命战争的战略问题》:"他们不知道:这些条令仅仅是一般战争的规律,并且全是抄了外国的,如果我们一模一样地照抄来用,丝毫也不变其形式和内容,就一定是削足适履,要打败仗。"

2.闻一多《四杰》:"谈诗而称四杰,虽是很早的事,究竟只能算借用。是借用,就难免有'削足适履'和'挂一漏万'的毛病了。"

〔近义〕生搬硬套　杀头便冠

〔反义〕因地制宜　量体裁衣

Y

【睚眦之恨】 yá zì zhī hèn

〔褒贬〕中性

〔出处〕《三国志·魏书·胡质传》:"武伯南身为雅士,往者将军称之不容于口,今以睚眦之恨,乃成嫌隙。"

〔释义〕睚眦:发怒时瞪眼睛。像瞪眼看人这样的小怨恨。比喻极小的怨恨。也作"万目睚眦""睚眦触死""睚眦之怒""睚眦之隙""睚眦之忿""睚眦之怨""睚眦之嫌"等等。

〔鉴赏〕三国时期的寿春人胡质,年轻时就与蒋济、朱绩两位名士齐名,在江淮一带很有影响。开始在州郡任职,后来蒋济任别驾,向曹操举荐胡质,曹操于是任胡质为顿丘令。后来历任丞相东曹令史、扬州治中、丞相属等职。魏文帝时,官至东莞太守、荆州刺史,后加封振威将军,赐爵关内侯。胡质为官清廉,死后家无余物。任内广开农田,发展生产,积蓄粮谷,致富一方,政绩卓著。善于设防,建有军功。明于听断,令人称服。

此外,胡质为人还有一个亮点就是正直无私,善于化解内部矛盾。将军张辽与他的护军武周(伯南)有矛盾,张辽见到刺史温恢,请求让胡质担任他的护军,胡质以有病推辞。张辽出来后对胡质说:"我诚心待你,为什么这样辜负我的心意呢?"胡质说:"古人交往,对方虽然拿得多,但却知其不贪;打仗时败逃,但能知道他并不怯懦;听到别人对他的流言蜚语也不相信,这样才可善始善终。武伯南是位高雅之人,先前将军对他赞不绝口,如今却为像瞪眼看人这样的小怨恨便结成仇。更何况胡质才识浅陋,怎么能和您长久友好相处? 所以我才不愿答应您的请求。"张辽被胡质的一番话所感动,又与武周和好了。

胡质在这里不仅以诚恳的规劝化解了张辽与武伯南之间的矛盾,而且创造了"睚眦之恨"这条成语。

〔例句〕清·陈忱《水浒后传》第二回："冤家路窄、积恨难消,令人不敢复念睚眦之恨也。"

〔近义〕睚眦之忿 睚眦之怨

〔反义〕深仇大恨 不共戴天 恨入骨髓 咬牙切齿

【岩居谷饮】yán jū gǔ yǐn

〔褒贬〕中性

〔出处〕《淮南子·人间训》："单豹倍世离俗,岩居谷饮,不衣丝麻,不食五谷,行年七十,犹有童子之颜色,卒而遇饥虎,杀而食之。"

〔释义〕住在深山洞穴中,饮食在山谷里。指隐居生活。

〔鉴赏〕这是该书作者用来劝说人们要以"道"为本,着眼大处,与"道"俱进时所使用的一条成语。作者认为,人生在世,既要了解天意,又了解人间的时尚,这样才能在这世界上实现自己的志向。如果只了解天意而不了解人间风俗时尚,就无法与世俗交往;反之,如果只知道人间时尚风俗而不知天意,就无法与道周游。然后,作者列举了单豹死于虎口的故事:单豹远离尘世,隐居山岩之中,以饮谷水为生,不穿丝帛衣服和不食五谷,年过七十还保持着童颜。可是,有一次遇到饿虎,不幸被其咬死吞食。本条成语由此而来。随后,作者又举出张毅死于内热的故事:张毅为人十分恭敬,每次经过宫室庙堂,都要以碎步疾行;看到里巷门口聚集人群,必定下车步行;他对杂役马伕,也以礼相待。但就是这样的好人,却没有享尽天年,得内热病死了。作者总结说:单豹修养心性,不料被老虎吃了;张毅注重修饰行为礼仪,但却被疾病侵入体内。所以内心世界调节得十分和谐,但外界的坚强物就伤害了他;而自身受外物所累的人,就更容易被失调的阴阳二气所吞食。这些都在于有负累而不能将外形与心性协调。得"道"的人是外形变化而内心不变的。变化外形是为了适应世俗,内心不变是为了保全自身。所以一个人如果内心有固定操守,外表又能屈能伸、能盈能缩、能卷能舒,与物推移周旋,那么干什么都不会陷入困境。世人之所以推崇圣人,是因为圣人能像龙那样变幻无穷。反过来看,有些人只勉力于细枝末节,死守于一种行为,虽然已经因此碰得头破血流,也不知道改弦易辙。这些人就只盯着眼前的一些细小的好的方面,而对大道却是一窍不通。

　　毫无疑问,这是一种积极的实用的处世哲学,是一种既能保全自己、又不失于道义的万全之策,体现了作者关怀人生又坚持正义的处世思想。君子合而不同。为人处世谦和礼让,待人接物温文尔雅,凡事顺而少争执,这些都是人们良好修养的外在表现。一个人外在的相貌、身材、语言、性格、气质等这些外在的东西都可能会发生变化,但内心的执著,美好的梦想不能改变,君子不能没有原则,君子在原则问题面前绝不会让步,君子更能坚持内心的信念。生存可以随遇而安,但绝不会苟且偷安。外化内不化,坚持并有融通,通达和坚守一并而行,有取有舍,有进有退,这就是君子做人的张力和定力,这就是本条成语给我们的启示。

　　关于单豹和张毅的故事,《庄子·达生》和《吕氏春秋·必己》均有所记载:

　　《庄子·达生》:"田开之曰:'鲁有单豹者,岩居而水饮,不与民共利,行年七十而犹有婴儿之色;不幸遇饿虎,饿虎杀而食之。有张毅者,高门县薄,无不走也,行年四十而有内热之病以死。豹养其内而虎食其外,毅养其外而病攻其内,此二子者,皆不鞭其后者也'。"

　　《吕氏春秋·必己》:"张毅好恭,门闾帷薄聚居众无不趋,舆隶姻媾小童无不敬,以定其身,不终其寿,内热而死。单豹好术,离俗弃尘,不食谷实,不衣芮温,身处山林岩堀,以全其生。不尽其年,而虎食之。"

　　这两处记载与该卷记载的情节基本相同,但该卷的阐发更为深入透彻,并且从《韩非子·诡使》中创用的"岩居穴处"再生了本条同源成语,进一步丰富了表现隐士生活的成语。后来,人们又进一步再生了"岩栖谷饮""谷饮岩栖""穴居谷饮"等同源成语。如:

　　〔例句〕1.《韩非子·诡使》:"而士有二心私学,岩居穴处,托伏深虑,大者非世,细者惑下。"

　　2.汉·王充《论衡·状留》:"贤儒处下,受驰走之使,至或岩居穴处,没身不见。"

　　3.唐·王维《与魏居士书》:"仆见足下裂裳毁冕二十余年,山栖谷饮,高居深视。"

4. 姚锡钧《秋望》之二："息机好及暮年还,谷饮岩栖未是闲。"

〔近义〕 飞遁鸣高 枕石漱流 闲云野鹤 踞鼋食蛤

〔反义〕 身不由己 紫陌红尘 宦海沉浮 灯红酒绿

【言行相悖】 yán xíng xiāng bèi

〔褒贬〕 贬义

〔出处〕《淮南子·齐俗训》："乱国则不然,言与行相悖,情与貌相反。"

〔释义〕指说话和行动不一致,互相矛盾。

〔鉴赏〕这是作者批判后世奢侈繁琐的礼节而创用的一条成语。比如,就丧葬来说,作者认为,规定子女为父母服三年之丧,这就是勉强让人们去做难以做到的事,人们只能以虚假的感情来应付这三年之丧;实际上规定子女为父母服丧三个月倒是切合人性的,人们在这三个月中能充分表达哀情。这正说明,儒墨两家不研究人的感情的由来,硬是制定出违反人之常情的礼节,并硬性规定服丧期限。表达悲哀的仪式要合乎实情,安葬父母的葬礼要对得起养育之恩。不强求人做不能做到的事,也不强行阻绝人所不能停止的事,所有礼仪形式的规定要恰如其分,这样就不太会受人非议。对此,作者解释说:古人并不是不知道繁琐的尊卑谒见礼节,跳《采齐》《肆夏》那样的舞蹈,而是认识到用这种繁文缛节旷日烦民,实在毫无意义,所以制定礼仪只要能表达真情实意就行。就喜庆来说,作者认为,古人也并非不会陈设钟鼓、吹奏管箫、舞动干戚、挥动羽旄、纵情欢乐,而是认识到这样太浪费财物、扰乱政事,所以制定乐礼只要能抒发感情就行,而不至于因为为了喜庆而沉溺于歌舞。就君王的丧礼来说,作者认为古人也并非不会消耗国力,劳民伤财,为君王举行奢华葬礼,让死者口含珠玉、身着金缕玉衣以追悼死者,而是认识到这样做只能使百姓劳民伤财、事业受破坏,而对死者的枯骨腐肉毫无益处,所以安葬只求能够收埋掩盖就行。从前舜南巡死于苍梧,就地埋葬,没有举行盛大的国葬仪式,市场店家照样开门营业;禹视察江南死后埋于会稽山,农民照常在田间耕作劳动。他们这些人才是真的懂得生死之分,也通晓奢侈和节俭之间的界限。

在称赞了先世简朴的礼节之后,作者笔锋一转,将后世奢华的礼节之弊端暴露于读者面前:乱国的时候就不是这样了,他们说的和做的不一样,心里想的和外表表现不一样;礼仪形式十分繁琐,表达快乐失去节度;看重死者而损害活人,而以服丧三年来表达孝行是世风浑浊的表现,所以诽谤朝政的事也就时有发生。因而,英明的君主就废除他们的那一套而不用。

"言行相悖"不仅是世风浑浊的表现,也是一个人人格分裂、灵魂扭曲、人性挣扎的体现,其结果,不仅有害于社会,也有害于自身的健康成长和发展。这种人从心路历程来看,心里总是充满着矛盾、煎熬、焦虑、狂躁、不安、痛苦等情绪。从结果来看,由于他们费尽心机,可能捞到诸如权力、地位、金钱、美女、享受等他们想要的东西,但其结局恐怕都没有什么好的下场。例如西汉末期的王莽,为了实现他篡汉自立的野心,在朝野中刻意树立恭谦、俭朴、勤奋、好学的形象,实则是伪善、奸诈、卑劣至极,表面上把民生挂在嘴上,实际上却干的是巧取豪夺的勾当。正如白居易诗中所写的那样:"周公恐惧流言日,王莽谦恭未篡时。"结果被攻入长安的农民起义军"节解脔分",落得个"传莽首诣宛,悬于市,百姓共掷击之,或切食其舌"的可悲下场。再如窃国大盗袁世凯,也以"言行相悖"的卑劣伎俩,夺取了辛亥革命的胜利果实,做了八十三天的"皇帝梦",结果在全国人民的声讨中一命呜呼,贻笑后世,遗臭万年。

再看看今天那些腐败分子,几乎都是"言行相悖"的"两面人""两张皮"。这些人大都是台上高调反腐,台下高调腐败;台上喊亲民为民,台下则是侵民损民;左手拿现金,右手拿先进;教育别人别腐败,自己变本加厉搞腐败;给别人大开反腐秘方,自己则是腐败入膏肓。这些人自以为很聪明,结果反被聪明误,天网恢恢,疏而不漏,在习近平为首的党中央坚强的反腐意志和重磅反腐铁锤的打击之下,一个个"大老虎""小苍蝇"相继现行,受到人民的应有审判。随着各种制度的完善,社会风气的大幅度好转,社会主义价值观的深入人心,那种"言行相悖"、心口不一的伎俩将逐渐失去应用的场所,一个表里如一、诚实守信的群体人格将逐步形成!

〔例句〕李瑞环《在中国职工思想政治工作研究会第六次年会上的讲话》:"公生明,廉生威。言行一致,则一言九鼎;言行相悖,则一文不值。

只有严于律己,才能产生巨大的感召力量。"

〔近义〕心口不一　口是心非　言不由衷　阳奉阴违　口不应心

〔反义〕言为心声　言行一致　表里如一　心口如一　言行相顾

【燕雀相贺】　yàn què xiāng hè

〔褒贬〕贬义

〔出处〕《淮南子·说林训》:"汤沐具而虮虱相吊,大厦成而燕雀相贺,忧乐别也。"

〔释义〕燕雀因大厦落成有栖身之所而互相庆贺。后多用作祝贺新屋落成之语。

〔鉴赏〕见"虮虱相吊"。

〔例句〕《北齐书·卢文伟传》:"询祖初袭爵封大夏男,有宿德朝士谓之曰:'大夏初成。'应声答曰:'且得燕雀相贺。'"

〔近义〕乔迁之喜　华居落成

〔反义〕虮虱相吊

【羊肠小道】　yáng cháng xiǎo dào

〔褒贬〕中性

〔出处〕《淮南子·兵略训》:"碛路津关,大山名塞,龙蛇蟠,(却)[篓]笠居,羊肠道,(发)[鱼]笱门,一人守隘,而千人弗敢过也,此谓地势。"

〔释义〕羊的肠子特别细长弯曲,用以形容山路狭窄曲折而又险峻。

〔鉴赏〕作者认为,用兵打仗要有三势:即气势、地势、因势。此条成语阐述的是"地势"。作者认为,"地势"是有形的,部队对"地势"的掌握、占据,是战争胜负的关键。"地势"有多种因素组成,如山峡险道,渡口关卡,大山名塞,像龙蛇盘踞,似斗笠排列;羊肠小道,像鱼笱似的险隘等。这样的"地势"一人把持隘口,千人莫想通过,这就预示着谁拥有了这样的"地势",就不会轻易失败,反之亦然。由此可见,作者对制约战争胜负的各种因素分析得十分全面而又精细,具有重要的军事理论和实践价值。

〔例句〕清·李汝珍《镜花缘》第四十五回:"前面弯弯曲曲;尽是羊肠小道。"

〔近义〕崎岖小道　羊肠鸟道　羊肠小径

〔反义〕康庄大道　阳关大道　通衢大道

【一寸光阴一寸金】 yī cùn guāng yīn yī cùn jīn

〔褒贬〕褒义

〔出处〕《淮南子·原道训》:"夫日回而月周,时不与人游,故圣人不贵尺之璧,而重寸之阴,时难得而易失也。"

〔释义〕古人计时在圆形板上刻上表明时间的度数,圆中心立一小棍,由日出到日落,小棍的阴影由长而短,又由短而长地映在度数上,即表示着时间。一寸光阴:指阴影缩短或延长一寸的距离。一寸时间如同一寸长的黄金一样珍贵,形容时间宝贵,要倍加珍惜。

〔鉴赏〕这是《淮南子》的作者在阐述时间的宝贵性时所使用的一条成语。作者认为:时间的流逝快速而又短暂,就连呼吸之间都在变化,所以你如果争先就会超越它很远,如果居后就难以赶上。日月不停地运转,时间不停地流逝而不迁就他人。所以圣人不看重一尺长的玉璧而珍重一寸长的光阴,因为时机难得而易失。夏禹为追随时机,鞋子掉了也顾不上拾取,头巾挂落了也顾不上回头看,他并不是和谁在争先后,只是争得时机而已。

中国文化有"宗经""征圣"的传统,事事总要引经据典,援引圣人的教导,以圣人的行动作为社会的行为规范。所以作者先是一般地抬出"圣人"的做法,后又具体举出大禹"履遗而弗取,冠挂而弗顾"的典型事例加以佐证。"璧"是整个封建时代都极为珍视的国之瑰宝,尤其是长宽达到一尺的璧更是价值连城,但"圣人"认为还比不上一寸长的日影。由此看出,时间才是真正的无价之宝,从而强调了争取时机,因循变化,适时顺势、努力修"道"的必要性。对于一般大众来说,我们却从中领悟到了时间稍纵即逝,要倍加珍惜的道理。后来这一句话被人们用"尺璧寸阴"或"寸阴尺璧"作为成语固定下来,并不断被强调和引用。如:《文选·曹丕〈典论论文〉》:"古人贱尺璧而重寸阴,惧乎时之过已。"《晋书·陶侃列传》:"侃性聪敏,勤于吏职……常语人曰:'大禹圣者,乃惜寸阴,至于众人,当惜分阴,岂可逸游荒醉,生无益于时,死无闻于后,是自弃也。'诸参佐或以谈戏废事者,乃命取其酒器、蒲博之具,悉投之于江,吏将则加鞭扑。"《千字文》:"尺璧非宝,寸阴是竞。"

到了唐代之后,被进一步概括为"一寸光阴一寸金"。

〔例句〕1.唐·王贞白《白鹿洞二首》:"读书不觉已春深,一寸光阴一寸金。不是道人来引笑,周情孔思正追寻。"

2.元·史樟《庄周梦》第二折:"一寸光阴一寸金,持将此物寄知音。"

3.元·同恕《送陈嘉会》:"尽欢蔌水晨昏事,一寸光阴一寸金。"

4.《西洋记》第一一回:"可叹一寸光阴一寸金,寸金难买寸光阴。寸金使尽金还在,过去光阴哪里寻?"

〔近义〕一刻千金　光阴似箭

〔反义〕蹉跎岁月　虚度光阴

【一定不易】　yī dìng bù yì

〔褒贬〕中性

〔出处〕《淮南子·主术训》:"今夫权衡规矩,一定而不易,不为秦楚变节,不为胡越改容,常一而不邪,方行而不流,一日(刑)[型]之,万世传之,而以无为为之。"

〔释义〕易:改变。原指一经定下来就不再变更了,后形容事理正确,不可改变。

〔鉴赏〕作者创用此语,其用意在于通过以近喻远、以小知大地说明"无为而治"的不可更改性。作者首先贬斥了人们的心智计谋对于循道守德的妨碍,认为人有了小心眼就会迷惑昏乱。那么,用来克服人们的小心眼所带来的困扰最有效的办法就是尺度、法则。认为现在使用的那些用来度量物体的尺度,一旦制定就不再变更了,它不因秦、楚强权政治而改变,也不因胡、越地域差异而变化,永远保持一致而不偏斜,公正地度量一切而不走样,一旦定型,便万世传用,它们就是在无知无觉中为人们做着度量物体的事情。也就是说,人们一旦有了这些法则和尺度,就可以一劳永逸了,再也不用为人们心中的那个小九九而担心了。

作者这里讲的法则和尺度,其实就是作者心中的"道"的最高境界——"无为而治"。言近旨远,以具体喻抽象,由浅入深,体现出作者高超的表达技巧。

〔例句〕明·陶宗仪《辍耕录·古铜器》:"商器质素无文,周器雕篆细密,此固一定不易之论。"

〔近义〕一成不变　不刊之论　一锤定音

〔反义〕反复无常　朝令夕改

【一夫当关,万夫莫开】 yī fū dāng guān, wàn fū mò kāi

〔褒贬〕中性

〔出处〕《淮南子·兵略训》:"硖路津关,大山名塞,龙蛇蟠,却笠居,羊肠道,发笱门,一人守隘,而千人弗敢过也,此谓地势。"

〔释义〕指山势又高又险,一个人守着关口,一万个人也攻不进来。也作"一夫当关,万夫莫摧","一夫当关,万夫莫克"。

〔鉴赏〕地形是组织指挥作战所依据的重要条件,是影响部队作战行动的基本因素之一,利用地形作战为历代军事家所重视。我国春秋末期军事家孙武说:"夫地形者,兵之助也。料敌制胜,计险厄远近,上将之道也。知此而用战者必胜,不知此而用战者必败。"《孙子·地形篇》并列举了作战中经常遇到的通、挂、支、隘、险、远等六种地形,指出了利用各类地形的原则。孙武的这些论述从不同角度说明了地形与作战的密切关系,强调将帅要重视对地形的研究和利用。

《淮南子·兵略训》也充分注意到了地理条件对战争的重要影响。作者认为决定战争胜负的四个主要因素之一就是"势莫便于地",即形势没有比占据有利地形更便利。他还认为"地利胜天时"。他还对"地势"作了专门解释:山峡险道,渡口关卡,大山名塞,像龙蛇盘踞,似斗笠排列;羊肠小道,像鱼笱似的险隘,一人把持隘口,千人莫想通过,这就叫"地势"。他还认为,为将者必有三隧,即上知天道,下习地形,中察人情。作者进一步强调"知土地之宜,习险隘之利"。即为将者要适应作战区域环境,熟悉有利的险要地形。他还提醒人们要善于利用有利的地形:"相地形,处次舍,治壁垒,审烟斥,居高陵,舍出处,此善为地形者也。"意思是:观察选择地形,安排宿营地址,修筑军营围墙,查明路障,驻扎高坡山地,营地能进能退,这就叫作善于利用地形。

冷兵器时代,绝大部分战争都是近距离的白刃战,天气、地理环境等自然因素对战争影响甚大。到火器时代甚至在现代战争中,地理地势、山关要塞在战争中的作用仍不可小视,有时一个要塞甚至关系到整个战争的成败。因此历代军事家都非常重视在战争中对山川、河流等地理地势的运用,并且对其加以改造,建关设塞,修城筑墙来构筑防御措施。

例如,秦国经营函谷关,成功抵御了六国的进攻。还有官渡之战、赤壁之战、淝水之战等都是利用关隘创下以少胜多的典型战例。

在现代战争中,也有许多利用地形所创造的经典战例。例如在抗日战争中,共产党领导的八路军,利用平型关的有利地形,以极其简陋的装备,成功伏击了日军的辎重队,经过三天的激战,取得了大胜。

在抗美援朝战争的上甘岭战斗中,中国人民志愿军利用山地易守难攻的有利条件,构筑与坑道相联合的防备阵地,抗击了大批美军的轮流进攻,坚守四十多天,成为坚不可摧的钢铁防线,成为利用地形、改造地形的典型。

需要指出的是,地形在战中只是重要的因素,而不是决定性的因素。决定战争胜负的最终因素应是战争的性质、人心的向背、指挥官的指挥艺术以及官兵的意志和素质等,如果一味地依赖地形而忽视其他关键性的因素,纵有关隘天险也不能取胜,例如二战时期的欧洲马奇诺防线并没有挡住德军的铁骑,长江天险也没能挽救蒋家王朝灭亡的命运。

本条成语也经历了一个较长的发展过程。自《淮南子·兵略训》之后,晋人左思在《蜀都赋》里进行了提炼:"一人守隘,万夫莫向。"直到唐代大诗人李白才将其定型。

〔例句〕唐·李白《蜀道难》:"剑阁峥嵘而崔嵬,一夫当关,万夫莫开。"

〔近义〕津关险塞　一夫荷戈,万夫莫前　一夫荷戟,万夫趦趄

〔反义〕斩关夺隘　一马平川

【一馈十起】 yī kuì shí qǐ

〔褒贬〕褒义

〔出处〕《淮南子·氾论训》:"当此之时,(禹)一馈而十起,一沐而三

捉发,以劳天下之民,此而不能达善效忠者,则才不足也。"

〔释义〕馈:以食物送人,这里指吃饭。(因为接待客人)吃一顿饭要起来十次。形容事务非常繁忙。

〔鉴赏〕相传舜将自己的王位禅让给了大禹之后,大禹如尧舜一样,也勤于政事。他给自己制造了五件乐器,以辅助处理公务。这五件乐器分别是鼓、钟、磬、鼗、铎,声音都很洪亮,全悬挂在大禹的宫殿里面。他规定,如有人要给他讲道理,就鸣鼓;要给他讲大义就撞钟;出事了要报案就击磬;讲述治国之道就敲鼗;如果有急事,就摇铃铛(也就是铎)。大禹给自己安置了这五件乐器之后,整天可就忙不过来了。刚端起碗吃饭,外面鼓响了,他赶紧放下碗,出去听讲。回来再吃饭,刚端起碗,大殿又敲磬,只好放下碗又马上出来倾听。就这样,一顿饭起来不下十次。这就是所谓"一馈十起"典故的由来。作者创用此语,高度颂扬了大禹的为政态度。作者认为,像这样劳累、忧虑,为人民服务,如果还不足以为人民行善效忠的话,那就是才能不足的问题了。这里也看出了作者的用人标准,那就是首先要有德,要有为人民行善效忠的态度和精神。其次,还要有才,有执政的能力。一言以蔽之,就是选贤任能。这个用人观点,无论是历史,还是现实,都是应当遵奉的准则。

〔例句〕晋·常璩《华阳国志·公孙述刘二牧志》:"古人一馈十起,辄沐挥洗,良有以也。"

〔近义〕枵腹从公　废寝忘食　日理万机　宵衣旰食

〔反义〕无所事事　饱食终日　游山玩水　夜夜笙歌　荒淫无度

【一举千里】　yī jǔ qiān lǐ

〔褒贬〕褒义

〔出处〕《淮南子·俶真训》:"夫目视鸿鹄之飞,耳听琴瑟之声,而心在雁门之间。一身之中,神之分离剖判,六合之内,一举而千万里。"

〔释义〕一飞就是一千里。比喻前程远大。

〔鉴赏〕据《史记·留侯世家》所载,汉高祖刘邦当上皇帝之后,册立了吕后的儿子刘盈为太子。后来因为宠幸戚夫人而想改立其子刘如意为太子。吕后紧急问计于留侯张良,在张良的策划下,吕后让吕泽派人携带太子的书信,以谦恭的言辞和丰厚的礼品,请出了刘邦一向敬重的商山四位贤士来辅佐太子。刘邦看到自己十分敬重但始终未能请到的四位贤士都来心甘情愿地辅佐太子,知道太子继位已是大势所趋,便对戚夫人说道:"我本想更换太子,但连这四位贤士都来辅佐他,可见太子的羽翼已经形成,难以更动了。吕后真是你的主人了。"戚夫人哭了起来,刘邦说:"你为我跳楚舞,我为你唱楚歌。"刘邦唱道:"鸿鹄高飞,一举千里。羽翮已就,横绝四海。横绝四海,当可奈何!虽有矰缴,尚安所施!"刘邦唱了几遍,戚夫人抽泣流泪,刘邦起身离去,最终没有更换太子。

由于《淮南子》成书要早于《史记》几十年,所以,我们认为这一成语是由《淮南子》的作者所创用的。《淮南子》的作者创用本条成语,具有两个方面的重要意义:

一是揭示了事物的同与异的关系。作者认为,天所覆盖的、地所承载的、六合所包容的、阴阳二气所孕育的、雨露所滋润的、道德所扶持的,全都产生于一个根源——天地,并共通着和谐之气。所以槐与榆、橘与柚可以结合而成为兄弟,有苗族和三危族可以相通而成为一家。这里讲的是事物同一性的现象。眼看着鸿鹄飞翔,耳听着琴瑟之音,而心思却飞到了雁门关一带,一个人身形中的精神可以飞散到各处,甚至一下子飞千万里远。所以就事物的差异来说,紧挨着的胆、肝就会像胡地和楚越那么遥远;但就事物的相同来看,万物就如同生存在一个角落里那么亲近。这里讲的是事物的差异性。

唯物辩证法告诉我们,同与异是自然界中的普遍现象,两者是一对相互矛盾、相互对立而又相互依存、相互转化的辩证关系,是矛盾而又密切相关的统一体,万物皆"同"。宇宙之间,任何两个事物之间都必然具有某种相似点、相同处,完全没有相似点相同之处的两个事物是没有的。万物皆"异"。没有两片树叶是完全相同的,连双胞胎兄弟或姐妹们也是有所不同的。"同"与"异"的哲学意蕴正是我们思考、认识、讨论问题的出发点和方法论。

二是揭示了人的思维、想象不受时空限制的特点。在中国古代文献中,对于人的思维、想象不受时空限制的特点,早已有所认识。如《庄子·让王》篇所说:"中山公子牟谓瞻子曰:'身在江海之上,心居乎魏阙之下,奈何?'"《荀子·解蔽》篇所说的"坐于室而见四海,处于今而论久远",都是在讲身在此而心在彼,思维不受主体所处时空限制这一特点的。

人的思维、想象不受时空限制的特点在艺术想象和构思中得到充分的体现。刘勰《文心雕龙·神思》所谓"寂然凝虑,思接千载;悄焉动容,视通万里""登山则情满于山,观海则意溢于海""观古今于须臾,抚四海于一瞬";陆机《文赋》所谓"其始也,皆收视反听,耽思傍讯,精骛八极,心游万仞"等都十分形象地描述了文学艺术家在进行构思时想象和联想这种异常活跃的情形。

〔例句〕1.三国·魏·曹植《与杨德祖书》:"犹复不能飞轩绝迹,一举千里也。"

亦作"一举万里",如:

2.《晋书·慕容盛载记》:"当如鸿鹄高飞,一举万里,不可坐待罝网。"

〔近义〕鹏程万里　前程似锦　前途无量

〔反义〕穷途末路　走投无路　日暮途穷

【一里挠椎】 yī lǐ náo chuí

〔褒贬〕贬义

〔出处〕《淮南子·说山训》:"众议成林,无翼而飞,三人成市虎,一里能挠椎。"

〔释义〕一个地方所有的人都说铁椎可以弯曲,人们就信以为真。比喻谣言一再重复,也可以使人信以为真。

〔鉴赏〕见"众议成林"。

【一目之罗】 yī mù zhī luó

〔褒贬〕中性

〔出处〕《淮南子·说山训》:"有鸟将来,张罗而待之,得鸟者罗之一目也。今为一目之罗,则无时得鸟矣。"

〔释义〕只有一个网眼的罗网。比喻只看到一点,而忽视全局。

〔鉴赏〕见"罗之一目"。

【一沐三捉发】 yī mù sān zhuō fà

〔褒贬〕褒义

〔出处〕《淮南子·氾论训》:"当此之时,(禹)一馈而十起,一沐而三捉发,以劳天下之民,此而不能达善效忠者,则才不足也。"

〔释义〕沐:洗头;捉:用手攥住。洗一次头要停顿三次。形容事务非常繁忙。后来也指渴求贤才,谦恭下士。

〔鉴赏〕见"一馈十起"。

【一人得道,鸡犬升天】 yī rén dé dào, jī quǎn shēng tiān

见"鸡犬升天"。

【一人飞升,仙及鸡犬】 yī rén fēi shēng, xiān jí jī quǎn

见"鸡犬升天"。

【一心同归】 yī xīn tóng guī

〔褒贬〕褒义

〔出处〕《淮南子·泰族训》:"上唱而民和,上动而下随,四海之内,一心同归。"

〔释义〕大家同一条心,归向同一个目标。

〔鉴赏〕作者创用此语,意在阐述选贤任能的人才观。作者心目中的人才是"英""俊""豪""杰"等四种类型,作者认为,只要让这些英俊豪杰各以自身的才能大小安排在恰当的位置,各得所宜,就能由本流末、以重制轻,在上位的倡导什么,下面的民众就应和什么;上面怎么行动,下面的民众就怎么追随,四海之内,人心所向,都能抛弃贪鄙而向往义礼。这样来教化民众,就如同风吹草木,草木随之伏倒一样。作者所倡导的用人机制,既反映了人们对用人制度的美好理想,也是现实社会的迫切需要,是超越时空的普遍真理。

〔例句〕只要我们坚定不移地走正确的道路,选贤任能,就能~,社会主义的现代化建设就会无往而不胜。

〔近义〕一心同功　万众一心　同心同德

〔反义〕离心离德　各行其是　一盘散沙

【一言而喻】　yī yán ér yù

〔褒贬〕中性

〔出处〕《淮南子·要略》:"欲一言而寤,则尊天而保真;欲再言而通,则贱物而贵身;欲参言而究,则外物而反情。"

〔释义〕喻:明白。一句话就使人了解或说明白。

〔鉴赏〕这是该书作者概括《原道》一卷的内容而创用的一条成语。作者解释说,《原道》这篇文章是用来探索天地四方的规模和万物的形成及其运行规律,描摹元气的形状,探测太空的深远,翱翔在无所不包的领域里。寄托于小处但却包容大的方面,持守简约但治理广大,使人们懂得祸福发生的先后次序,了解动与静的利害关系。果真能够通达它的旨意,就可以透彻地了解广博纷烦的事物。要想用一句话来明白其中的道理,那么就是尊重天道而保持本性;要想用第二句话来通晓其中的道理,就是轻视外物而重视自身;要想用第三句话来探究其中的奥秘,就是抛去外物而返回真情。掌握了其中的要领,就能对内润泽五脏六腑,对外浸渍肌肉皮肤。亲身体验到这个自然的法则,可以和它伴随终身。可以用来应对万方,揽合百变。对待万方百变,就象弄丸于掌中,完全可以自得其乐。

〔例句〕1.宋·朱熹《朱子语类·语录》:"曰仁既明知行合一之说,此可一言而喻。"

2.明·朱之瑜《元旦贺源光国书八首》:"故教者,所以亲父子,正君臣,定名分,和上下,安富尊荣,定倾除乱,其效未可一言而喻也。"

【一叶知秋】　yī yè zhī qiū

见"一叶落知天下秋"。

【一叶落知天下秋】　yī yè luò zhī tiān xià qiū

〔褒贬〕中性

301

〔出处〕《淮南子·说山训》:"见一叶落而知岁之将暮;睹瓶中之冰,而知天下之寒;以近论远。"

〔释义〕看到一片树叶的零落,就知道秋天已经来临。比喻通过个别的细微的迹象,就能看到整个形势的发展趋向与结果。也作"一叶知秋"。

〔鉴赏〕作者创用此语,意在说明以小知大、以近论远的道理。这是哲学命题中的方法论问题。世界上的万事万物不论它的规模和声势有多大,它的发生都是一个由小到大的过程,都有某种征兆和迹象,只要我们善于观察,敏于思考,我们就能从那些细微之处预知它们的未来。这对于我们增强自觉性,克服盲目性,因势利导,推动事物朝着良性的方向发展,促进新生事物的成长壮大,防止或杜绝祸害和灾难的发生都具有积极的意义。

〔例句〕宋·唐庚《文录》引唐人诗:"山僧不解数甲子,一叶落知天下秋。"

〔近义〕一叶知秋　尝一脔肉而知一镬之味　础润而雨　见微知著　因小见大　凡物有朕

〔反义〕一叶障目　而不见泰山　明察秋毫而不见舆薪

【一渊不两鲛】 yī yuān bù liǎng jiāo

〔褒贬〕中性

〔出处〕《淮南子·说山训》:"下轻上重,其覆必易。一渊不两鲛。水定则清正,动则失平。"

〔释义〕鲛:神话传说中生活在海中的人,本处指蛟龙。渊:深水。比喻两雄不能并立。

〔鉴赏〕常言说,一山不藏二虎,两雄不并立。意思是两个强者不能相互容纳共处。考察这种认识的最早语言表述,来自《淮南子·说山训》。作者创用本条成语的意旨并不仅限于说明两强不能并存,重点在于借此说明事物相反相成的道理。作者举例说:月亮圆满的时候,虽然月光最强,但还是强不过太阳,太阳也无法给月亮光亮,这是因为月亮属阴,太阳属阳,阴不能和阳同在。当太阳出来时,星星就隐藏起来,这是因为它们不能和太阳争光。所以树枝之末不能强过树根之本的,手指是不可以粗过臂膀的。下轻上重,必然要倾覆。一个深渊中是不能同时有两条蛟龙。水静止时就清澈平稳,流动起来就失去平和。所以唯有不动,就能无所不动。江河之水之所以能成为百谷之长,是因为它能处低洼之处,唯有能处低洼处,才能为"上"。

作者这段论述,其实就是在说明事物"两坚(同)不能相和,两强不能相服",只有"相反则相成"的道理。所谓相反相成是指两个对立的事物既相互排斥又互相促成。也就是说,相反的东西也互相依赖,具有同一性。从矛盾论的角度来说,主要矛盾与次要矛盾的相互制约,互为存在的根据,我们在抓主要矛盾的同时不可忽略次要矛盾,两者是密不可分的,是矛盾的对立与统一。本段论述还反映了道家从阴阳的角度来认识和理解这一原理。道家将物质世界分为阴阳两极,一阴一阳保持万物平衡,世间万物都是平衡的,这就是相反想成。阴与阳是相反的存在,但它们却共存,而维持万物的有机统一,例如太阳、月亮和星星,太阳属阳,月亮和星星属阴,它们虽然不能同时出现,但可以错时存在,共同成为天空的主宰。

"一渊不两鲛"反映和强调了对立统一规律中矛盾的对立性和斗争性的一面,当我们在注意事物矛盾的对立和斗争的同时,也不能忽视事物矛盾的另一面,即统一性。无论矛盾怎么对立和斗争,但它们都统一于事物的内部,具有共存性,中国古代哲学家们提出的"和合"思想,就是对这种统一性的通俗的表述。当下中国提出的"和谐世界"理念正是对"和合"思想的继承和发扬。和合是统一,不和合是对立,这种既对立又统一,构成了事物发展的矛盾,推动着事物的发展。

〔例句〕并非一定都是~,在共同的理想和利益面前,完全可以强强联合,打造利益共同体,使强者更强。

〔近义〕一山不藏二虎　两雄不并立

〔反义〕握手言和　风雨同舟　休戚与共

【衣冠优孟】　yī guān yōu mèng

〔褒贬〕中性

〔出处〕《史记·滑稽列传》:"优孟曰:'若无远有所之。'即为孙叔敖衣冠,抵掌谈语。岁余,像孙叔敖,楚王及左右不能别也。庄王置酒,优孟前为寿。庄王大惊,以为孙叔敖复生也,欲以为相。"

〔释义〕优:古代表演乐舞、杂戏的艺人。孟:春秋时期楚国宫廷中的一个艺人。穿戴着孙叔敖生前衣帽以假扮孙叔敖的艺人优孟。比喻模仿他人。也指登场演戏。也作"优孟衣冠"。

〔鉴赏〕《史记·滑稽列传》载:楚国宰相孙叔敖知道优孟是位贤人,待他很好。孙叔敖患病临终前,叮嘱他的儿子说:"我死后,你一定很贫困。那时,你就去拜见优孟,说'我是孙叔敖的儿子'。"过了几年,孙叔敖的儿子果然十分贫困,靠卖柴为生。一次路上遇到优孟,就对优孟说:"我是孙叔敖的儿子。父亲临终前,嘱咐我贫困时就去拜见优孟。"优孟说:"你不要到远处去。"于是,他就立即缝制了孙叔敖的衣服帽子穿戴起来,模仿孙叔敖的言谈举止,音容笑貌。过了一年多,模仿得活像孙叔敖,连楚庄王左右近臣都分辨不出来。楚庄王设置酒宴,优孟上前为庄王敬酒祝福。庄王大吃一惊,以为孙叔敖又复活了,想要让他做楚相。优孟说:"请允许我回去和妻子商量此事,三日后再来就任楚相。"庄王答应了他。三日后,优孟又来见庄王。庄王问:"你妻子怎么说的?"优孟说:"妻子说千万别做楚相,楚相不值得做。像孙叔敖那样地做楚相,忠正廉洁地治理楚国,楚王才得以称霸。如今死了,他的儿子竟无立锥之地,贫困到每天靠打柴谋生。如果要像孙叔敖那样做楚相,还不如自杀。"接着唱道:"住在山野耕田辛苦,难以获得食物。出外做官,自身贪赃卑鄙的,积有余财,不顾廉耻。自己死后家室虽然富足,但又恐惧贪赃枉法,干非法之事,犯下大罪,自己被杀,家室也遭诛灭。贪官哪能做呢?想要做个清官,遵纪守法,忠于职守,到死都不敢做非法之事。唉,清官又哪能做呢?像楚相孙叔敖,一生坚持廉洁的操守,现在妻儿老小却贫困到靠打柴为生。清官实在不值得做啊!"于是,庄王向优孟表示了歉意,当即召见孙叔敖的儿子,把寝丘这个四百户之邑封给他,以供祭祀孙叔敖之用。自此之后,十年没有断绝。

本条成语以轻松的口吻讲出了一个重大而又严肃的问题,那就是如何处理官场上贪与廉的关系问题。贪官固然要受到处罚,但对于贡献突出的清官也必须给予一定的奖励,让清官在精神上和物质上都能得到适当的回报。优孟替孙叔敖打抱不平,楚庄王幡然悔悟,追封孙叔敖子孙四百户之邑的亡羊补牢之举值得我们深思。

〔例句〕清·百一居士《壶天录》卷上:"衣冠优孟,最易动人,而淫戏靡靡,有声有色,能使女德之贞静者转入邪淫,则其弊不可胜言。"

〔近义〕优孟衣冠　粉墨登场　鹦鹉学舌

〔反义〕返我初服　返璞归真　洗尽铅华

【夷险除秽】　yí xiǎn chú huì

〔褒贬〕褒义

〔出处〕《淮南子·兵略训》:"有圣人勃然而起,乃讨强暴,平乱世,夷险除秽,以浊为清,以危为宁,故不得不中绝。"

〔释义〕铲除险恶,清除混乱。

〔鉴赏〕见"勃然而起"。

〔例句〕每当国家陷入危难的时刻,总有仁人志士挺身而出,呼号呐喊,带领人民～,使国家转危为安。

〔近义〕除残去秽　除暴安良　化险为夷　除秽布新

〔反义〕危而不持　颠而不扶　听之任之

【疑心生暗鬼】　yí xīn shēng àn guǐ

〔褒贬〕贬义

〔出处〕《师友杂志》:"尝闻人说鬼怪者,以为必无此理,以为疑心生暗鬼,最是切要议论。"

〔释义〕指无中生有地乱猜疑。也指因为多疑而产生各种幻觉和错误判断。

〔鉴赏〕《荀子·解蔽》记载了涓蜀梁疑鬼的故事。有一个住在夏水的河口(今湖北江陵东南)南边的人,名字叫涓蜀梁。这个人生性愚蠢而且胆小。有一天他在月光明亮的夜晚走路时,低头看见自己的影子,以为是趴在地上的鬼;仰望上面的头发,以为是站着的魅。转身跑回家,由于过度惊吓,气绝身亡。这真是一个可悲而又可笑的一个故事。

在此用"疑心生暗鬼"这条成语将其概括,意在批驳鬼怪的虚妄性。作者坚定地认为鬼怪是不存在的,之所以认为存在鬼怪,那是因为自己疑心引起的。作者不仅旗帜鲜明地否定了鬼怪的存在,而且指出了人们之所以产生鬼怪意识的原因。有理有据,切中要害,令人信服。

创用此条成语的意义还在于批评了胡乱怀疑的不良意识。常言说,害人之心不可有。芸芸众生,居心叵测者大有人在,所以,提高警觉,多留心眼,防止上当受骗,这是进行自我保护所必须持有的戒备意识。但这不能与疑心画等号,不能因此而疑神疑鬼,否则的话,就有可能错失别人给你的善意、友情、信任和机遇,就会出现一些不应有的误会、隔膜和矛盾,甚至会酿成重大的悲剧。所以,一方面,固然"害人之心不可有,防人之心不可无",另一方面,也要"防人之心不可无,疑人之心不可多"。

〔例句〕1.明·吴承恩《西游记》第三十二回:"你看他奔上大路,疑心生暗鬼,步步只疑是行者变化了跟住他。"

2.明·凌蒙初《初刻拍案惊奇》卷三十:"又道是,疑心生暗鬼,未必不是阳命将绝,自家心上的事发,眼花缭花上头起来的。"

〔近义〕疑神疑鬼　疑神见鬼　杯弓蛇影

〔反义〕深信不疑　坚信不疑

【以恩济威】 yǐ ēn jì wēi

〔褒贬〕褒义

〔出处〕《元史·董文炳传》:"文炳明于听断,以恩济威。"

〔释义〕以恩义树立起自己的威信。

〔鉴赏〕关于威信,《辞海》解释为:"声威信誉;众所共仰的声望。"威信是为官者品德、学识、能力、诚信等素质修养的集中表现,是一种对群众和下属所产生的非权力、非强制性的影响力,是一种"无言的号召,无声的命令"。为官者无不希望自己在下属和群众中树立较高的威信,那种一言九鼎、令行禁止、振臂一呼、应者云集、众望所归、万人拥戴的情景是为官者的成就和自豪。反之,如果官无威信,必然会影响领导职权的行使,领导意图的贯彻和执行,就会出现上有政策下有对策的不良现象,就会产生言者谆谆、听者藐藐的尴尬,甚至会出现群众或下属对领导阳奉阴违、鄙夷不屑的难堪局面,这是为官者的失败和悲哀。所以,树立和提高威信是为官者的第一要务。

树立威信有两种截然不同的方式。一种是为官者自己强加的。这种人给自己立官威的方式是不从造福百姓出发,不以政绩为上,而是以升官发财、捞取名利为宗,或者是瓦釜雷鸣,尸位素餐,甘于平庸。为了保住头上的那顶乌纱帽,他们不惜谄上欺下,对上司唯唯诺诺,巧言令色,极尽阿谀奉承之能事;对下属和百姓则颐指气使,声色俱厉,使下属和百姓敢怒而不敢言,强迫他人屈服于自己、敬畏自己。这种人误以为只要有了官腔、官架、官势和官派,就有了"官威"。殊不知"强令之笑不乐,强令之哭不悲",那种不从老百姓的根本利益出发,而靠通过强迫手段让群众百姓对自己敬畏的做法,其结果不仅不能在众人面前树立起"官威",反而会使人民群众畏之如豺狼,狠之如社鼠,鄙之如敝屣,到头来只会成为孤家寡人,遭人吐骂,甚至锒铛入狱,贻笑天下。

另一种就是像董文炳那样,通过亲民、爱民、恤民的爱心,通过"为官一任,造福一方"的政绩来赢得群众和下属由衷的爱戴和敬佩。董文炳(1217-1278年),字彦明,曾以行院事于淮西,在正阳指挥和参与了与宋军激烈的争夺战。之后,董文炳继续率军转战南北,为元灭宋、统一全国立下了汗马功劳,深受忽必烈的器重。董文炳不仅是一位战功赫赫的军事将领,同时也是一位以清廉著称、爱民如子、甘愿为民慷慨解囊、解民于倒悬、深受百姓尊敬和爱戴的父母官。董文炳以父阴接任藁城县令。该县当时很穷,老百姓不堪重赋,董文炳就用自己家中数千石谷子代交赋税。前任县令因征集军需向私人借贷,而贷款的那家收取利息逐年加倍,官府拿百姓的蚕和麦子去偿还。于是董文炳就用自家的田地作价还给放贷的人。他又登记县里的闲置田地分给贫民耕种,于是流散在外的人渐渐回来,几年时间后老百姓都比较富裕了。他还曾冒着死罪为老百姓隐瞒户口,以减轻他们的赋税。当时官府不停地搜刮百姓,董文炳压着官文不予执行。最终,他因不愿拿老百姓的民脂民膏去给上司送礼而得罪上司,以致愤然辞职。桃李不言,下自成蹊。这种心中时刻装着百姓、真心实意为群众谋利益的人,虽然不去刻意为自己树立"官威",自然会得到老百姓由衷的尊敬、佩服、爱戴和拥护。

需要指出的是,董文炳的"以恩济威"不同于一般的"恩威并济"。前者是一种发自内心的、自觉自愿地为百姓排忧纾难而树立起来的威信,这种威信来自百姓真心实意的感激、信任和拥戴。后者则是统治阶级和官僚对老百姓所采取的高压和怀柔的两种手段,其目的是为了对老百姓进行有效地控制和统治,显然,这是一种刻意树立的"官威"。在中国几千年的封建统治中,统治阶级通常都是采用"恩威并济""刚柔相济"的政策,一方面重视儒家意义上的"德治",另一方面也不偏废法家意义上的"法治",主张儒法互用、双管齐下。这种"恩威并济"所给予的恩惠和关怀是十分有限的,而其"威"则是严酷的。今天,在"立党为公,执政为民"的时代,我们更加需要的是董文炳这样的"以恩济威",用全心全意为人民服务的执政理念去感化人民,以获取人民的理解、拥戴和支持。

〔例句〕只有~,才能获得真正的威信和威望。

〔近义〕恩威并济　恩威并施　刚柔并济　宽猛相济

〔反义〕严刑峻法　苛政猛于虎　滥施淫威

【以少胜多】 yǐ shǎo shèng duō

〔褒贬〕中性

〔出处〕《淮南子·兵略训》:"若乃人尽其才,悉用其力,以少胜众者,自古及今,未尝闻也。"

〔释义〕用少数的力量战胜多数的力量;以弱小战胜强大。

〔鉴赏〕从该条成语的出处可以看出,原为"以少胜众",后来人们将其改为"以少胜多"。另参见"人尽其才"。

〔例句〕1.清·魏秀仁《花月痕》第二十二回:"这回用兵,以少胜多,极有布置。"

2.邓小平《我们有信心把中国的事情做得更好》:"抗日战争打了八年,抗美援朝打了三年,我们有以少胜多、以弱胜强的传统。"

〔近义〕以弱胜强　以弱制强　以少胜众

〔反义〕恃强凌弱　以众暴寡　寡不敌众

【以升量石】 yǐ shēng liáng dàn

〔褒贬〕贬义

〔出处〕《淮南子·缪称训》:"使尧度舜则可,使桀度尧,是犹以升量石也。"

〔释义〕升、石：容量单位，十升为一斗，十斗为一石。用容量单位很小的升来测量容量单位很大的石。比喻以小测大，以浅测深。

〔鉴赏〕《淮南子·缪称训》是一篇强调君主的道德修养对于治理国家重要性的文章。作者为了确立自己的这一观点，列举了各人按照自己的好恶和水平来举荐人才的这一现象作为佐证。作者认为：一般而言，人们都欣赏自己所喜欢的人，而所喜欢的又是自己感到愉快的人。世上没有人不举荐自以为贤能的人，但所举荐出的人，有的能把事办理好，有的却把事办得很糟糕；这些并不是在举荐人时有意欺骗自己，而是对所举荐的人只求适合自己的口味而已。可是当你自己的水平并不是很高的情况下，按自己的水平去寻求人才时，所得的人才自然就并不一定是真正的贤才。这就好比让尧去鉴识度量舜，当然是可以的；但如果让桀去衡量识别尧，就好像用升去量石一样，是没法量准的。作者的意思很明确，就是说所举荐的人才的水平和素养的高下要受举荐者本人的水平和素养高低的限制。因此，要想举荐出优秀的人才，首先自己必须优秀。君主要想选拔出杰出的人才，其本身必须要有尧舜那样的品性和智慧。

作者这一观点无疑是既深刻而又最实在，可谓一针见血，道出了举贤、得贤的关键。可以说，这是举得贤才、得到贤才唯一正确的途径。举贤者唯有慧眼识英雄，而又大公无私、一身正气、光明磊落、一心为国为民，才能有祁黄羊那种"外举不避仇，内举不避亲"的胆识；得贤者唯有像尧那样，本身既是雄才大略而又贤明仁义，才能发现、珍惜并放心启用像舜这样的人才。否则，自身如桀如纣，只会埋没、浪费甚至残害人才。正如傅玄在《正心篇》中所说："古之大君子，修身治人，先正其心，自得而已矣。"习近平总书记关于"打铁还得自身硬"的通俗比喻，不仅适用于反腐倡廉，同样也适用于人才的选拔和使用。

〔例句〕～，必然产生偏见。

〔近义〕管窥蠡测　以管窥天　以井观天

〔反义〕慧眼识英雄　居高临下

【以汤沃沸】　yǐ tāng wò fèi

〔褒贬〕中性

〔出处〕《淮南子·兵略训》:"若以汤沃沸,乱乃逾甚。"

〔释义〕汤:开水。沃:浇。沸:滚开的水。用开水去浇沸腾的水以制止其沸腾。比喻处理方法不对,只会适得其反,不但不能制止,反而助长已成的气势。

〔鉴赏〕作者创用此语,意在强调循"道"治国的重要性。作者用的是反证法,推导出背"道"而驰的荒唐结果。作者先打比方说:放弃大道而用小技来治理天下,如同用螃蟹捉老鼠、以蛤蟆捉跳蚤,不但不能禁止奸邪,堵塞罪恶,反而会更加混乱。然后作者又列举事实,从正反两个方面论述了遵"道"施德的重要性。指出:过去夏鲧修建高高的城墙来防范,但结果反而是诸侯叛乱,海外各国也都生狡诈之心。禹看到这点,就拆毁城墙,填平护城河,散发财物,焚烧兵器盔甲,广施仁德,结果四海臣服,夷族纳贡,禹在涂山会见成千上万带着玉器锦缎来朝会的诸侯。最后,作者顺理成章地得出结论:所以胸中藏有机巧奸诈之心,这纯白的道(天性)也就不纯粹了,纯粹专一的德也就不完备了;处理自身都不理智了,还能安抚感化其他远处的事和人?所以皮革铠甲坚硬,这兵器也随之锋利,城墙一旦筑起,这攻城战车也随之产生;这些如同用开水浇入滚烫的水中一样,非但不能制止沸腾,反而使水沸腾得更厉害。所以用鞭打咬人的狗和踢人的马而想调教好它们,即使是伊尹、造父这样的人也无能为力,达不到教化的目的。如果心中不存害人的欲念,那么就是尾随饥饿的老虎也不可怕,更何况对付狗、马之类的动物!所以领悟道的人安安逸逸而没有办不到的事,玩弄巧诈之术的人辛辛苦苦却一事无成。作者在这里运用多种论证方法,再次将用兵打仗、治国理政上升到"道"的层面,从而占据了理论的制高点。

〔例句〕做事不讲方式方法,无异于~,不仅毫无结果,甚至适得其反。

〔近义〕扬汤止沸　以汤止沸

〔反义〕釜底抽薪　抽薪止沸

【以汤沃雪】 yǐ tāng wò xuě

〔褒贬〕中性

〔出处〕《淮南子·兵略训》:"若以水灭火,若以汤沃雪,何往而不遂?何之而不用达?"

〔释义〕汤:开水;沃:浇。用开水浇雪。比喻事情容易做到,问题容易解决。也比喻效果明显。

〔鉴赏〕作者创用此语,意在阐述和形容"无形"在用兵过程中的作用和威力。作者认为有形迹的东西,天下人都能看得见它,并能通过书籍文章进行学习和流传。而高明者是不会效仿他们通过有形来取得胜利的。人们之所以看重"道",是在于"道"的无形。"无形"难以被制迫度量,更不能用智巧来进行欺诈,也无法来规划谋算它。如果用有形的话,那么你的智慧表现出来,人家也就会用智谋对付你;你的形迹表现出来,人家也就会以相应的行为来对付你;你的部队稍有暴露,人家就会打你埋伏;你的器械装备一亮出来,人家就会做好充分的防备。总之,在作者看来,动作周旋、曲直屈伸、使巧用诈,都不算高明的。高明的人的行为是,神出鬼没,如星辰闪烁不定,像天体恢宏运行,进退屈伸,不留痕迹;像鸾鸟飞升、麒麟跳跃、凤凰飞翔、神龙腾空;发动时如猋风,而迅猛得又像闪电;以生动灵活的态势击败呆滞死板,以旺盛的气势驾驭暮气衰败,以迅猛有力压倒迟缓疲软,以饱满精神制迫萎靡不振,这就像以水灭火、用汤浇雪,这样的神兵哪能会不如愿以偿?哪能会不达到目的?

作者在这里将"无形"作为用兵的基本原则,进而上升为"道"的层面,从而进一步提高了作者军事理论的层级。

〔例句〕明·李贽《初潭集·夫妇二》:"何邓执权,必为玄害,亦犹排山压卵,以汤沃雪耳,奈何与之为亲。"

〔近义〕探囊取物 轻而易举

〔反义〕扬汤止沸 抱薪救火

【以小见大】 yǐ xiǎo jiàn dà

〔褒贬〕中性

〔出处〕《淮南子·说林训》:"尝一脔肉而知一镬之味,悬羽与炭而知燥湿之气,以小见大,以近喻远。"

〔释义〕指通过小事可以看出大节,或通过一小部分看出整体。

〔鉴赏〕明代文学家冯梦龙在《知微》卷五中记载了这样一个故事：殷纣王即位不久，就命人为他琢一把象牙筷子。贤臣箕子叹息说，"他使用象牙筷子，必定想着不再用陶器盛东西了，并且要做犀玉之杯了。有了犀玉杯、象牙筷，必不会再吃羹藜等野菜制成的食物，穿质料粗劣的短褐衣服，住在茅草铺顶的房屋之下了，则要求身披锦衣九重，住进高台广室。怀有这样的要求，整个天下也满足不了他了！远方的珍怪之物，舆马宫室等都逐渐齐备，这些都自此而始，我害怕他由此走向灭亡！"

果然，没过多久，纣王便开始建造鹿台，作琼室，立玉门，豪华富丽，狗马奇物充满其中，还有酒池肉林，宫中街市，供他穷奢极欲。而老百姓都背叛了他。

箕子从商纣王开始使用象牙筷子便预知纣王将一步步走向奢靡荒淫、腐朽堕落，直至被人民所抛弃，历史已经完全证实了箕子的判断。那么，箕子是如何作出如此准确的判断的呢？

唯物辩证法告诉我们，世界是相互联系的统一体，这种联系不仅存在于事物与事物之间的外部联系，同时，一个事物的内部各要素也存在着各种联系，如部分与整体，现象与本质等等都存在着千丝万缕的必然联系，只要能找出这种联系，我们就可以根据事物的外表来推知其内涵，从事物的显象来察知其隐情，从部分得知其整体。如果说箕子是这一原理的实践者，那么，《吕氏春秋》的作者就是这一原理的最早揭示者。《吕氏春秋·察今》这篇文章对这种关系看得十分清楚，认为得道的人，其可贵之处就在于能够依据眼前的近物知道不在眼前的遥远之物，依据今天来了解古代，以增自己的见闻，了解未曾亲见到的东西。所以察看屋堂前的影子，就知道日月在运转，阴阳在变化。看见瓶中的水结冰，就知道天气寒冷，鱼鳖冬藏。尝一块肉，就知道一锅肉的味道。

百年之后，《淮南子》的作者刘安等人对这一原理作了进一步的阐发。他们在《淮南子·氾论训》里列举了一系列类似的情况：昏庸的君主常常把小人奸臣当成了君子，只有英明的君主才能不被蒙骗，能从细微的迹象中看清真相。所以根据蛇抬起头的高度，可以推知它的长度；根据象牙的长短，可以推知象的大小。薛地的烛庸氏之子，只要看到爪甲那么长的短剑，就能知道其剑的利纯情况。淄河与渑水混在一起，奂儿和易牙只要尝一口水，便能根据河水的甜苦来分辨出哪是淄河水、哪是渑河水。所以圣人也能根据人的行为表现，知道人的贤与不贤。孔子连廪丘封邑都推辞了，那么据此可以认定孔子是不会去做偷刀钩一类的事情；许由连天子都不做，据此可以断定许由绝不会稀罕封侯之类的事。所以，被火灼伤的人是不敢去抓火的，那是因为他看到过火是会伤人的；被刀剑伤过的人是不敢去抓刀刃的，那是因为他看到过刀刃伤人的事。最后，作者概括地说：由此看来，可以从已经知道的现象中推知还未显露发生的事，以观察小节来推知大体。

在《淮南子·说林训》里，作者对这一现象也作了说明和概括。首先引用了《吕氏春秋·察今》里关于"尝鼎一脔"的成语典故，然后对这一现象又作了进一步的补充和印证：从悬挂的羽毛和木炭的湿度就能知道空气燥湿的情况。然后，将这一现象概括为"以小见大，以近喻远"，本条成语由此而来。

〔例句〕老舍《赵子曰》："这样的事实不能算他的重要建设，可是以小见大，这几件小事不是没有完全了解新思潮的意义的人们所能办到的。"

〔近义〕见微知著　一叶知秋　月晕而风

〔反义〕以管窥天　以蠡测海　坐井观天

【以言为讳】　yǐ yán wéi huì

〔褒贬〕中性

〔出处〕《汉书·梅福传》："间者愚民上疏，多触不急之法，或下廷尉，而死者众。自阳朔以来，天下以言为讳，朝廷尤甚。"

〔释义〕人们把说话当作忌讳。形容统治阶级对言论钳制之严。

〔鉴赏〕梅福，字子真，西汉九江郡寿春（今安徽寿县）人。少年求学长安，精通《尚书》和《谷梁春秋》。曾为南昌县尉，后去官归寿春。西汉末年，大司马王凤当权，外戚王氏控制了西汉政权。汉成帝永始元年（公元前16），皇太后之侄王莽封为新都侯，朝政日非，民怨四起。而京兆尹王章一向忠直，讥刺王凤，被王凤所杀。这时各种灾异现象经常出现，大臣们都不敢直言规谏，只有梅福忧国忧民，以一县尉之微官上书朝廷，指陈政事，并讥刺王凤，以致被朝廷斥为"边部小吏，妄议朝政"，险遭杀身之祸,梅福因此挂冠而去。此条成语就反映了西汉末年王氏专政,朝廷上下不敢议论朝政的状况。

〔例句〕奸权当道,天下必然～。

〔近义〕敢怒不敢言　道路以目　缄口不言　三缄其口

〔反义〕直言不讳　畅所欲言　直抒己见　知无不言

【异路同归】　yì lù tóng guī

〔褒贬〕中性

〔出处〕《淮南子·本经训》:"五帝三王,殊事而同指,异路而同归。"

〔释义〕归:归宿。比喻采用不同的方法、途径,取得相同的效果,得到相同的目的。

〔鉴赏〕作者创用此语,集中说明了他的"道治"的政治哲学思想。作者认为,五帝三王,他们做的事情不一样,但宗旨是相同的;所走的道路不一样,但归宿却都是一致的。这里所讲的"同指",其实就是道治的具体表现——"太清之治"。这里所讲的"同归",其实就是作者在《本经训》的开头所描述的清明祥和、安定有序、生机盎然的无为而治的社会太清图。作者运用辩证的同一性原理,指出尽管处在不同的历史和社会环境,所面对的政治事务也各有不同,但只要坚持道治,都能够达到"太清"的社会局面。撇开本条成语的本意不说,单是它给我们提供的方法论也有很高的价值。它告诉我们:做任何事情都必须坚持原则性和灵活性的统一,只要心中有目标,坚持原则不动摇,至于处事方法不必拘泥陈法俗套,不能死板教条。要因时而动,因地制宜。不管从那条路上攀上高峰,不管用什么方法攻入堡垒,都是可喜的成就。

〔例句〕晋·陆机《思亲赋》:"天步悠长,人道短矣,异途同归,无早晚矣。"

〔近义〕异途同归　殊途同归　异曲同工　殊致同归

〔反义〕分道扬镳　南辕北辙　背道而驰

【因时制宜】　yīn shí zhì yí

〔褒贬〕中性

〔出处〕《淮南子·氾论训》:"由此观之,法度者,所以论民俗而节缓急也;器械者,因时变而制宜适也。"

〔释义〕因:根据。制:制定。宜:适当。指根据不同时期的实际情况,采取适当的措施。

〔鉴赏〕作者创用此语,集中概括了《淮南子》中关于"权变论"的思想。作者认为,"道"不是僵化不变的教条,而是时时刻刻都在随时势而变化的动态的思想体系。因而圣人不会机械地固守陈规,而是"能阴能阳,能弱能强;随时而动静,因资而立功;物动而知其反,事萌而察其变;化则为之象,运则为之应"。所以,作者强调,一切法令制度和礼节都要根据现实的需要来制定,而不能用过时的礼法来筐套现实,器械用具也要根据时代的变化而变化,使之适宜使用。作者还列举了大量的事实,雄辩地证明了"权变"的重要性和必要性。体现了作者积极的现实主义精神,这种精神无论是对国家、社会的发展,还是对个人的立世处事都具有重要的意义。

〔例句〕《晋书·刘颂传》:"所遇不同,故当因时制宜,以尽事适今。"

〔近义〕因事制宜　因地制宜　因势利导　相机行事　随机应变

〔反义〕生搬硬套　胶柱鼓瑟　刻舟求剑　萧规曹随　因循守旧

【阴德天报】　yīn dé tiān bào

〔褒贬〕褒义

〔出处〕《新序·杂事第一》:"其母曰:'吾闻有阴德者,天报之以福,汝不死也。'"

〔释义〕阴德:暗中做的有德于人的好事。指暗中积德做好事的人将得到神的帮助和保佑。

〔鉴赏〕据《贾子》记载,楚国的孙叔敖小时候有一次出外游玩回到家,忧愁闷郁不肯吃饭。母亲问他是什么原因,他哭着说:"我看见了两个头的蛇,我恐怕会离开母亲死掉了。"母亲说:"现在蛇在哪儿?"孙叔敖说:"我听说看见两头蛇的人会死,害怕以后别人也看见它,就把它打死埋掉了。"母亲说:"孩子,你不要忧愁了,我听说有阴德的人,上天会以福报答他的,你不会死的。"

这个故事说明,孙叔敖在认为自己明明会死的情况下,为了不让他人因此而死,仍然冒死为民除害,体现了孙叔敖从小就有舍己为人的高尚品质。等到孙叔敖长大以后,做到了楚国的国相,他还没开始治国,国人就已经相信他是一个仁义的人了。孙叔敖在以后的政治生涯中,果然没有辜负国人的信任和希望,为了国家的富强,人民的幸福,他呕心沥血,鞠躬尽瘁,持廉至死,功勋卓著,彪炳史册,世代景仰。本条成语虽然是孙叔敖的母亲用来安慰孙叔敖幼小的心灵的,甚至还带有些许天人相应、因果相报的宗教迷信色彩,但它在鼓励人们积德行善、疾恶扬善、积极做好事方面还是具有深刻的教育意义的,在端正社会风气,集聚社会正能量方面有着不可估量的作用。

〔例句〕明·袁了凡《了凡四训》:"凡为善而人知之,则为阳善。为善而人不知,则为阴德。阴德,天报之;阳善,享世名。"

〔近义〕善有善报

〔反义〕恶有恶报

【阴谋不轨】 yīn móu bù guǐ

〔褒贬〕贬义

〔出处〕《三国志·魏书·袁术传》:"以为足下当戮力同心,匡翼汉室,而阴谋不轨,以身试祸,岂不痛哉。"

〔释义〕轨:法度;不轨:不遵守法度。指暗中谋划叛乱。

〔鉴赏〕这条成语是陈珪给袁术的回信中创用的。东汉末年,袁术占领淮南之后,意欲在寿县称帝。袁术与陈珪都是公卿世族的子孙,年轻时就有交往,袁术希望称帝这件事能获得陈珪的鼎力协助和支持。袁术写信给陈珪说:"当初秦朝政治混乱,天下的英雄们争相夺取,兼有智勇的人最终取得天下。现在政局混乱,天下又有瓦解的趋势,已经到英雄人物有所作为的时候了。我和您是老朋友,难道您不肯帮助我吗?如果我要干成大事,您的确是我亲信得力的人。"陈珪回复说:"过去秦朝末世,皇帝肆意残暴,为所欲为,虐政遍布天下,老百姓遭受痛苦,不堪忍受,所以才土崩瓦解。现在虽然是衰败时期,但没有秦朝苛政暴虐所引起的动乱。曹将军英明神武、顺应时运,正在恢复国家的法度,将要扫除凶残邪恶的人,使天下清平安定,的确是有预兆可以证明的。我以为您会与曹将军齐心协力,辅佐汉室,可是您却暗地里图谋不轨,自己去招致灾祸,岂不让人痛心!如果您迷途知返,还可以免祸。我暂且还在您的老朋友中充数,所以表露最真挚的情意,虽然听起来不顺耳,但这是至亲的人才能给您的忠告。可是要我谋求私利而依附您,我是宁死也不会这样做的。"结果,袁术不听陈珪的劝告和下属的反对,执意要称帝。建安二年(197)二月,袁术据始皇帝玉玺在占据江淮大地时,冒天下之大不韪,冒然在寿春称帝,以九江太守为淮南尹,置公卿百官,以寿春为都,国号成国,年号仲家,即史称仲家皇帝。但袁术治理国家无方,先后被曹操、吕布打败,袁术的"仲家皇帝"仅做了两年半。陈珪的劝谏可以说是语重心长,金玉良言,只可惜袁术利令智昏,一意孤行,结果惨遭失败,贻笑天下。

〔例句〕宋·司马光《资治通鉴·汉纪·孝献帝建安二年》:"而阴谋不轨,以身试祸,欲吾营私阿附,有死不能也。"

〔近义〕图谋不轨　居心叵测

〔反义〕襟怀坦白　光明正大

【淫侈无度】　yín chǐ wú dù

〔褒贬〕贬义

〔出处〕《淮南子·人间训》:"气充志骄,淫侈无度,暴虐万民。"

〔释义〕荒淫奢侈,毫无节制。

〔鉴赏〕作者创用此条成语,用来描述晋厉公在嘉陵会合诸侯,气横志骄、穷奢极侈、残害百姓,结果落得身死国亡的可悲下场。同时,作者还列举了孙叔敖功高而请以薄封,但却得以"累世不夺"的事例。通过列举这两个一正一反的事例,有力证明了"故物或损之而益,或益之而损"的结论。作者在这里明确地揭示了"损"和"益"相互转化的辩证关系,历史上无数事实证明,人们所向往的所谓福、禄、寿、喜、财,有时候刻意去追求它们,反而不一定得到,即使得到了,也很容易失去。反之,保持"清净恬愉",没有贪欲,这些东西反而悄然到来。这就需要我们清心寡欲,顺势而为,行其所当行,做其所能做,切不可贪得无厌,过度索取,否则便会招致无妄之灾。

〔例句〕历史上凡是～的帝王将相、达官显贵们,结果都没有什么好下场。

〔近义〕骄奢淫逸　穷奢极侈　荒淫无度　纸醉金迷

〔反义〕克勤克俭　勤俭节约　艰苦朴素　粗茶淡饭　艰苦卓绝

【忧悲多恚,病乃成积】 yōu bēi duō huì, bìng nǎi chéng jī

〔褒贬〕中性

〔出处〕《淮南子·原道训》:"忧悲多恚,病乃成积;好憎繁多,祸乃相随。"

〔释义〕恚:恨,怒。忧悲过分就会导致怨恨,疾病也会由此淤积而成。

〔鉴赏〕见"大怒破阴"。

【忧国忘身】 yōu guó wàng shēn

〔褒贬〕褒义

〔出处〕《晋书·淮南忠壮王允传》:"故淮南王允忠孝笃诚,忧国忘身,讨乱奋发,几于克捷。"

〔释义〕指忧劳国事,不顾个人安危得失。

〔鉴赏〕据《晋书·淮南忠壮王允传》记载,咸宁三年(277),晋武帝封司马允为濮阳王,授任越骑校尉。太康十年(289),晋武帝改封司马允为淮南王,封地未改,并担任都督扬江二州诸军事、镇东大将军、假节。元康九年(299),司马允回到朝廷。

起初,晋惠帝皇后贾南风陷害愍怀太子司马遹,致使司马遹被废位,朝中议事者曾想立司马允为皇太弟。永康元年(300),赵王司马伦废黜贾南风,下诏任命司马允为骠骑将军、开府仪同三司、侍中,都督之职依旧,兼任中护军。司马允性格沉静刚毅,宫中负责警卫的将士们都敬佩他。

司马允暗中得知司马伦有篡权叛逆之心,就声称有病不去上朝,秘密豢养死士,暗自谋划诛杀司马伦。司马伦很畏惧他,转任他为太尉,表面优待尊崇他,实际夺去了他的兵权。司马允称有病不接受任命。司马伦派御史逼迫司马允,逮捕他下属各级官员,让他们以谋反罪检举他。司马允非常愤恨，审视诏书，原来是孙秀的手迹。他勃然大怒，马上逮捕御史，要杀死他，御史逃跑得脱，司马允便杀死两名令史。司马允声色俱厉地对左右说：司马伦想要败坏我司马氏王国。于是率领封国内的士兵和帐下亲兵七百人冲出，大呼道："司马伦谋反，我要进攻他，凡是淮南王的将士都袒露左臂。"许多人前来归附他。司马允将进入皇宫，尚书左丞王舆关闭东掖门，司马允不能进入，便包围相府。他带领的士兵，全都是淮南身怀绝技的剑客。双方交战，多次打败司马伦的军队，司马伦的士兵战死一千多人。太子左率（太子卫队的长官之一）陈徽带领东宫士兵在宫内呼喊以作内应，司马允集结队伍在承华门前列阵，弓弩齐发，射向司马伦，箭如雨下。主书司马畦秘用身体掩蔽司马伦，箭射中他的背部而死。司马伦手下官属都隐蔽站立在树后，每棵树都中了数百箭，从清晨辰时激战至午后未时。陈徽兄长陈准当时担任中书令派军前来解围。司马伦的儿子司马虔任侍中，在门下省秘密邀约勇士，以富贵相许。派遣司马督护伏胤带领四百名骑兵从宫中冲出来，手举空板，伪称有诏书帮助司马允。司马允没有觉察，开阵接纳他们，下车接受诏令，被伏胤杀死，时年二十九岁。

永宁元年（301），司马伦被诛杀，齐王司马冏上表为司马允申辩："已故的淮南王司马允忠孝精诚，忧国忘己，奋发讨伐逆贼，几乎接近胜利。遭遇凶险的天运，而致遇难身死，叛党构恶诬陷，同时杀害了三个儿子，冤魂酷毒，无人不为之悲痛心酸。等到义兵兴起，淮南国众人自相率领，人数超过一万，个个心怀慷慨，悲愍国运衰绝，流泪叹息。我将以儿子司马超继司马允之后，以慰生者及死者。"朝廷诏令改葬，赐给司马允特殊的礼遇，追赠司徒。

从以上史料记载来看，司马允确实是一位原则性强、以匡扶国家为己任、不计个人安全、沉静刚毅、敢作敢为、能力非凡的英雄，可惜在大功将成之际因未识奸诈而亡身。教训何等深刻，吾辈当须记取！

〔例句〕《明史·于谦传》："至性过人，忧国忘身。"

〔近义〕忧国忘私　忧国忧民　舍生取义

〔反义〕苟且偷生　苟且偷安　祸国殃民　蝇营狗苟

【忧国忘私】　yōu guó wàng sī

〔褒贬〕褒义

〔出处〕《古文苑·楚相孙叔敖碑》:"其忧国忘私,乘马三年,不别牝牡。"

〔释义〕忧:忧虑。忧劳国事,忘记个人私事。

〔鉴赏〕用"忧国忘私"来称赞和评价楚相孙叔敖一心操劳国事而不顾及个人私事实在是恰当不过。公元前601年,孙叔敖在时任宰相虞丘的引荐下开始出任楚国令尹。作为令尹,他政绩卓著,"施教导民,上下和合,世俗盛美,政缓禁止,吏无奸邪,盗贼不起",人民安居乐业,"各得其所便"。在他的辅助下,楚国很快就成为中原霸主。孙叔敖留给后人的有两大遗产:一是物质遗产——勺陂塘(今寿县安丰塘)水利工程。当时淮河流域水患不断,严重影响了农业生产和人民群众的生活。孙叔敖经过勘查和论证之后,发动了数十万人在勺陂开挖一个人工湖,用以蓄水灌溉。经过数年的努力,一个吐纳川流,灌田万顷,使周围农田"大雨泄之,大旱灌之,连年丰稔受益"的人工湖赫然出现在寿州大地上,至今还在造福淮河沿岸人民。孙叔敖留给后人的另一遗产是精神遗产——廉政文化。孙叔敖当令尹十二年,官高位显,功大禄厚,但他一生谨记虎丘丈人的警告:"三相楚而心愈卑,每益禄而施愈博,位滋尊而礼愈恭,是以不得罪于楚之士民也。"他"三得相而不喜,三去相而不悔",在家粗茶淡饭,外出轻车简行。他因功劳卓著,楚庄王多次要对他厚赏,他都坚辞不受,一直持廉至死,而且还在死前叮嘱他的儿子不要接受庄王的追封。孙叔敖的生前好友优孟看到孙叔敖的儿子孙安穷困潦倒,实在于心不忍,就在庄王面前借机为孙叔敖抱不平,才使庄王按照孙叔敖生前的遗愿,将荒鄙的寝丘四百户封地赐封给孙安,以慰清官在天之灵。难怪司马迁的《史记·循吏列传》将孙叔敖列为循吏第一人,实在是实至名归,当之无愧。

〔例句〕晋·陈寿《三国志·魏书·徐邈传》:"故司空徐邈、征东将军胡质、卫尉田豫皆服职前朝,历事四世,出统戎马,入赞庶政,忠清在公,忧国忘私,不营产业,身没之后,家无余财,朕甚嘉之。"

〔近义〕忧国忧民　公而忘私

〔反义〕假公济私　自私自利

【优孟衣冠】　yōu mèng yīguān

见"衣冠优孟"。

【有功而见疑】 yǒu gōng ér jiàn yí

〔褒贬〕中性

〔出处〕《淮南子·人间训》:"或有功而见疑,或有罪而益信,何也?则有功者离恩义,有罪者不敢失仁心也。"

〔释义〕有时候建立了功勋却引起别人的猜疑。

〔鉴赏〕有功不仅没有得到封赏和重用,反而被猜疑;反之,有了罪过却反而更加受到别人的信任,这真是社会大量存在的一种怪象。作者创用此语,并不仅仅限于揭示这种荒诞的现象,可贵的是作者进一步分析了这种怪象的原因,那就是人为了追逐功名利益,有时就不顾及情义了;而有了罪过的人却不敢再失去仁义之心。也就是说,对于建功立业者来说,我们不能简单地加以肯定和奖赏,而是要进一步考察他是通过什么手段来建功立业的。对于那些通过正当手段、符合社会道德标准来建功立业者自然要予以肯定和奖赏,否则将会严重挫伤建功立业者的积极性,势必产生不良后果。但对那些为了建功立业而不择手段,甚至做出伤天害理的事情那就另当别论了,不仅不给予奖赏,甚至要予以责罚。出现这种情况,自然是"有功而见疑"了。其实,出现"有功而见疑"的情况还有另外一种原因,那就是因功高而遭到妒忌、诽谤、防范,如朱元璋火烧庆功楼,屈原遭贬等。这是社会丑恶的一面,需要加以警惕和戒除。

〔例句〕韩信因"~",致遭杀身之祸,其教训何等深刻!

〔近义〕功高震主　兔死狗烹　鸟尽弓藏

〔反义〕论功行赏　功高望重　用人不疑

【有钱难买不卖的】 yǒu qián nán mǎi bú mài de

〔褒贬〕褒义

〔出处〕寿县民间传说。

〔释义〕用再多的钱也买不来物主不愿意卖的物品。

〔鉴赏〕美国人仲碧如女士于1920年在寿县西以教会身份在东大街盖起了一座基督教堂,然后又以办慈善事业为由,在西大街戴台子建立了一所"春华医院"。

医院创建之初一切都很顺利，不到一个月的时间，征地事宜基本结束。但就在破土施工之时，钟璧如发现西南角还有一块长着蔬菜的地方。经打听，才知这块菜园地的主人是一位叫方济周的教师的。于是仲小姐就让帮办前往办理购买手续，不料回答是"不卖"。一贯认为金钱万能的仲小姐对帮办说："中国人见钱眼开，大不了我出两倍的价格！"谁知这位方老师还是不卖。仲小姐无可奈何，只得请督察专员公署席楚霖专员出面协调。方老师被"请"到公署，得知席专员是在为仲小姐说话时，方老师不客气地说："这是买卖双方的事，请席大人不要干预！"说完便扬长而去。仲小姐气急败坏，却又无可奈何，只好亲自找方先生谈，但方先生仍然不买账。仲小姐咬咬牙说："价钱随你要，这块地我要定了！"方先生质问道："你有多少钱？"仲小姐回答："我可以用大面额钞票铺满你的地，只要你答应卖给我！"方先生义正词严地说："我是中国人，地是中国地，要卖也只能卖给中国人。你是美国人，你给再多的钱我也不卖给你。你听说过什么叫作'有钱难买不卖的'吗？"说完便下了逐客令。仲小姐只得在医院的西南角绕开这块地。春华医院在新中国成立后由寿县人民政府接管，1952年更名为寿县县医院，现为县医院宿舍区。到过该医院的人仔细观察一下就会发现，看起来四方四正的医院，实际上豁了一个六分地的拐角，这就是"有钱难买不卖的"的物证。

方济周老师作为一个普通教师，在重金面前不惑其心，作为一名基层群众，在权势面前顶住压力，充分表现了方老师的铮铮铁骨和凛然正气。中国人民正是凭借这种铁骨和正气，才能在面对强敌入侵时甘于抛头颅，洒热血，捍卫祖国的领土完整和统一。中国人民正是凭借这种铁骨和正气，才能够在列强环伺和包围中，傲然屹立于世界民族之林。"有钱难买不卖的"的典故，是对中国人民的骨气的朴实的表达！

〔例句〕有"钉子户"用～来阻碍政府的征迁规划，实在让人扼腕叹息！

〔近义〕不为五斗米折腰

〔反义〕有钱能使鬼推磨　见钱眼开

【有征无战】　yǒu zhēng wú zhàn

〔褒贬〕褒义

〔出处〕《汉书·严助传》:"淮南王安上书谏曰:'臣闻天子之兵有征而无战,言莫敢校也。'"

〔释义〕征:讨伐。战:作战,打仗。校:同"较",较量。指不战而胜。

〔鉴赏〕这是淮南王刘安让严助代为转达的奏章。汉武帝即位之初,南越、闽越之国不断在边境滋事,建元三年(公元前138),闽越出动军队围攻东瓯,东瓯向汉朝告急求救。汉武帝将此事交给大臣们议论。当时朝廷分为和、战两派。以田蚡、刘安为代表的一派主张和越,不要去管"闲事"。田蚡认为,越人互相攻击,对他们来说是经常的事,而且他们对汉朝态度反复无常,不值得烦劳中国前去救援,从秦朝时就抛弃了那里,不隶属于中国。刘安在《上疏谏伐闽越》的奏章中更是连篇累牍地劝说汉武帝放弃对闽越用武的念头。他认为,新君刚即位,应该布德施惠,使近者亲附,远者怀德,以仁德来使天下臣服。他还特别使用了大量的语言描述了南方越人的野蛮、南越地形的荒僻和险恶,认为劳师动众去征越实在是得不偿失。以严助为首的主战派则坚决主张伐越,统一南方,永绝后患。具有雄才大略的汉武帝采纳了严助等主战派的建议,于公元前112年,出兵十万将闽越一举扫平,统一了南方,从而为集中力量扫除北方匈奴的威胁奠定了基础。应该说,刘安劝止汉武帝对闽越用兵,是不明智的,不是别有用心,就是狭隘迂腐,自大自足,封闭自锁。但该成语本身是褒义的,是用来歌颂正义之师、仁义之师的。

〔例句〕1.《三国志·钟会传》:"十二月诏曰:'会所向摧弊,前无强敌,缄制众城,罔罗迸逸。蜀之豪帅,面缚归命,谋无遗策,举无废功。凡所降诛,动以万计,全胜独克,有征无战。'"

2.《晋书·嵇绍传》:"大驾亲征,以正伐逆,理必有征无战。"

3.《文选·陈琳〈为曹洪与魏文帝书〉》:"虽云王者之师,有征无战,不义而强,古人常有。"

4.《文选·钟会〈檄蜀文〉》:"古之行军,以仁为本,以义治之。王者之师,有征无战。"

5.唐·令狐德棻《周书.卷六.武帝纪》:"太祖神武膺运,创造王基,兵威所临,有征无战。"

6.宋·田锡《贺潘吉奏胜捷表》:"伏以王者之师,有征无战;庙谋之胜,一举万全。"

7.宋·李攸《宋朝事实》卷十一:"救衰五代,先德后刑;平乱四方,有征无战。"

8.《元史·张文谦传》:"己未,世祖帅师伐宋,文谦与(刘)秉忠言王者之师,有征无战。当一视同仁,不可嗜杀。"

〔近义〕兵不血刃　不战而胜　所向披靡

〔反义〕负隅顽抗　枪林弹雨　硝云弹雨　炮火连天　血流成河　惨不忍睹　一败涂地　两败俱伤

【于安思危】　yú ān sī wēi

〔褒贬〕中性

〔出处〕《战国策·楚策四》:"虞卿谓春申君曰:臣闻之《春秋》,于安思危,危则虑安。今楚王之春秋高矣,而君之封地不可不早定也。"

〔释义〕于:处于;思:想。虽然处在平安的环境里,也想到有出现危险的可能。指随时有应付意外事件的思想准备。

〔鉴赏〕这是战国名士虞卿用来给春申君黄歇下套时创用的一个成语。虞卿以关心春申君安危为由,并以史为证,劝说春申君早作打算,借道齐、魏,远伐燕国,以作为自己的封地。这种劳师袭远的军事行动必然会削弱楚国,减轻齐、魏两国来自楚国的压力。这种名为春申君着想,实为坑楚、借刀杀人的伎俩已被春申君识破,致使虞卿的阴谋未能得逞。不管虞卿的动机如何,但成语本身还是很有积极意义的,它能激起人们的忧患意识。本条成语虽是出自赵人虞卿之口,但适用的对象却是楚国的春申君,所以这里把它作为寿县成语典故也不牵强。

〔例句〕汉·陈琳《檄吴将校部曲文》:"是以大雅君子于安思危,以远咎悔。"

〔近义〕居安思危　安不忘危

〔反义〕麻痹大意　高枕无忧

【愚夫蠢妇】　yú fū chǔn fù

〔褒贬〕贬义

〔出处〕《淮南子·本经训》:"愚夫蠢妇皆有流连之心,凄怆之志。"

〔释义〕蒙昧无知之人。旧指小民百姓。

〔鉴赏〕作者借用本条成语,用来批判末世的君主对百姓横征暴敛,以满足自己享乐而不管百姓死活的暴政。作者采用对比的方法,首先赞扬了古时候圣人所实施的清廉爱民的政治。在这种政治之下,教化清平,对天下人民广施仁爱,上下同心协力,君臣之间和睦共事,衣食富余,家庭殷实;父亲慈爱,儿子孝敬,兄长善良,幼弟和顺,活着的人没有怨恨,死去的人也没有遗憾;天下和谐,人们能够实现自己的愿望。众人心中快乐,但不会产生有人恩赐之情。因此圣人替他们制定乐律来加以协调节制。而末世的统治者则恰恰相反,对种田打渔的人收取重税,关卡集市紧急征收赋税,水泽、山林全部禁止捕捉和采摘,渔网没有办法撒下,农具没有办法放置,百姓的力量消耗在繁重的徭役上,财富被赋税征收干净,居家的人没有粮食,奔走在外的人饿着肚子,年老的人无力奉养,死去的人无法安葬,典押妻子,卖掉儿子,用来供给国君的需求,还不能够满足。即使是未经教化的男女众人,都有离散的痛苦和悲伤的心情,却竟然给他们击起大钟、敲起鸣鼓、吹奏竽笙、弹起琴瑟,已经失去了作乐的根本了。

本条成语最早出自《尚书·夏书·五子之歌》:"予视天下,愚夫愚妇,一能胜予。"意思是我看天下的人,一个愚夫愚妇都能对我取胜。《五子之歌》是对中国最早的帝王亡国的叹息,体现了中国最早、最原始的政治思想,即民本思想。《墨子·兼爱下》也出现本条成语:"以为当其于此也,天下无愚夫愚妇,虽非兼之人,必寄托之于兼之有是也。"(兼:相爱)这里的"愚夫愚妇"盖指"万民"。《淮南子·本经训》将"愚夫愚妇"改为"愚夫蠢妇",一是显得工整对称,增加了成语的修辞色彩,二是丰富了成语的形式。但基本意思没变,与"匹夫匹妇""小民""万民"一样,都是一种抽象的群体指称,泛指未经教化之男女众人,并非指一对愚蠢的夫妇。贾干初在《愚夫愚妇:平民儒学语境中的"人"——基于政治文化立场的考察》一文中,对该成语作了政治文化层面的考察,指出"愚夫愚妇"在宋之前儒家语境中,只是一种抽象的群体指称,用"夫"与"妇"的名目来概括"小民""万民",相对于"小民""万民"的称呼,这种概括表面上看来更生动些,但实际涵义是一致的。宋以前儒家在以"愚夫愚妇"为话头阐述观点时,多基于政治与道德两种立场,政治立场是站在传统的"保民""重民"等民本思想角度阐述统治方略等,道德立场则是强调道德的普泛性与道德修治起点的遍在性;无论是抽象地指称民众,还是基于政治、道德立场阐述观点,此时"愚夫愚妇""匹夫匹妇"之类的称呼都体现了士大夫精英阶层的等级优越性,体现了剥削阶级对人民群众的歧视和轻蔑。所以,今天使用本条成语,不能再把它作为抽象的群体来指称了,只能指个别的特定的愚蠢的夫妻。

〔例句〕谢流石《儿子被媳妇害死就埋在家旁鸡棚,老父母却苦苦寻找五年》:"又是人间悲剧。看了这样悲惨的新闻,除了谴责这样没有道德、不懂法律、勾搭成奸又谋害亲夫的愚夫蠢妇之后,有一点担心:农村越来越普遍的婚外情,会不会再出现这样的悲剧?"

〔近义〕凡夫俗子　芸芸众生

〔近义〕凤毛麟角　精英荟萃　比翼双飞

【愚人思叕】 yú rén sī zhuó

〔褒贬〕中性

〔出处〕《淮南子·人间训》:"故仁者不以欲伤生,知者不以利害义。圣人之思修,愚人之思叕。"

〔释义〕叕:短,不足。蠢人目光短浅。

〔鉴赏〕见"圣人思修"。

【愚者守道而失路】 yú zhě shǒu dào ér shī lù

〔褒贬〕中性

〔出处〕《淮南子·人间训》:"夫史以争为可以止之,而不知不争而反取之也。智者离路而得道,愚者守道而失路。"

〔释义〕愚蠢者死守着小道却失去了大路。

〔鉴赏〕见"智者离路而得道"。

【愚者有备,与知者同功】 yú zhě yǒu bèi, yǔ zhì zhě tóng gōng

〔褒贬〕中性

〔出处〕《淮南子·人间训》："愚者有备,与知者同功。"

〔释义〕知:通"智"。愚钝的人有了防备,就和聪明人一样有同等功效。

〔鉴赏〕作者创用此条成语,意在说明有备无患的重要性。作者深感社会复杂,人心叵测,世事难料。只有诸事小心,学会避祸趋福,方能在复杂多变的社会环境中站稳脚跟,拥有一席之地。唯有能独善其身,方能有机会兼济天下。作者还认为,愚与智之间并非隔着一道鸿沟,不可逾越。愚者只要凡事谨慎,多存戒备之心,就能与智者异曲同工,成为智者。作者用辩证的眼光来看待"愚者"与"智者"的关系,具有积极的处世用事意义。(参见"敬小慎微""百射重戒,祸乃不滋")

〔例句〕1.唐·李筌《太白阴经》:"经曰:不备不虞,不可以帅师。愚者有备,与智者同功。"

2.古人云:~。作为一名平凡之人,只要我们平时多加防备,处处留心,也一定会提高我们的思维层次,取得不平凡的成就。

〔近义〕有备无患　凡事预则立,不预则废　深计远虑,所以无穷　防患于未然

〔反义〕人无远虑,必有近忧　贼去关门　临渴掘井　临阵磨枪　江心补漏

【与日俱增】 yǔ rì jù zēng

〔褒贬〕中性

〔出处〕《吕东莱集·为梁参政作乞解罢政事表二首》:"涉冬浸剧,与日俱增。"

〔释义〕与:随着。日:时间。俱:一起。指随着时间一起增长。形容不断增长,增长得很快。可广泛用于情感、思想、影响等抽象的以及具体的人、事、物等方面的增长和发展。

〔鉴赏〕作者吕祖谦(1137－1181年),字伯恭,祖籍寿州。与朱熹、张栻齐名,同被尊为"东南三贤""鼎立为世师",是南宋时期最著名的理学大家。吕祖谦博学多识,主张明理躬行,学以致用,反对空谈心性,开浙东学派之先声。他所创立的"婺学",也是当时最具影响的学派,在理学发展

史上占有重要地位。著有《东莱集》《历代制度详说》《东莱博议》等。

〔例句〕1.《清史稿·圣祖纪三》："万国安,即朕之安;天下福,即朕之福。祝廷者当以慈为先。朕老矣,临深履薄之念与日俱增,敢满假乎?"

2.茅盾《过年》："半个月过去了,风平浪静,然而老赵心里愁闷却与日俱增了。"

3.徐伟《中国全球影响力与日俱增》

〔近义〕日积月累　有增无减　日新月异

〔反义〕每况愈下　停滞不前　江河日下

【与世浮沉】　yǔ shì fú chén

〔褒贬〕中性

〔出处〕《淮南子·原道训》："故多为之辞,博为之说,又恐人之离本就末也。故言道而不言事,则无以与世沉浮;言事而不言道,则无以与化游息。"

〔释义〕与:和,同;世:指世人;沉浮:本指在水面上出没,比喻盛衰、消长,也指随波逐流。随大流,大家怎样,自己也怎样。也作"与世沉浮""与时浮沉"。

〔鉴赏〕见"离本趣末"。

〔例句〕1.汉·司马迁《史记·游侠列传》："岂若卑论侪俗,与世沉浮而取荣名哉。"

2.南朝·梁·张缵《让吏部尚书表》："乐彦辅雍容自守,当时恨其寡誉;山巨源意存赏拔,不免与世浮沉。"

3.宋·司马光《右班殿直传君墓志铭》："然不能与世浮沉。平视贵要,若无人,故所至龃龉。"

4.清·蒲松龄《聊斋志异·商三官》："然三官之为人,即萧萧易水,亦将羞而不流,况碌碌与世浮沉者耶!"

〔近义〕同流合污　随波逐流　随俗浮沉

〔反义〕超然物外　特立独行　超然独立

【援鳖失龟】　yuán biē shī guī

〔褒贬〕贬义

〔出处〕《淮南子·说山训》:"杀戎马而求狐狸,援两鳖而失灵龟,断右臂而争一毛,折莫邪而争锥刀,用智如此,岂足高乎?"

〔释义〕为救两只鳖而丢失了神龟。比喻得不偿失,因小失大。

〔鉴赏〕见"发屋求狸"。

〔例句〕《京华时报》:"刘颂陶伟杨璞上榜皆子虚乌有,国安转会岂能援鳖失龟。"

〔近义〕发屋求狸　得不偿失

〔反义〕抓大放小

【圆顶方趾】　yuán dǐng fāng zhǐ

见"圆颅方趾"

【圆颅方趾】　yuán lú fāng zhǐ

〔褒贬〕中性

〔出处〕《淮南子·精神训》:"故头之圆也象天,足之方也象地。"

〔释义〕颅:头颅。趾:脚。圆形的头颅四方的脚。指人类。

〔鉴赏〕作者在这里将人与天地进行类比,认为"人的头颅呈圆形,象天;脚呈方形,象地"。作者的这种认识反映了中国古代朴素的宇宙观和自然观。古人把由众多星体组成的茫茫宇宙称为"天",把人类立足其间赖以生存的载体称为"地",由于日月等天体都是在周而复始、永无休止地运动,好似一个闭合的圆周无始无终地旋转;而大地却静悄悄地在那里承载着我们,恰如一个方形的物体静止稳定。综观自然界,凡是圆形的物体,都具有好动和不稳定的特点,就像圆圆的日月一般;凡是方形的物体,都具有静止和稳定的特点,就像静静的大地一样。所以,古人认为天是圆的,地是方的,"天圆地方"的概念便由此产生。后来,人们将人体的这两个部位与天地进行分离,只用人体这两个具有具体形状的部位来代指人类。从修辞手法来讲,采用的是以部分代全体的借代修辞格。也作"方趾圆颅""圆首方足""圆顶方趾"。

〔例句〕1.孙中山《社会主义之派别与方法》:"圆颅方趾,同为社会之人。"

2.《南史·陈高祖纪》:"方趾圆颅,万不遗一。"

3.《北史·卷七十一·隋宗室诸王传·炀帝三子传》:"圆首方足,禀气食毛,莫不尽入提封,皆为臣妾。"

4.清·龚自珍《〈升平分类读史雅诗〉自序》:"彼非圆顶方趾、父母所生之民耶?"

〔近义〕芸芸众生　圆首方足　方趾圆颅　圆顶方趾

〔反义〕尖嘴猴腮　獐头鼠目　蛇头鼠眼　青面獠牙

【圆首方足】　yuán shǒu fāng zú

见"圆颅方趾"。

【远而近之】　yuǎn ér jìn zhī

〔褒贬〕中性

〔出处〕《淮南子·人间训》:"故物或远之而近,或近之而远。"

〔释义〕疏远它反而亲近它。

〔鉴赏〕此条成语揭示了远和近的辩证关系。现实生活中有些事情往往就是这样:有时候疏远它反而亲近它,有时候亲近它反而疏远它。这是由特定的时机和场合造成的,所以作者认为:话说得对,事情办得好,不如瞅准势头,摸透人的心思,然后谨慎行事。作者这种观点虽然带有机会主义倾向,但却是客观存在的情况,不能简单地进行否定。

〔例句〕有时候为了避嫌,或者是说不出口的原因,对内心喜欢的人往往是~。

〔近义〕恨铁不成钢

〔反义〕近而远之

【月里嫦娥】　yuè lǐ cháng é

〔褒贬〕褒义

〔出处〕《淮南子·览冥训》:"羿请不死之药于西王母,姮娥窃之奔月宫。"

〔释义〕月亮中的嫦娥。常用来比喻风姿绰约的美女。

〔鉴赏〕见"嫦娥奔月"。

〔例句〕元·无名氏《赚蒯通》第三折:"姐姐是月里嫦娥。"

【云彻席卷】 yún chè xí juǎn

〔褒贬〕褒义

〔出处〕《淮南子·兵略训》:"天下为之糜沸蚁动,云彻席卷,方数千里。"

〔释义〕彻:撤除,撤去。席卷:用席子把东西裹起来。像烟云消散、用席子卷东西一般。比喻事物消失得干干净净。这里用来形容力量强大,气势迅猛。

〔鉴赏〕作者创用该成语,用来形容起义军气势迅猛、所向披靡,秦军迅速瓦解的形势,从而说明"兵之胜败,本在于政"的道理。作者在分析那么强大的秦国在手无寸铁、揭竿而起的陈胜领导的农民起义军反抗下迅速土崩瓦解的原因时说:由于秦二世的残暴统治,老百姓无以为生,民怨沸腾,在这种情况下,戍卒陈胜被迫在大泽乡揭竿而起,振臂高呼号召反秦,自称"大楚",天下于是纷纷响应。跟强大的秦军相比,起义军没有坚固的铠甲、锋利的兵器、强劲的弓弩和坚固的战车,他们砍下酸枣树作矛柄,装上椎子凿子作长矛,挥舞着削尖的竹竿、扁担、锄头去抵抗秦军的长戟和硬弩,但起义军照样能攻城略地,所到之处,没有攻克不下的。天下也因此沸腾动荡起来,起义军如风卷残云,席卷震撼几千里。陈胜当时的地位极低贱,而且部队的器械也十分简陋,但就是他能登高一呼,使天下为之响应,这是因为百姓们的心头早就积满了对秦王朝的怨恨和愤怒。

作者对秦朝失败原因的分析可谓深刻透彻,一针见血,有理有据,令人信服。

本条成语将"风卷残云"与"席卷天下"合并为一个新的成语,其概括力和表意功能更强,所以也常被引用。也作"席卷云彻"。(参见"攻城略地")

〔例句〕1.宋·司马光《资治通鉴·汉纪》:"往时尝屠大宛之城,蹈乌桓之垒,探姑缯之壁,藉荡姐之场,艾朝鲜之旃,拔两越之旗,近不过旬月之役,远不离二时之劳,固已犁其庭,扫其闾,郡县而置之,云彻席卷,后无余灾。"

2.晋·陈寿《三国志·邓艾传》:"兵不逾时,战不终日,云彻席卷,荡定巴蜀。虽白起破强楚,韩信克劲赵,吴汉禽子阳,亚夫灭七国,计功论美,不足比勋也。"

〔近义〕风卷残云　席卷天下　云开雾散　烟消云散　烟消火灭　势如破竹　所向无敌　锐不可当　秋风扫落叶　摧枯拉朽

〔反义〕云笼雾锁　烟雾缭绕　不堪一击　一触即溃　兵微将乏　弓折刀尽　畏缩不前　逡巡不前

【运筹决胜】 yùn chóu jué shèng

〔褒贬〕褒义

〔出处〕《淮南子·兵略训》:"故运筹于庙堂之上,而决胜乎千里之外矣。"

〔释义〕筹:策划,谋略。进行周密谋划以取得战斗、战争或事业的胜利。

〔鉴赏〕这是作者在分析取得战争胜利的因素时所创用的成语。作者认为,取得战争胜利的因素是多方面的,首先是政治因素,这是最根本的因素。只有施行仁义德行,才能争取民心,获得群众的广泛支持,才能最大限度地孤立敌人,削弱敌人。商汤原先的领地只有七十里,但却能称王于天下,这是因为修德政的缘故。所以千乘小国如能施行仁政,就能称王天下,万乘大国如好战,就必然会灭亡。因此胜利之师总是在政治上胜过对方后才开战的,而败军总是一味诉诸武力以求获胜,而实际结果并非如此。智伯拥有千里领地,但却被消灭,这是因为穷兵黩武的缘故。

其次是威势。善用兵者要注意集聚威势,注重积聚民众愤怒。愤怒积聚得充分威严就可以确立。但威势的大小取决于德政的多寡,仁义德行对民众的影响少,这威势所能产生的慑服力就小;恩德施予的面广泛,这威势所能产生的慑服力就广。威势慑服的面广,那么我方就强大,敌方就弱小。所以善于用兵的人是先使敌方衰弱,然后方与敌方交战,这样就起到事半功倍的效果。

再次是数量。如果交战双方的德政相同,这时人多的一方就能战胜人少的一方。

第四是智谋。作者认为,在交战双方势均力敌的情况下,这时有智谋的一方就能战胜愚蠢的一方。

最后是术数。所谓术数,就是精确计算出敌我双方的各方面情况。如果交战双方的智谋相似,这时懂术数的一方就能战胜不懂术数的一方。所以在作战之前,一定先要在指挥部里摸准敌我双方的底细,包括双方君主哪个贤明?双方民众哪方亲附?双方将领哪方能干?国家政权哪方稳定?双方积蓄储备物资哪方充足?双方士兵哪方精悍?双方铠甲兵器哪方精锐?双方器械装备哪方完善精良?诸如此类都将一一在朝廷计算谋划好,这样才能决定千里之外的战场胜利。这正是"知己知彼,百战不殆"的具体做法。

作者关于取得战争胜利的因素的分析和总结,不仅具有重要的军事价值,而且还具有广泛的竞争与博弈价值,这对于处理各种复杂的工作来说都具有重要的参考性。

需要指出的是,该条成语在西汉之前,尚未定型,只是具备了该成语的全部语素。如司马迁的《史记》所载,汉高祖刘邦在洛阳南宫举行的盛大宴会上赞扬张良所讲的话与本句基本相似。直到宋代司马光之后,经过剪辑才将此定型。

〔例句〕1.汉·司马迁《史记·高祖本纪》:"夫运筹策帷帐之中,决胜于千里之外,吾不如子房(张良)。"

2.宋·司马光《请革弊札子》:"加以运筹决胜者,乃浮躁巧伪之士,不知彼己,妄动轻举,是以顿兵灵武,力疲食尽,自溃而归。"

3.清·龚自珍《〈干禄新书〉序》:"军机处之职,有军事则佐上运筹决胜,无事则备顾问祖宗掌故,以出内命者也。"

4.清·陈夔龙《梦蕉亭杂记》卷二:"然此数日中,运筹决胜,咸资文武各僚友悉心勷助,获免愆尤,不可谓非幸事已。"

亦作"运筹制胜""运筹千里"。

5.晋·陆云《祖考颂》:"遂风腾海隅,电断荆楚,运筹制胜,底定经略。"

6.《旧唐书·李密传》:"上柱国、总管、齐国公孟让……大将军、左长史邴元真等,并运筹千里,勇冠三军。"

7. 明·卢象升《剿荡衍期听候处分并陈贼势兵情疏》:"向使微臣督剿江、淮、豫、楚间,果能运筹制胜,马到功成,各省抚臣岂不易于为力?"

〔近义〕运筹帷幄 运计铺谋 出谋划策 神机妙算
〔反义〕一筹莫展 无计可施 黔驴技穷

Z

【在贵守约】 zài guì shǒu yuē

〔褒贬〕褒义

〔出处〕《三国志·吴书·蒋钦传》:"权尝入其堂内,母疏帐缥被,妻妾布裙。权叹其在贵守约,即敕御府为母作锦被,改易帷帐,妻妾衣服悉皆锦绣。"

〔释义〕在贵:指身份和地位高。守约:这里指保持俭朴的品德。指富贵之人尚能保持俭朴的品德。

〔鉴赏〕蒋钦(?—220年),字公奕,九江寿春人,东汉末年东吴的重要将领。据《三国志》记载,在孙策袭击袁术时,蒋钦就已跟随孙策,为随从给事。孙策到江东后升为别部司马,授予军权。自此,蒋钦带兵随孙策南征百战,平定三郡,又随从孙策平定豫章。后被孙策调任葛阳县尉,先后历任三个县的县长,讨伐和平定盗贼之后,升任为西部都尉。会稽郡辖区出现吕合、秦狼等盗寇作乱,蒋钦带兵讨伐,因生禽吕合、秦狼等贼寇,辖区五个县的叛乱得以平定,再次被升为讨越中郎将,获经拘、昭阳两个县的封地。贺齐讨伐黟县的贼寇,蒋钦督率万人的军队,与贺齐合力进击,黟县的贼寇得以平定。建安二十年(215),孙权进攻合肥,被张辽击败。孙权撤退时在逍遥津北面遭到曹军追击,蒋钦与甘宁、凌统、吕蒙和徐盛等奋勇战斗,孙权才得以成功撤退。蒋钦因力战有功,又被迁升为荡寇将军,执掌濡须都督。后被征召返回都城,任右护军,掌管诉讼事宜。建安二十四年(219),孙权讨伐关羽时,蒋钦率领水军入沔水,在回军途中病逝。

根据史料记载,在生活上,蒋钦为人俭朴节约,孙权曾经去过蒋钦的家,看到蒋钦的母亲只用稀疏的蚊帐和粗布被子,妻妾也只穿普通的布衣服。孙权见此特命人为他的母亲制绵被和帷帐,也让其妻妾换上锦衣绣服。

在胸襟和人品上,蒋钦豁达大度,不计个人恩怨,秉公为国举荐人才。起先,蒋钦屯守宣城,曾经讨豫章贼寇。芜湖县令徐盛收押蒋钦的守官,并奏请孙权予以处死,孙权以蒋钦在远地领兵为由否决了他的意见,徐盛由此认为自己和蒋钦有私嫌。曹操攻濡须,蒋钦和吕蒙共同主持军务。徐盛时常惧怕蒋钦因过去的事情报复自己,而蒋钦却时常称赞他的优点。徐盛因此敬重信服他的品德,与众人谈论时盛赞蒋钦的美德。孙权曾问蒋钦:"徐盛之前与你有私嫌,你如今却举荐徐盛,是想效仿祁奚那样推荐有私嫌之人的举动吗?"蒋钦回答说:"臣听闻主公举贤,不应怀有私人恩怨。徐盛忠勤而强勇,有胆略器用,是个难得的人才。如今大事未定,臣应当帮助国家求取人才,岂敢以私嫌来蒙蔽贤才呢!"孙权对蒋钦的大度甚为赞赏。

蒋钦作为一个贵胄子弟以及具有较高身份地位的人,能够在贵守约,尤其是对冒犯过自己的人不仅没有挟私报复,反而予以嘉奖和举荐,以德报怨,实属难能可贵,其精神品质将永远为后世所敬仰。

〔例句〕蒋钦~,实在难得。

〔近义〕躬行节俭　戒奢宁俭　艰苦朴素　布被瓦器

〔反义〕锦衣玉食　钟鸣鼎食　穷奢极侈

【再实之木根必伤】 zài shí zhī mù gēn bì shāng

〔褒贬〕中性

〔出处〕《淮南子·人间训》:"夫再实之木根必伤,掘藏之家必有殃,以言大利而反为害也。"

〔释义〕两次结果实的树木,它的根必定受损伤。指对事物过度利用必然使之受到损害。也比喻过度幸运,反而招致灾祸。

〔鉴赏〕作者创用此语,意在说明利与害、福与祸都不是一定的,它们在一定的条件下可以相互转化,正所谓"祸兮福所倚,福兮祸所伏""言大利而反为害"。从而告诫我们,不能为了眼前的利益,不能为了满足自己的贪欲而伤害事物赖以生存的基础,不能搞杀鸡取卵、竭泽而渔,要计福勿及、虑祸过之、戒除贪心,对诸事百般警惕,以免招灾引患,确保自身的平安。

〔例句〕1.南朝·宋·范晔《后汉书·马皇后纪》:"常观富贵之家,禄位重叠,犹再实之木,其根必伤。"

2.古人云:~。为了人类与自然的和谐相处,为了子孙后代的幸福和安全,对自然资源必须谨慎开采,有限索取,有偿利用。

〔近义〕焚林而猎　竭泽而渔　掘藏之家

〔反义〕轻赋薄敛　休养生息

【凿坏以遁】 záo pī yǐ dùn

〔褒贬〕中性

〔出处〕《淮南子·齐俗训》:"颜阖,鲁君欲相之而不肯,使人以币先焉,凿培而遁之,为天下显武。"

〔释义〕坏:古同"培",指屋的后墙。遁:逃避。谓隐居不仕。

〔鉴赏〕作者创用此成语,意在强调人们的理想追求和行为举止要符合时世时宜。作者认为,事情只有合于时世才能成功,行为只有符合时宜才能树立名声。作者举例说:周武王先是用武力而后用文治,不是志向改变了,而是为了顺应时势;周公放逐兄长诛杀兄弟,不是不仁,而是为了拯救危难中的国家。齐桓公会合诸侯时用的是文车,回到国内又用武力巩固政权;晋文公会合诸侯用的是兵车,回到国内又用礼义治理国家。齐桓公先柔后刚,而晋文公先刚后柔,可他们都能做到号令天下,控制诸侯,这是因为他们能审时度势,随机应变。还有,鲁国的隐士颜阖,鲁国国君想用他为相,颜阖不愿意,鲁君又赠给他以重礼,目的是想让他转意,但颜阖却凿穿房屋的后墙而溜之大吉,并成为天下著名的人物。鲁君也没有追究他的违逆行为。假使颜阖碰到商鞅和申不害这样的法家人物,必定会遭到诛灭三族的惩罚,更何况颜阖自身呢!作者认为当代也有圣贤之人,但却不知道爱戴和尊敬他们,这倒不是现代圣贤比不上古代圣贤,而是他们的才德不合时宜。作者还认识到人们的行为要受到环境的制约,比如驾六匹骐骥或四匹驮骒来渡河,倒不如用一条独木舟来得便当。所以,作者总结说:能建立功绩事业的人,必定行事简约、合于时世。最后,作者批评了世俗的观点,即以完成功业与否来作为贤能的标准或尺度,以战胜祸患与否来作为聪明的尺度或标准;以为遭灾的必定愚笨,认为死于节义的必定愚戆。

综上所述,作者这段话主要说明了两个论点:一是从建功立业的角度来看,人们的志向选择要符合时宜和环境,要顺势而为。二是从评价的角度来看,强调人各有志,人们只要达到了自己的目的,无所谓优劣和贤愚。

作者这里不仅强调了时势的作用,同时也为我们记载了一条重要的成语典故。关于颜阖对于出仕的态度,文献上有过三次记载,除了刘安的《淮南子·齐俗训》之外,还见于《庄子·内篇·人间世》及《庄子·杂篇·让王》等两篇文章。前篇主要讲述的是颜阖将要去做卫国太子师傅的时候,来向卫国贤大夫蘧伯玉求教之事。颜阖向蘧伯玉问到:"有这样一个人,他的德行非常差。对他进行教导时,如果任其所为不顾法度礼仪,就会危害我们的国家;如果严格要求他守法重礼,就会危及到我自身的安全。他的智识刚好能辨别别人的过失,却还不足以认识到别人犯错的原因。像这样的人,我应该怎么对待呢?"表现出颜阖对于出任太子太傅的隐忧。

后一篇文章讲述的是颜阖巧拒鲁君聘礼之事。鲁国国君听说颜阖是一个得道之人,并派使者先行送去聘礼以表达敬慕之意。颜阖居住在极为狭窄的巷子里,穿着粗麻布衣而且亲自喂牛。鲁君的使者来到颜阖家,颜阖亲自接待了他。使者问:"这里是颜阖的家吗?"颜阖回答:"这里就是颜阖的家。"使者送上礼物,颜阖巧妙地说:"恐怕听话的人听错了而给使者带来过失,不如回去再仔细问个明白。"使者返回,查问清楚了,再次来找颜阖,却再也找不到了。像颜阖这样的人,真正是厌恶富贵的。通过以上文献记载可以看出颜阖对出仕的忧虑到鄙弃的态度,后世对颜阖隐居不仕的态度多加赞赏。如:

唐·吴筠《高士咏·颜阖》:"世情矜宠誉,效节徼当时。颜阖遵无名,饭牛聊自怡。逃聘鄙束帛,凿坏欣茅茨。托聘嚣尘表,放浪世莫知。"

北宋·黄庭坚《颜阖》:"颜阖无事人,躬耕自衣食。翩翩鲁公子,要我从事役。轺轩来在门,驷马先拱璧。出门应使者,陇上不谋国。心知误将命,非敢惮行役。使人返锡命,户庭空履迹。中随卫侯书,起作太子客。

谁能明吾心,君子蘧伯玉。"

后人将"凿培而遁之"剪辑为"凿坏以遁",本条成语由此定型。

〔例句〕 1.汉·扬雄《解嘲》:"故士或自盛以橐,或凿坏以遁。"

2.南朝·梁·沈约《南史·列传第四十》:"僧绍曰:'山薮之人,政当凿坏以遁;若辞不获命,便当依戴公故事。'"

本条成语亦作"凿坏而遁""凿坏而遁"。如:

3.唐·元结《问进士》:"何人凿坏而遁,何人终日扫门?"

4.清·刘鹗《老残游记》第二回:"试问,与那凿坏而遁,洗耳不听的有何分别呢?"

〔近义〕 长林丰草　避世绝俗　东山高卧　杜门晦迹　杜门绝迹　高翔远引　朝令夜遁

〔反义〕 离蔬释蹻　振缨王室　鸿渐于干　青云得路　及第成名

【朝生暮死】 zhāo shēng mù sǐ

〔褒贬〕 中性

〔出处〕《淮南子·说林训》:"鹤寿千岁,以极其游。蜉蝣朝生而暮死,尽其乐,盖其旦暮为期,远不过三日尔。"

〔释义〕 早晨出生,夜晚死亡。形容事物生命短暂,时间飞逝。也作"朝生夕死"。

〔鉴赏〕 这是作者在《淮南子·说林训》里说明事物之间具有普遍联系的特征时所创用的一条成语。恩格斯在阐述唯物辩证法时曾这样说道:"当我们深思熟虑地考察自然界或人类历史或我们自己的精神活动的时候,首先呈现在我们眼前的,是一幅由种种联系和相互作用无穷无尽地交织起来的画面。"恩格斯在这里用形象生动的语言揭示了事物联系的普遍性。大千世界,形形色色,光怪陆离,它们虽然以不同的形态存在,但它们之间又有着千丝万缕的联系,每一个事物都不能脱离这种联系而孤立存在着,它们都是这个具有紧密联系的统一体中的一个成员或分子。同时,唯物辩证法所说的联系,不是抽象的、模糊不清的联系,而是具体的、相互区别的事物、现象之间的联系。坚持普遍联系的观点,不仅不否认,而且恰恰是以承认事物之间的确定性为前提的。

值得我们钦佩的是，早在两千多年前的汉代，作者对这种联系就看得清清楚楚。他列举了一大群事物来验证这种联系：仙鹤寿长千年，所以能游遍天下；蜉蝣虽朝生暮死，却也能享尽生命的乐趣。山中云雾蒸腾，柱子石墩就湿润；茯苓被挖掘，兔丝草则枯死。一家失火，百家就要被烧；进谗者玩弄阴谋，老百姓就会暴尸荒野。粟被水浸泡就会发热，甑在灶锅上受火烧煮就会冒汽滴水，水能生热，火也能生水气。迅雷能劈开石头，这是阴阳二气相交的自然现象。把洗澡水倒入河中，河水会增加，但十分有限；雨水和积水流入大海，虽然无法使海水水位升高，但还是改变了原来的状态。一个网眼的罗网是不可能捕到鸟儿的；没有鱼饵的垂钓是很难钓到鱼的；对待士人无礼是不能得到贤才的。兔丝草无根而能生长，蛇无脚能爬行，鱼没有耳朵却能听到声音，蝉不长嘴而能鸣叫，这些都有着它们的一定合理性和原由。纣王把梅伯剁成肉酱，周文王就和诸侯计划要推翻纣王统治；夏桀肢裂劝谏的忠臣，商汤就派人去吊唁。作者在这里并没有用逻辑的方法去直接进行论证和揭示这种联系性，而是以"假譬取象"的文学手段来以近喻远，以浅喻深，让人在品味把玩中欣然领悟。

作者在这里不仅揭示了事物之间存在的普遍联系性的哲学问题，而且也为我们留下了"朝生暮死"这样一条成语。世界上确有一种叫蜉蝣的昆虫，它们的生命确实很短促，从生到死仅有几小时。然而在这几小时内，它们要经过两次蜕壳，练习飞行，还要恋爱，交尾，产卵，非常忙碌。生命过程虽短，但却十分充实。

〔例句〕1.《山海经·海外东经》："（君子国）有薰华草，朝生夕死。"

2.《大戴礼记·夏小正》："浮游者，渠略也，朝生暮死。"

3.《太平广记》卷一〇九引南朝·宋·刘义庆《幽明录·赵泰》："杀者云当作蜉蝣虫，朝生夕死，若为人，常短命。"

4.《重修政和证类本草·草下之上》："朝生暮落花……生粪秽处，头如笔，紫色，朝生暮死。"

5.巴金《探索集·灌输和宣传》："任何一部文学作品，只要不是朝生暮死的东西，总会让一些人喜欢，让另一些人讨厌。"

〔近义〕朝荣夕灭　朝荣暮落　朝生暮死

〔反义〕寿比南山　万寿无疆　长命百岁

【赵拔贡的水烟袋】 zhào bá gòng de shuǐ yān dài

〔褒贬〕贬义

〔出处〕寿县民间传说。

〔释义〕讽刺那些以假当真、自以为是的蠢人。

〔鉴赏〕清代同治年间,寿县隐贤镇住着一户有钱有势的赵姓人家,这家老爷是个拔贡生,但一直没有当上官,所以人们都称他为"拔贡老爷"。此人刻薄吝啬,见财起意,名声很坏。

有一年腊月,一连下了二十多天雨,街上生意萧条,靠水烟袋为生计的姚驼子日子更不好过,已经三天没有揭开锅了,眼看明天就到大年三十了,姚驼子万般无奈,只得硬着头皮去找南大街的当铺金老板。金老板原是山西商人,很懂生意经,为人也不错,可就是经常受地头蛇赵拔贡的欺负。他见姚驼子站在柜台面前,问道:"驼兄弟,是来当东西的吧?"姚驼子不好意思地回答:"我哪有什么值钱的东西可当啊?"

"有啊,就怕你不愿意当。"

"我家有几天揭不开锅了,要是有值钱的东西,早拿来当了,哪能等到现在?"

"你家不是有两副旱烟袋吗?能不能当掉一副?"

"那破玩意丢在街上都没人捡,你老能要?"

"要!"金老板果断地说。姚驼子半信半疑地回家拿来一副锈迹斑斑、残缺不全的水烟袋给金老板,金老板二话没说就收下了这副水烟袋,然后将八十串铜钱的当票交给了姚驼子,只是要求姚驼子一不要把这件事跟任何人说,二是将这张当票偷偷塞进赵拔贡家的门缝里。这赵拔贡有个习惯,每年大年初一早晨都要烧香迎财神爷,今年当然也不例外。赵拔贡刚刚开门焚香准备叩拜,突然看见地上有一张纸条,捡起来一看,见是一张颇有价值的水烟袋的当票。赵拔贡喜上眉梢,心想一套古铜器何止八十串铜钱?这下真的是财神爷上门了。他急切地让管家带上八十串铜钱赎回这副水烟袋,管家照办不误。当管家将这副水烟袋交给赵拔贡时,见是这么一副不值一文的旧烟袋,气得七窍生烟。从此,歇后语"赵拔贡的水烟袋——祖传的"便在寿县流传开来,成为人们的笑柄。

〔例句〕寿县歇后语～,已逐渐成为旧物摊上一句流行的行话。
〔近义〕愿者上钩　自作聪明　聪明反被聪明误　见钱眼开
〔反义〕老实巴交

【折槁振落】 zhé gǎo zhèn luò

〔褒贬〕褒义

〔出处〕《淮南子·人间训》:"刘项兴义,兵随而定,若折槁振落,遂失天下。"

〔释义〕把枯树枝折断,把枯树叶摇下来。比喻事情轻而易举,毫不费力。

〔鉴赏〕作者在本条成语所在的段落里,主要阐述这样一种现象,即事情有时候人为地去做了,却恰恰是败坏了它;有时候有意去防范它,却恰恰是招致它。为此,作者从秦始皇无意间得到一张写着"亡秦者,胡也"的录图说起。秦始皇看到这种录图后信以为真,从全国征调集了五十万军队修筑长城以防胡人。又贪图越地的财宝,不惜再征调五十万大军进行南征。由于过度的用兵和劳役,使得老百姓不堪其苦,无以聊生,民怨沸腾。致使陈胜、吴广在大泽乡揭竿而起,应者云集。这时刘邦和项羽也兴义兵跟随其后,他们攻城略地,势如折断枯枝,振落枯叶,锐不可挡。秦始皇就这样丢失了天下,而祸根在于秦始皇为防胡人和贪图越人的地财。秦始皇原本修筑长城是为了防止灭亡,谁知恰恰是修筑长城导致了秦王朝的灭亡;秦始皇调动囚徒防守边疆,谁知恰恰是从这中间爆发了灾难。随后,作者又以乌鸦、喜鹊为躲避风暴而临时将巢穴安在路旁低矮的树枝上,这样一来极易被小孩掏鸟蛋、抓小鸟,它们只知躲避远处的自然祸害,殊不知又迎来了眼前的人的祸害。作者最后揶揄道:以此来看秦始皇的所谓防备,只是像乌鸦、喜鹊之类的小智慧。真是形象生动,诲人至深。他提醒世人:凡事要慎重,要顺势而为,因时而动,行其所当行,止其所当止。本条成语在此看似随意一笔,但却形象地揭示了不可一世的秦王朝衰亡之颓势。

〔例句〕三年的解放战争中,中国共产党领导的人民解放军以～之势,迅速瓦解了蒋家王朝,建立了崭新的社会主义国家。

〔近义〕摧枯拉朽 风卷残云 势如破竹

〔反义〕坚如磐石 坚不可摧 牢不可破

【枕方寝绳】 zhěn fāng qǐn shéng

〔褒贬〕中性

〔出处〕西汉·刘安《淮南子·览冥训》:"和春阳夏,杀秋约冬,枕方寝绳。"

〔释义〕高诱注:"方,榘四寸也。寝绳,直身而卧也。"杨树达证闻:"寝绳谓织绳为床,人寝其上。"枕方石,睡绳床。形容一心为民操劳,生活艰苦朴素。

〔鉴赏〕见"补天浴日"。

〔例句〕~的艰辛已经远离我们而去,我们应该万分珍惜今天的幸福生活。

〔近义〕枕石寝绳 圆木警枕 绳床瓦灶

〔反义〕枕稳衾温 优哉游哉 养尊处优

【正襟危坐】 zhèng jīn wēi zuò

〔褒贬〕中性

〔出处〕《淮南子·修务训》:"为学者蔽于论而尊其所闻,相与危坐而称之,正领而诵之。此见是非之分不明。"

〔释义〕襟:衣襟;危坐:端正地坐着。整一整衣服,端正地坐着。形容严肃、恭敬或拘谨的样子。

〔鉴赏〕本条成语是《淮南子》的作者用来讽刺当时的一些"为学者"不分是非,盲目附和政治,为昏庸的君主们背书的可笑可鄙的神态和行径。(参见"是非不分")

这里还需要说明的是,本条成语虽是原创,但并未定型,只是具备了该成语的意义要素和该成语的后半部这个重要的语素,只有在其同代稍后的《史记·日者列传》中才将其确定下来:"宋忠、贾谊瞿然而悟,猎缨正襟危坐。"自此之后,人们多加引用。如:

〔例句〕1.宋·苏轼《赤壁赋》:"苏子愀然,正襟危坐而问客曰……"

2. 鲁迅《华盖集·“碰壁”之余》：“平时憎恶我的却总希望我做一个完人，即使敌手用了卑劣的流言和阴谋，也应该正襟危坐，毫无愤怨。”

〔近义〕奉若神明　肃然生敬　诚惶诚恐　郑重其事　整衣敛容　一本正经　正经八百　严肃认真

〔反义〕漠然置之　敷衍了事　虚以应付　摇头摆脑　摇头晃脑　吊儿郎当

【芝艾俱焚】　zhī ài jù fén

〔**褒贬**〕中性

〔**出处**〕《淮南子·俶真训》：“巫山之上，顺风纵火，膏夏、紫芝与萧艾俱死。”

〔**释义**〕芝：一种菌类植物，即灵芝，古人视为瑞草。艾：一种多年生草本植物，可供药用，古人以为贱草。灵芝和艾草一同被烧毁。比喻好坏、优劣、贵贱、贤愚、美恶等同归于尽。也作“芝艾共焚”“芝艾俱焚”“芝艾同焚”“芝艾并焚”“芝艾俱尽”。

〔**鉴赏**〕唯物辩证法原理告诉我们，事物变化发展是内因和外因共同起作用的结果，外因是变化的条件，内因是变化的根据，外因通过内因而起作用。但有时候在特定的条件，外因也能起决定作用。正如黑格尔所说：“相互作用是事物的真正的终极原因。”作者创用本条成语，就是用来强调环境、条件对事物发展往往也具有决定性作用。作者是这样展开论述的：

夫历阳之都，一夕反而为湖，勇力圣知与罢怯不肖者同命；巫山之上，顺风纵火，膏夏紫芝与萧艾俱死。故河鱼不得明目，稺稼不得育时，其所生者然也。故世治则愚者不能独乱，世乱则智者不能独治。身蹈于浊世之中，而责道之不行也，是犹两绊骐骥，而求其致千里也。置猨槛中，则与豚同，非不巧捷也，无所肆其能也。舜之耕陶也，不能利其里；南面王则德施乎四海。仁非能益也，处便而势利也。古之圣人，其和愉宁静，性也；其志得道行，命也。是故性遭命而后能行，命得性而后能明。乌号之弓，谿子之弩，不能无弦而射；越舲蜀艇，不能无水而浮。今矰缴机而在上，罟张而在下，虽欲翱翔，其势焉得！

作者的分析真是深入浅出,例证丰富,形象大于概念,让人不得不信服。我们应当从中受到启发,无论是个人的进步,还是国家的发展,都要高度重视外部环境,抢抓机遇,这才是成功的关键。

〔例句〕1.晋·陈寿《三国志·魏书·公孙度传》裴松之注引《魏略》:"若苗秽害田,随风烈火,芝艾俱焚,安能自别乎?"

2.晋·葛洪《抱朴子·嘉遁》:"虑巫山之失火,恐芝艾之并焚耳。"

3.《宋书·沈攸之传》:"以此攻城,何城不克;以此赴敌,何陈能坚?……芝艾同焚,悔将何及!"

4.《北齐书·樊逊传》:"复恐迎风纵火,芝艾共焚。"

5.南朝·梁·梁元帝《驰檄告四方》:"孟诸焚燎,芝艾俱尽;宣房河决,玉石同沉。"

〔近义〕玉石同沉　玉石俱焚　同归于尽

〔反义〕两全其美　相得益彰

【至高无上】　zhì gāo wú shàng

〔褒贬〕中性

〔出处〕《淮南子·缪称训》:"道至高无上,至深无下,平乎准,直乎绳,圆乎规,方乎矩,包裹宇宙而无表里,洞同覆载而无所碍。"

〔释义〕至:最。高到顶点,再也没有更高的了。形容地位很高。

〔鉴赏〕作者创用本条成语,主要用来说明"道"的特征。"道"是老子创立的道家哲学的最高范畴,但老子所说的"道"是一个玄而又玄的概念,其含义并非一目了然。以后的庄子和黄老之学都作了进一步的发挥,而《淮南子》则对"道"作了总结性的论述。胡适说:"道家集古代思想的大成,而淮南书又集道家的大成。"本卷开篇对"道"的特征作了具体的描述,认为"道"高到没有顶点,深到没有底部;它比水准平,比墨绳直,比规圆,比矩方;它包容宇宙天地无内外之分,混沌覆载万物没有阻碍。所以领悟"道"体的人能不哀不乐、不喜不怒,坐时无思虑、睡时不做梦,物体来到能叫得出名称,事物发生能应对自如。概括地说,"道"的特征就是无处不在,无所不能,沉静淡定。这里不仅从理论上来揭示"道"的特征,同时也在实践上为君主的道德修养建立了最高的规范。

〔例句〕梁斌《红旗谱》四十二:"只要能把国家从水深火热里救出来,他就是至高无上的英雄。"

〔近义〕高高在上 无出其右 登峰造极 高不可攀 高人一等 北斗至尊

〔反义〕等而下之 每况愈下 相形见绌 低人一等 伏低做小 牛口之下

【志厉青云】 zhì lì qīng yún

〔褒贬〕褒义

〔出处〕《淮南子·氾论训》:"是故圣人论事之曲直,与之屈伸偃仰,无常仪表,时屈时伸。卑弱柔如蒲苇,非摄夺也;刚强猛毅,志厉青云,非(本)[夸]矜也,以乘时应变也。"

〔释义〕厉:激励。激励志气,使之高入云霄。指树立远大的志向。

〔鉴赏〕作者创用该成语,意在说明有志向、有抱负的人懂得权变。作者认为,这些人会根据事情实际情况,能随之伸缩俯仰,没有一定的可做不可做的框框,时而屈曲时而伸展。当应该柔弱时,他就柔弱得像蒲苇一样,但他这柔弱并不是慑于威势;而当应该刚强猛毅时,他就能刚强猛毅,气冲云天,但他这刚强猛毅也绝对不是狂妄骄暴。他们的这两种态度均是为了应对时势的变化。作者在这里举出了两种态度变化的情况,清晰地说明了权变的目的和具体表现。我们认为,作者的这种权变观是积极进取的,是原则性和灵活性的统一,对于我们克服教条主义,积极有效地应对纷繁复杂的世事时局具有极其重要的意义。从论证方法来讲,生动形象,话语朴实,无空洞说教之嫌。

〔例句〕宋·李昉等《太平御览》第四册:"若将勇轻敌,士卒乐战,三军之众,志厉青云,气如飘风,声如雷霆,此所谓气势也。"

〔近义〕鸿鹄之志 宏才远志 宏图大志 凌云壮志 雄心壮志 胸怀大志 志向深远 胸有丘壑 雄心勃勃

〔反义〕胸无大志 浑浑噩噩 碌碌无为 得过且过 做一天和尚撞一天钟 日图三餐,夜图一宿 今朝有酒今朝醉

【智圆行方】 zhì yuán xíng fāng

〔褒贬〕中性

〔出处〕《淮南子·主术训》:"凡人之论,心欲小而志欲大,智欲圆而行欲方,能欲多而事欲鲜。"

〔释义〕圆:圆满,周全。方:端正,不苟且。智慧要圆通灵活,行为要方正不苟。

〔鉴赏〕这是作者在论述人们必须具备的基本素养时所创用的一条成语。作者认为,凡是圣明之人,都必须具备三种素养:一是考虑问题要细致,处事要谨慎,同时胸襟要开阔,志向要远大;二是智谋要圆通灵活而品行要端正;三是才能要广泛多样而处事要简约。这里讲的"智欲圆",是说智慧如圆环那样反复运转,始终没有端点;像江河那样到处奔流,四面畅达;又像深渊泉水那样永不枯竭;这样万物因此兴盛,没有不响应的。所谓"行欲方",是指品行端正,站得直,不弯腰屈服,朴素洁白而不受污染;穷困时不改变操守,通达时也不放纵自己。智谋圆通者就应无所不知,品行端正者必有所不为。

从上面的阐述可知,"智圆"体现的是大智慧、大策略,讲求的是方法、手段、技巧、条件、胸襟、气度、圆通、融合、和谐、协调、伸屈自如、审时度势,"行方"追求的是原则、立场、志向、抱负、精神、人格、操守、人间的真善美。"智圆行方"是中国古代为人处世的最高准则,是知行合一的最高境界。有方无圆事难成,有圆无方易沉沦。只有将"智圆"与"行方"结合起来,"以方为本,以圆为用",才能实现工作效率和人生价值的最大化。比如唐代大诗人李白,与历史上大多数文人一样,并不甘心当一个大诗人,而是想成为一个大政治家,要为大唐之治作出有益的贡献。但由于他不懂"智圆行方"之道,政治上不够成熟,不能审时度势,当永王李璘请他出山时,他竟没能看出李氏兄弟争夺皇位、互相猜忌的居心,只凭一腔热情,未能洞察人心的险恶,以致轻易为人所用,结果被当作附逆分子而入牢。后虽经众人力保,还是免不了流放夜郎。再加上他宁折不弯的性格,诗人的气质,致使不被贵族所容,这也是从政失败的重要原因。相反,"许多政治家都能适应政治形势,巧于应付各种复杂的人事关系,甚至以屈求伸,最后达到成功。与李白同时并有过交往的高适就善于此,终于做到节度使、散骑常侍这样的高官,在平定安史之乱中有所作为。而李白却昧于此道。他爱憎分明,傲骨太硬,不愿屈身权贵。从这一点上来说,李白缺乏作为封建社会一个成功政治家的素质。时代的不幸加上个人素质的欠缺,便酿成李白政治上的悲剧。"

再如《左传》所载,宋襄公在宋楚交战中,死搬仁义教条,在楚军渡河时不攻,楚军整队时不攻,以致大败,还自夸自己是君子,被毛泽东评价为"蠢猪式的仁义道德"。

相反,据《论语》所载,鲁国季孙氏家臣阳贺权势很大,他想让孔子来拜见他,遭到孔子的拒绝。后来,他以孔子"来而不往,非礼也"为口实,送给孔子一头小猪,使得孔子不得不去拜谢他。孔子就趁阳贺不在家时回访他,这样既不失礼节,又坚持了原则,既"智圆",又"行方"。孟子对"智圆行方"的表述更形象透彻:"男女授受不亲,礼也;嫂溺,援之以手,权也。"

需要注意和强调的是,这里讲的"智圆"是以"行方"为目的的,是为了实现高尚的目标而采取的权宜之计,而不是无原则的耍圆滑,更不是不择手段去谋取私利,两者之间有着本质的区别。我们在"行方"的时候,一定不能逾越这个临界点,要理性地把握好"智圆"的度。

〔例句〕明·张居正《襄毅杨公墓志铭》:"维公之德,智圆行方,忠不近名,言不泥常。"

〔近义〕方正贤良

〔反义〕蝇营狗苟

【智者离路而得道】 zhì zhě lí lù ér dé dào

〔褒贬〕中性

〔出处〕《淮南子·人间训》:"夫史以争为可以止之,而不知不争而反取之也。智者离路而得道,愚者守道而失路。"

〔释义〕聪明人离开了现成的路,却能得到更加宽广便捷的阳光大道。

〔鉴赏〕作者创用此条成语,意在说明智者是骑马找马,一边走,一边在观察、发现和探索新的更为便捷的道路。而愚者则是一条道走到底,不论这条道是否走得通,是否是终南捷径,即使有更便捷的道路在眼前也不愿或不敢选择。其实,作者是用具体的路来比喻抽象的人生之路。前者勤于观察,精于思考,勇于创新,这正是社会所需要的创新性人才。而后者则是一条道走到黑,墨守成规,缺少思考、探索、发现和创新的魄力和精神。在科学技术日新月异、社会高速发展、竞争异常激烈的今天,创新就是撬动社会进步和发展的唯一杠杆,创新性人才更是难能可贵。所以李克强总理大声疾呼大众创业,万众创新,以此来激发国民的创造力。所以,这条成语的现实意义将会随着社会的发展而越来越突出。

〔例句〕1.李卫东《权谋古卷》编辑推荐语:"愚者暗于成事,智者见于未萌。愚者守道而失路,智者离路而得道。谋略者必备操典!"

2.~。在社会高速发展的今天,我们决不能抱守残缺,因循守旧,而要大胆探索,勇于创新,做时代的潮儿。

〔近义〕另辟蹊径　别开生面

〔反义〕因循守旧　循规蹈矩　抱守残缺

【终而复始】 zhōng ér fù shǐ

〔褒贬〕中性

〔出处〕《淮南子·说山训》:"通于学者,若车轴转毂之中,不运于己,与之致千里,终而复始,转无穷之源。"

〔释义〕指循环往复,无始无终。

〔鉴赏〕作者创用本条成语,其本意是说明学习的重要性。作者形象地将善于学习的人比作车轴,把它安放在车毂中随轮子的转动而运行,他自己不动,却能和车轮车毂一块到达千里之外,终而复始,运转在无穷无尽的地方。这个比喻主要揭示了善于学习的人所具备的两个特质:一是肯动脑筋,善于模仿和利用外物为自己服务。二是持之以恒,坚持不懈。作者随后又阐述了不懂学习的人的表现,认为他们就像迷路的过客,人家告诉他东西南北时好像明白一切,但一转位置方向就又分辨不出东西南北了,因为他不能掌握辨别方向的要领。这里,作者运用对比的方法,从正反两个方面揭示了学习的实质,那就是学习要学到方法和本领,这样才能灵活运用而不是简单地学一点知识,这样才不至于机械呆板,于事无补。

〔例句〕汉·司马迁《史记·高祖本纪》:"三王之道若循环,终而复始。"

〔近义〕周而复始　循环往复　天道循环

〔反义〕始终如一　一成不变

【众议成林】　zhòng yì chéng lín

〔褒贬〕贬义

〔出处〕《淮南子·说山训》:"众议成林,无翼而飞,三人成市虎。"

〔释义〕指众人的议论可使人相信平地上出现森林。比喻流言多了,就让人信以为真。

〔鉴赏〕作者在这里创用了本条成语,又引用了"无翼而飞""三人成虎"两个成语,一方面是为了强调人言可畏,能颠倒是非这个普通的道理,另一方面又在提醒人们遇事要有主见,要有自己的分析,不要人云亦云,被假象所蒙蔽。

〔例句〕文革时期,"四人帮"一伙极尽造谣诬陷之能事,以致~,黑白颠倒,使许多老一辈无产阶级革命家蒙受不白之冤。

〔近义〕无翼而飞　众口铄金　三人成虎　一里挠椎

〔反义〕谣言止于智者　不攻自破　是非分明

【卓然独立】　zhuó rán dú lì

〔褒贬〕褒义

〔出处〕《淮南子·原道训》:"卓然独立,块然独处,上通九天,下贯九野。"

〔释义〕卓然:特出,与众不同。指不随俗浮沉,保持自己的品行。

〔鉴赏〕作者创用此条成语,以说明"道"的特征——"清静"和"柔弱"。具体表现为"无形"与"浑然一体"。它卓然独立于天地之间,昂然独处于万物之上。它上下贯通,无所不包,无处不在,无始无终,无穷无尽。它广布恩德,用之不竭。虽然作者和老庄一样,只能通过想象而不是也不可能用科学的方法来对"道"的内涵进行界定,但对"道"的美好想象还是有助于开启人类的智慧和思维的。

〔例句〕1.汉·刘向《说苑·建本》:"尘埃之外,卓然独立,超然绝世,此上圣之所游神也……"

2.宋·曾丰《触目》:"反顾有吾即无物,卓然独立太虚中。"

〔近义〕卓尔不群　卓尔独行　特立独行　独而不群　独立不迁　志行高洁

〔反义〕随波逐流　同流合污　低首下心　趋炎附势

【泽及后世】 zé jí hòu shì

〔褒贬〕褒义

〔出处〕《淮南子·本经训》:"兼包海内,泽及后世,不知为之者谁何。"

〔释义〕泽:恩泽。恩惠可施及子孙万代。形容恩德无量。

〔鉴赏〕这是本文作者赞美"至人"时所使用的成语。作者认为,至人对天下的治理,心与神相依处,形与性相谐调;静处时依照"德",行动时合附"理";顺随事物的自然本性,遵循事物的自身规律;他浑然无为,而天下却自然和顺;他恬澹无欲,而百姓纯朴无华;他不用求神祈福,百姓生命不会夭折;人与人之间不必怨恨纷争而给养充足;他的德泽遍及海内外,并延及后世,但人们却不知道施予恩德的是谁。所以,这样的至人活着没有名号,死后没有谥号;他不聚敛财物,也不追求名誉,施恩的人不自以为有恩德而求报答,受恩惠者也不故作姿态而谦让;美德聚集归附于他身上,却不显出盈满。所以,德行聚集的人,说三道四是伤害不了他的;智慧所不能明了的事,能说会道也无法解释清楚的。

作者笔下的"至人"确实是完美无缺,他像阳光雨露一样,遍施恩泽,普惠大地,但又默默无闻,不求名利,不图回报,这种"至人"在作者所处的封建时代只能是一种美好的寄托和向往,只有在当代那些甘愿为人民谋幸福的老一辈无产阶级革命家方可比拟。

本条成语最早出自《庄子·大宗师》:"吾师乎!吾师乎!齑万物而不为义,泽及万世而不为仁,长于上古而不为老,覆载天地、刻雕众形而不为

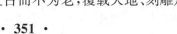

巧。此所游已!"庄子用"泽及万世"来概括"道"的境界。《淮南子》将其改为"泽及后世",从而使本条成语得以定型和推广,后人多加采用。

〔例句〕1.西汉·东方朔《答客难》:"张仪壹当万乘之主,而身都卿相之位,泽及后世。"

2.曹继军《让中国古代文学传统生生不息,泽及后世》

3.董华《知者不惑,泽及后世——论孔子的"不"观及其影响》

4.李国章、王兴康《功在当代泽及后世——〈续修四库全书〉的编辑与出版》

5.葛景春《一本泽及后世的好书——〈钱起诗集校注〉读后》

本条成语也用作"泽被后世"。如:

6.陶铸《崇高的理想》:"李冰父子为了解决当时成都平原的水利问题,不知克服了多少困难,终于修成了泽被后世的都江堰。"

7.胡果《缅怀小平:留言台前读心声》:"小平的伟大在于泽被后世,离开你越久,你的风采越新。"

〔近义〕恩泽天下　泽深恩重　恩重如山　恩深义重

〔反义〕薄幸寡恩　作恶多端　遗臭万年　祸国殃民

【纵横交错】　zòng héng jiāo cuò

〔褒贬〕中性

〔出处〕《东莱左氏博议》第一卷:"登唐虞之朝者举目皆德政,陪洙泗之席者入耳皆德音,纵横交错,无非此理。"又《东莱左氏博议·秦取梁新里》:"纵横交错,举非此理,左顾右盼,应接不暇,果何自以窥天理之真在哉?"

〔释义〕纵:南北方向。横:东西方向。错:杂乱。东西南北的方向交叉在一起。形容多种事物或情况交叉错杂,十分复杂。也作"纵横交贯"。

〔鉴赏〕吕祖谦(1137—1181年),字伯恭,原籍寿州(今安徽寿县)人,南宋重要的学者和思想家,在他短暂的生涯中,为后人留下了丰富的历史文化遗产。其著作主要有:《东莱左氏博议》(亦名《东莱博议》)、《吕氏家塾读诗记》、《大事记》、《皇朝文海》(又名《宋文鉴》)、《古周易》一卷、《书说》三十五卷、《春秋左氏传说》二十卷、《春秋左氏续说》十二卷、《东汉精华》十四卷、《丽泽论说集录》十卷、《历代制度详说》十二卷、《古文关键》二卷等。另还有《东莱集》四十卷、《书说》三十五卷、《系辞精义》(亦名《易说》)二卷、《古周易》一卷、《古易音训》二卷、《周易传义音训》八卷等。其中,《东莱左氏博议》共二十五卷,以《左传》所载史实为题,发挥其政治、哲学、伦理之观点,文字淳朴精当,议论奇兀,常出人意料之外,深受当时及后世读者所喜爱,曾作为丽泽书院学生习作的范文,而广为流传。(详见《寿县历史文化丛书·人物英华·南宋学者吕祖谦》)

本条成语在《东莱左氏博仪》中两次出现,但意思却不尽相同。在卷一中出现的意思是指数量之多,在《秦取梁新里》中出现的意思是文理或说话思路错综复杂,难以理清。

〔例句〕1.清·纪昀《阅微草堂笔记》卷十七:"见《万法归宗》中载有是符,其画纵横交贯,略如小篆。"

2.李英儒《野火春风斗古城》一四章:"他们根本不按队形走,纵横交错,唧唧喳喳,毫无秩序。"

3.浩然《山水情》:"他的下巴有点往上翘起,长着稀稀拉拉的黄胡子,脑门和太阳穴上的皱纹,纵横交错,像刀子刻的一般。"

〔近义〕犬牙交错 经纬万端 盘根错节
〔反义〕井井有条 有条不紊 井然有序

【足不出户】 zú bù chū hù

〔褒贬〕中性

〔出处〕《淮南子·主术训》:"是故不出户而知天下,不窥牖而知天道。"

〔释义〕不走出大门一步。指闭门自守,不与外界接触。也作"足不逾户"。

〔鉴赏〕这是该书作者劝说君主要集思广益、弃绝自任私智而创用的一条成语。作者认为,君主虽然是一国之主,在国家的管理过程中,无需事事躬亲,而是应该让群臣各尽其才能,善乘众人之智。作者是这样展开论述的:君主以众人力量作为车,以众人智慧作为马,这样即使是行走在幽暗险要的道路上,也不会迷失方向。君主深居隐处以避开燥热寒湿,室门关闭以避奸佞之徒。他内没有亲眼看到过巷里民情,外没有亲自巡视过山川湖泽;居室帷幕以外的地方,他两眼只能看到十里以内的东西,两耳只能听到百步之内的声音,可是天下事物却无不知晓,这是因为向君主输送信息知识的渠道广宽畅通,与君主一起议事的人很多。所以他足不出户而能知天下事,眼不窥牖而能知天象。这就是说只要充分发挥众人的聪明才智,这天下就不够他治理了;而只凭借个人的智力,就有可能连自己的命都难保。

可以说,作者这段论述既是对历史经验教训的概括和总结,也是对当代以及后世君主的警示,真如晨钟暮鼓,发人深省。历史上凡是不听众言、一意孤行者,如夏桀、商纣、项羽、希特勒、蒋介石等大独裁者,最后无不都是落得一个身败名裂的下场。反之,凡是能够集思广益、从善如流的统治者,都能历尽千辛,最终称王称霸,出现经济繁荣、社会未定、国家富足的良好局面。商高宗武丁任用刑徒出身的傅说、甘盘、祖己等贤能之人辅政,励精图治,出现"武丁盛世";汉高祖刘邦善用贤臣良将,终于战胜了强大的楚霸王,坐上了龙椅;唐太宗李世民善于纳谏,出现"贞观之治"的盛况。尤其是中国共产党领导的革命政权,代表着最广大的人民群众利益,团结一切可以团结的力量,建立广泛的民族统一战线,坚持民主集中制,充分发挥全国人民的聪明才智,调动一切可以调动的力量,群策群力,终于取得了新民主主义革命和社会主义建设的伟大成就。历史已经雄辩地证明,只要能够充分发挥众人的聪明才智,就能无往而不胜。反之,将会一败涂地。

从本条成语的发展来看,本卷只是提供了基本的语素,直到《南齐书·何求传》一文才将其定型为四个字的成语:"仍住吴,居波若寺,足不逾户,人莫见其面。"明代之后才将其定型为"足不出户"。

〔例句〕1.明·凌濛初《初刻拍案惊奇》卷二十五:"却说苏盼奴自赵司户去后,足不出门,一客不见,只等襄阳来音。"

2.清·顾炎武《与三侄书》:"华阴绾毂关河之口,虽足不出户,而能见天下之人,闻天下之事。"

3.清·俞万春《荡寇志》第一二六回:"当时在火药局内住了几日,端的足不出户。"

4.清·文康《儿女英雄传》第三十三回:"那公子却也真个足不出户,目不窥园。日就月将,功夫大进。"

5.鲁迅《花边文学·汉字和拉丁化》:"据我个人的经验,我们那里的土话,和苏州很不同,但一部《海上花列传》,却教我'足不出户'的懂了苏白。"

〔近义〕深居简出

〔反义〕走南闯北

【尊古贱今】 zūn gǔ jiàn jīn

〔褒贬〕中性

〔出处〕《淮南子·修务训》:"世俗之人,多尊古而贱今,故为道者必托之于、神农黄帝而后能入说。"

〔释义〕尊崇古代的,轻视当代的。

〔鉴赏〕见"是非不分"。

〔例句〕王亚平《"好古薄今"浅说》:"别古今以论诗之得失,由来甚久,名目亦繁:尊古贱今、好古下今、褒古毁今、长古短今、是古非今乃至厚古薄今,不一而足。"

〔近义〕尊古蔑今 贵古贱今 尊古卑今 厚古薄今

〔反义〕厚今薄古 竞今疏古

参考文献

[1] 孟堃. 寿州故事传说[M]. 合肥:黄山书社,1991.

[2] 罗竹风等. 汉语成语大词典[M]. 上海:汉语大词典出版社,1996.

[3] 原建平等. 中华成语大词典[M]. 北京:人民日报出版社,2001.

[4] 寿县历史文化研究会. 寿县历史文化丛书[M]. 合肥:安徽人民出版社,2009.

[5] 刘安. 淮南子[M]. 南宁:广西师范大学出版社,2010.

[6] 清·曾道唯纂修,寿县地方志办公室整理. 安徽历代方志丛书·寿县志(上、下册)[M]. 合肥:黄山书社,2011.

[7] 刘康德. 古代经典鉴赏系列:淮南子鉴赏辞典[M]. 上海:上海辞书出版社,2012.

[8] 孟堃. 鬼才刘之治[M]. 北京:大众文艺出版社,2013.

[9] 马启俊等. 名人与寿县文化[M]. 合肥:安徽大学出版社,2016.

[10] 楚仁君. 典藏寿春:寿县成语500条[M]. 合肥:安徽文艺出版社,2017.

[11] 杨坚(点校). 古典名著普及文库:吕氏春秋、淮南子[M]. 长沙:岳麓书社,1989.

后 记

　　寿县历史悠久，地势险要，人杰地灵，名人荟萃，文化高度发达。从历史来看，有楚汉文化、秦晋（前秦、东晋）文化、红色文化等；从地理来看，有淮河文化、八公山文化等；从政治思想来看，有廉政文化、道家文化、教化文化等；从建筑来看，有古城墙文化、寺庙文化、安丰塘文化等；从特产来看，有食品文化（八公山豆腐和酥梨、大救驾、淮王鱼、银鱼瓦虾、水蜜桃）、寿州香草文化、板桥草鞋文化等。此外，还有浓郁的民风民俗、地下文物等。寿县的璀璨文化，已被寿县地方政府及许多专家学者所研究、整理、挖掘和开发，出版了丰富的专著和文章，成果喜人，引起了社会的广泛关注。

　　在寿县高度发达的文化中，其成语典故可以说是其中的一朵奇葩。其数量之多，种类之丰，范围之广，寓意之深，表现力之强，都弥足称道。但时至今日，除了寿县文广新局创作研究办公室主任楚仁君先生最近出版了一本《典藏寿春·寿县成语500条》以外，似乎再难看到系统、完整的关于寿县成语典故方面的书籍。本人不揣浅陋，拟在楚仁君先生等人的研究基础上，对寿县成语典故作进一步的整理和探析，以更好地弘扬寿县这一特色文化。

　　本书的最大特色是具有鲜明的地方性，是为地方文化的研究、整理、挖掘、利用、拓展服务的，相信它的出版将为地方文化建设作出一定的贡献。同时，由于其中收录的成语典故有不少是一般成语词典未曾收录过的，因而具有一定的新颖性。另外，本书以鉴赏为主。通过鉴赏，使读者对书中的成语典故有一个全面的、深度的了解。

本书由于所收录的词条其词义内涵都比较丰富深刻,概括性较强,具有很高的使用价值,所以它在一定程度上丰富了中华民族的成语典故,对中华民族的辞书建设具有积极的作用。

　　本书是皖西学院第二批科技创新平台寿县楚文化研究中心的研究成果之一,也是寿县文广新局商请我院的一个合作研究项目,具有较好的地方服务效应,对寿县的文化建设、知名度的提高、旅游开发等将发挥积极的作用。

　　本书适合于寿县文化管理部门、国内外从事寿县地方文化研究的人员、辞书编写人员、寿县文化爱好者及寿县人民群众进行阅读。

　　由于编者水平有限,阅读范围欠广,还有很多发生在寿县的成语典故未能全部发现和吸收进来,有待这方面的爱好者进一步挖掘和补充,衷心希望广大学者和读者对本书提出宝贵的意见。

　　本书在编写和出版过程中得到了原安徽省委宣传部常务副部长车敦安、寿县县委宣传部副部长和寿县文广新局局长李延孟、皖西学院副校长孔敏、本校文化与传媒学院院长马启俊等各级领导的大力支持和鼓励,同时也参阅和引用了相关专家和网站的研究资料,在这里一并表示衷心的感谢!

编　者
2017 年 10 月